GROSSER ATLAS DER FORSCHER UND ENTDECKER

HERAUSGEGEBEN VON SHONA GRIMBLY

Orbis Verlag

EINFÜHRUNG

Wer heutzutage den Begriff Entdecker hört, denkt an Abenteurer, die tief in unerforschte Gebiete vordringen. Diese heroischen Männer und Frauen stellen sich einer Vielzahl von Gefahren und verfügen zur Bewältigung ihrer Aufgabe nur über ihren Mut, ihren gesunden Menschenverstand, ihre Fähigkeiten – und inzwischen auch über eine hochwertige technische Ausrüstung. Ziel ihrer Bemühungen mögen wissenschaftliche Forschungen sein oder einfach die Lust an der Entdeckung von bisher Unbekanntem. Die meisten Entdecker der jüngeren Geschichte kehrten von ihren Erkundungsreisen zurück und brachten präzise Aufzeichnungen und Daten über das mit, was sie gesehen und erfahren hatten. Andere kamen unterwegs um und hinterließen weder eine Spur noch eine Nachricht.

In der fernen Vergangenheit hatten die Entdecker gänzlich andere Motive und wollten weder ihr Wissen erweitern noch Neues sehen, sondern Länder zur Besiedlung erobern, neue Handelsrouten erschließen oder sich die sagenhaften Schätze aneignen, die sie an fernen Orten vermuteten. Manchmal waren deshalb ganze Völker gezwungen, ihr Land zu verlassen.

Seit Anbeginn trieb es den Menschen, den Globus zu erforschen. Die eindrucksvollsten »Entdeckungsreisen« sind wohl die Wanderbewegungen der Steinzeitmenschen, die sich vor ca. 100 000 Jahren von Afrika kommend langsam über den ganzen Erdball ausgebreitet haben. Vor ca. 25 000 Jahren überquerten Jäger und Sammler von Sibirien aus die Beringstraße (sie bildete damals eine begehbare Landbrücke), wanderten nach Alaska ein und verbreiteten sich über ganz Amerika bis nach Feuerland. Alle Kontinente außer der Antarktis wurden so von Menschen besiedelt.

HÄNDLER UND EROBERER

Als Nomadenvölker sesshaft zu werden begannen, bildeten sich in Mesopotamien, in Kleinasien, in Ägypten, im Industal, auf Kreta und in China die ersten Hochkulturen. Die Herrscher dieser komplexen Gesellschaften verfügten über Armeen, mit deren Hilfe sie ihre Siedlungsgebiete erweiterten.

Der erste große Eroberer der Geschichte war Sargon von Akkad (im heutigen Irak), der um 2400 v. Chr. Mesopotamien einigte und Kriegszüge bis zum Mittelmeer unternahm. Er wollte in den Besitz von Ländern kommen, die über wertvolle Metalle, Bausteine und Bauhölzer verfügten. Sargon soll sogar Schiffsexpeditionen ausgerüstet haben, die nach Westen durch das Mittelmeer segelten und vielleicht Kreta und Spanien erreichten. In jedem Fall erweiterte Sargon während seiner 55 Jahre dauernden Regierungszeit die Grenzen der damals den Mesopotamiern bekannten Welt und ließ Handelsrouten errichten, die sich weit vom Zweistromland weg bis zum Indus (im heutigen Pakistan) erstreckten. Die Namen der Händler und Reisenden jener Tage sind uns leider nicht überliefert.

Links: Dieser Bronzekopf stellt Sargon von Akkad dar, der vor mehr als 4000 Jahren in Mesopotamien regierte. Er war der erste große Eroberer der Geschichte, der sein Reich bis zum Mittelmeer hin ausdehnte, wodurch er zugleich der erste Entdecker der Geschichte wurde.

Dieses Buch ist in Kapitel unterteilt, die sich zunächst den Entdeckungsreisen der Frühzeit widmen, dann den Seereisen und Entdeckungen des 15. und 16. Jahrhunderts, gefolgt von den späteren Entdeckungen in den restlichen Regionen der Welt. Am Ende des Buches findet sich ein Kalender der Entdeckungen, der zeigt, wie eine Entdeckung die andere bedingt und begünstigt hat. Eine Liste mit weiterführender Literatur – darunter Logbücher und Reiseberichte – sowie ein umfangreiches Register komplettieren das Buch.

Unten: Blick auf das Industal im heutigen Pakistan. Eine von den Mesopotamiern errichtete Handelsroute reichte bis zum Indus.

1. Kapitel

DIE ERSTEN ENTDECKER

Menschen, die sich in der Frühzeit über die Grenzen des ihnen bekannten Territoriums hinauswagten, waren meist auf der Suche nach etwas, das ihnen nutzte: Neues Land für Jagd oder Anbau, Bodenschätze, Bauholz oder andere Güter, die es in ihrem Gebiet nicht gab. Manche dieser Abenteurer waren selbst Herrscher und Armeeführer, andere waren von reichen und mächtigen Herrschern geschickt worden, diese gefahrvollen Reisen zu unternehmen. Nicht wenige der frühen Entdecker waren Seeleute, denn Seereisen waren einfacher zu organisieren als Landreisen. Der älteste uns erhaltene Expeditionsbericht stammt vom ägyptischen Regierungsbeamten Herchuf aus der Zeit um 2270 v. Chr. Ihm sollten viele Berichte von Entdeckern folgen.

Unten: Eine Kamelkarawane in der ägyptischen Wüste. Schon in früher Zeit diente das Wüstenschiff Händlern und Reisenden als Transport- und Fortbewegungsmittel, denn Kamele können in Trockengebieten lange ohne Wasser auskommen.

ÄGYPTISCHE UND PHÖNIZISCHE HÄNDLER

Oben: Der Nil war die Grundlage der ägyptischen Hochkultur. Einmal im Jahr überflutet er das Land und lässt fruchtbare Schlämme zurück, auf denen Getreide gedeiht. Der Fluss war auch ein wichtiger Verkehrsweg.

Die altägyptische Kultur entwickelte sich etwa zur selben Zeit wie die sumerische im Gebiet zwischen den Strömen Euphrat und Tigris, das Mesopotamien oder Zweistromland genannt wird. Die Mesopotamier lebten in einer Art Durchgangsland und waren daher nach außen orientiert. Dagegen waren die Ägypter quasi Inselbewohner. Im Westen und Osten durch Wüsten von der Welt getrennt, lebten sie als Bauern im Tal des Nils, der ihnen mit seinen Überschwemmungen fruchtbares Ackerland bescherte.

Rechts: Eine auf Papyrus gemalte Karte aus der Zeit um 1100 v. Chr. zeigt die Goldminen des Wadi Hammamat.

Zwar war Ägypten nie völlig von äußeren Einflüssen abgeschnitten, doch waren die Ägypter recht konservative Leute, deren Lebensweise sich im Laufe der Jahrhunderte nur wenig änderte. Alle ihre Bedürfnisse konnte aber auch dieses fruchtbare Land nicht befriedigen, und so mussten sich die Ägypter gelegentlich über das Niltal hinaus bewegen. Militärähnliche Expeditionen wurden zu den Goldminen und Steinbrüchen im Osten entsandt, was unter anderem eine aus dem 12. vorchristlichen Jahrhundert stammende Landkarte auf Papyrus belegt, die Wadi Hammamat mit seinen Goldminen zeigt. Andere Expeditionen wurden noch weiter gen Osten bis zum Sinai geschickt, wo es Kupfer und Türkise gab.

Im Süden Ägyptens lagen Nubien und das weite Afrika. Von dort her bezogen die Ägypter Gold, Elfenbein, Ebenholz, Sklaven und viele exotische Tiere. Doch die Reise nach Nubien und Afrika war beschwerlich. Hinter der Südgrenze Ägyptens blockierten eine Folge von Katarakten den Nil, sodass man über Land reisen musste. Die am besten dokumentierte Expedition in diese Gegend wurde von dem Regierungsbeamten Herchuf geleitet.

Um 2270 v. Chr., während der Regierungszeit von Pharao Pepi II., reiste Herchuf weit in den Süden nach Nubien, wo er auch einen »Zwerg« (wahrscheinlich einen Pygmäen aus dem Regenwald) entdeckte. Als der erst 8-jährige Pepi von dem Zwerg erfuhr, schrieb er einen Brief an Herchuf, in dem es unter anderem heißt: »Du hast in deinem Brief gesagt, dass du einen Zwerg der Gottestänze aus dem Land der Horizontbewohner mitgebracht hast ... Wenn er mit dir aufs Schiff kommt, stelle zuverlässige Leute bereit ... damit er nicht ins Wasser fällt. Nimm auch zuverlässige Leute, die hinter ihm in seiner Kabine schlafen. Kontrolliere zehnmal die Nacht. Meine Majestät wünscht diesen Zwerg mehr zu sehen als die Erzeugnisse des Sinai und von Punt.«

Nach dieser und anderen Reisen waren die Ägypter Jahrhunderte lang damit zufrieden, Handelsposten in Nubien zu errichten und über Minenrechte zu verfügen. Erst während des Neuen Reiches (1550–1069 v. Chr.) besetzten sie Nubien und machten es zu einem Teil des Ägyptischen Reiches.

EXPEDITIONEN ZUR SEE

Die Ägypter entwickelten Schiffe verschiedener Bauarten und Größen, zunächst aus Schilf und später auch aus Holz. Auf dem ruhigen Nil herrschte deshalb schon früh reger Schiffsverkehr. An der Seefahrt auf dem Mittelmeer waren die Ägypter

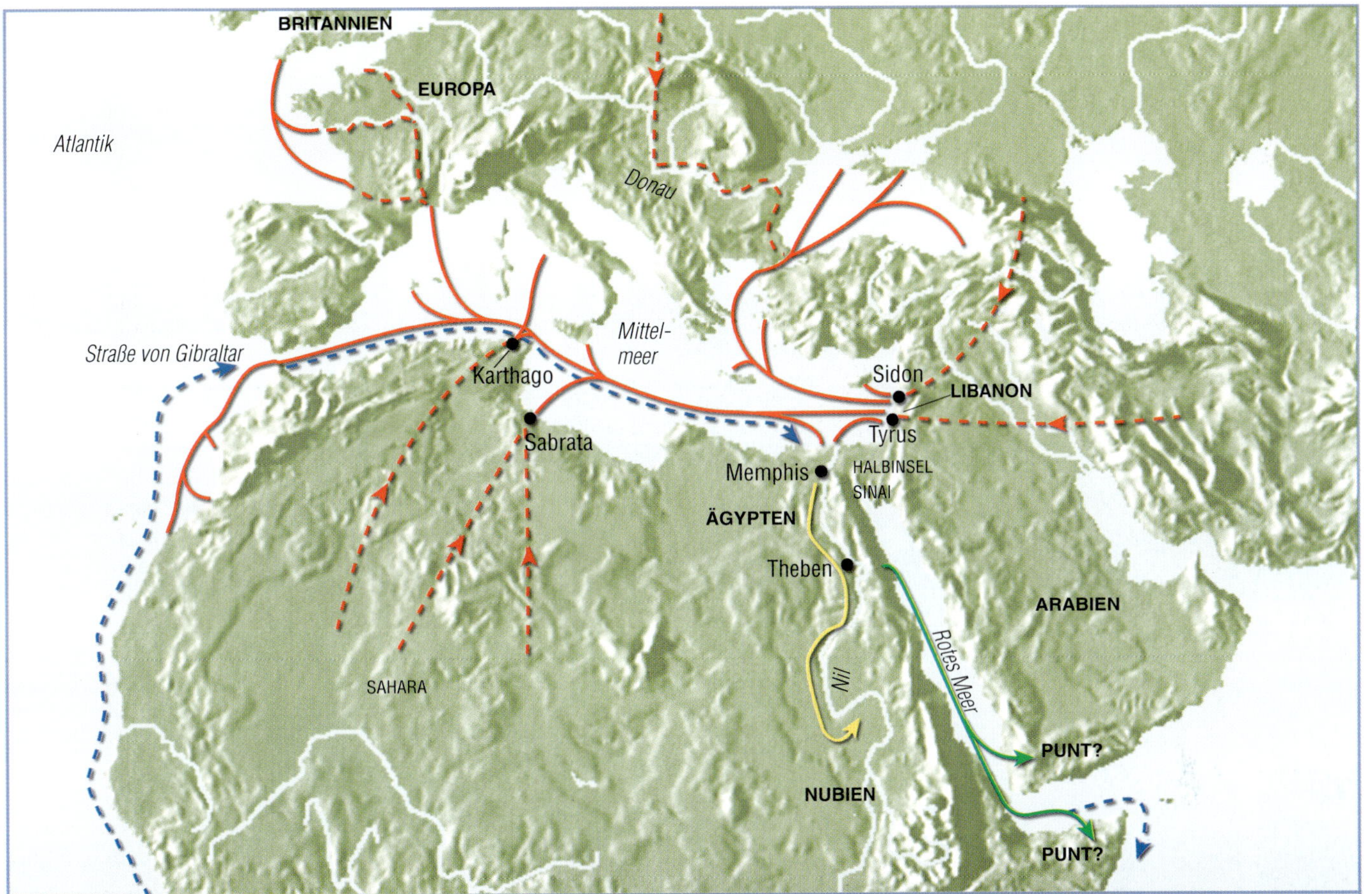

Herchufs Expedition nach Nubien (ca. 2270 v. Chr.)

Hatschepsuts Expedition nach Punt (ca. 1492 v. Chr.)

Mögliche Umsegelung Afrikas Expedition des Pharao Necho II. (ca. 600 v. Chr.)

Phönizische Seerouten

Verbindende Landhandelsrouten

Ägyptische und phönizische Routen

allerdings kaum interessiert und überließen sie früh anderen Völkern. Dennoch gibt es einige wenige Expeditionen zu Wasser; die bedeutendsten darunter waren wohl die Reisen nach Punt. Die genaue Lage des Landes ist bis heute umstritten: Manche vermuten es am Horn von Afrika im heutigen Somalia oder noch weiter südlich, andere in Südarabien. Den Ägyptern jedenfalls war das Land so fern, dass man sich fantastische Fabeln über seine Wunder und Geheimnisse erzählte. Allein um den Ort der Einschiffung am Roten Meer zu erreichen, musste Schiffsbaumaterial 240 km weit durch die Wüste transportiert werden.

Der beste Bericht über eine der Reisen nach Punt findet sich im Totentempel der Königin Hatschepsut in Deir el-Bahari. Die Reliefbilder auf den Tempelwänden zeigen detailreich die Besonderhei-

Oben: Die Ägypter konzentrierten sich auf Ostafrika, die Phönizier trieben Handel im Mittelmeerraum.

Hatschepsut – der weibliche Pharao

Die ägyptischen Pharaonen waren Männer – bis zu Hatschepsut. Als eine der bemerkenswertesten Frauen der Weltgeschichte regierte sie Ägypten nicht nur 22 Jahre lang (von 1501–1479 v. Chr.), sondern war auch allgemein als König (nicht als Königin) von Ägypten anerkannt. Wenn Zeremonien durchgeführt wurden, die nur von einem Mann geleitet werden konnten, legte sie den königlichen Knebelbart an und fungierte als männlicher Pharao.

Die Tempel und Grabanlagen der Könige waren mir Fresken, Reliefs und Inschriften geschmückt, die ihre Taten rühmten. In Hatschepsuts Tempel in Deir el-Bahari ist ein großer Raum der Darstellung der Expedition nach Punt gewidmet.

Rechts: Hatschepsut (links) wird von Amun, dem ägyptischen Reichsgott, umarmt.

Die Phönizier

Die Phönizier, die ersten bedeutenden Seefahrer der Menschheit, trieben zwischen 1100 und 500 v. Chr. ausgedehnten Handel im ganzen Mittelmeerraum. Ihre Heimat war die Küste des Libanons, wo sie mächtige Stadtstaaten wie Tyrus und Sidon gründeten. Ihr wertvollstes Handelsgut war Zedernholz, das sie zum Bau ihrer Schiffe verwendeten und nach Ägypten und in andere Länder exportierten. Sie stellten Metall- und Glaswaren her und Purpur, einen begehrten Farbstoff aus der Purpurschnecke, der ein Symbol der Königswürde werden sollte. Die Phönizier gründeten viele Kolonien, darunter Karthago in Nordafrika. Ihre Handelswege erstreckten sich bis nach Großbritannien.

Oben: Phönizischer Schmuckanhänger in Form eines seetüchtigen phönizischen Schiffes.

ten des Landes, darunter die auf Pfählen ruhenden konischen Schilfhütten der Bewohner sowie den dürren König von Punt und seine außergewöhnlich dicke Frau und deren kleinen Reitesel. Die Expedition brachte Gold, Elfenbein, Ebenholz und andere afrikanische Güter nach Ägypten, doch die begehrtesten Waren des Landes waren Weihrauch und Myrrhe. Den Ägyptern waren sie so kostbar, dass sie sogar lebende Pflanzen mitbrachten – in der Hoffnung, sie wieder anpflanzen und dann die Substanzen im Lande ernten zu können.

ANGEHEUERTE SEELEUTE

Hatschepsut schickte auch Schiffe zum Libanon, dessen Zedern als Bauholz begehrt waren, doch waren die Ägypter selbst keine begabten Seefahrer. Sie zogen es vor, Phönizier und später Griechen für ihre Schiffe anzuheuern. Tatsächlich wurde die von Pharao Necho II. (er regierte von 609–593 v. Chr.) angeordnete, größte »ägyptische« Expedition von dafür bezahlten Phöniziern ausgeführt. Ihr Auftrag lautete, an der Ostküste Afrikas entlangzusegeln, das Land wenn möglich zu umrunden und durch die Meerenge von Gibraltar über das Mittelmeer nach Ägypten zurückzukehren.

Dem griechischen Geschichtsschreiber Herodot zufolge soll das Unternehmen geglückt sein. Die Seeleute überlebten die lange Reise, da sie jeweils im Herbst an Land gingen, Korn aussäten und die Frucht ernteten, ehe sie die Rundreise fortsetzten, die insgesamt drei Jahre gedauert haben soll.

Hat Herodot diese Geschichte nur erfunden? Ein von ihm überliefertes Detail klingt überzeugend: Den Seeleuten fiel auf, dass die Mittagssonne zu ihrer Rechten, nicht zu ihrer Linken stand, nachdem sie den südlichsten Punkt Afrikas in Richtung Westen umrundet hatten. Genau da steht die Sonne, wenn man sich südlich des Äquators befindet.

GRIECHISCHE UND PERSISCHE ABENTEURER

Was die Welt und die Neugier, sie zu erforschen betraf, so zeigten die alten Griechen größere Wissbegier als andere Völker. Die geographische Lage ihrer Heimat begünstigte ihre Reiselust. Hellas – das alte griechische Heimatland – berührte Europa und Asien, denn es umfasste das heutige Griechenland und die Westküste der Türkei. Dazwischen lag die Ägäis mit ihren zahllosen Inseln, die die Griechen umsegelten und besiedelten. Ab dem 8. Jahrhundert v. Chr. begannen die Griechen, Kolonien zu gründen, um die angewachsene Bevölkerung außerhalb von Hellas anzusiedeln, und bald schon traf man rund ums Mittelmeer und sogar am Schwarzen Meer auf Griechen.

Hekataios von Milet war ein bedeutender Reisender und Geschichtsschreiber im 6. Jahrhundert v. Chr. Er bereiste Ägypten und das östliche Mittelmeer und hielt seine eigenen und fremde Eindrücke und Beobachtungen in einem Reisebericht fest. Seine Kenntnis der Welt war noch nicht sehr genau. So dachte er beispielsweise, die Erde bestehe aus einer einzigen zusammenhängenden Landmasse, in deren Zentrum sich das Mittelmeer befände. Die Landmasse wiederum sah er umspült von einem riesigen Ozean. Dennoch trugen seine Reisen dazu bei, das Wissen der Zeit zu mehren.

Als Milet, ein griechischer Stadtstaat an der heutigen Westküste der Türkei, von den Persern eingenommen und 494 v. Chr. dem Erdboden gleichgemacht wurde, weil es mehrmals durch Aufstände versucht hatte, die fremde Herrschaft abzuschütteln, wurde Hekataios damit beauftragt, Friedensbedingungen mit den Persern auszuhandeln. Doch die Perser, aufgeschreckt durch die Hilfe, die die Festlandgriechen ihren Brüdern in den Kolonien zukommen ließen, wollten ganz Griechenland erobern. Zweimal marschierten sie in Hellas ein, aber die Griechen schlugen sich so heldenhaft – berühmt sind die Schlachten bei Marathon, den Thermopylen und bei Salamis –, dass der Feind schließlich zum Rückzug gezwungen war.

DIE *HISTORIEN* DES HERODOT

Der kurz vor Ausbruch der Perserkriege um 485 v. Chr. in Halikarnassos geborene Herodot entschloss sich, eine Geschichte dieses epischen Konflikts zu schreiben, wollte dabei aber mehr leisten als nur eine Beschreibung der Schlachten. Um sich über die Hintergründe des Krieges und die involvierten Menschen ein Bild zu machen, bereiste er Kleinasien und Ägypten, das zu jener Zeit eine persische Provinz war. 444 v. Chr. begann er dann mit der Niederschrift seiner berühmten *Historien*.

Links: Eine Abbildung auf einer griechischen Vase zeigt eine Episode aus der Reise des Odysseus, des legendären griechischen Helden und Entdeckers. Die Sirenen betörten die Seeleute mit ihrem Gesang, sodass sie auf die Felsen steuerten und Schiffbruch erlitten. Odysseus ließ seinen Männern die Ohren mit Wachs verschließen, er selbst ließ sich an den Mast binden. So konnte er den Gesang hören, ohne durch falsche Steuermanöver Schaden anzurichten.

Herodots Schriften gründeten sich auf seine eigenen Erlebnisse und Erfahrungen und auf die Geschichten und Berichte von anderen Reisenden. Er beschrieb das Persische Reich in allen Einzelheiten und sagte von dem Perserkönig Darius, er habe »den größten Teil Asiens entdeckt«, denn Darius hatte unter dem Kommando eines Mannes namens Skylax eine Expedition losgeschickt, die Indien erreichte, den Indus abwärts bis zum Indischen Ozean segelte und von dort zurück durchs Rote Meer zur ägyptischen Küste.

Herodot berichtete auch von der Reise der phönizischen Seeleute, die von Pharao Necho II. ausgesandt worden waren, um Afrika vom Roten Meer aus zu umschiffen und durch die Straße von Gibral-

Unten: Das Relief zeigt Skythen, die im 5. Jahrhundert v. Chr. dem Perserkönig Darius I. Tribut zahlen. Der griechische Geschichtsschreiber Herodot reiste zu den Skythen und berichtete in seinen Büchern über ihr Land und über das Leben und die Bräuche der Menschen.

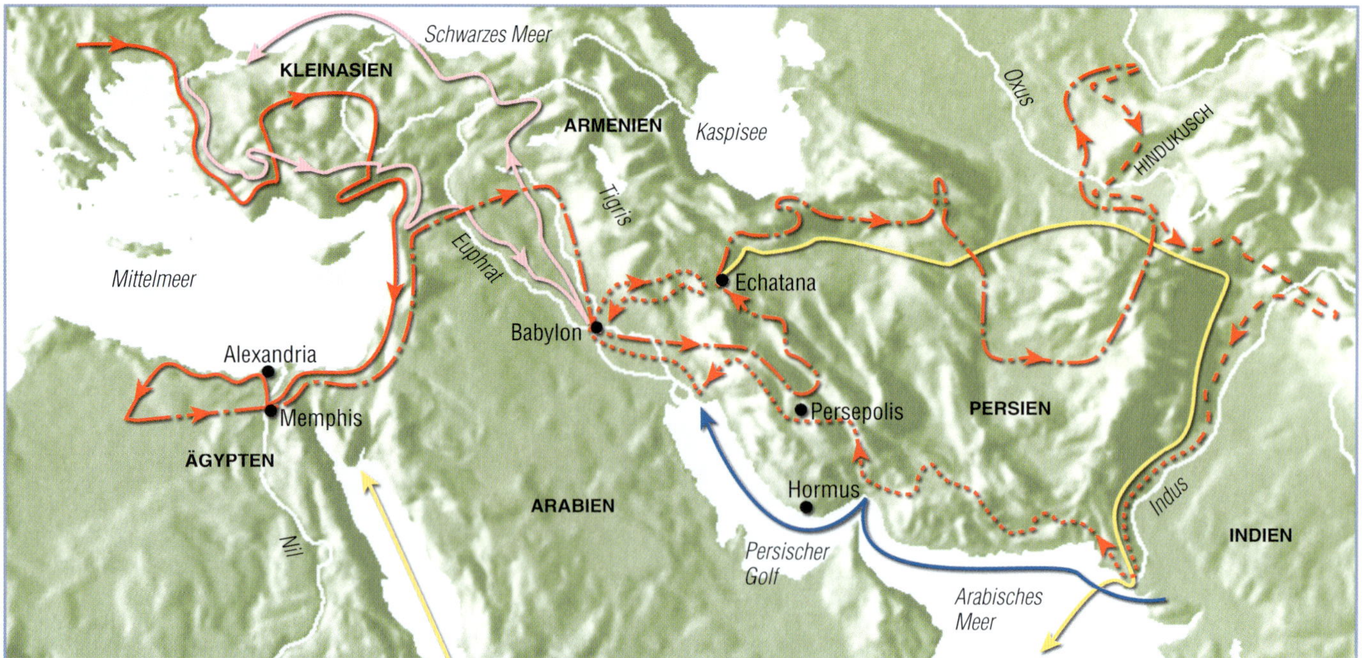

Persische und griechische Expeditionen

Skylax (ca. 520 v. Chr.)	
Die Zehntausend (401 v. Chr.)	
Alexander der Große	
(334–332 v. Chr.)	
(331–329 v. Chr.)	
(328–326 v. Chr.)	
(325–323 v. Chr.)	
Nearchos (326–325 v. Chr.)	

Oben: Persische und griechische Expeditionen nach Asien. Auf seinen Kriegszügen erreichte Alexander der Große Indien und viele Länder, die den Griechen unbekannt waren.

tar zurückzukehren. Auch berichtete er von der Ankunft persischer Gesandter in Äthiopien, die ausgeschickt worden waren, die Möglichkeit einer Eroberung auszuspionieren. Eine weitere Geschichte erzählt von libyschen Kaufleuten, die die Sahara durchquerten, aber von kleinwüchsigen schwarzen Menschen verschleppt worden waren.

Die ersten Seekarten

Marinus von Tyrus (70–130 n. Chr.) war vielleicht ein Grieche, obwohl er aus der phönizischen Stadt Tyrus stammte. Er ist der Erste, von dem man weiß, dass er Seekarten zeichnete. Er kannte das Werk des griechischen Astronomen Hipparchos, der das Netzwerk der Längen- und Breitengrade zur Orientierung entworfen hatte. Marinus übertrug diese Linien auf seine Karten. Sein Meridian, der erste Längengrad, lief durch Rhodos, damals das maritime Zentrum des östlichen Mittelmeerraums.

Oben: Die Ruinen von Tyrus, einem alten Seehafen und Marinus' Geburtsort.

In seinen Büchern, in denen sich Tatsachenberichte mit Fabeln mischen, die aber in den geographischen Angaben erstaunlich akkurat sind, berichtet Herodot auch von den Skythen, einem alten iranischen Nomadenvolk.

Die Griechen konnten ihre Unabhängigkeit von Persien behaupten, doch der Reichtum Persiens übte große Anziehungskraft auf viele Griechen aus. Einer dieser Griechen war Ktesias aus Knidos, der als Arzt am persischen Hof wirkte. Er reiste viel durch Persien und Indien und schrieb nach seiner Rückkehr seine Erlebnisse auf.

DIE ZEHNTAUSEND

Da die Perser aus bitterer Erfahrung wussten, was für heldenhafte Kämpfer die Griechen waren, heuerten sie ihre alten Feinde nun gern als Söldner an. 401 v. Chr. kam es in Persien zu einem Bürgerkrieg, in dem eine griechische Söldnertruppe, die so genannten Zehntausend, auf der Seite des Siegers kämpfte. Da der persische Prinz aber in der Entscheidungsschlacht fiel, mussten die überlebenden Söldner unter Führung des Xenophon den Rückmarsch antreten.

Links: Das Gemälde zeigt Alexander den Großen, der 331 v. Chr. im Triumph Einzug in Babylon hält, nachdem er es von den Persern erobert hatte.

In seinem Buch *Anabasis*, eines der großen Abenteuerbücher der Weltliteratur, beschrieb Xenophon diesen Rückzug, der die überlebenden 8600 Mann in fünf Monaten 3220 km weit von Babylon aus Richtung Norden bis Armenien und zur Küste des Schwarzen Meeres führte, wo sie sich schließlich Richtung Heimat einschiffen konnten. Berichte von solchen Abenteuern erweiterten das Wissen der Griechen über Kleinasien ganz erheblich. Kurz nach dem Marsch der Zehntausend begann der Niedergang des Persischen Reiches, und die Griechen, die sich ihrer militärischen Stärke bewusst waren, hielten die Zeit für einen Rachefeldzug gegen das geschwächte Persien für gekommen.

ALEXANDER DER GROSSE

Die griechischen Stadtstaaten waren untereinander zu stark zerstritten, um freiwillig zusammenzuarbeiten. Doch Philipp von Makedonien, der in seinem Königreich eine ansehnliche Armee aufgebaut hatte, einte die Griechen mit Gewalt und bereitete sich dann darauf vor, die Perser anzugreifen. 336 v. Chr., als er gerade bereit war loszuschlagen, wurde er ermordet, und sein 20-jähriger Sohn Alexander übernahm die Herrschaft. Mit einer Armee von 35 000 Mann fiel er in Kleinasien ein. Er vernichtete zwei große persische Heere, belagerte und eroberte das phönizische Tyrus und wandte sich dann gegen Ägypten. Hier gründete er das nach ihm benannte Alexandria.

Während der nächsten drei Jahre verfolgte er den Perserkönig Darius III. bis tief nach Asien hinein. Babylon, Susa und Persepolis fielen; Darius selbst wurde ermordet. Doch Alexander stürmte weiter – offenbar wollte er die Welt bis an die Grenzen der Erde einnehmen.

Er marschierte durch Afghanistan und über die Höhen des Hindukusch in die Länder östlich des Kaspisees, erreichte die Steppen Südrusslands, eroberte Samarkand und wandte sich dann wieder gen Süden. Erneut überquerte er den Hindukusch und fiel in Indien ein, wo er 326 v. Chr. König Puru, den König von Paurava, besiegte, obwohl der mit Kriegselefanten in die Schlacht gezogen war. Alexanders Vormarsch wurde erst gestoppt, als seine Truppen meuterten.

Doch Alexanders Abenteuer waren noch nicht zu Ende. Er segelte den Indus abwärts zum Indischen Ozean und nahm dann die Küstenroute zurück nach Persien. Nearchos, einer seiner treuesten Offiziere, hatte den Auftrag, mit der Flotte der

Links: Ein griechisches Vasenbild zeigt Alexander, der den Perserkönig Darius III. angreift. Darius, der flüchtete, wurde von einem Provinzgouverneur ermordet, Alexander stieß indessen über den Hindukusch vor.

Hipparchos

Der griechische Astronom und Mathematiker Hipparchos (ca. 190–120 v. Chr.) könnte auch der Vater der Navigation genannt werden. In Nicäa in Bithynien (der heutigen Türkei) geboren, verbrachte er fast sein ganzes Leben auf der Insel Rhodos. Er legte einen Sternenkatalog an, in dem er rund 800 Objekte verzeichnete, und berechnete die Größe von Sonne und Mond sowie ihre Entfernungen von der Erde. Außerdem entwarf er als Erster das Netz von Längen und Breiten zur Ortsbestimmung in der Geographie und zur Navigation der Seeleute.

Küstenlinie zu folgen und dabei alle Informationen zu sammeln, die er nur finden konnte. 325 v. Chr. – nach fünf Monaten auf See – brachte Nearchos die Flotte sicher in einen Hafen am Persischen Golf. Alexander kehrte in seine Hauptstadt Babylon zurück. Dort plante er eine Reihe weiterer Expeditionen, konnte sie aber nicht mehr ausführen, denn 323 v. Chr. starb er. Obwohl sein mächtiges Reich nach seinem Tod zerbrach, lebten seine Errungenschaften fort. Durch seine Reisen, insgesamt eine Strecke von 32 200 km, war das Wissen von der Welt enorm erweitert worden. Alexander hatte den Grundstein für ein dauerhaftes Netzwerk aus Handelsstraßen gelegt, das den Osten mit dem Westen verband.

20 Jahre nach Alexanders Tod schickte Seleukos I., Alexanders Nachfolger in Mesopotamien und Syrien, einen Abgesandten namens Megasthenes nach Indien zum dortigen König Chandragupta. Indien war zwar von Alexander erobert worden, doch nun gewährte Seleukos dem indischen König gerne seine Unabhängigkeit im Tausch gegen eine »Geheimwaffe« – 500 trainierte Kriegselefanten. Megasthenes reiste mehrmals nach Patna, in die Hauptstadt Chandraguptas, und legte in seinem Buch *Indica* einen detailreichen Bericht über den Subkontinent vor.

HANDELSWEGE NACH INDIEN

Der Handel mit Indien war eine potenzielle Schatzgrube, doch die Landroute, der Alexander gefolgt war, erwies sich als langwierig und gefährlich, denn der Seeweg wurde von Indern und Arabern kontrolliert. Um 130 v. Chr. gelangen Eudoxos von Cyzikus zwei Seereisen vom Roten Meer nach Indien.

Fast 200 Jahre später, um 45 n. Chr., entdeckte ein griechischer Händler namens Hippalus das Prinzip, nach dem die Monsunwinde funktionierten. Indem ein Händler sich die jeweils vorherrschende Windrichtung zu Nutze machte, konnte er schnell und sicher über das Meer nach Indien und zurück gelangen.

PYTHEAS SEGELT GEN NORDEN

Obwohl die Griechen im westlichen Mittelmeerraum zahlreiche Kolonien gründeten, segelten sie kaum durch die Straße von Gibraltar am westlichen Ende der ihnen bekannten Welt.

Einer der wenigen, die es wagten, war der aus Massalia (heute Marseille) stammende Pytheas, der um 340 v. Chr. in Massalia lossegelte und der Küste Spaniens und Frankreichs folgend, über den Ärmelkanal kreuzend nach Cornwall kam, wo er wahrscheinlich Zinn einhandelte. Dann segelte er mit seinen Schiffen weit hinauf in den Norden und erreichte ein fernes Land, wo die Sonne nur jeweils für zwei bis drei Stunden unterging.

Pytheas nannte das Land Thule, und Jahrhunderte lang bezeichneten Geographen mit dem Namen »Ultima Thule« ein fernes, weit im Norden liegendes Land. Tatsächlich könnte es sich um die Shetlandinseln, die Färöer, Island oder Skandinavien gehandelt haben. Pytheas segelte weiter, bis dichtes Eis die Passage blockierte, dann segelte er nach Osten und fand eine Insel, auf der es den begehrten Bernstein gab. Möglicherweise hatte er die Ostsee erreicht, ehe er heimkehrte und seine Reise in seinem Buch *Der Ozean* beschrieb.

Oben: Die Karte zeigt den Weg, den der griechische Händler und Abenteurer Pytheas im 4. Jahrhundert v. Chr. nahm. Auf seiner Reise, die mehrere Jahre dauerte, brachte er etwa 12 800 km hinter sich – gewiss die längste Seereise der Antike. Pytheas soll als Erster die nördliche Packeisgrenze erreicht haben.

KARTHAGO UND ROM

Die Griechen hatten zahlreiche Stützpunkte im westlichen Mittelmeerraum, doch ihrer kolonialen Ausbreitung und ihren Handelsinteressen stand eine starke Macht gegenüber: Karthago. Diese Stadt an der nordafrikanischen Küste (im heutigen Tunesien) war von den Phöniziern als Kolonie gegründet worden, doch bereits um 500 v. Chr. war sie ein unabhängiger Stadtstaat, der seinerseits Kolonien gründete, die weite Teile Nordafrikas, Spaniens, Sardiniens und Siziliens kontrollierten.

Karthago lebte vom Handel und wachte eifersüchtig über alle Informationen, die den Handelsrivalen einen Vorteil hätten bieten können. Als die Römer die Stadt 146 v. Chr. dem Erdboden gleich machten, gingen damit auch alle Geheimnisse ihrer Reiserouten unter. Lediglich Hinweise auf eine Reise in den Nordatlantik wurden überliefert.

Bereits um 500 v. Chr., also lange vor Pytheas, soll der Karthager Himilko durch die Straße von Gibraltar an der Küste Spaniens und Frankreichs entlang nach Norden gesegelt sein. Die Details der sehr gefährlichen Reise sind nicht bekannt, doch scheint Himilko Irland und Britannien erreicht zu haben. Auch berichtete er, dass er in Flauten geraten sei und gegen Seetang habe ankämpfen müssen. Diese Einzelheiten lassen vermuten, dass er nach Westen abgedriftet und in die Sargassosee südwestlich der Azoren geraten war. Himilkos Reise wurde nicht wiederholt, vielleicht hielten die Karthager den Nordatlantik für zu gefährlich für ihre Galeeren. Doch ein paar Jahre später unternahm ein anderer Karthager die einzige Seereise, von der ein Augenzeugenbericht überdauert hat. Der Expeditionsleiter Hanno ließ in der Stadt eine Bronzeplatte zur Erinnerung an seine Fahrt aufstellen, deren Aufschrift von einem griechischen Bewunderer abgeschrieben wurde – so blieb der Text erhalten.

Hannos Expedition war ein ernstes, von langer Hand geplantes Unternehmen, dessen Ziel weniger die Erkundung war als vielmehr die Gründung neuer karthagischer Kolonien entlang der Atlantikküste Marokkos. Seinem eigenen Bericht zufolge segelte Hanno mit 60 Schiffen los, jedes mit 50 Ruderern bestückt und mit insgesamt 30 000 Passagieren. Die Fahrt durch die Straße von Gibraltar verlief glatt, und die Flotte segelte südwärts entlang der afrikanischen Küste, wo sie von Zeit zu Zeit kleine Gruppen von Kolonisten absetzte.

Nachdem das erledigt war, segelte Hanno weiter an der Küste entlang, bis zu einem Fluss mit zwei Mündungen, den er ein Stück weit landeinwärts befuhr. Wieder der Küste folgend, umschifften die Seeleute eine große Bucht, ließen einen Berg hinter sich und erreichten eine zweite Bucht. Inzwischen aber begannen die Nahrungsvorräte knapp zu werden und so trat Hanno die Rückfahrt an.

Strabons *Geographie*

Der griechische Geograph, Reisende und Schriftsteller Strabon wurde im 1. Jahrhundert v. Chr. geboren. Zu seinen Werken zählt eine 47 Bände umfassende *Geschichte,* die aber verloren ging. Aus seiner 17-bändigen *Geographie* ist uns vieles über andere Wissenschaftler und Reisende, wie etwa Eudoxus, bekannt. Strabon beschreibt darin die damals bekannte Welt von Irland bis zum Kaspisee, von Indien bis Äthiopien, doch schloss er auch ganz offensichtlich übertriebene Reiseberichte mit ein. Eine von Strabons Reisen führte ihn nach Ägypten, wo er den »tönenden Memnon« besuchte, einen von zwei alten, teilweise zerstörten Sandsteinkolossen bei Theben, von der bei Sonnenaufgang Töne ausgingen. Strabon vermutete einen Trick, doch könnte es sich um ein natürliches Phänomen gehandelt haben.

DIE EROBERUNGSZÜGE JULIUS CÄSARS

146 v. Chr. wurde Karthago durch die Römer unterworfen und vollkommen zerstört. Die Römer waren Imperialisten, die, wie Alexander der Große, ein Weltreich errichten, also erobern und weniger erforschen wollten. Dennoch erschlossen sie dadurch Kenntnisse über neue Länder, die den Mittelmeervölkern bisher unbekannt gewesen waren.

Rom kontrollierte bereits den größten Teil der mediterranen Welt, als 58 v. Chr. ein Militärführer mittleren Alters namens Gaius Julius Cäsar die Alpen überquerte und nach Gallien (das heutige Frankreich) vordrang. In den kommenden zwei Jahren überraschte Cäsar seine Landsleute durch sein militärisches Genie, denn er errang eine Reihe von Siegen über die Gallier und machte so die Römer zu Herren in einem riesigen Gebiet, das weit von ihrer vertrauten Heimat entfernt lag.

Unten: Dieser Reliefstein aus der Zeit um 200 n. Chr. zeigt einen karthagischen Seemann, der eine Corbita, ein kleines Küstenschiff, segelt.

Ptolemäus' *Einführung in die Geographie*

Claudius Ptolemäus war ein griechischer Geograph und Astronom, der während der römischen Zeit in Alexandria in Ägypten wirkte und dort zwischen 127 und 145 n. Chr. seine berühmtesten Werke verfasste. Auf der Grundlage der falschen Annahme, dass die Erde im Mittelpunkt stehe und Sonne und Planeten sich um sie drehten, schuf er ein astronomisches System.

Sein größtes Werk war die 8-bändige *Einführung in die Geographie,* eine Zusammenfassung des gesamten geographischen Wissens der Zeit. Seine Weltkarte war ziemlich genau; sie zeigte die Lage der britischen Inseln, des Mittelmeers, des Kaspisees und des Ostens bis nach Java. Sein Weltbild beeinflusste die Kartographen bis weit ins 16. Jahrhundert hinein.

Oben: Die ptolemäische Karte der bekannten Welt sollte Reisende Jahrhunderte lang beeinflussen. Kolumbus benutzte sie im 15. Jahrhundert, um nach Westen zu segeln und vermeintlich Asien zu erreichen, und auch Kapitän Cooks Suche nach der *Terra Australis* wurde von ihr beeinflusst.

Die Gallier gehörten zu den Kelten, einem Volk, das sich über große Teile Europas verbreitet hatte. Weitere keltische Stämme lebten jenseits des Ärmelkanals in Britannien, was für die Römer eine wahrlich weit entfernte Insel war. Dennoch wagte Cäsar 55 und 54 v. Chr. zwei Expeditionen dorthin, obwohl, wie Cäsar schrieb, »nur Händler Britannien besuchen und selbst die nur den Teil der Küste kennen, der Gallien gegenüber liegt«, also über Britannien selbst so gut wie nichts bekannt war.

Cäsar beobachtete, dass die britischen Krieger ihre Körper mit Waid, der blauen Farbe aus den Blättern der Färberwaide, bemalten, um so ihre Feinde zu erschrecken. Auch gab er einen erstaunlich genauen Bericht von der Geographie Britanniens, obwohl seine Expeditionen kaum mehr waren als kurze Demonstrationen seiner militärischen Stärke.

Cäsar kehrte danach nicht mehr nach Britannien zurück. Nach einem langen und blutigen Bürgerkrieg machte er sich selbst zum obersten Herrscher Roms und fiel 44 v. Chr. im Senat von Rom einem Attentat zum Opfer. Weitere Bürgerkriege erschütterten das Römische Reich. Als die Kriege endeten, war Rom keine Republik mehr, sondern ein von allmächtigen Kaisern regierter Staat. Unter Claudius, dem vierten dieser Kaiser (41–54 n. Chr.), richteten die Römer ihre Augen wieder auf Britannien. Im Jahr 43 fielen römische Soldaten unter der Führung von Aulus Plautius in Britannien ein und begannen, die Bevölkerung zu unterwerfen. Nach und nach wurde der größte Teil Britanniens eingenommen, nur Schottland wurde nie erobert.

Lediglich Gnäus Julius Agricola stieß mit seinen Truppen etwa bis zum heutigen Inverness vor. Während der sechs Jahre seines Oberkommandos ordnete Agricola eine Erkundungsreise an, die seine Zeitgenossen sehr beeindruckte, denn er schickte

Oben: So stellte sich ein späterer Künstler Julius Cäsar 55 v. Chr. bei der Invasion Britanniens vor. Feindliche Briten – Gesicht und Körper mit Farbe blau angemalt – bereiteten ihm einen unfreundlichen Empfang. Der militärischen Überlegenheit der Römer hatten die Briten aber letztlich nichts entgegenzusetzen.

eine Flotte rund um die britische Insel, womit er den Beweis lieferte, dass es sich tatsächlich um eine Insel handelte.

RÖMER IN AFRIKA

Nachdem die Römer 30 v. Chr. Ägypten annektiert hatten, sandten sie Expeditionen nilaufwärts, in der Hoffnung, die Quelle des Flusses zu entdecken. Doch die unpassierbaren Sümpfe im Gebiet des südlichen Sudans machten ein Weiterkommen unmöglich. Auch verringerte sich um diese Zeit der römische Expansionsdrang, nicht zuletzt weil militärische Vorstöße in unbekannte Territorien immer wieder als Desaster endeten. Vor allem Nordafrika bot viele unangenehme Überraschungen.

42 n. Chr. gelang es einem Heerestrupp unter Führung von Suetonius Paulinus den Atlas in Nordafrika zu überwinden und zur Nordgrenze der Sahara vorzustoßen, die unüberwindlich schien. Als Rom aber im Jahr 86 mit den einheimischen Stämmen Frieden schloss, die die Sahara kontrollierten, konnten zwei Expeditionen losgeschickt werden, die erkunden sollten, was hinter der Wüste lag. Julius Maternus war mit seinen Leuten erfolgreich; nach vier Monaten beschwerlicher Reise erreichten sie ein Land, das sie Agisymba nannten, das »Land, wo sich die Nashörner versammeln«.

Bis zum 2. Jahrhundert war den Römern ein überraschend großer Teil der antiken Welt bekannt. Handel spielte dabei eine ebenso große Rolle wie Eroberung. Gewürzrouten durch den Indischen Ozean und die quer durch Asien führende Seidenstraße verbanden Rom indirekt mit dem Fernen Osten. Normalerweise wanderten die Güter auf diesen Straßen durch viele Hände, doch vermutet man, dass es ab etwa 166 einigen römischen Händlern gelang, bis nach China zu segeln.

Rechts: Ein Wasserfall im nordafrikanischen Atlasgebirge. 42 n. Chr. führte der römische General Suetonius Paulinus eine Expedition vom heutigen Marokko südwärts über die Berge und entdeckte die Nordgrenze der unendlichen Weiten der Sahara.

CHINESISCHE ENTDECKER

Die Kulturen, die im Mittelmeerraum und im Mittleren Osten entstanden waren, lagen nahe genug beieinander, um sich gegenseitig durch Kontakte zu beeinflussen. China dagegen war von diesen Ländern durch die enorme Entfernung, durch Wüsten und Gebirgszüge getrennt. So entwickelte sich China zu einer eigenen Welt, die sich weitgehend selbst genügte.

Die chinesische Hochkultur bildete sich ab etwa 1600 v. Chr. entlang der Ufer des Hoangho, des Gelben Flusses. Bereits während der ersten beiden Dynastien erfanden die Chinesen eine Schrift, eine ausgefeilte Bronzetechnologie und stellten hochwertige Keramik und Seide her. Außerdem entwickelten sich zwei bedeutende Religionssysteme – der Konfuzianismus und der Taoismus.

Ab 770 v. Chr. begann das Land in kleinere rivalisierende Staaten zu zerfallen, doch einem Herrscher der Ch'in, Shihuangdi (221–210 v. Chr.), gelang es, das Reich zu einigen und sich zum ersten Kaiser des Riesenreiches zu proklamieren. Jede Opposition wurde gnadenlos unterdrückt. China wurde ein zentralisierter Beamtenstaat, der sich durch den Bau der Großen Mauer vor dem Eindringen der Barbaren zu schützen suchte.

Doch auch für die Dynastie der Han, die auf die Ch'in folgte, blieben die außerhalb Chinas lebenden nomadischen Barbaren eine ernste Bedrohung. 128 v. Chr. entschloss sich Kaiser Liu Ch'e (Wu), die gefürchteten Hsiung Nu, die Hunnen, dadurch in Schach zu halten, dass er den Yüeh Chih, die gerade von den Hunnen besiegt worden waren, ein Bündnis vorschlug. Als Vermittler schickte er einen Höfling namens Chang Ch'ien. Kaum hatten sie sich aufgemacht, wurden Chang Ch'ien und seine Begleiter von den Hunnen gefangen genommen; Chang verbrachte zehn Jahre bei ihnen, ehe ihm die Flucht gelang. Entschlossen, seinen ursprünglichen Auftrag auszuführen, reiste er zu den Yüeh Chih, die er in Baktrien (dem heutigen Afghanistan) fand, doch waren diese inzwischen so weit von ihren alten Feinden weggezogen, dass sie ihnen kampflos ausweichen konnten. 116 v. Chr. kehrte Chang Ch'ien nach China zurück, ohne seine Mission – ein Bündnis mit den Yüeh Chih zu schmieden – erfüllt zu haben. Dennoch war der Kaiser von seinem Gesandten so beeindruckt, dass er ihn erneut losschickte, diesmal zum zentralasiatischen Volk der Wusun. Dort hatte er Erfolg und arrangierte eine Zweckheirat, die half, die Hunnen in Schach zu halten und Chinas Einfluss in westlicher Richtung auszudehnen. Es entstand nun die als Seidenstraße bekannte große Handelsroute nach Westen.

DIE SEIDENSTRASSE

Die Seidenstraße führte von Oase zu Oase um das Tarimbecken, über die Berge des Pamir und durch die Ebenen Persiens bis zur Hafenstadt Antiochia in Syrien und durchquerte dabei Länder, die von vielen verschiedenen Völkern beherrscht und kontrolliert wurden. Die Karawanen mit den kostbaren

Unten: Eine Passstraße im Karakoram-Gebirge. Sie bildete einen Teil der alten Seidenstraße, die China mit dem Römischen Reich verband.

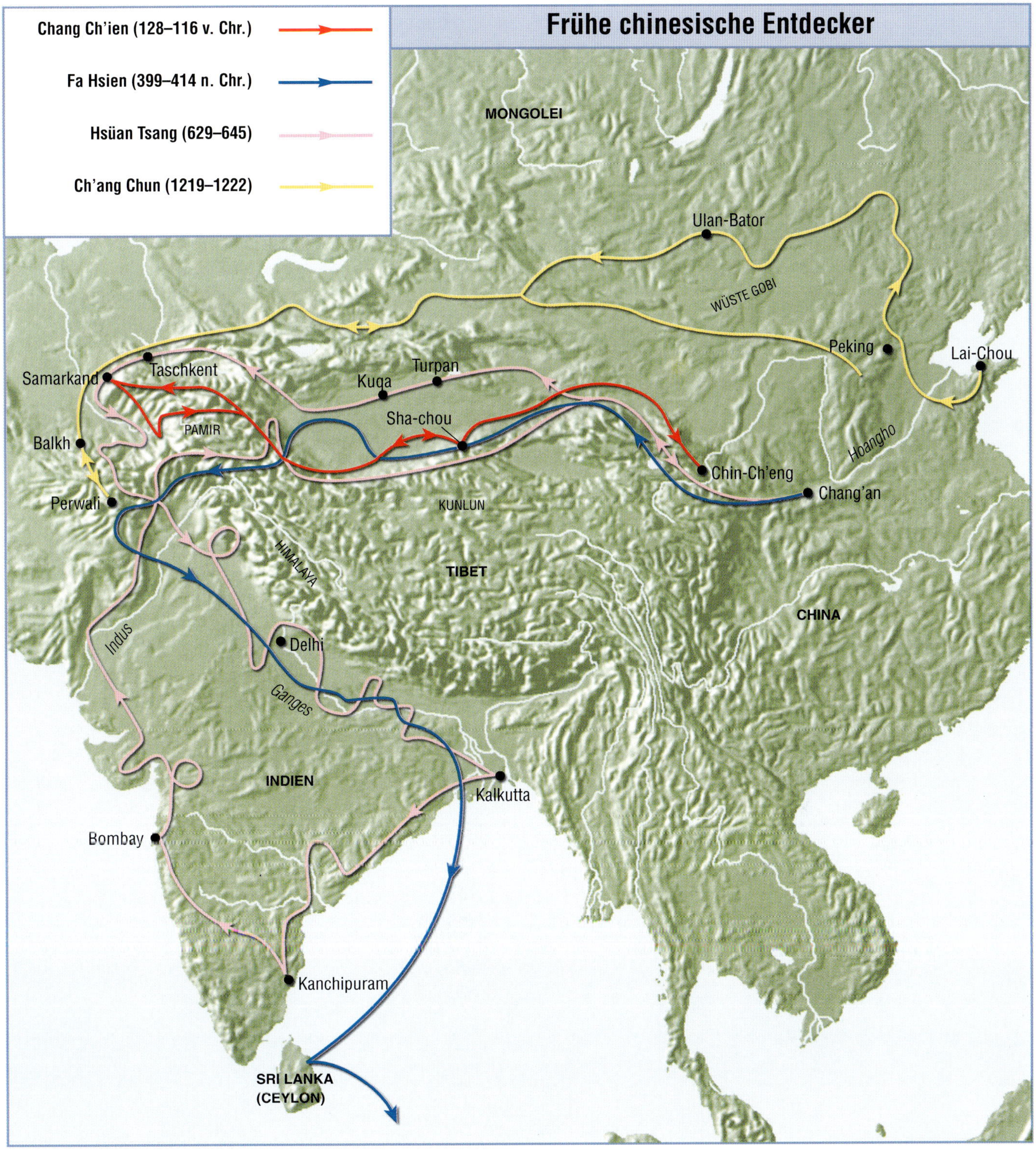

Waren wurden jeweils von Land zu Land von anderen Händlern übernommen, sodass normalerweise kein einzelnes Individuum die ganze Strecke zurücklegte. Dadurch wussten Römer und Chinesen so gut wie nichts voneinander. Lediglich einmal unternahmen die Chinesen einen Versuch, direkten Kontakt aufzunehmen. Im Jahre 97 wurde Kan Ying nach Rom geschickt und erreichte wohl eine Hafenstadt am Schwarzen Meer. Dort warnte man ihn jedoch, dass die Reise gewiss noch zwei weitere Jahre beanspruchen werde. Entmutigt trat er den Rückweg an. Man vermutet, dass Parther, die vom regen Handel profitierten, verhindern wollten, dass ihre Rolle als Mittelsmänner durch die direkte Kontaktaufnahme überflüssig wurde.

AUF DER SUCHE NACH WEISHEIT

Die Religion erwies sich letztlich als ein noch stärkeres Motiv für Entdeckungsreisende als der Handel. Während des 6. Jahrhunderts v. Chr. war in

Oben: Die Reisewege, die chinesische Gesandte, Händler und Mönche auf der Suche nach Wissen und Profit nahmen, führten durch ausgedehnte Wüsten und über hohe Gebirgsketten.

Indien der Buddhismus als neue Religion entstanden und verbreitete sich bald nach Zentralasien. Im 3. nachchristlichen Jahrhundert erreichte er China und gewann dort eine große Zahl von Anhängern. Da die chinesischen Buddhisten jedoch fürchteten, die Botschaft des Gründers sei auf der langen Reise von Indien her im Laufe der Zeit verfälscht worden, kamen die risikoreichen Pilgerreisen nach Indien zu den Schreinen Buddhas in Mode.

Der erste Chinese, von dem man weiß, dass er Indien besuchte, war ein Mönch namens Fa Hsien. 399 verließ er die chinesische Großstadt Changan, reiste auf der Seidenstraße bis zum Pamir, wandte sich dann gen Süden und erreichte den Indus. Seinem eigenen Bericht zufolge dauerte die Hinreise fünf und die Rückreise drei Jahre.

In seinem ausführlichen Bericht über diese Reise befasste sich Fa Hsien vor allem mit den Gefahren, Qualen und Mühen, die er durchzustehen hatte. Die Wüsten, behauptete er, seien voll von gebleichten Knochen der unglücklichen Reisenden, die hier verdurstet oder Opfer böser Geister geworden seien. Im Pamir würden Feuer speiende Drachen leben, und nur einem von 10 000 würde es gelingen, eine solche Reise zu überleben.

Fa Hsien zufolge besaß Indien eine wohlhabende, gastfreundliche buddhistische Gemeinde, gut behütete Schreine und gigantische, Ehrfurcht einflößende Buddhastatuen. Es überrascht also nicht, dass viele chinesische Buddhisten Fa Hsiens Warnungen in den Wind schlugen und selbst nach Indien reisten.

Im 7. Jahrhundert begann der Niedergang Indiens und des Buddhismus. Ein Mönch namens Hsüan Tsang machte sich 629 von Changan aus auf den Weg nach Indien und folgte in etwa der Route, die Fa Hsien genommen hatte. Er bereiste ganz Indien und kehrte über den Pamir und die Wüstenoasen 16 Jahre später, im Jahr 645, nach China zurück. Hsüan Tsangs Reisebericht gibt ein anschauliches Bild von den unsicher gewordenen Verhältnissen. Einmal waren er und seine Gefährten von Banditen überfallen und bis auf die Unterkleider ausgeraubt worden. Andererseits beschenkte ihn der buddhistische König Harsha mit Gold, Silber und Elefanten für die Heimreise. Diese Lasttiere brauchte er dringend, denn Hsüan Tsang brachte Hunderte von Manuskripten und zahllose Reliquien aus Indien mit. Da der Buddhismus in Indien einen Tiefpunkt erreichte, wurden durch

Die chinesische Dschunke

Die Dschunke war sowohl das Handels- als auch das Kriegsschiff der Chinesen. Diese Segelschiffe waren oft sehr groß und konnten – wie Marco Polo berichtete – bis zu 60 Kabinen und vier Decks haben. Das charakteristische Aussehen verdankt die Dschunke ihrem quadratischen Bug, dem langen Steuerruder und den quer durch Bambusstangen versteiften Segeln. Die besondere Bauart erlaubte die Aufnahme riesiger Ladungen.

Mit diesen Schiffen unternahmen die Chinesen Seereisen, die sie bis zu den Philippinen und den Gewürzinseln (Molukken) brachten. Im 12. und 13. Jahrhundert erreichten Dschunken Indien und Afrika. Die Dschunke blieb bis in die Moderne hinein das typische chinesische Schiff.

Oben: Die chinesischen Dschunken verfügten schon 1500 Jahre vor anderen Schiffen über ein bewegliches Ruder am Achtersteven und über mehrere Masten.

Unten: Als Hsüan Tsang nach einer 16-jährigen Indienreise nach China zurückkehrte, führte er mit heiligen buddhistischen Reliquien beladene Packpferde mit sich.

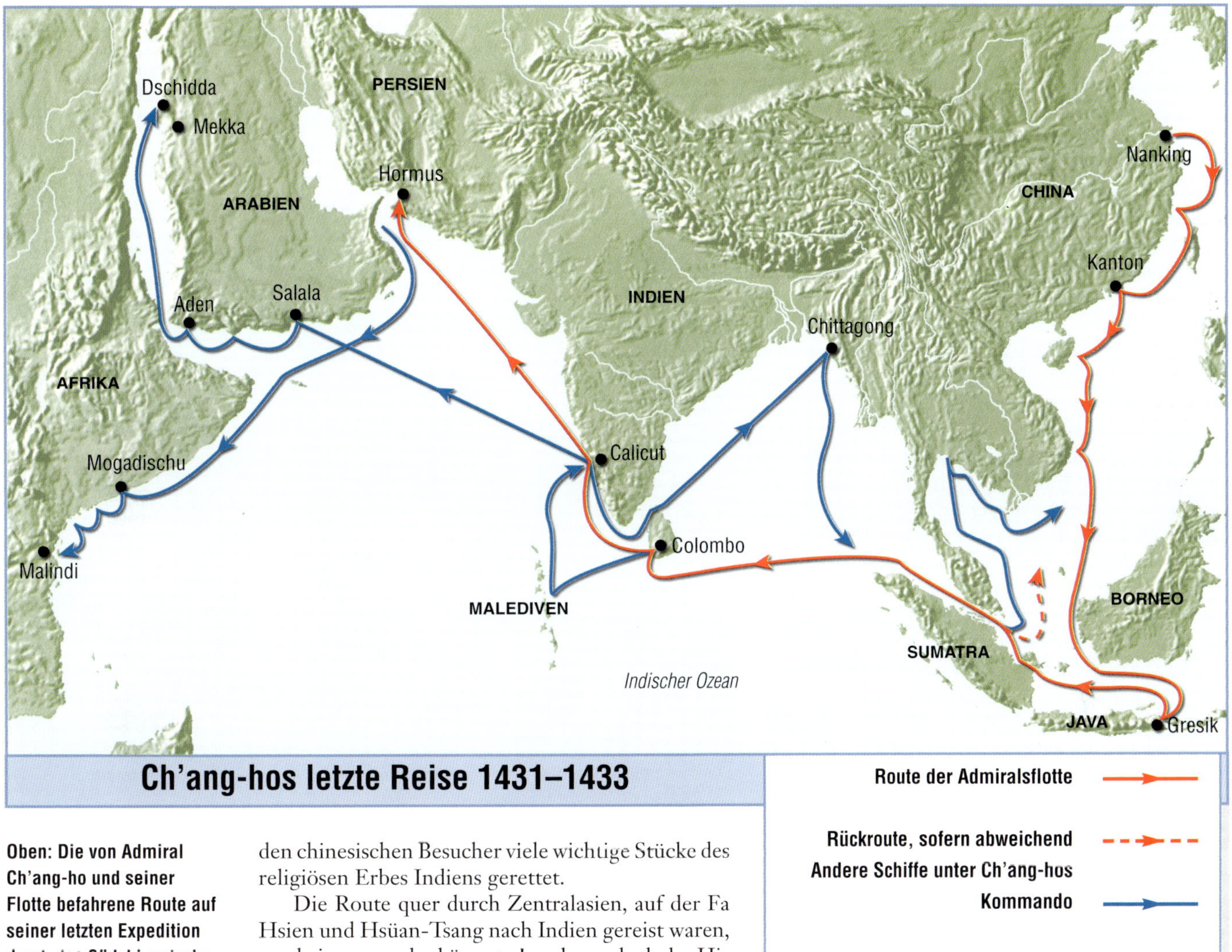

Ch'ang-hos letzte Reise 1431–1433

Oben: Die von Admiral Ch'ang-ho und seiner Flotte befahrene Route auf seiner letzten Expedition durch das Südchinesische Meer nach Indien, Arabien und Ostafrika.

den chinesischen Besucher viele wichtige Stücke des religiösen Erbes Indiens gerettet.

Die Route quer durch Zentralasien, auf der Fa Hsien und Hsüan-Tsang nach Indien gereist waren, war keineswegs der kürzeste Landweg, doch der Himalaja und die Dschungel Südostasiens machten einen kürzeren Weg unmöglich. Nun eröffnete allerdings die mit dem Gewürzhandel verknüpfte Entwicklung der Seefahrt die Möglichkeit, per Schiff nach Indien und sogar weiter zu reisen. Als sich der Buddhismus nach Süden ausbreitete, bot sich chinesischen Pilgern die Möglichkeit, überall unterwegs in buddhistischen Klöstern Halt zu machen und dort Sanskrit, die Sprache der buddhistischen Klassiker, zu lernen. I Ching, ein chinesischer Reisender des 7. Jahrhunderts, riet den chinesischen Mönchen, seinem Beispiel zu folgen, und ein Jahr in Srivijaya (einem mächtigen Reich auf Sumatra) zu verbringen, ehe sie nach Indien weiterreisten.

Pilger wie I Ching reisten nicht in chinesischen Schiffen. Die Chinesen handelten in ihren eigenen Gewässern, aber die Seefahrt außerhalb ihrer Territorien überließen sie den Händlern anderer Länder. Erst unter den Kaisern der Sung-Dynastie im 12. Jahrhundert schickten sie ihre Dschunken bis nach Japan und übernahmen die Kontrolle über den östlichen Teil der Gewürzrouten.

Ein weiterer weit gereister Mönch war Ch'ang Chun, 1188 religiöser Unterweiser des Kaisers Shih Tsung. 1219 befahl ihn der Mongolenkaiser Dschingis Khan zu sich und ohne Zögern machte sich der 71-jährige Mönch, der in Lai-Chou in Ostchina lebte, mit 20 Mongolen und 19 seiner Schüler auf den Weg. Er durchquerte die Wüste Gobi im Herzen Asiens und kam nach drei Jahren im Lager des Khans in den Bergen des Hindukusch an.

DIE SEEREISEN DES CH'ANG-HO

Unter Tsch'eng-tsu (Yung Lo), einem Kaiser der Ming-Dynastie, erreichten die seemännischen Ambitionen der Chinesen ihren Höhepunkt. Zwischen 1405 und 1433 entsandte der Kaiser unter der Leitung des angesehenen Admirals Ch'ang-ho nicht weniger als sieben Schiffsexpeditionen. Die Flotte umfasste Dutzende von Dschunken und mehrere tausend Seeleute.

Die Reisen führten Ch'ang-ho zu den Inseln Indonesiens, nach Sri Lanka und zur Straße von Hormus am Eingang des Persischen Golfs und bis an die Küste Ostafrikas. Ch'ang-ho knüpfte diplomatische und Handelsbeziehungen mit mehr als 35 Ländern, doch kurz nach seinem Tod im Jahre 1435 zog sich China auf seine alte Position, dass das Ausland ihm nichts zu bieten hätte, zurück. Ch'ang-hos Aufzeichnungen wurden vernichtet und China schottete sich wieder von der Außenwelt ab.

DIE WIKINGER

Im 2. Jahrhundert n. Chr. erreichte das Römische Reich den Höhepunkt seiner Macht, danach begann sein langsamer Niedergang. Während das gewaltige Reich zerbrach und die Legionen aus den Randgebieten abgezogen wurden, fielen die so genannten Barbaren an den Grenzen in das Reich ein. Ende des 5. Jahrhunderts brach der Westen des Reiches endgültig zusammen und einige Jahrhunderte lang herrschte großes Chaos in Europa.

Zu den kuriosen Gestalten jener wirren Zeit gehört Cosmas Indicopleustes (»Indienfahrer«), ein Kaufmann aus Alexandria in Ägypten. Mitte des 6. Jahrhunderts reiste er kreuz und quer durch Ostafrika, die Gegend um das Rote Meer und durch Palästina, doch gibt es keinen Beweis dafür, dass er wirklich bis nach Indien kam. Bei seiner Rückkehr wurde er christlicher Mönch und schrieb ein Buch mit dem Titel *Christliche Topographie*, das ein Bild von der Welt geben sollte. Die Erde stellte er sich als flache Scheibe vor, die rundum von einer hohen Mauer umgeben war und einen zusätzlichen Kontinent enthielt, auf dem die Menschen vor der Sintflut gelebt hatten. Der Himmel war für ihn eine Kuppel mit Wänden. Diese Mischung aus Bibelauslegung und purer Fantasie war typisch für die Geographen und Kartographen des Frühmittelalters; noch 200 Jahre später bediente sich Beatus von Valcavado ganz ähnlicher Methoden.

Es ist schwer, bei Berichten aus jener Zeit, Tatsachen und Legenden zu entflechten. So stimmt es, dass der heilige Brendan (oder Brennain) um 560 das Kloster Clonfert in Irland gründete. Doch hat er auch, wie eine Heiligenlegende aus dem 9. Jahrhundert berichtet, eine sieben Jahre dauernde Seereise auf dem Atlantik unternommen? Angeblich soll er zusammen mit 17 Mönchen unterwegs gewesen sein, das »Land der Seligen« entdeckt und dabei viele Abenteuer bestanden haben, die sich jedoch kaum von den legendären Heldentaten anderer Sagengestalten unterscheiden und wohl reine Fantasien sind.

Oben: Im 9. und 10. Jahrhundert waren die gefürchteten Wikinger die Geißel Europas. Ohne Vorwarnung tauchten sie plötzlich mit ihren Langschiffen auf, griffen Dörfer und Städte an den Küsten und Flussufern an, plünderten und raubten, was sie brauchten und legten meist Feuer, ehe sie wieder verschwanden.

Zuverlässiger sind die Hinweise darauf, dass die Iren in ihren Currach genannten, zerbrechlich aussehenden und mit Fellen bespannten Booten weite

Die Weltkarte des Beatus

Die Kartographie des europäischen Mittelalters war mehr von religiösen Vorstellungen als von Beobachtungen geprägt. 776 schrieb der spanische Mönch Beatus von Valcavado einen *Kommentar zur Apokalypse,* dem er einen Weltkarte anfügte, die bis ins 13. Jahrhundert immer wieder kopiert wurde. Jerusalem lag in der Mitte der als Scheibe gedachten Erde, die rundum von Wasser umgeben war. Die Karte zeigte die drei bekannten Kontinente, doch alles war verzerrt und höchst ungenau, denn es handelte sich eher um eine religiöse Meditationshilfe als um eine Weltkarte für Reisende. So weist sie den Ort des Garten Eden auf den Bergen von Asia Minor (heutige Türkei) aus. An der rechten Seite (= Süden) zeigt sie einen vierten, als sehr heiß bezeichneten Kontinent – Wohnort der so genannten Antipoden.

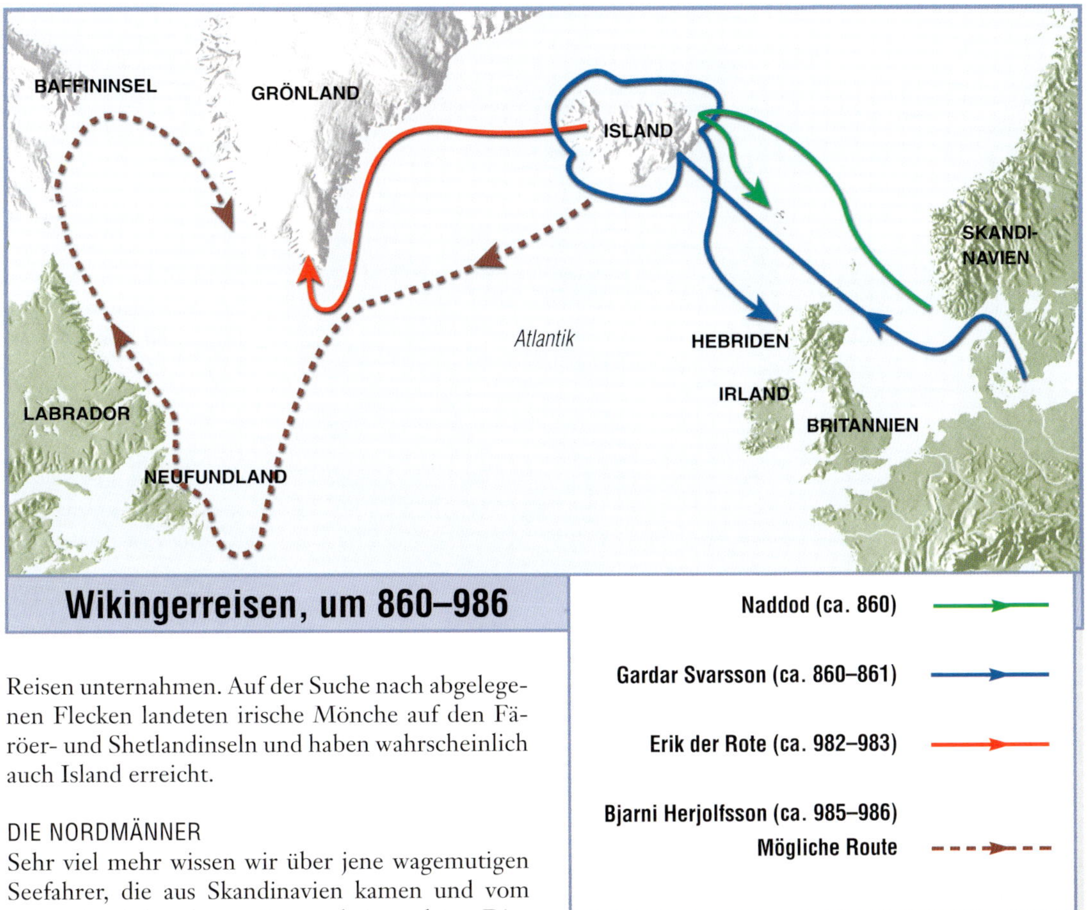

Links: Nur die Reise Eriks des Roten war ein gezieltes Unternehmen. Die anderen Routen galten als unbeabsichtigtes Abdriften vom Kurs.

Reisen unternahmen. Auf der Suche nach abgelegenen Flecken landeten irische Mönche auf den Färöer- und Shetlandinseln und haben wahrscheinlich auch Island erreicht.

DIE NORDMÄNNER

Sehr viel mehr wissen wir über jene wagemutigen Seefahrer, die aus Skandinavien kamen und vom späten 8. Jahrhundert an Europa heimsuchten. Die-

Unten: Da Erik der Rote von einem Land im Westen gehört hatte, segelte er los und entdeckte Grönland.

se Norweger, Schweden und Dänen werden meist unter dem Namen Wikinger zusammengefasst, nach der Bezeichnung »Wikingar« (Krieger), die sie sich selbst gaben. Franken und Germanen bezeichneten sie jedoch als die Nordmänner oder Normannen; für die Iren waren sie Ostmannen und für die Russen Wäräger. Wie ihr Name auch lauten mochte, immer verbreiteten die plötzlich in friedliche Dörfer und Städte einfallenden Männer Angst und Schrecken, denn sie waren auf Raub, Plünderung und gelegentlich auch auf dauerhafte Eroberung aus und gründeten entlang der Küsten Westeuropas sowie in Britannien viele Niederlassungen.

Durch die Flussmündungen segelten sie tief ins europäische Binnenland hinein, wobei die friedlicheren schwedischen Wikinger vor allem auf Handel aus waren. Durch die gewaltigen Ströme Russlands kamen sie bis zum Schwarzen Meer und zum Kaspisee. Sie besiedelten die nach ihnen benannte französische Normandie und gründeten in Kiew den ersten russischen Staat. Von hier über das Schwarze Meer stießen sie bis Konstantinopel (heute Istanbul) vor, wo der Kaiser sich eine Leibgarde aus Wikingern anheuerte.

Niemand weiß, warum es die Wikinger in so großer Zahl in die Welt hinaus trieb. Manche vermuten, dass die Bevölkerung so rasch wuchs, dass das Land die Menschen nicht ernähren konnte.

Links: Das im 10. Jahrhundert von Erik dem Roten entdeckte Grönland. Dieser Wikinger entstammte einer streitsüchtigen Familie. Schon sein Vater hatte in Norwegen einen Mann erschlagen und war deshalb nach Island ausgewandert. Jahre später musste Erik aus demselben Grund eine neue Bleibe außerhalb Islands suchen – und fand Grönland. Die Küstenstreifen der von ihm entdeckten Insel waren tatsächlich grün, denn zu Eriks Zeit herrschte ein sehr viel milderes Klima im Norden als gegenwärtig.

Das Langschiff der Wikinger

Die Wikinger hatten verschiedene Schiffe, darunter die Knarr, ein bis zu 18 m langes und bis zu 5 m breites Handels- und Frachtschiff, das große Ladungen und viele Menschen aufnehmen konnte. Das berühmteste und gefürchtetste der Wikingerschiffe aber war das Langschiff oder Drachenboot – ein Kriegsschiff, das die Wikinger für ihre Raubzüge benutzten. Der Bauplan der bis zu 30 m langen und höchstens 5 m breiten Schiffe blieb über Jahrhunderte unverändert. Zunächst legte man den meist aus Eiche bestehenden Kiel, dann fügte man Vorder- und Achtersteven an und verband schließlich Bug und Heck Plankengang um Plankengang in Klinkerbauweise. Spanten von Bordwand zu Bordwand sorgten für die innere Festigkeit. Das lange, schmale Schiff verfügte über ein rechteckiges Rahsegel sowie einen in der Mitte des Schiffes stehenden, umlegbaren Mast und konnte bis zu 80 Männer aufnehmen, die das Schiff rudern. Diese relativ leichten Schiffe waren nicht, wie die Knarr, für Hochseefahrten geeignet, aber ideal für Kriegs- und Raubzüge, denn sie waren wendig und als Ruderschiffe unabhängig vom Wind.

Oben: Das gefürchtete Langschiff der Wikinger – mit Rahsegel und umlegbarem Mast.

Die Wikinger griffen nicht nur die damals bekannte Welt an. Auf der Suche nach neuem Land wagten sie sich auch nach Westen auf den Atlantik hinaus. Vielleicht hatte die Besatzung eines vom Wind vom Kurs abgetriebenen Schiffs erstmals im Westen Land gesichtet, weshalb sie dann – aufgrund von Berichten darüber – ganz gezielte Entdeckungsfahrten unternahmen. Bis zum Beginn des 9. Jahrhunderts hatten sie die Färöer- und Shetlandinseln besiedelt, aber Island, das 1280 km von Norwegen und 480 km von den Färöer entfernt liegt, erreichten sie erst um 860, nachdem mehrmals ausgesandte Expeditionen vom Kurs abgekommen waren.

Einer dieser Seemänner war Naddod. Auf der Fahrt von Norwegen zu den Färöer wurde er nach Island abgetrieben, meinte zu sehen, dass die Insel unbewohnt sei und fuhr wieder ab. Ein anderer Seefahrer, Gardar Svarsson, zeigte etwas mehr Unternehmergeist. Auf dem Weg zu den Hebriden, wo er ein Erbe antreten wollte, verschlug es ihn ebenfalls an die Küste Islands. Er sah sich genauer um, fand einen Mönchsstab, ein paar Bücher und andere Hinweise, dass irische Mönche hier gewesen sein mussten. Er folgte der Küstenlinie, überwinterte auf der Nordseite der Insel und umrundete sie vollkommen im nächsten Frühjahr, womit er zugleich bewies, dass es sich um eine Insel handelte.

Wohl aufgrund seines ermutigenden Berichts machte sich ein Mann namens Ingolf Arnarson 874 auf, die Insel zu besiedeln. Er baute sein Haus im Südwesten, wo heute die Hauptstadt Reykjavik liegt. Später kamen weitere Siedler hinzu. Bereits um 930 war Island ein aufblühender, unabhängiger Staat.

WIKINGER ENTDECKEN GRÖNLAND

960, als Erik der Rote und sein Vater nach Island kamen, setzte die nächste Phase der Erkundungszüge der Wikinger ein. Der Vater hatte seinen Nachbarn erschlagen und deshalb Norwegen verlassen müssen. In Island geriet bald auch Erik in ähnliche Schwierigkeiten, und da er nicht nach Norwegen zurück konnte, verließ er Island und segelte Richtung Westen, denn er hatte gehört, dass ein Seemann namens Gunnborn dort vor Jahren Land gesichtet hatte. Erik suchte und fand es und landete am Fuß eines gewaltigen Gletschers.

Drei Winter lang erforschte Erik die Küste, dann kehrte er nach Island zurück. Um Siedler zu ermutigen, mit ihm zu kommen, gab er seiner Entdeckung den verlockend klingenden Namen Grönland (grünes Land), und tatsächlich folgten ihm 985 ein paar siedlungswillige Leute, die sich an der Westküste niederließen. 986 wollte ein Händler namens Bjarni Herjolfsson seine Eltern besuchen, die nach Grönland gezogen waren, doch wurde er nach Südwesten abgetrieben und sah in der Ferne neues, unbekanntes Land. Der vorsichtige Bjarni ging aber nicht an Land, sondern segelte nach Grönland zurück.

Ein paar Jahre später hörte Leif Eriksson, der Sohn Eriks des Roten, Bjarnis Geschichte und entschloss sich, der Sache nachzugehen. Er kaufte Bjarnis Schiff und rüstete eine Expedition aus. Auch

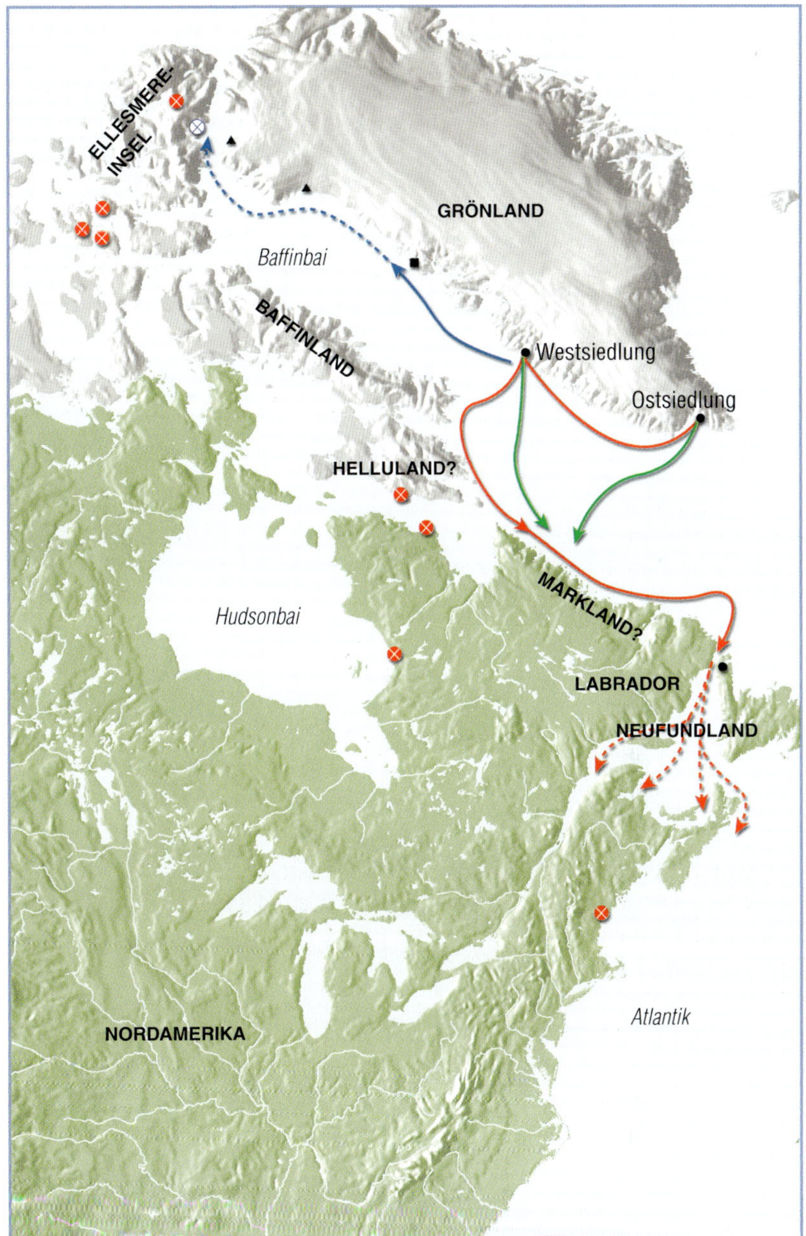

Die Wikinger und Nordamerika

Oben: Nachdem die Wikinger Amerika erreicht hatten, scheinen sie mit den einheimischen Indianern und Inuit bis hinauf zur Ellesmere-Insel Handel getrieben zu haben. Zumindest fand man an vielen Stellen Objekte der Wikinger, darunter Wollkleidung, Eichenspanten und Schiffsnägel.

Mögliche Route des Leif Eriksson (ca. 1000)

Mögliche weitere Erkundungen

Mögliche spätere Routen

Jagd- und Handelsrouten

- ● Bekannte Wikingersiedlungen
- ■ Runensteine
- ▲ Steinsetzungen (vielleicht von Wikingern)
- ⊗ Einzelne Wikingerobjekte zwischen Funden von Inuit und Indianern
- ⊗ Wikingerobjekte zwischen Funden von Inuit

sein Vater Erik wollte dabei sein, doch ein Sturz von einem Pferd verhinderte seine Teilnahme – nicht, weil er sich verletzt hatte, sondern weil ein solcher Sturz als schlechtes Omen galt.

Leif schipperte mit seiner Mannschaft an der Westküste Grönlands aufwärts, bis sie einen öden Flecken erreichten, den Leif Helluland (Steinland) nannte. Wieder Richtung Süden segelnd kamen sie zu einem Landstrich, den Leif als Markland (Waldland) bezeichnete. Schließlich kamen sie zu einem Stückchen Erde, das im Vergleich zu Grönland einem wahren Paradies glich. Das Klima war angenehm, der Weizen gedieh prächtig, es gab saftige Weiden und die Flüsse waren voller Lachse. Dieses Land nannte Leif Vinland, was vielleicht »Weinland« bedeutete.

Das Geheimnis von Vinland

Die isländischen Sagas beschreiben Vinland und die dort von den Wikingern errichtete Niederlassung, der Leif Eriksson, der Gründer, den Namen Leifbudir gegeben haben soll, mit großer Detailfreude. Wo genau dieses Vinland aber lag und was der Name bedeutet, ist bis heute ungeklärt.

Der Norweger Helge Ingstad fand an der Nordspitze Neufundlands bei L'Anse-aux-Meadows Reste einer Wikingersiedlung. Hier, oder vielleicht auf dem nordamerikanischen Festland, könnte Vinland gelegen haben. Auch die Frage, ob Vinland mit »Weinland« übersetzt werden kann, ist ungeklärt. Wein jedenfalls gedeiht so weit nördlich nicht, vielleicht bedeutete der Name »Weideland«.

SIEDLER IN VINLAND

Vinland lag irgendwo an oder in der Nähe der nordamerikanischen Küste, das heißt, Leif und seine Leute waren die ersten Europäer, die amerikanischen Boden betraten. Sie überwinterten dort und kehrten dann nach Grönland zurück.

Da Erik inzwischen gestorben war, musste Leif als ältester Sohn in Grönland bleiben und den Hof führen, sein jüngerer Bruder Thorwald aber segelte nun nach Vinland. Bald jedoch kam es zu Kämpfen mit den Einheimischen, vermutlich mit Algonkinindianern, denen Thorwald zum Opfer fiel. Nun machte sich der dritte Bruder, Thorstein, auf, doch er erkrankte und starb. Thorwalds Witwe Gudrid heiratete den Händler Thorfin Karlsefni, der einen Versuch unternahm eine dauerhafte Siedlung in Vinland anzulegen. Als Einheimische und Wikinger anfingen, Handel zu treiben, kam es zu Streitigkeiten. Die Siedlung erwies sich als nicht mehr sicher genug, und so verließen sie die Kolonisten.

Nun unternahm Leifs Halbschwester Freydis einen Versuch, Vinland zu kolonisieren, doch das Unternehmen endete in einem Blutbad. Freydis stachelte ihren Mann auf, die anderen Führer der Expedition zu ermorden; sie selbst erschlug deren Frauen mit einer Axt. Die Überlebenden verließen Vinland und danach gab es keinen weiteren Versuch einer Besiedlung, obwohl man vermutet, dass Grönländer Amerika sehr viel später erneut besuchten und dabei Bauholz und andere Güter mitnahmen. Im Laufe der Zeit wurde Grönland durch Klimawechsel unbewohnbar. Bis zum 15. Jahrhundert hatten alle Wikinger das Land verlassen oder waren gestorben und die Inuit (Eskimos) hatten das Land wieder für sich.

Die Entdeckung Amerikas haben die Wikinger in zwei isländischen Sagas festgehalten, wobei sie natürlich den Namen Amerika nicht nennen, doch bei den Ländern westlich von Grönland, von denen die Rede ist, kann es sich nur um die Ostküste der Neuen Welt handeln. Außerdem beweisen archäologische Ausgrabungen in Neufundland, dass dort Wikinger gesiedelt haben müssen, Amerika also lange vor Kolumbus erreicht hatten.

Links: In den 1960er-Jahren durchgeführte Ausgrabungen in L'Anse-aux-Meadows an der Nordspitze Neufundlands förderten Überreste von wikingerähnlichen Behausungen zu Tage, von denen das Bild Rekonstruktionen zeigt. Zusammen mit anderen Artefakten der Wikinger scheint dies ein Beweis dafür zu sein, dass die Wikinger die ersten Europäer waren, die in Nordamerika siedelten.

2. Kapitel

DIE GROSSEN ENTDECKUNGS-REISEN

Das späte 15. Jahrhundert war der Beginn des großen Zeitalters der Entdeckungen zur See. Der Entschluss, neue Handelswege zu den im Osten gelegenen Gewürzinseln zu erschließen, spornte abenteuerfreudige Seefahrer an, sich in den kleinen Segelschiffen ihrer Zeit auf die unbekannten großen Ozeane zu wagen. Die Admiräle, die diese Schiffe kommandierten, besaßen keine Seekarten, und auch die Kunst der Navigation steckte noch in den Kinderschuhen. Trotzdem begaben sich diese furchtlosen Männer auf ihre gefährlichen Reisen.

Unten: Die Flotte Fernando Magellans im Oktober 1520 bei der gefährlichen Durchquerung der zum Pazifik führenden, später nach ihm benannten Meerenge an der Südspitze Südamerikas.

DIE REISEN DES KOLUMBUS

Oben: Christoph Kolumbus, der sich in Spanien Cristóbal Colón nannte, war einer der größten Seefahrer seiner Zeit. Er selbst allerdings wusste bis zu seinem Tod nicht, dass er einen völlig neuen Kontinent entdeckt, nicht aber Asien erreicht hatte.

Die »Entdeckung« Amerikas durch Christoph Kolumbus gehört zu den bekanntesten Entdeckungsgeschichten der Welt. Da Kolumbus aufgebrochen war, um eine neue Seeroute nach Asien zu finden, meinte er, als er als er am 12. Oktober 1492 Land sichtete, Indien erreicht zu haben. Tatsächlich hatte er die Bahamas vor der Küste Floridas erreicht und befand sich damit 13 600 km östlich seines angesteuerten Ziels.

Wie hatte ihm ein so fundamentaler Fehler unterlaufen können? Um diese Frage zu beantworten, muss man sich das Wissen der Zeit, in der Kolumbus lebte, vergegenwärtigen.

Christoph Kolumbus wurde 1451 in Genua, in Norditalien, als Sohn eines wohlhabenden Webermeisters geboren. Seinen eigenen Angaben zufolge fuhr er mit 14 Jahren erstmals zur See und stand bald in den Diensten eines Piraten. Er reiste nach Madeira, an der Küste Afrikas entlang und quer über das Mittelmeer. Einem wahrscheinlich übertriebenen Bericht zufolge wurde das Schiff, auf dem er sich befand, 1476 in einem Scharmützel zwischen französischen und portugiesischen Piraten versenkt, und Kolumbus schwamm, an ein Ruder geklammert, 10 km weit bis zur Küste. Auch wenn diese Geschichte erfunden sein sollte, so steht doch außer Frage, dass Kolumbus eine harte Schule durchgemacht und das Handwerk des Seefahrers von Grund auf gelernt hatte.

Genua, Kolumbus' Heimatstadt, war einer der drei großen italienischen Seehäfen jener Zeit. Die Kaufleute Genuas waren durch ihren Handel mit Waren wie Korn, Öl, Wein, Salz, Wolle und Blei sehr reich geworden. Das meiste Geld aber verdienten sie mit begehrten Gewürzen wie Pfeffer, Zimt, Muskat und Nelken.

DER GEWÜRZHANDEL

Der Gewürzhandel hatte im 13. Jahrhundert begonnen, als Karawanen erstmals Gewürze aus dem Osten auf dem Landweg nach Europa brachten. Bis zum 15. Jahrhundert hatte sich der Handel vom Land weitgehend auf die See verlagert, doch die Reise von den so genannten Gewürzinseln, also der Gegend des heutigen Indonesiens, war langwierig und sehr gefährlich. Zunächst brachten chinesische Dschunken die Gewürze nach Malakka an der Westküste von Malaya. Dort übernahmen moslemische Händler die Waren und transportierten sie per Schiff zur Westküste Indiens und von dort durch das Rote Meer nach Ägypten oder durch den Persischen Golf zur Mündung des Euphrats, von wo sie auf dem Landweg bis zum Mittelmeer gebracht werden mussten. Erst nachdem auch das Mittelmeer überwunden war, kamen die Gewürze nach Mitteleuropa. An jedem Umschlagplatz dieser langen Reise wurden die Gewürze teurer, und wenn sie endlich in Europa ankamen, kosteten sie ein Vielfaches dessen, was ursprünglich an den Bauer in Indonesien dafür gezahlt worden war. Ein kürzerer Weg zum Osten bedeutete deshalb vor allem: mehr Profite.

Kolumbus stellte erste Berechnungen an. Auf einer Reise entlang der afrikanischen Westküste beobachtete er die Sonnenhöhe. Auch kannte er arabische Angaben über den Abstand zwischen zwei Längengraden am Äquator. Da er aber die arabische Maßeinheit missverstand, meinte er, dieser Abstand betrage umgerechnet etwa 90 km – tatsächlich war er aber erheblich größer.

Indem er alles zusammentrug, was von antiken und mittelalterlichen Gelehrten geschrieben worden und noch erhalten war, kam er zu dem Schluss, dass zwischen Asien und der Westküste Europas keine unüberwindliche Entfernung liege oder anders gesagt: Er hielt den Globus für erheblich kleiner als er tatsächlich ist, denn er meinte, die Strecke zwischen Europa und Asien betrage in westlicher Richtung nur etwa 3850 km.

1484 legte Kolumbus König Johann II. von Portugal einen Plan für seine Entdeckungsreise nach Asien vor. Der König sollte die Flotte finanzie-

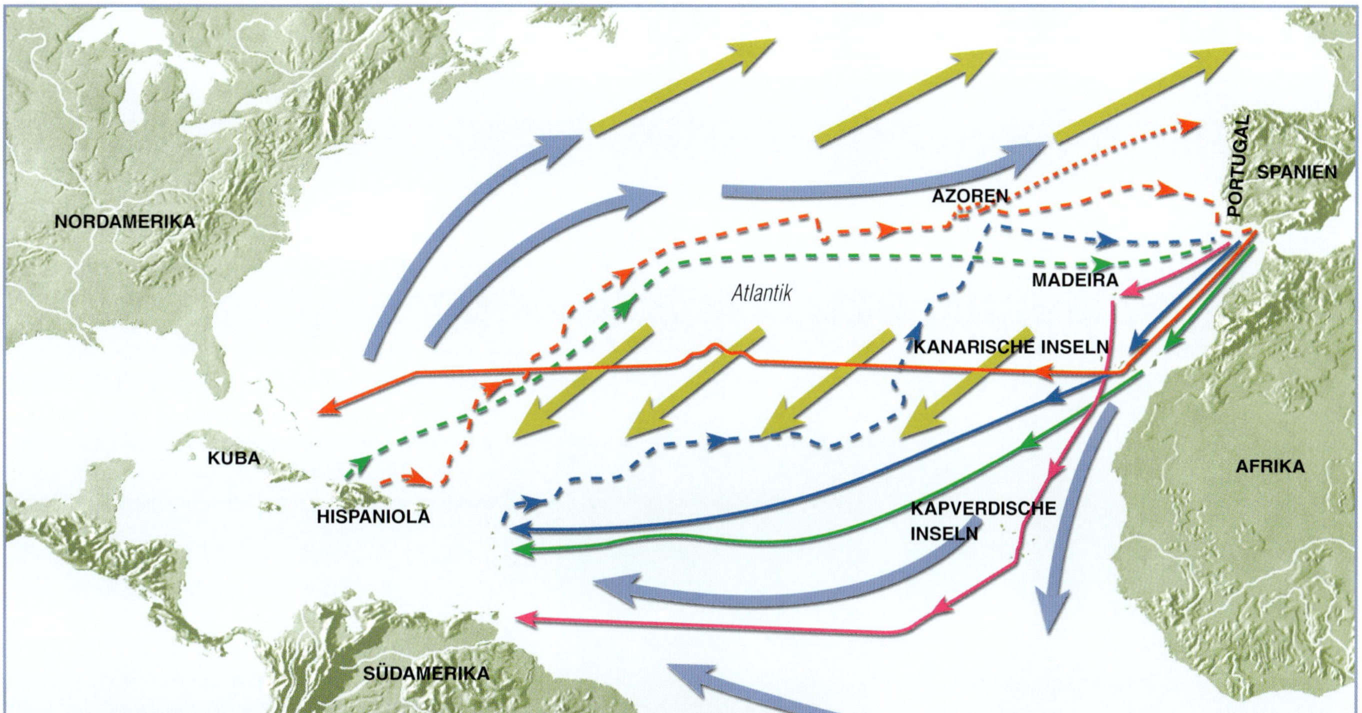

Die Atlantiküberquerungen des Kolumbus

Oben: Die Karte zeigt die Reiserouten, die Kolumbus bei seinen vier Atlantiküberquerungen nahm. Meist konnte er die vorherrschenden Winde zu seinen Gunsten nutzen, manchmal aber geriet er auch in verheerende Stürme.

ren, doch er lehnte ab. Daraufhin wandte sich Kolumbus an die spanischen Majestäten Ferdinand und Isabella, doch er brauchte sechs Jahre um sie von seiner Idee zu überzeugen.

Obwohl eine königliche Kommission feststellte, dass Kolumbus den Umfang des Globus falsch berechnet hatte, wurde seinem Plan im Januar 1492 dennoch zugestimmt. Er bekam drei Karavellen zur Verfügung gestellt – die *Santa Maria*, die *Pinta* und die *Niña*.

DIE ERSTE REISE

Von seinen Reisen entlang der afrikanischen Küste wusste Kolumbus, dass in Höhe von 28° Nord ein günstiger Wind von Nordost wehte, der für eine Reise nach Westen ideal war. So verließen die drei Schiffe am 3. August 1492 den Hafen von Palos bei Sevilla in Spanien und nahmen Kurs auf die Kanaren, die unter spanischer Herrschaft standen. Von hier segelte er am 6. September Richtung Westen über den Ozean.

13 Tage lang trieben kräftige Winde die kleine Flotte des Kolumbus rasch über den Atlantik, dann flaute der Wind ab und es folgten fünf Tage, in denen es regnete und die Schiffe kaum vorankamen. Am 25. September meldete der Ausguck der *Pinta* »Land in Sicht«, doch es war nur eine Wolkenbank am westlichen Horizont. Am nächsten Tag kam erneut Wind auf, doch die Mannschaften der drei Schiffe waren wegen der langen Dauer der Reise in schlechter Stimmung.

Dann jedoch gab es Anzeichen dafür, dass Land nicht mehr weit sein konnte. So sichtete man zahlreiche Vögel, und auf dem Wasser trieben Blumen und Zweige von Bäumen. Am 12. Oktober schrie der Ausguck der *Pinta* das lang ersehnte »Tierra! Tierra!«, und die *Pinta* feuerte eine Salve ab. Kolumbus ließ ein Boot zu Wasser, das zum Land ruderte, dem er den Namen San Salvador (heiliger Erlöser) gab. In Wirklichkeit hatte er die kleine Bahamainsel Guanahani erreicht.

An Land traf Kolumbus auf einige der karibischen Ureinwohner der Insel. Sechs von ihnen nahm er gefangen und brachte sie als Lotsen auf sein Schiff. Sie zeigten Kolumbus ihre Kanurouten nach Kuba, das Kolumbus für das asiatische Festland

Oben: Ein später entstandenes Gemälde zeigt die Abfahrt der drei Karavellen am 3. August 1492 vom Hafen von Palos. Die kleine Flotte bestand aus drei Schiffen – der 36 m langen *Santa Maria* und den beiden jeweils 15 m langen Schiffen *Pinta* und *Niña*. Die Schiffe waren mit kleinen Kanonen bestückt, die Granitkugeln abschießen konnten.

hielt, denn von Einheimischen hatte er das Wort »Cubanakan« aufgeschnappt und interpretierte es als einen Hinweis auf den großen Khan von Catai (China), von dem Marco Polo berichtet hatte. Kolumbus schickte zwei seiner Leute zusammen mit einheimischen Führern los, das Land zu erkunden, doch statt einer großen, von einem mächtigen Kaiser regierten Stadt, fanden sie nur ein Dorf aus etwa 50 mit Palmblättern gedeckten Hütten.

Kolumbus ließ Segel Richtung Südosten setzen und traf auf eine Insel, die ihn so sehr an Spanien erinnerte, dass er sie Hispaniola nannte. Hier fand man eine kleine Menge Gold, und ein paar Einheimische berichteten von einem Ort weiter im Osten, der sehr reich an Goldschätzen sei. Diesen Ort nannten sie Cybão, was für Kolumbus wie Zipango klang – der damals gebräuchliche spanische Name für Japan. Erneut ließ Kolumbus Segel setzen. Doch in der Weihnachtsnacht hatte Kolumbus das Steuer der *Santa Maria* unvorsichtigerweise einem unerfahrenen Seemann überlassen, der die Karavelle auf einem Korallenriff auf Grund setzte. Niemand war dabei ums Leben gekommen, aber das Schiff war hoffnungslos leckgeschlagen. Nun hatte Kolumbus nur noch zwei winzige Schiffe, aber eine Besatzung für drei.

EIN SILBERSTREIF AM HORIZONT

Da es im Charakter des Kolumbus lag, allem eine gute Seite abzugewinnen, interpretierte er den Verlust der *Santa Maria* am Weihnachtstag als ein Zeichen Gottes, dass er für die Mannschaft dieses Schiffes eine Siedlung an Land anlegen solle. Also errichtete er an der Nordküste Hispaniolas die erste europäische Kolonie und nannte sie Navidad, das spanische Wort für Weihnacht.

Am 16. Januar 1493 trat Kolumbus die Heimreise an. Zunächst segelte er in Richtung Norden, um den Ostwinden auszuweichen, die die Hinreise begünstigt hatten. Als er dann Kurs nach Osten nahm, kam er in einen fürchterlichen Sturm. Erst am 15. Februar erreichte er die Azoren. Dort blieb er neun Tage, um seiner erschöpften Mannschaft Ruhe zu gönnen und das leckgeschlagene Schiff reparieren zu lassen. Auch der Rest der Rückreise war in rauer See schwierig. Erst am 4. März erreichte die *Niña* mit Kolumbus an Bord den portugiesischen Hafen Belém bei Lissabon. Die *Pinta* hatte es unterwegs abgetrieben, sie landete bereits Ende Februar nahe Vigo an der Nordwestküste Spaniens.

Man bereitete Kolumbus einen triumphalen Empfang, denn er hatte für Ferdinand und Isabella reiche und exotische Geschenke mitgebracht, darunter Gold, bunte Papageien und eine Gruppe von Einheimischen der Inseln. Die Nachricht von der Reise des Kolumbus verbreitete sich wie ein Lauffeuer in Portugal, Spanien und Italien und erreichte schließlich auch den Rest Europas. Alle vermuteten, Kolumbus hätte tatsächlich Asien auf dem Seeweg erreicht. Lediglich ein kluger Gelehrter, Peter Martyr d'Anglieri, ein in Spanien lebender Italiener, vermutete, dass Kolumbus den Erdumfang unterschätzt habe und nicht weit genug nach Westen gesegelt sei, um Asien zu erreichen. Doch nur wenige wollten sich dieser Ansicht anschließen.

DIE ZWEITE REISE

Ferdinand und Isabella waren gern bereit, eine zweite Reise zu finanzieren, um die Kolonie in Hispaniola zu festigen. Am 25. September 1493 verließ eine Flotte aus 17 Schiffen mit insgesamt 1200 Männern den Hafen von Cádiz. Zu seiner Unterstützung hatte Kolumbus einen seiner Brüder dabei. Am 3. November erreichte die Flotte die Küste der Insel Dominica und segelte von dort zur Kolonie Navidad. Doch bei seiner Ankunft musste Kolumbus feststellen, dass die als Siedler zurückgelassenen Männer ermordet und die Häuser niedergebrannt worden waren.

Die erste Siedlung

Navidad wurde am Weihnachtstag 1492 an einer kleinen Bucht auf Hispaniola (heute Haiti) gegründet. 39 Mann, versehen mit den Vorräten der havarierten *Santa Maria* und mit dem Befehl, ein Fort zu bauen und im Land nach Gold zu suchen, ließ Kolumbus zurück. Doch die Männer stritten um das Gold und raubten einheimische Frauen. Schließlich wurden sie von den Kariben umgebracht.

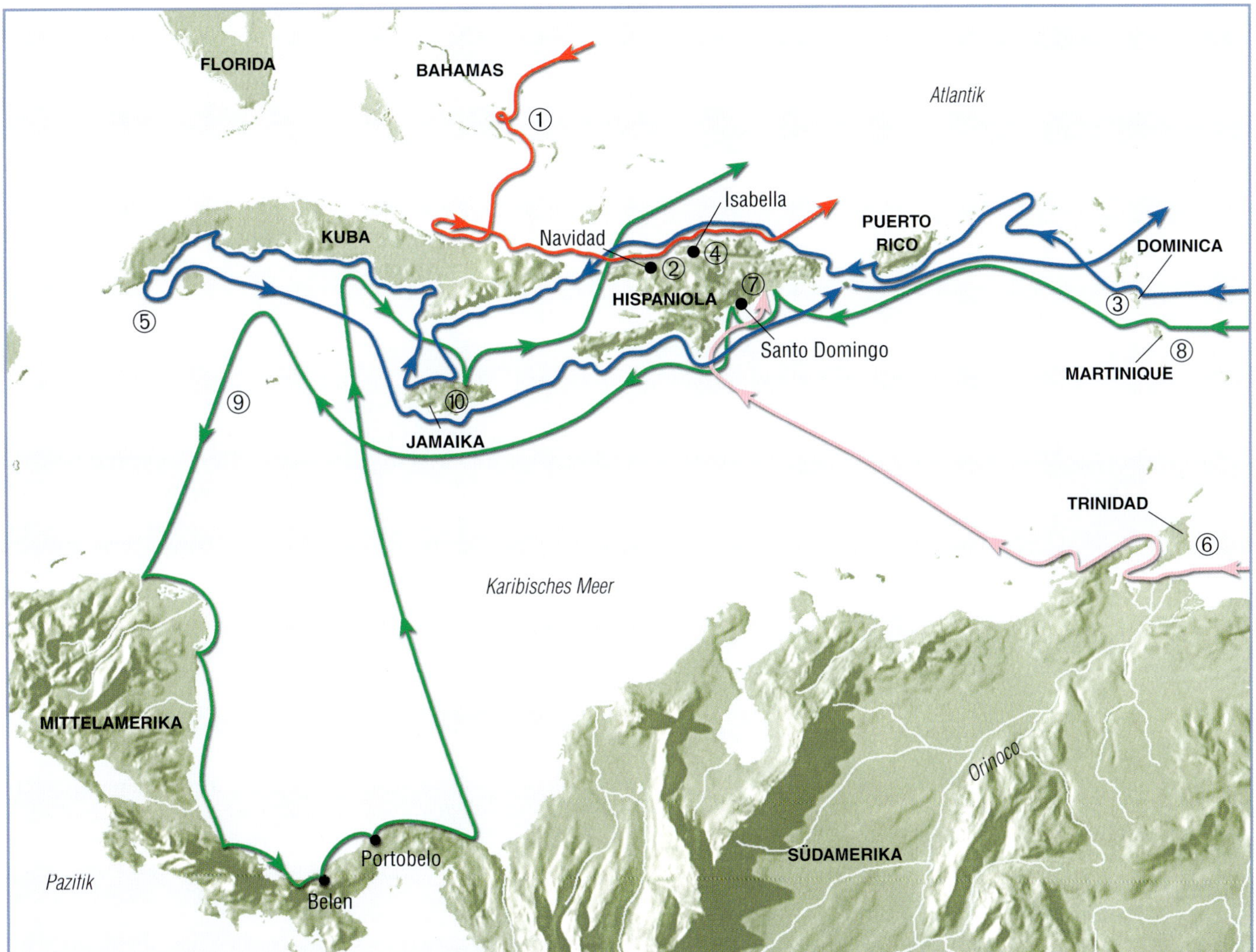

Die Erkundungsreisen in der Karibik

Erste Reise (1492–1493)

① Erste Ankerung, Oktober 1492

② Gründung von Navidad, Dezember

Zweite Reise (1493–1496)

③ Erreicht Dominica, November 1493

④ Gründung von Isabella, Januar 1494

⑤ Umkehr, da Kolumbus Kuba für asiatisches Festland hält

Dritte Reise (1498–1500)

⑥ Reaches Trinidad, July 1498

⑥ Erreicht Trinidad, Juli 1498

⑦ Ankunft in Santo Domingo. Im August 1500 Festnahme durch den Gouverneur.

Vierte Reise (1502–1504)

⑧ Erreicht Martinique, Juni 1502

⑨ Segelt südwärts, erkundet die Küste Mittelamerikas

⑩ Schiffbruch vor Jamaika; bis zur Rettung dauert es 12 Monate

Nach der ersten 1492 unternommenen Reise fuhr Kolumbus noch dreimal in die Karibik, um die Inseln zu erkunden, die er »Westindien« nannte, weil er überzeugt war, Inseln vor dem asiatischen Festland vor sich zu haben. Verzweifelt suchte er dieses Festland, das er mit Kuba gefunden zu haben glaubte. Als er 1506 verarmt und fast vergessen in Valladolid in Spanien starb, war er von seinem Irrtum noch immer nicht überzeugt. Andere aber ahnten bereits, dass eine bisher unbekannte neue Welt entdeckt worden war.

Dies als schlechtes Omen wertend, entschloss sich Kolumbus, Navidad aufzugeben und 48 km östlich davon eine neue Siedlung anzulegen, die er nach der spanischen Königin Isabella benannte. Von hier aus marschierte unter Führung von Alonso de Ojeda ein Spähtrupp ins Landesinnere. Die Männer fanden ein paar Goldnuggets und Pflanzen, die Ojeda fälschlich für Pfeffer oder Zimt hielt, außerdem fingen sie 60 Papageien und versklavten 26 Einheimische. Mit dieser Beute wurden zwölf Schiffe der Flotte nach Spanien zurückgeschickt.

Kolumbus selbst blieb und segelte von Isabella aus nach Kuba, das er für das asiatische Festland hielt. Er segelte an der Südküste entlang, drehte aber bei, ganz kurz bevor er die Südspitze der Insel erreichte, sodass er die Inselgestalt nicht erkannte. Er kehrte nach Osten zurück und stieß dabei auf die Küste von Jamaika. Am 29. September 1494 ankerte er wieder bei Isabella, nachdem er die Südküste Hispaniolas umschifft hatte.

Als er an Land kam, fand er auch die neue Siedlung in Aufruhr. Während seiner Abwesenheit waren die Nahrungsvorräte verdorben, deshalb hatten die Siedler die Einheimischen überfallen, Nah-

Leben an Bord der *Santa Maria*

Das Leben an Bord der Schiffe des 15. Jahrhunderts war hart und entbehrungsreich – auch für den Kapitän. Bei der ersten Reise des Kolumbus waren die Bedingungen besonders schlimm, denn es war eine Fahrt ins Unbekannte, für die es kaum Freiwillige gegeben hatte. Ein Großteil der Mannschaft bestand aus Strafgefangenen, und schon am 6. August, drei Tage nach der Abfahrt, vermerkte Kolumbus in seinem Bordbuch: » ... es rächt sich heute schon, dass ein Teil der Mannschaft zum Dienst gepresst wurde. Das Steuerruder der *Pinta* brach, und ich möchte schwören, Gomez Rascóns hatte die Hand im Spiel ...« Von Anfang an drohte Meuterei; mehrmals schreibt Kolumbus, dass er seine Ermordung fürchtet. Abgesehen von ihren Ängsten mussten die abergläubischen Männer mit härtesten Bedingungen fertig werden. Ihr Schlafraum war das mit Stroh ausgelegte Unterdeck, als Toilette diente die See, das kostbare Trinkwasser war knapp, die Verpflegung schlecht.

Oben: Die *Santa Maria,* das Flaggschiff des Kolumbus.

rungsmittel bei ihnen gestohlen und Frauen entführt. Außerdem hatten sie Einheimische gefangen und als Sklaven auf einem Schiff nach Spanien geschickt. Mit brutalen Mitteln versuchte Kolumbus für Ordnung zu sorgen. Ein paar der Männer ließ er hängen, doch damit machte er sich die übrigen zum Feind. Einige brachten drei der verbliebenen Schiffe in ihren Besitz und segelten nach Spanien zurück.

Im März 1495 kam es auf Hispaniola zum ersten bewaffneten Kampf zwischen Europäern und Einheimischen. Ein Jahr später kehrte Kolumbus über Guadeloupe nach Spanien zurück. Er erreichte Cádiz im Juni 1496 und musste feststellen, dass Ferdinand und Isabella ihre Hoffnungen auf die reichen Gewinne, die Kolumbus versprochen hatte, begraben hatten. Was auch immer er da gefunden hatte, China oder Japan war es nicht und es schien dort nichts zu geben, was eine Ausbeutung wert war. Außerdem mochte Kolumbus ein hervorragender Seemann sein – ein politisch begabter Mensch, der als Gouverneur eine Kolonie führen konnte, war er jedenfalls nicht. Nur widerwillig erlaubten die spanischen Herrscher Kolumbus eine dritte Reise.

Unten: Aufgrund von Intrigen ließ die falsch unterrichtete spanische Krone Kolumbus gefangen nehmen und in Ketten nach Spanien zurückbringen.

Die Flotte, die am 30. Mai 1498 Segel setzte, bestand aus sechs Schiffen und insgesamt 200 Mann Besatzung. Diesmal nahm Kolumbus zunächst südlichen Kurs auf die Kapverden, segelte erst von dort aus nach Westen und erreichte Ende Juli eine Insel, der er den Namen Trinidad gab. Er segelte ein Stück weit an der Nordküste Südamerikas entlang und glaubte, als er das gewaltige Mündungsdelta des Orinoco sah, den in der Bibel beschriebenen Garten Eden gefunden zu haben.

Nun endlich, wo er tatsächlich auf Festland gestoßen war, erkannte Kolumbus auch das nicht, sondern hielt auch diesen Küstenstreifen für eine Insel. Er drehte deshalb bei und segelte nach Hispaniola, wo er feststellen musste, dass sich viele Siedler gegen seinen Bruder aufgelehnt hatten, den er als Gouverneur zurückgelassen hatte.

Ferdinand und Isabella erfuhren in Spanien von den Unruhen und entsandten Bobadilla als neuen Gouverneur. Als er im August 1500 ankam, ließ er Kolumbus gefangen setzen und in Ketten nach Spanien zurückbringen. Dort wurde er jedoch ohne Anklageerhebung freigelassen .

DIE LETZTE REISE

1502 unternahm Kolumbus eine letzte Reise über den Atlantik. Am 11. März verließ die kleine Flotte von vier Schiffen Cádiz und erreichte am 15. Juni die Insel Martinique. Diesmal führte ihn die Reise von der Südküste Kubas zur Küste Mittelamerikas, wo er zwar ein wenig Gold fand, nicht aber die gesuchte Route nach Asien.

Auf der Rückreise erlitten seine Schiffe vor Jamaika Schiffbruch und es dauerte ein Jahr, bis er und seine Leute entdeckt und gerettet wurden. Im November 1504 kehrte Kolumbus nach Spanien zurück, wo er im Mai 1506 starb.

DIE UMRUNDUNG DES KAPS

Seit der Mitte des 15. Jahrhunderts stellte der Gewürzhandel eine Herausforderung für europäische Entdecker dar, einen Seeweg nach Indien zu finden. Die einen dachten, man könne westwärts über den Atlantik segeln, wie es Kolumbus versucht hatte. Andere meinten, es müsse einen Weg um Afrika herum geben, der kürzer sei und ein geringeres Risiko darstelle. Die Geographen des 15. Jahrhunderts glaubten nämlich, wenn man der östlich verlaufenden Küste Westafrikas folge, käme man nach Indien; man hatte jedoch keine Ahnung, wie weit nach Süden sich der Kontinent ausdehnte. Bis 1450 waren Portugiesen bis zur Gegend des heutigen Conakry in Guinea vorgestoßen. Man hatte gesehen, dass die Küste weiter in südlicher Richtung verlief, doch irgendwann musste sie sich ostwärts wenden und die Seeroute nach Indien freigeben.

HEINRICH DER SEEFAHRER

Prinz Heinrich von Portugal, genannt »der Seefahrer«, war ein Förderer der Entdeckungen zur See. Er gründete eine Seefahrerschule, wo unter anderem Navigationstechniken gelehrt wurden, und er entwickelte Navigationshilfen, mit denen sich die Seefahrer an astronomischen Punkten orientieren konnten. Zwischen 1420 und seinem Tod im Jahr 1460 finanzierte er die Erforschung der afrikanischen Küste und der Verläufe des Gambias und anderer Flüsse.

Die letzte von Heinrich finanzierte Reise erreichte Kap Palmas, an der heutigen Grenze zwischen Liberia und der Elfenbeinküste. Damit war die Erforschung der Küste für Jahre beendet, denn der portugiesische König Affonso V. zog es vor, gegen die Muslime in Nordafrika Krieg zu führen. 1469 nahm sich Fernao Gomes, ein Kaufmann aus Lissabon, der Entdeckungsreisen wieder an. Da der König kein Geld für Erkundungen locker machen wollte, schloss Gomes mit ihm einen Vertrag, demzufolge alle Handelsrechte jenseits von Kap Palmas ihm zufallen sollten. Im Gegenzug verpflichtete er sich, einen Teil seiner Profite an den König abzutreten und außerdem die Erkundung der Küste sechs Jahre lang jährlich um 500 km voranzutreiben.

Gomes selbst nahm an den Expeditionen nicht teil, er stellte aber erfahrene Seeleute in seinen Dienst. 1475, im letzten Jahr der Abmachung, hatte man die Bucht von Benin vor der Küste des heutigen Nigerias erreicht. Dabei war klar geworden, dass es keinen direkten Weg nach Indien gab, sondern die Küste sich scheinbar endlos nach Süden erstreckte.

Diese entmutigende Erkenntnis kam zur Zeit des Krieges zwischen Kastilien und Portugal – und war vielleicht der Grund, warum man die Erkundungen für neun Jahre unterbrach.

Oben: Ein im 9. Jahrhundert von Ahmad Ibn Khalaf im Irak hergestelltes, arabisch beschriftetes Astrolabium. Der Mittelteil war beweglich und konnte nach dem Stand der Sterne oder Planeten ausgerichtet werden.

NAVIGATIONSHILFEN

Darüber hinaus gab es für die Seefahrer ein Problem, je weiter sie sich dem Äquator näherten: So lange man in Sichtweite der Küste segelte, konnte man sich an typischen Merkmalen wie Bergen, Kaps, Buchten und Flussmündungen orientieren. Sobald sie aber auf die offene See hinausfuhren, hatten die Kapitäne des 15. Jahrhunderts nur sehr primitive Mittel, um ihre Position zu bestimmen. Die gebräuchlichsten Hilfsmittel waren der Quadrant und das Astrolabium.

Der Quadrant war ein Instrument in Form eines Viertelkreises mit einem vom Scheitelpunkt hängenden Lot. Während man mit ihm den Polarstern anvisierte, zeigte das Lot auf der Skala des Kreisbogens die Höhe des Sterns in Bogengraden an. Um

Pioniere auf dem Weg nach Indien

Bartolomëu Diaz (1487–1488)

Vasco da Gama (1497–1498)

Rückreise (1498–1499)

Oben: Im späten 15. Jahrhundert wurde endlich ein Seeweg von Portugal nach Indien entdeckt. Den ersten Teil der Route bis zum Kap an der Südspitze fand Bartolomëu Diaz. Vasco da Gama vollendete 1497 die Reise nach Indien.

die Position des Schiffes zu bestimmen, wurde dieses Messergebnis mit dem verglichen, das im Heimathafen genommen worden war.

Das Astrolabium, ein kreisförmiges, mit Gradeinteilungen versehenes Gerät, wurde ähnlich verwendet wie der Quadrant und diente dazu, mithilfe der Sterne bei Nacht die Position zu bestimmen. Das Astrolabium war genauer als der Quadrant, denn das Schiff war ja fast ständig in Bewegung, und so waren die Pendelmessungen immer ungenau. Der Anzeiger des Astrolabiums hingegen stand still. Da beide Instrumente die Position von Himmelskörpern, vor allem die des Polarsterns, als Referenzpunkte nutzten, kam jeder in Richtung Süden fahrende Seemann in Schwierigkeiten. Je weiter er sich dem Äquator näherte, desto tiefer sank der Polarstern am Himmel; bei 9° Nord war er gar nicht mehr zu sehen.

1484 berief König Johann II. von Portugal eine Abordnung von Mathematikern und anderen Gelehrten ein, die eine Möglichkeit austüfteln sollten, mithilfe der Sonne zu navigieren.

Sie entwickelten ein System, wonach der Sonnenstand vor und nach dem Mittagshöchststand mit

Oben: Zehn Jahre, nachdem Bartolomëu Diaz das Kap der Guten Hoffnung umschifft hatte, machte sich Vasco da Gama auf, den Weg nach Indien zu suchen. Das sehr viel später gemalte Bild zeigt da Gama, der den Segen des Königs für seine Unternehmung erhält.

Astrolabium oder Quadrant gemessen wurde. War der Punkt des Höchststandes bestimmt, hatte man einen Anhaltspunkt darüber, auf welcher Breite sich das Schiff gerade befand.

Der Portugiese Diogo Cão, der schon in den Diensten von Heinrich dem Seefahrer gestanden hatte, war 1482 bis zur Bucht von Benin gekommen und dabei streckenweise rund 1300 km von der Küste entfernt gesegelt, weshalb man vermuten darf, dass er nach der Sonne navigiert hatte.

BARTOLOMËU DIAZ UND VASCO DA GAMA

Der Durchbruch auf der Suche nach dem Seeweg nach Osten gelang Bartolomëu Diaz. 1487 setzte er mit zwei Karavellen und einem Versorgungsschiff von Portugal aus Segel, umrundete Westafrika, segelte wahrscheinlich von der Küste des heutigen Ghana aus südwärts bis zur Mündung des Kongos (Zaire) und weiter bis zum heutigen Namibia. Hier geriet er in einen Sturm und wurde von der Küste abgetrieben. Als er wieder Land erreichte, war es ein Kap, das er *Cabo tormentoso* (stürmisches Kap) nannte. Der südlichste Punkt Afrikas war erreicht, und Diaz kehrte 1488 nach Lissabon zurück. Als er König Johann II. von Portugal die gute Nachricht überbrachte, benannte der das Kap der Stürme in *Cabo de bona Esperanza* – Kap der Guten Hoffnung – um. Doch es sollte noch sieben Jahre dauern, bis eine weitere Expedition auf den Spuren der Entdeckungen von Diaz weiterkam.

1495 setzte sich König Manuel I. von Portugal über seine Berater hinweg, die darauf drängten, den Versuch aufzugeben, Indien auf dem östlichen Seeweg zu erreichen (Kolumbus schien ja inzwischen die Westroute entdeckt zu haben). Allein die Vorbereitung der Expedition nahm zwei Jahre in Anspruch, doch 1497 segelte Vasco da Gama von Lissabon aus los.

Mit drei Schiffen sollte da Gama nach Indien segeln, ein viertes Schiff sollte als Versorgungsschiff an der Küste Afrikas warten. Zwei Schiffe der Flotte waren *Naos*, große Lastschiffe mit nicht sehr guten Segelqualitäten. Lediglich das Flaggschiff war eine Karavelle. Die Mannschaft belief sich insgesamt auf 170 Mann. Die Schiffe waren mit 20 Kanonen bestückt. Die Flotte steuerte die Kapverden an, segelte auf offener See nach Süden, um so den Flauten im Golf von Guinea zu entgehen, und nahm dann in Höhe des neu entdeckten Kaps Kurs nach Osten. Doch da Gama hatte sich verrechnet und war zu früh auf östlichen Kurs gegangen. Am 8. November 1497 erreichte er die afrikanische Küste, aber 160 km nördlich des Kaps. 13 Wochen hatte er auf hoher See verbracht, die längste bisher von Europäern unternommene Seereise, nun zwangen ungünstige Winde da Gama wieder auf den Atlantik hinauszufahren und einen ständigen Zickzackkurs zu steuern, bis er endlich das Kap gefunden hatte. Am 22. November gelang ihm die Umschiffung des Kaps. Er ankerte vor Mosselbaai und nahm die Bai für Portugal in Besitz. Die Portugiesen waren die ersten Europäer, die mit den einheimischen Hottentotten Kontakt aufnahmen.

Von Mosselbaai aus segelte da Gama an der Küste entlang nach Norden, bis er mit einigen Zwischenhalten die Stadt Mosambik erreichte, in der ein moslemischer Sultan residierte, der die Europäer zunächst auch für Muslime hielt. Da Gama trat

Geschwindigkeitsmessung auf See

Die Messung der Geschwindigkeit erfolgte, indem man ein Holzscheit an ein Seil band, in das in regelmäßigen Abständen Knoten geknüpft waren. Warf man das Holz ins Wasser, konnte man messen, wie viele Knoten in einer bestimmten Zeit über die Schiffsseite glitten – daher auch noch heute die Bezeichnung »Knoten« für die Geschwindigkeit eines Schiffes. Nahm man die Messung häufig vor, konnte man ungefähr berechnen, wie weit das Schiff vorangekommen war.

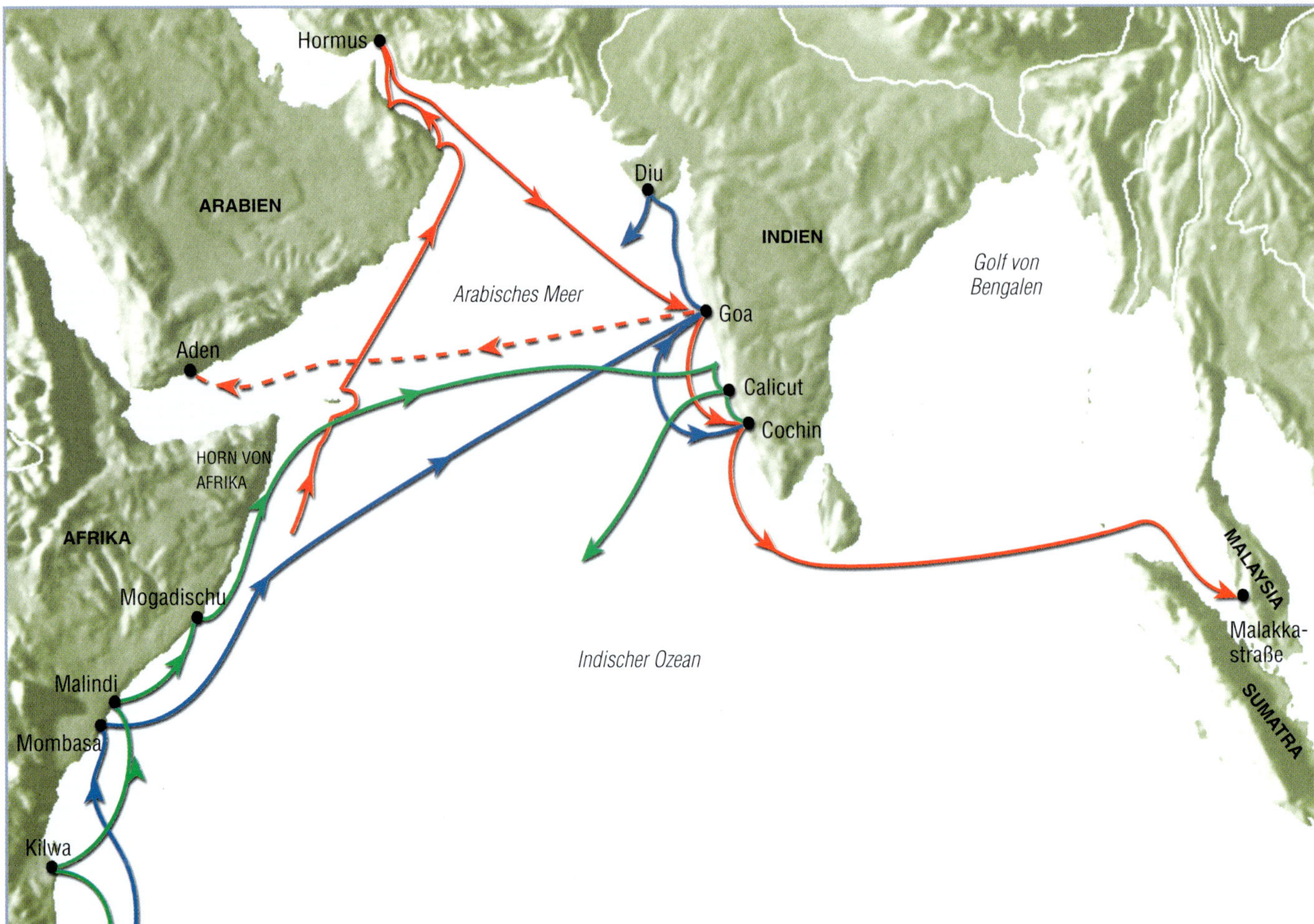

Die Portugiesen im Indischen Ozean

Pedro Cabral (1500–1501)

Francisco d'Almeida (1505–1509)

Affonso d'Albuquerque (1507–1511) (1513)

Oben: Nachdem Pedro Cabral die Seeroute nach Indien gesichert hatte, setzten Seefahrer wie Almeida und Albuquerque ihre überlegenen Waffen ein, um die Vorherrschaft der moslemischen Araber im Gewürzhandel zu brechen.

in Verhandlungen mit dem Sultan, denn er wollte Lotsen anheuern, die seine Flotte über den Ozean nach Indien navigieren sollten. Da der Sultan herausfand, dass er es mit Christen zu tun hatte, verweigerte er seine Hilfe. Da Gama musste also zwei Lotsen entführen und seine Vorräte mit Gewalt auffrischen. In Mombasa gelang den gefangenen Lotsen die Flucht. Als die Bevölkerung durch sie erfuhr, dass da Gama nach Indien zu segeln gedachte, um eine neue Handelsroute zu erschließen, versuchten sie, eines seiner Schiffe zu kapern. Der Handel mit Indien war das Monopol der moslemischen Araber, die die Ostküste Afrikas schon seit langem kolonisiert hatten, und das wollten sie sich von den Europäern nicht streitig machen lassen. Da Gama musste also auf eigene Faust die richtige Route suchen.

Zunächst erreichte er die Stadt Malindi, wo er herzlich aufgenommen wurde, denn der Sultan von Malindi war mit dem von Mombasa verfeindet. Außerdem hielt er da Gama wohl für einen Hindu.

Das Glück blieb da Gama treu, denn der beste Kenner des Indischen Ozeans, ein Lotse namens Ibn Madjid aus Gujarat in Indien, hielt sich gerade in Malindi auf. Er war Verfasser des Buches *Al Muhet*, ein Standardwerk über den Indischen Ozean. Möglicherweise hat er selbst da Gama und seine Schiffe nach Indien geleitet.

Am 20. Mai 1498 erreichten die drei Schiffe, die vor neun Monaten Lissabon verlassen hatten, den Hafen von Calicut an der Malabarküste von Indien, wo da Gama Anker werfen ließ. Die moslemischen Händler wurden sofort hellhörig, denn sie wollten keinesfalls Konkurrenten im Gewürzhandel. Aber den Hindus unter den indischen Gewürzhändlern war es gleich, ob sie mit Moslems oder Christen handelten, so lange die Preisangebote stimmten.

Rasch zeigte sich, dass da Gama wenig zu bieten hatte. Olivenöl, Honig, Töpfe, buntes Tuch und Bronzeglöckchen hatte er dabei – Kram, der den kulturell rückständigen Kariben oder den Afrikanern vielleicht Eindruck gemacht hätte, doch in den Augen der hoch zivilisierten Inder, deren Geschichte weiter zurückreichte als die Portugals, war das wertloser Plunder.

Drei Monate verbrachte da Gama in Calicut und versuchte nahezu vergeblich, seine Waren loszuwerden. Inzwischen gelang es den Moslems, adlige Hindus davon zu überzeugen, dass da Gama ein Pirat sei. Sie umstellten sein Haus und wollten ihn ermorden lassen, doch da Gama konnte entkommen. Nun wurde es noch schwieriger, die Waren loszuschlagen.

Schließlich konnte er etwas Pfeffer und Zimt einhandeln, vor allem aber gelang es ihm, ein Schreiben des Herrschers von Calicut an den König von Portugal zu ergattern, in dem es hieß: »Mein Königreich ist überreich an Zimt, Gewürznelken, Ingwer, Pfeffer und Edelsteinen. Aus eurem Land heische ich dafür Gold, Silber, Korallen und Scharlach.«

Nun hatte da Gama etwas in der Hand, was er König Manuel vorweisen konnte, um die Hoffnung auf zukünftige gute Handelsbeziehungen zwischen den beiden Herrschern zu nähren.

Im August 1498 verließ da Gama Calicut. Die Winde, die seine Fahrt nach Indien begünstigt hatten, waren jetzt gegen ihn; drei Monate brauchte er für die Rückfahrt nach Malindi. Dort musste er eines seiner Schiffe zurücklassen, weil zu viele Männer seiner Mannschaft an Krankheiten gestorben waren.

Am 20. März 1499 erreichte da Gama das Kap der Guten Hoffnung und befand sich nun zwar wieder in bekannten Gewässern, doch ein Sturm trieb die beiden verbliebenen Schiffe auseinander. Die *Berrio* unter dem Kommando von Nicolas Coelho erreichte Portugal im Juli.

Da Gama hatte auf den Kapverden noch eine Zwischenlandung eingelegt und kehrte erst im September nach Lissabon zurück.

CABRAL ENTDECKT BRASILIEN

Da Gamas Erfolg ermutigte König Manuel, eine zweite Expedition auszuschicken. Im März 1500 verließen 13 schwer bewaffnete Schiffe unter dem Kommando des Edelmanns Pedro Alvares Cabral den Hafen von Lissabon und machten die schnellste Reise von Europa nach Indien vor der Erfindung des Dampfschiffs – obwohl Cabral, nachdem er die Kapverden hinter sich gelassen hatte, zunächst viel zu weit südwestlich segelte und an der Küste des heutigen Brasiliens landete.

Kurzerhand nahm er das Land für die portugiesische Krone in Besitz, segelte zurück über den Atlantik, umschiffte das Kap der Guten Hoffnung, entdeckte Madagaskar und das Horn von Afrika und errichtete nach seiner Ankunft in Indien einen Handelsposten in Calicut.

Da der Posten sogleich von moslemischen Händlern angegriffen wurde, kam es zu einem ersten Handelskrieg. Mit seinen überlegenen Kanonen versenkte Cabral zehn arabische Handelsschiffe und bombardierte Calicut. Danach segelte er nach Cochin, wo er Gewürze aufkaufte. Als er 1501 nach Portugal zurückkehrte, brachte er die größte Gewürzladung mit, die man bis dahin in Europa gesehen hatte.

Um die neue Route nach Osten zu sichern, begannen portugiesische Admiräle, die moslemische Vorherrschaft im Indischen Ozean zu brechen. Francisco d'Almeida vernichtete in der Seeschlacht von Diu im Februar 1509 die ägyptische Flotte, während Affonso d' Albuquerque die vier wichtigsten Stützpunkte Portugals im Orient gründete: Hormus, Goa, Malakka und Aden.

Der Weg zu den Reichtümern des Ostens stand nun offen. 1511 erreichten portugiesische Kriegsschiffe Sumatra, die Ostindischen Inseln und Ceram. Eines der Schiffe stand unter dem Kommando von Francisco Serrano, der die Gewürzinseln (Molukken) erforschte und dort portugiesische Handelsposten errichtete.

Es war die portugiesische Vorherrschaft zur See, die Entdeckern wie Fernão Pinto und Franziskus Xavier ermöglichten, den Fernen Osten zu erreichen. Während Pinto raubte und plünderte, war der später heilig gesprochene Xavier bis zu seinem Tod im Jahr 1522 als Missionar in Indien und China tätig. Der Reichtum, den die Portugiesen erschlossen hatten, lockte auch andere Europäer. Im späten 16. Jahrhunderten machten sich im Gefolge der Portugiesen viele andere Seefahrer zu den Ländern des Ostens auf, darunter die Niederländer Jan Huighen van Linschoten und Cornelius Houtman sowie der Engländer James Lancaster.

Die portugiesische Karacke

Gegen Ende des 15. Jahrhunderts war das größte Handels- und Hochseeschiff die portugiesische Karacke. Dabei handelte es sich um einen Dreimaster mit drehbarem Achterruder sowie hohem Vorder- und Achterdeck. Während Groß- und Fockmast rechteckige Rahsegel trugen, war der Besanmast mit einem dreieckigen Lateinsegel bestückt. So konnte das Schiff die Winde aus vielen Richtungen nutzen. Es war nicht leicht, die Karacke zu manövrieren, aber sie war sehr stabil. Die Karacke konnte große Ladungen aufnehmen – 500 bis 900 Tonnen Last waren keine Seltenheit –, und sie konnte auch mit Geschützen bestückt werden.

Oben: Als vielseitiges und stabiles Schiff war die Karacke das ideale Verkehrsmittel, um die Reichtümer des Ostens nach Portugal zu bringen.

RUND UM DIE WELT

Der Name Fernando Magellan (eigentlich *Fernão de Magalhães*) wird mit der ersten Weltumsegelung verknüpft, obwohl Magellan selbst die Reise nicht vollendet hat, da er 1521 auf den Philippinen ermordet wurde. Doch unter seinem Stellvertreter Juan Sebastián del Cano vollendete Magellans Schiff, die *Vittoria*, 1522 die Reise um die Welt.

Magellan war ein portugiesischer Edelmann, der schon an der portugiesischen Expedition von 1511 zu den Gewürzinseln teilgenommen hatte. Nach seiner Rückkehr nach Portugal zog er 1517

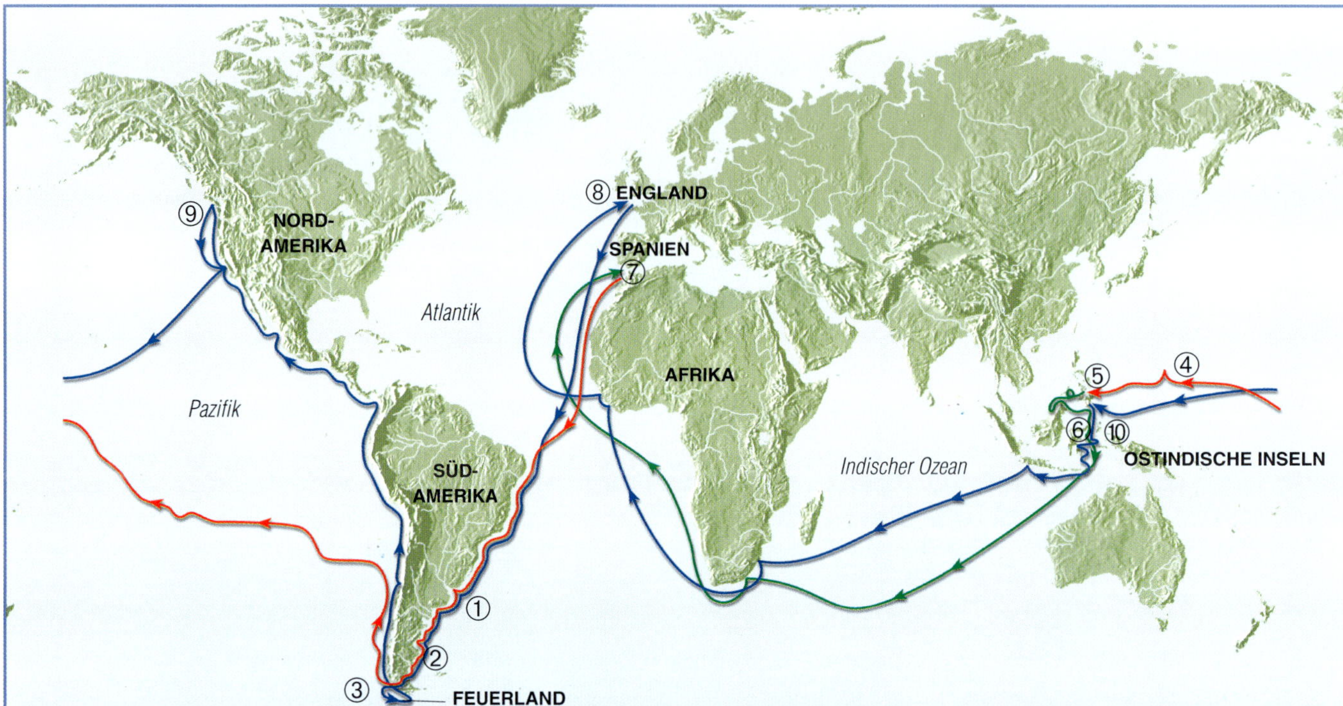

Die Reisen von Magellan, del Cano und Drake

Magellan (1519–1521)

del Cano (1521–1522)

Drake (1577–1580)

① Nachdem er im September 1519 mit fünf Schiffen und 241 Mann in Spanien abgelegt hat, kommt Magellan im Januar 1520 zur La-Plata-Mündung.

② Die Flotte erreicht im März 1520 San Julian und überwintert dort. Magellan beendet eine Meuterei, die *Santiago* erleidet Schiffbruch.

③ Magellan findet die Durchfahrt zum Pazifik. Die abtrünnige *San Antonio* kehrt nach Spanien zurück.

④ Nach fast 100 Tagen auf offener See erreichen die verbliebenen Schiffe Guam, nehmen frisches Wasser und Proviant an Bord.

⑤ Magellan erreicht im April die Philippinen, wo er im Kampf mit Einheimischen fällt.

⑥ Zwei verbliebene Schiffe erreichen unter del Cano die Gewürzinseln und nehmen eine große Ladung Gewürze an Bord.

⑦ Auf der *Vittoria* kehrt del Cano mit nur 18 Überlebenden im September 1522 nach Spanien zurück.

⑧ Drake legt mit fünf Schiffen, darunter dem Flaggschiff *Golden Hind*, im Dezember 1577 in Plymouth, England, ab.

⑨ Nach Durchquerung der Magellanstraße segelt Drake an der Westküste Amerikas aufwärts und erreicht wahrscheinlich Vancouver Island.

⑩ Drake erreicht im Oktober 1579 die Gewürzinseln und segelt um das Kap der Guten Hoffnung nach England zurück.

Oben: Die Karte zeigt die Routen, die Magellan, del Cano und Drake nahmen. Magellan war auf den Philippinen im Kampf gefallen, aber del Cano vollendete die Weltumsegelung. Rund 50 Jahre später umsegelte Drake mit der *Golden Hind* den Globus.

nach Sevilla in Spanien. Wie Kolumbus war Magellan von der Kugelgestalt der Erde überzeugt und glaubte, die Gewürzinsel erreichen zu können, indem er nach Westen segelte. Bereits 1513 hatte der spanische Entdecker Vasco Núñez de Balboa jenseits der schmalen Landbrücke von Panama einen Ozean gesichtet. Wenn er nur weit genug in Richtung Süden um die Landmasse herumsegelte, so müsste er eine Meeresstraße finden, die den einen mit dem anderen Ozean verband und letztlich zu den Gewürzinseln kommen, meinte Magellan.

Nach einem Streit mit dem portugiesischen König legte Magellan die portugiesische Staatsbürgerschaft ab und begab sich zu König Karl I. von Spanien (ab 1520 Kaiser Karl V.). Ihn überzeugte er davon, dass die Gewürzinseln nach dem Vertrag von Tordesillas zu Spanien gehörten, da sie nahe hinter dem neuen Kontinent lägen.

Karl erklärte sich bereit, eine Expedition von fünf Schiffen unter Magellans Kommando auszurüsten. Zwar brauchte Magellan königliche Unterstützung, doch in diesem Fall erwies sie sich als wenig hilfreich, denn wichtige Posten wurden mit Spaniern besetzt. Unter diesen waren die drei Kapitäne Juan de Cartagena, Luis de Mendoza und Gaspar de Quesada sowie der Zahlmeister Antonio de Coca und der Kommandeur der Soldaten, Gonzalo Gómez de Espinosa.

Links: Als der spanische Kommandant Cartagena gegen Magellan eine Meuterei anzetteln wollte, ließ ihn Magellan gefangen setzen.

Unten: Magellan, der versucht seine Leute zu schützen, wird von Filipinos erschlagen. Nach seinem Tod übernahm del Cano das Kommando und kehrte mit der *Vittoria* nach Spanien zurück.

DIE MOLUKKENFLOTTE

Am 20. September 1519 verließ die aus den fünf Schiffen, *Trinidad*, *San Antonio*, *Vittoria*, *Concepción* und *Santiago* bestehende so genannte Molukkenflotte den Hafen von Sanlúcar und segelte zur Kanareninsel Teneriffa. Dort erfuhr Magellan, dass Cartagena, Mendoza und Quesada planten, ihn unterwegs umzubringen und die Flotte zu übernehmen. Magellan segelte in Richtung Süden, um einem Geschwader der Portugiesen auszuweichen, und ging dann wieder auf südwestlichen Kurs. Den Portugiesen war er entkommen, doch er war in den gefürchteten Kalmengürtel geraten, eine windstille Zone am Äquator. In dieser Situation hielt Cartagena seine Stunde für gekommen. Er versuchte, eine Meuterei gegen Magellan anzuzetteln, doch dieser ließ ihn gefangen nehmen, unter die Aufsicht Mendozas stellen und übergab Antonio de Coca das Kommando über Cartagenas Schiff, die *San Antonio*. Am 29. November erreichte Magellan etwa in der Höhe der Mündung des Rio de Janeiro die Küste Brasiliens und gab seiner erschöpften Mannschaft zwei Wochen Rast. Cartagena nutzte die Gelegenheit, mit de Coca zu konspirieren, doch wiederum misslang die Meuterei. Magellan stellte nun auch de Coca unter Arrest und berief seinen Cousin, Alvaro de Mezquita, zum Kommandanten der *San Antonio*.

Am 26. Dezember 1519 legte die Molukkenflotte wieder ab, segelte Richtung Süden und erreichte am 11. Januar 1520 die Mündung des Rio de la Plata. Mit der *Santiago* segelte Magellan den Rio de la Plata aufwärts, um zu sehen, ob es die gesuchte Meerenge sei, doch als er erkannte, dass es sich um einen Fluss handelte, setzte er die Reise der Flotte am 2. Februar fort und erreichte am 31. März San Julian. Da der Sommer der Südhalbkugel zu Ende ging, entschloss sich Magellan, an der Bucht in Patagonien zu überwintern. Cartagena, Mendoza und Quesada widersetzten sich diesem Entschluss, und auch ein großer Teil der spanischen Mannschaft war nicht glücklich darüber, unter dem Kommando eines Portugiesen zu stehen.

Am 2. April brachten die Meuterer die *San Antonio*, die *Concepción* und die *Vittoria* in ihre Gewalt und Quesada verkündete, die Meuterer würden sich nur dann wieder unter Magellans Kommando stellen, wenn er nach Spanien zurücksegeln würde.

Magellan machte der Meuterei rasch ein Ende. Er schickte Espinosa mit einer Gruppe ihm treu ergebener Seeleute an Bord der *Vittoria*. Dort schnitt Espinosa Mendoza die Kehle durch und Magellans Männer erlangten die Kontrolle über das Schiff zurück. Quesada versuchte mit der *Concepción* zu flüchten, doch Magellan ließ auf sie feuern und Quesada ergab sich. Magellan machte ihm wegen Meuterei den Prozess und ließ ihn hinrichten.

Im Mai schickte Magellan die *Santiago* auf Erkundungsreise Richtung Süden, doch vor dem Rio Santa Cruz lief sie auf Grund und musste aufgegeben werden. Magellan verbrachte nun den Rest des Winters am Rio Santa Cruz.

DIE MEERENGE WIRD GEFUNDEN

Am 18. Oktober 1520 nahm Magellan die Suche nach der Durchfahrt wieder auf. Bereits drei Tage später sichtete man ein Kap, dem man den Namen Kap Virgenes gab. Dahinter lag eine Bucht, die sich als Einfahrt zur gesuchten Meeresstraße zum jenseitigen Ozean erwies, doch sie führte durch ein Labyrinth von Inseln; die verbliebene Flotte benötigte mehr als einen Monat für die schwierige Durchfahrt. In dieser Zeit kam es erneut zu einer Meuterei auf der *San Antonio*. Das Schiff verließ die Flotte und kehrte nach Spanien zurück. Die restlichen drei Schiffe gelangten am 28. November 1520 zum Ausgang der Durchfahrt. Als Magellan den Ozean auf der anderen Seite sah, vergoss er Freudentränen.

El Pacifico nannte er diesen Ozean, weil er so »friedlich« war, und der Name blieb ihm; noch heute heißt er Pazifik oder Stiller Ozean. Doch dieser Stille Ozean sollte Magellan beinahe zum Verhängnis werden. Fast den ganzen Dezember über segelte die Flotte nach Norden, dann setzte Magellan Kurs Richtung Westen und hatte nun den ganzen Ozean vor sich. Außer ein paar Korallenriffen sichtete man keine einzige der größeren Inseln, d. h., man konnte fast vier Monate lang kein frisches Wasser aufnehmen und auch die Lebensmittel nicht ergänzen. Viele der Männer starben deshalb durch Skorbut, Hunger und Durst.

Schließlich erreichte die Flotte die Marianen, wo man die Vorräte aufstockte. Im Anschluss daran legte man auf der Philippineninsel Homonhon einen Halt ein und tauschte mit den einheimischen Filipinos Geschenke aus. Am 7. April traf Magellan mit dem Raja Humabon, dem Herrscher der Insel Cebu, zusammen und schloss einen »Vertrag« mit ihm. Sollte sich der Inselherrscher mit seinem Volk zum Christentum bekehren und den Europäern das zollfreie Monopol im Gewürzhandel überlassen, so stünde er als Gegenleistung unter dem Schutz des größten europäischen Herrschers. Humabon willigte ein, wurde sofort getauft und erhielt den christlichen Namen Karl. Um seine gute Absicht zu bekräftigen, versprach Magellan, Humabons Rivalen Raja Lapu Lapu von der Nachbarinsel Mactan zu töten. Magellan selbst führte am 27. April 1521 die kleine Kriegstruppe gegen ihn an. Doch der sich zu Unrecht angegriffene Raja setzte sich mit seinen Kriegern heftig zur Wehr. Magellan, der versuchte den Rückzug seiner Leute zu decken, fiel in dem Getümmel. Von den ursprünglich 241 Männern überlebten nur knapp die Hälfte. Die *Concepción* war seeuntüchtig und musste zurückgelassen werden. Die verbliebenen zwei Schiffe erreichten im November 1521 unter dem Kommando von

Oben: Dieser alte Druck zeigt die *Victoria*, eines von Magellans Schiffen. Es war das Einzige der fünf Schiffe, das nach drei Jahren von der ersten Weltumsegelung zurückkehrte.

Der Vertrag von Tordesillas

Im Jahr 1492 war der in Valencia geborene Kardinal Rodrigo Borgia durch Bestechung auf den Papstthron gekommen und nannte sich Alexander VI. Von Ferdinand und Isabella von Spanien unter Druck gesetzt, erließ er am 4. Mai 1493 eine Bulle, die die neu entdeckte Welt entlang einer Linie, die 500 km westlich der Azoren verlief, zwischen Spanien und Portugal aufteilte. Alles, was östlich davon lag, sollte Portugal gehören, der Rest fiel an Spanien. 1494 unterzeichneten die beiden Länder den Vertrag von Tordesillas, der die »Demarkationslinie« zugunsten der Portugiesen um 1700 km nach Westen verschob.

Magellans Stellvertreter Juan Sebastián del Cano die Gewürzinseln, wo auch die reparaturbedürftige *Trinidad* zurückgelassen werden musste. Am 6. September 1522 kam die schwer mit Gewürzen beladene *Victoria* mit nur noch 18 Männern, darunter der Italiener Antonio Pigafetta, nach Spanien zurück. Pigafetta legte mit seinem Buch *Primo viaggio intorno al globo (Die erste Reise um die Welt)* einen sehr genauen und erschütternden Bericht über die gesamte Reise vor.

Die Magellanstraße erwies sich rasch als sehr umständliche Route für den Schiffsverkehr zwischen Spanien und seinen Kolonien im Pazifik. Die Straße lag zu weit südlich und die Durchfahrt war zu gefährlich. Zudem war es billiger, die jeweiligen Waren über das Meer nach Panama zu bringen und mit Packtieren über Land von einem Meer zum anderen zu transportieren.

FRANCIS DRAKE IM PAZIFIK

In den 1570er-Jahren herrschte hinter der Grenzlinie des Vertrags von Tordesillas Krieg zwischen Spaniern und Engländern, obwohl die Heimatländer miteinander im Frieden lebten. In der Karibik griffen englische und französische Freibeuter die spanischen Schiffe an, die beladen mit den Schätzen aus Peru und Bolivien in die Heimat segeln wollten. Im Pazifik gab es noch keine Kaperschiffe. Aber das sollte sich bald ändern.

1576 plante der Engländer Francis Drake eine Reise durch die Magellanstraße zum Pazifik mit der erklärten Absicht, die spanische Kolonie Peru zu überfallen und die Schiffe zu plündern. Bis zum Juli 1577 zögerte Königin Elizabeth I., ihre Zustimmung zu geben, und so dauerte es bis Dezember, ehe Drake schließlich mit seinem Flaggschiff, der *Golden Hind*, und vier kleineren Schiffen den Hafen von Plymouth verließ.

An der Küste Afrikas entlang segelte er südwärts bis zu den Kapverden, wo er zwei portugiesische Karacken kaperte. Eine verleibte er seiner Flotte ein und stellte bald fest, dass er den versierten Lotsen Nuño da Silva unter seinen Gefangenen hatte. Am 18. Juni 1578 kam Drakes Flotte in San Julian an, wo Magellan 1520 überwintert hatte, und auch Drake sah sich hier mit einer Meuterei konfrontiert, die der junge Edelmann Thomas Doughty angezettelt hatte. Drake machte kurzen Prozess und ließ den Aufrührer köpfen. Mit drei Schiffen segelte Drake zum Kap Virgenes und durchquerte die Magellanstraße in nur 16 Tagen. Dabei stellte er auch fest, dass hinter Tierra del Fuego (Feuerland) offenes Meer lag, womit die These widerlegt war, es handele sich dabei um die Spitze des gesuchten Südkontinents. Drake hatte nicht damit gerechnet, dass der Winter der Südhalbkugel so streng sein würde, und kaum hatte die Flotte den Pazifik erreicht, geriet sie in heftige Stürme: Ein Schiff verschwand auf Nimmerwiedersehen und die anderen beiden wurden auseinander getrieben. Während das andere Schiff nach England zurückkehrte, setzte Drake seine Reise mit der *Golden Hind* fort und machte sich mit Genuss daran, seine eigentliche Mission auszuführen. Die im Pazifik kreuzenden spanischen Schiffe waren kaum bewaffnet und die Häfen waren nur unzureichend gesichert. Drake überfiel spanische Häfen und plünderte Schiffe, darunter eine große, mit Schätzen beladene Galeone. Mit Beute beladen segelte er nun an der Küste Nordamerikas entlang nach Norden, in der Hoffnung, den westlichen Ausgang der

Links: Sir Francis Drake, der 1578 mit der erklärten Absicht, spanische Kolonien zu plündern, durch die Magellanstraße in den Pazifik segelte. Er überquerte den Stillen Ozean und überfiel die spanischen Kolonien in Peru und auf den Philippinen. Dann kehrte er mit reicher Beute und Nelken von den Gewürzinseln durch den Indischen Ozean und um das Kap der Guten Hoffnung nach England zurück.

Der Kartograph Gerhard Mercator

Eine flach auf Papier gezeichnete Weltkarte kann irreführend sein, denn das Abbild ist flach, tatsächlich aber hat die Erde ja Kugelgestalt. Der erste Kartograph, der hier eine Lösung bot, war der 1512 geborene Flame Gerhard Kremer, der, wie es damals üblich war, seinen Namen ins Lateinische übersetzte und sich Mercator nannte. Vorarbeiten des Nürnberger Kompassmachers Erhard Etzlaub folgend, entwickelte er eine winkeltreue Zylinderprojektion, die die Umrisse der Kontinente und Inseln sowohl in der Länge als auch in der Breite und damit auch in der Größe verzerrte. Grönland war auf seiner Karte größer als Südamerika, was nicht den realen Gegebenheiten entspricht. Da aber die Winkel, in denen sich Längen- und Breitengrade treffen, akkurater waren, benutzten die Navigatoren Mercators Karten lieber als die älteren Karten.

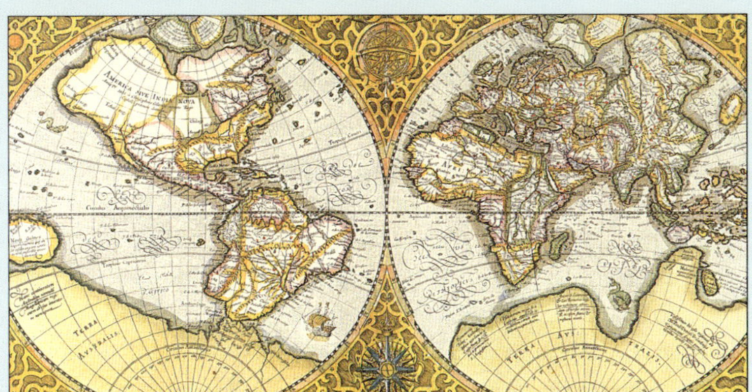

Oben: Mercators Weltkarte von 1569.

Links: Eine Nachbildung der *Golden Hind*, des Segelschiffs, mit dem Francis Drake zwischen 1577 und 1580 erfolgreich die ganze Welt umsegelte.

Nordwestpassage zu finden. Er kam wahrscheinlich bis Vancouver Island, ehe er umkehrte und für nötige Reparaturen in Höhe des heutigen San Francisco ankerte. Gegen Ende Juli 1579 begann er die Überquerung des Pazifiks und kam im Oktober auf den Gewürzinseln an. Er nahm eine große Ladung Nelken an Bord und fuhr dann durch den Indischen Ozean und um das Kap der Guten Hoffnung herum nach England zurück, das er im September 1580 erreichte. Der Grund für diesen Umweg: Der Pazifik war inzwischen voller spanischer Schiffe, die gern Rache an Drake genommen hätten.

Drakes Reise war ein spektakulärer Erfolg. Mit seinem Kapergut hatte er einen Profit von 5000 Prozent gegenüber der Ausgangsinvestition erzielt, und obendrein war er der erste Seefahrer, der mit seinem eigenen Flaggschiff von einer Weltumsegelung heimkehrte.

1586 machte sich der Engländer Thomas Cavendish auf, den Erfolg Drakes zu wiederholen. Wie Drake segelte er über den Atlantik, durchfuhr die Magellanstraße und dann an der Westküste Südamerikas aufwärts, um die dortigen spanischen Kolonien zu plündern und zu brandschatzen. Vor der Küste Kaliforniens kaperte auch er eine Galeone. Über die Philippinen und durch die Lombokstraße kam er über das Kap der Guten Hoffnung nach England zurück.

DIE NORDWESTPASSAGE

Die Nachricht von der Reise des Kolumbus über den Atlantik verbreitete sich nach seiner Rückkehr 1493 nur langsam in Mittel- und Nordeuropa. Allerdings hatten im Vertrag von Tordesillas bereits 1494 Spanien und Portugal die neu entdeckte Welt zwischen sich aufgeteilt. Die Engländer waren die Ersten, die gegen das Monopol der Iberer Einspruch erhoben.

JOHN CABOT (GIOVANNI CABOTO)

Der venezianische Kaufmann Giovanni Caboto trieb nicht nur Handel mit Gewürzen, er war auch selbst ein guter Navigator. Da nun die Erde erwiesenermaßen eine Kugel war und Asien erreicht werden konnte, wenn man gen Westen segelte, so müsste man, überlegte Caboto, das Ziel doch schneller erreichen, wenn man über den Pol segelte statt in Äquatornähe. Mitte der 1490er-Jahre ging Caboto nach England, nannte sich John Cabot und erbat sich von König Heinrich VII. Unterstützung für seine Erkundungsreise. Da ein Syndikat von Kaufleuten die Reise finanzieren sollte, hatte Heinrich nichts zu verlieren. Er stellte Cabot also einen Freibrief aus und räumte ihm das Monopol auf alle Handelsrouten ein, die er entdecken sollte.

Über die Reisen John Cabots sind kaum Einzelheiten bekannt. Am 20. Mai 1497 legte er in Bristol mit einem kleinen Schiff, der *Matthew*, und einer Mannschaft von 18 Leuten ab, erreichte Nordamerika am 24. Juni und ankerte vor Nova Scotia. Er umsegelte die Ostküste von Neufundland und kehrte im August nach Bristol zurück, wo er behauptete, China erreicht zu haben. 1498 begab er sich mit fünf Schiffen und 200 Mann auf eine zweite Reise; ob irgendjemand von dieser Reise zurückkehrte, ist nicht bekannt.

Man vermutet, dass der damals wohl zwölf oder 13 Jahre alte Sebastian seinen Vater John Cabot auf der ersten Reise begleitete. Als immer deutlicher wurde, dass zwischen Europa und Asien eine riesige Landmasse lag, begab sich Sebastian Cabot 1508 auf eine Reise, um die von seinem Vater gesuchte nördliche Route nach Asien zu suchen. Berichten zufolge erreichte er, an der Ostküste Labradors nach Norden segelnd, wohl 58° nördlicher Breite, ehe Eis und Kälte ihn zur Umkehr zwangen.

Obwohl auch über diese Reise nur wenig bekannt ist, darf man doch vermuten, dass Sebastian Cabot überzeugt war, es müsse möglich sein, in nördlicher Richtung von Amerika nach Asien zu segeln. Dieser gesuchte Seeweg wurde von den Entdeckungsreisenden als Nordwestpassage bezeichnet. Während des folgenden Jahrhunderts machten sich viele auf, sie zu suchen.

Die portugiesischen Brüder Gaspar und Miguel Corte Real waren bereits auf der Suche nach Asien

Oben: John und Sebastian Cabot erhalten kirchlichen Segen, ehe sie sich mit der *Matthew* von Bristol aus im Mai 1497 aufmachen, die Nordwestpassage zu suchen.

nach Westen gesegelt, aber beide sind auf See verschollen, Gaspar bereits 1501, sein Bruder Miguel im folgenden Jahr. Rund 20 Jahre später machten sich der Italiener Giovanni di Verrazano für Frankreich und der Spanier Esteveo Gomez für sein Land auf den Weg und erforschten die Nordamerikanische Ostküste. Der französische Entdecker Jacques Cartier unternahm 1534, 1535–36 und 1541–42 drei Reisen zur Mündung des St.-Lorenz-Stroms. Auf seiner letzten Reise brachte er Siedler mit, doch 1543 verließen sie die Kolonie wieder.

MARTIN FROBISHER

Englische Forschungsreisende machten die ernsthaftesten Versuche, die Nordwestpassage zu finden. Einer der Ersten unter ihnen war Humphrey Gilbert. 1566 legte er der englischen Königin Elizabeth I. eine Petition vor, mit der er sich die Erlaubnis erbat, die Nordwestpassage nach Catai (China) zu suchen. Doch erst zehn Jahre später hatten sich Kaufleute gefunden, die bereit waren, die Expedition zu finanzieren; sie erkoren einen ruppigen, entschlossenen Kaper namens Martin Frobisher zu ihrem Mann. Sie rüsteten ihm zwei Schiffe und eine Pinasse (ein größeres Beiboot) aus, mit

John Davis' Quadrant

Der von John Davis entworfene Quadrant arbeitete nach einem sehr einfachen Prinzip. Statt zur Sonne zu schauen, wie man es mit einem normalen Quadranten bei Tag machte, wandte der Navigator mit diesem Gerät der Sonne den Rücken. Die Spitze eines Schattens, den ein Stab auf die Skala warf, zeigte die Höhe der Sonne an, und nach der konnte dann die geographische Breite berechnet werden. Mithilfe dieses Instruments konnte Davis für seine Zeit, in der die Breite nur unzureichend bestimmt werden konnte, hervorragend navigieren. Seiner besonderen Fähigkeiten wegen wurde Davis gern für englische und niederländische Expeditionen in den Fernen Osten angeheuert.

Rechts: John Davis' Quadrant war ein einfaches Hilfsmittel zur Navigation. Die besten Messergebnisse erzielte man bei ruhiger See, wenn das Deck nicht schwankte.

Schiff zu schaffen machten. Am nächsten Tag seien sie wiedergekommen, aber er habe sie nicht an Bord gelassen und zwei Tage lang den Handel mit ihnen verboten. Dann hätten die Inuit eine kleine Friedensabordnung geschickt, und er habe einen dieser Männer als Geisel genommen und versprochen, ihn gegen den gestohlenen Anker wieder freizulassen.

Doch dann sei günstiger Wind aufgekommen, und so habe er Segel setzen lassen und den Mann mitgenommen. Der gefangene Inuit starb auf der Rückreise nach England im September.

Die beiden Schiffe, die Davis Richtung Pol geschickt hatte, mussten des Eises wegen bald aufgeben. Sie machten kehrt und segelten nach Godthåb. Dort stießen sie auf Inuit, die wegen des entführten Mannes sehr verärgert waren, doch die Engländer konnten sie besänftigen, indem sie Handel anboten; schließlich spielte man sogar Fußball miteinander.

Diese fröhliche Zeit fand ein jähes Ende, als die Inuit den Engländern ein leckgeschlagenes Kajak verkauften. Es kam zu einem Streit, der zu einem Schusswechsel führte. Drei Inuit wurden von den Engländern getötet, ein Engländer wurde verwundet. Nach diesem Ereignis segelten die beiden Schiffe im September ab.

Unten: Martin Frobisher und die einheimischen Inuit waren sich 1576 zunächst freundlich begegnet. Aufgrund sprachlicher und kultureller Missverständnisse kam es dann aber zu Streitigkeiten, bei denen sich beide Parteien mit ungleichen Waffen bekämpften.

DAVIS' DRITTE REISE

1586 unternahm Davis seine dritte und letzte Reise. Diesmal hatte er drei Schiffe unter seinem Kommando, eines davon war jedoch leck. Außerdem hatte er Ärger mit der Mannschaft, die lieber durch Fischfang Geld verdienen wollten, als die Nordwestpassage zu suchen.

Davis' Geduld war schon bald am Ende. Wieder in Godthåb, verschwendete er keine Zeit damit, freundliche Beziehungen zu den Inuit aufzubauen, vielmehr nahm er gleich eine Geisel.

Verständlicherweise waren die Inuit empört und rächten sich, indem sie alle Eisennägel aus einer mitgeführten Pinasse entfernten. Davis holte die losen Bretter des Bootes aufs Schiff und wandte Godthåb und seinen Inuit endgültig den Rücken.

Davis segelte nun die Baffinbai aufwärts bis Upernavik in 73° nördlicher Breite und erreichte damit den bisher nördlichsten Punkt. Packeis und drohende Eisberge zwangen erneut zur Umkehr zum Cumberlandsund. Von hier kehrte er über Labrador und Neufundland nach Hause zurück.

Davis war der Nordwestpassage näher gekommen als jeder andere im 16. Jahrhundert. Die tatsächliche Durchfahrt vom Atlantik zum Pazifik führt oberhalb von Baffinland durch den Lancastersund. Doch selbst wenn er diese Meeresstraße gefunden hätte, wäre er gezwungen gewesen umzukehren, denn dem arktischen Eis wäre kein Schiff seiner Zeit gewachsen gewesen. Dazu mussten erst Dampfschiffe mit Motoren und eisernem Bug entwickelt werden.

DIE NORDOSTPASSAGE

Links: Das Gemälde zeigt den angesehenen John Dee, ein Gelehrter und Mathematiker des 16. Jahrhunderts und Günstling des Königshauses. Der Rat des hoch gelehrten Mannes wurde sehr geschätzt. Als er empfahl, nach der Nordostpassage zu suchen, machten sich bald wagemutige Entdecker auf.

Mitte des 16. Jahrhunderts setzte sich der namhafte Mathematiker John Dee für weitere britische Entdeckungen, besonders im hohen Norden, ein. Er kannte die Reiseberichte des Kolumbus und anderer Seefahrer und schloss aus alldem, dass es fünf Wege nach Asien geben müsse.

Eine verlief um Afrika, eine zweite führte durch die Magellanstraße an der Südspitze Südamerikas und eine dritte müsse, so Dee, durch eine Meeresstraße im Norden des inzwischen als Neue Welt bekannten amerikanischen Kontinents führen. Auch war er der Ansicht, ein Schiff müsse gerade nach Norden über den Pol nach Asien segeln können. Seine fünfte Route aber, so vermutete er, müsse um Norwegen herum, östlich am Nordkap vorbei, nach Asien führen. Und diese, meinte er, sei gerade für englische Kaufleute die günstigste.

Das Studium der Schriften arabischer Geographen hatte Dee auf die Idee gebracht. Dort hieß es, das Nordkap sei der nördlichste Punkt Europas, und von dort aus verliefe die Küste in Richtung Südosten, bis man Asien erreiche. Der unangenehmste Teil der Reise sei die Umschiffung des Nordkaps, wo die Winter lang und die Sommer kurz seien.

Um das Jahr 1550 begannen englische Kaufleute, sich für die Theorien Dees zu interessieren. Die Preise für Wolltextilien begannen zu fallen, und die Händler mussten sich außerhalb Europas dringend neue Märkte erschließen. Diese sahen sie bei den Völkern, die an den nördlichen Grenzen der eurasischen Landmasse lebten. Ein paar Londoner Kaufleute taten sich zur Company of Merchant Adventurers (Kompanie der Handelsabenteurer) zusammen, deren vorrangiges Ziel es war, neue Handelsgebiete zu erschließen, aber auch, um die so genannte Nordostpassage zu finden.

WILLOUGHBY UND CHANCELLOR

Die erste Reise unternahmen 1553 drei Schiffe unter dem Kommando des Soldaten Sir Hugh Willoghby, dem Richard Chancellor als Navigator zur Seite stand. Man hatte ausgemacht, dass die Schiffe, sollten sie auseinandergetrieben werden, sich im Varangerfjord in Norwegen, wieder sammeln sollten. Eine kluge Vorsichtsmaßnahme, die dennoch nichts nützte, da sich die Schife verfehlten.

Willoughby nahm daher östlichen Kurs und erreichte im August 1553 die Insel Nowaja Semlja. Weil der Sommer bereits zu Ende ging, entschied er sich zur Umkehr und zur Überwinterung in Lappland. Ein folgenschwerer Fehler – der ihn und seiner Mannschaft das Leben kosten sollte.

Indessen folgte Chancellor der Küstenlinie und ankerte bei der heutigen Hafenstadt Archangelsk, wo er einen Handelsposten gründete. Er überredete einige russische Bewohner, ihn per Pferdeschlitten nach Moskau zu führen. Dort traf er mit dem russischen Zaren Iwan dem Schrecklichen, zusammen, der sich an einer Alternative zur bisherigen russischen Handelsroute nach Europa sehr interessiert zeigte, denn die führte über die Ostsee und stand unter der Kontrolle des Hansebundes.

Unten: 1554 erreichte Richard Chancellor Moskau, wo er vom russischen Zar Iwan dem Schrecklichen empfangen wurde, der sehr an Handelsbeziehungen interessiert war.

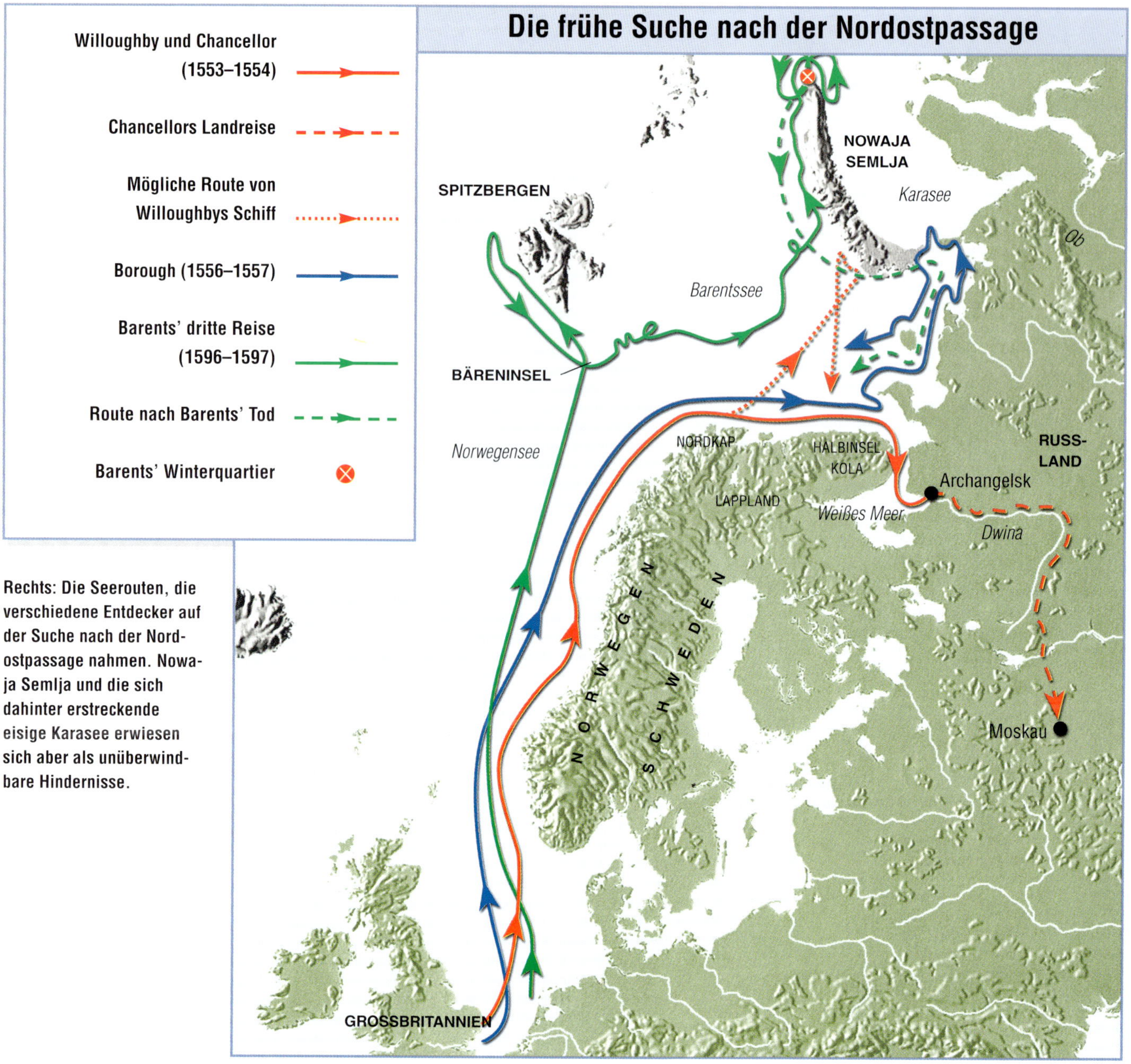

Rechts: Die Seerouten, die verschiedene Entdecker auf der Suche nach der Nordostpassage nahmen. Nowaja Semlja und die sich dahinter erstreckende eisige Karasee erwiesen sich aber als unüberwindbare Hindernisse.

Die Russen begrüßten die Wolltextilien und Waffen der englischen Händler, die ihrerseits an russischen Pelzen, Hanf und Kerzentalg interessiert waren. 1554 kehrte Chancellor mit der guten Nachricht nach England zurück, dass Zar Iwan den Briten ausgedehnte Handelsprivilegien zugesagt habe.

1555 kam Chancellor erneut nach Russland. Bei seiner Ankunft überreichte man ihm Papiere von Willoughbys Schiffen, aus denen er vom traurige Schicksal seines Kollegen erfuhr. Ihm selbst sollte es nicht besser ergehen. Als er 1556 mit einem festen Handelsvertrag und einem ersten russischen Botschafter an Bord zurückreiste, erlitt er in einem Sturm vor Schottland Schiffbruch. Der Botschafter überlebte, aber Chancellor ertrank.

Die Handelsbeziehungen mit Russland mochten den englischen Kaufleuten willkommen sein, doch was sie eigentlich suchten, waren Zugänge zum Gewürz- und Seidenhandel mit Asien. Und so verließ 1556 erneut ein kleines Schiff mit einer Mannschaft von nur acht Mann den Hafen von Gravesend, England, auf der Suche nach der Nordostpassage.

BOROUGHS' EXPEDITION

Leiter der Expedition war Stephen Boroughs, der Chancellor auf seiner Reise von 1553 begleitet hatte. Der schon ältere Sebastian Cabot, Vorsitzender der Company of Merchant Adventurers, war nach Gravesend gekommen, um Boroughs für sein Unternehmen Glück zu wünschen und am Abschiedsball für ihn teilzunehmen.

Es gelang Boroughs, sein kleines Segelschiff bis zur Karasee zu manövrieren. Dann setzte der Winter ein und vereitelte die Weiterfahrt. Boroughs überwinterte mit seiner Crew an der Mündung der Dwina nahe Archangelsk, ehe er im nächsten Jahr nach England zurückkehrte.

Nach diesem Fehlschlag entschied die Company of Merchant Adventurers, keine weiteren Versuche zu unternehmen, die Route nach Asien zu finden. Der neu erschlossene Handel mit Russland erwies sich als lukrativ genug, und so nannte sich die Gesellschaft nun Muscovy Company.

John Dees Leidenschaft aber galt der Forschung, nicht dem Profit, und so setzte er sich weiter für die Suche nach der Nordostpassage ein. 1580 führten seine Bemühungen zur Expedition von Arthur Pet und Charles Jackman, aber auch diese Expedition verfehlte ihr Ziel und in England war niemand mehr an weiteren Unternehmungen dieser Art interessiert.

WILLEM BARENTS

Die Niederländer sahen das anders. Sie waren den Engländern ins Weiße Meer gefolgt, und ein niederländischer Händler war auf dem Landweg zur Küste Sibiriens gelangt. Auch in den Niederlanden gab es einen Geographen, Peter Plancius, der die Ansicht vertrat, es gebe durch die Meere nördlich von Sibirien eine Route nach Asien. Und so taten sich niederländische Kaufleute zur Finanzierung einer Expedition zusammen, die unter der Leitung von Willem Barents stehen sollte. Mit vier Schiffen erreichte er 1594 Nowaja Semlja. Eines der Schiffe stand unter dem Kommando des angesehenen Geographen und Entdeckungsreisenden Jan Huighen van Linschoten.

Van Linschoten hatte sich mit seinen Reisen um das Kap der Guten Hoffnung nach Indien einen Namen gemacht und hatte viele Jahre in Indien gelebt. Sein Buch, das 1589 veröffentlichte *Itinerario*, war ein Standardwerk für niederländische Navigatoren, die nach Afrika, Amerika und in den Fernen Osten segeln wollten.

Während englische Seefahrer Nowaja Semlja südlich umsegelt hatten, wollte Barents den nördlichsten Punkt suchen. Doch als er ihn erreicht hatte, verhinderte das Eis sein Weiterkommen. Währenddessen segelte van Linschoten, der der russischen Küstenlinie gefolgt war, in die Karasee, wo auch er vom Eis eingeschlossen wurde. Beide konnten dennoch nach Holland zurückkehren und unternahmen im folgenden Jahr gleich zu Beginn des Sommers einen erneuten Versuch, diesmal die von den Engländern probierte Route aufnehmend, doch erneut blockierte Eis die Durchfahrt und sie mussten umkehren.

Barents dritter Versuch fand 1596 statt. Diesmal segelte er mit zwei Schiffen, und da alle Versuche, die Karasee zu durchsegeln, gescheitert waren, nahm er jetzt Kurs durch die Norwegensee. Unterwegs entdeckten sie die kleine Bäreninsel und die Inselgruppe Spitzbergen, nördlich derer Eisberge die Weiterfahrt verhinderten. Eines der Schiffe kehrte nun in die Niederlande zurück, das andere setzte unter Barents' Kommando Kurs auf die Nordspitze von Nowaja Semlja, wo Barents erneut vom Eis eingeschlossen wurde. Gerrit de Veer, der Erste Offizier des Schiffs, schrieb in sein Tagebuch, das langsam immer dichter werdende Eis sei ein erschreckender Anblick gewesen und habe einen Lärm wie Donnergetöse gemacht. Aus dem Holz des zerstörten Schiffes bauten die Seeleute ein Haus, um darin zu überwintern.

Das Haus war groß und lang, und der Mastkorb wurde als Ausguck auf das Dach gesetzt. Sogar ein Dampfbad baute man ein, um sich in der extremen Kälte aufwärmen zu können, aber es reichte nicht. Obwohl sie das Haus und schließlich den Kamin gegen die Kälte so gut wie möglich abdichteten, gefroren den Männern die Getränke in den Tassen, und da der Rauch nicht abziehen konnte, erstickten sie fast.

Als der eigentliche Winter einsetzte, verschwand die Sonne endgültig hinter dem Horizont. Die einzige Möglichkeit, die langsam verrinnende Zeit in der endlosen Polarnacht zu messen, bestand darin, dem Ticken der eisernen Schiffsuhr zu lauschen. Die Männer ernährten sich vom Fleisch der Polarfüchse, Bären und anderer Tiere, die sie in Fallen gefangen oder mit ihren Hellebarden geschossen hatten (diese Waffen wurden 300 Jahre später von einer norwegischen Expedition gefunden). Barents hielt die Männer bei Laune, indem er ihnen beim Licht einer Tranlampe aus einer Geschichte Spaniens und einer Geographie Chinas vorlas. De Veer beschrieb die unsägliche Erleichterung der Männer, als endlich die Sonne wieder am Horizont erschien, mit den schlichten Worten: »Wir dankten Gott.«

Im Juni 1597, als genügend Eis geschmolzen war, konnte die Mannschaft endlich in die geretteten Boote steigen und über die eisige Barentssee zur Halbinsel Kola hinüberrudern. Doch Barents' Gesundheit war dermaßen angegriffen, dass er am 19. Juni starb. Seine Männer kehrten schließlich im November 1597 nach Amsterdam zurück.

Oben: Eine kolorierte Zeichnung von Willem Barents' schiffbrüchiger Mannschaft, die der Erste Offizier, Gerrit de Veer, 1596 anfertigte. Im Hintergrund das Holzhaus, das aus den Planken des im Eis zerstörten Schiffes gebaut worden war. Aus dem Mastkorb, der auch hier als Ausguck diente, steigt Rauch auf. Als der Winter einsetzte, wurde der Kamin zum Schutz vor der Kälte geschlossen, doch nun litten die Männer im Haus unter dem Rauch. Die Karten, die Barents von den Küstenverläufen rund um die später nach ihm benannte See zeichnete, erwiesen sich bis ins 20. Jahrhundert hinein als hilfreich für Seeleute.

FREIBEUTER UND DIE NEUE WELT

Die von Kolumbus Ende des 15. Jahrhunderts entdeckten Karibischen Inseln zogen bald viele Kolonisten aus Spanien an. Es dauerte nicht lange, bis die spanischen Konquistadoren die mächtigen Reiche der Azteken und Inka in Mittel- und Südamerika vernichtet hatten, um die Neue Welt für sich zu beanspruchen.

Zwischen dem spanischen Mutterland und den Kolonien entwickelten sich enge Handelsbeziehungen. Die Kolonisten brauchten Kleidung, Waffen, Haushaltsgegenstände, Wein und Olivenöl. Zur Bezahlung konnten sie Gold und Silber, exotische Tierfelle sowie Zuckerrohr bieten. Zum gezielten Anbau des Zuckerrohrs legten die Spanier bald riesige Plantagen an und zwangen die indianische Bevölkerung, dort als Sklaven zu arbeiten.

1545 entdeckte der Spanier Juan de Villarroel bei Potosí in Bolivien eine Silbermine, und damit begann die Blütezeit Spanisch-Amerikas. 1548 wurden in Zacatecas in Mexiko ebenfalls reiche Gold- und Silbervorkommen entdeckt und nun flossen Ströme der Edelmetalle nach Spanien. Das kostbare Gut wurde über Land an die Westküsten transportiert, dann auf Schiffe verladen und zur Landenge von Panama gebracht. Von dort wurde es wieder über Land zur Ostküste transportiert und schließlich auf Schiffen über den Atlantik nach Spanien verschifft. Obwohl Magellan den Pazifik von Ost nach West überquert hatte, wurde der riesige Ozean nicht genutzt, denn bisher war die Überquerung in Gegenrichtung noch nicht gelungen, und es gab auch noch keine Seekarten.

Oben: Hernando Cortez, der 1521 Mexiko für Spanien eroberte. Er sandte auch Schiffe in den Pazifik aus, die nach Inseln suchen sollten, auf denen man Gold finden konnte.

HIN UND ZURÜCK ÜBER DEN PAZIFIK

1527 staffierte Hernando Cortez, der Eroberer Mexikos, drei Schiffe aus und schickte sie auf die Suche nach Inseln im Pazifik, wo es einheimischen Gerüchten zufolge Gold geben sollte. Zwei der Schiffe gingen verloren, doch eines, unter dem Kommando von Alvaro Saavedra, erreichte die Molukken. Als er nach Mexiko zurücksegeln wollte, wurde ihm die Unkenntnis des Ozeans mit seinen Winden und Strömungen zum Verhängnis. Ein weiterer Versuch unter Fernando Grijalva endete 1537 in einer Meuterei. Die Meuterer töteten den Kommandanten und erlitten vor Neuguinea Schiffbruch. Während der 1540er- und 1550er-Jahre gab es weitere vergebliche Versuche den Pazifik von West nach Ost zu überqueren, doch erst 1565 gelang dies einer spanischen Expedition.

Im November 1564 machte sich Miguel Lopez de Legazpi mit einer Flotte auf, überquerte den Pazifik in westlicher Richtung und gründete auf der Philippineninsel Cebu eine spanische Niederlassung. Als erfahrenen Lotsen hatte er Andres de Urbañeta bei sich, der von dem Ehrgeiz besessen war, die Rückroute nach Mexiko zu finden. Am 1. Juni 1565 segelte er von den Philippinen aus in nördliche Richtung bis 42° Nord, wo er auf eine günstige Strömung und östlich wehende Winde traf. Von diesen begünstigt, erreichte er die Insel Santa Rosa vor der Südküste Kaliforniens, von wo er in südlicher Richtung zurück nach Acapulco in Mexiko segelte. Er hatte den Seeweg gefunden, der nun 200 Jahre lang von den Galeonen benutzt wurde, die die Reichtümer der Philippinen nach Amerika und von dort nach Spanien brachten.

ERFORSCHUNG DES PAZIFIKS

Die Nachricht von Urbañetas Erfolg verbreitete sich rasch im spanischen Amerika. 1567 leitete Alvaro de Mendaña de Neyra von Peru aus eine Expedition, die westwärts über den Pazifik segelte,

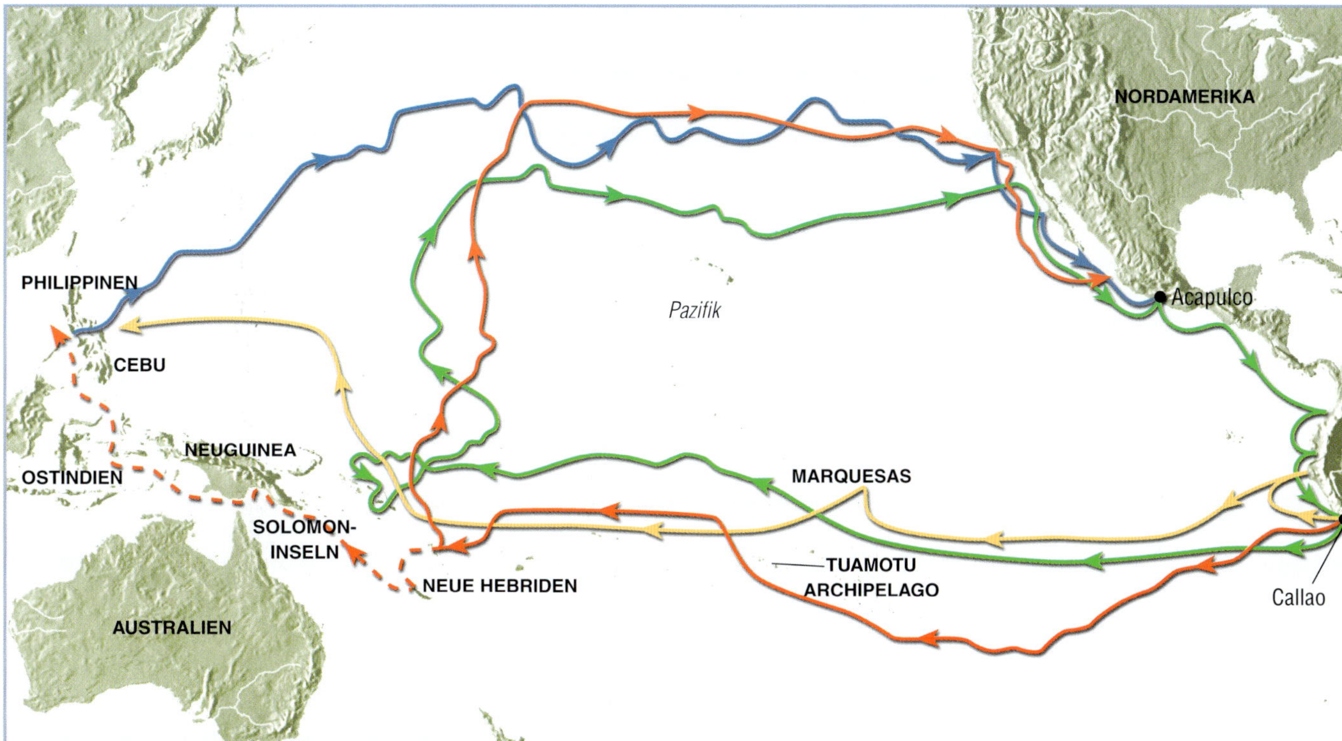

Die Spanier im Pazifik

Urbañeta (1565)

Mendaña (1567–1569)

Mendaña und Quiro (1595–1596)

Quiros (1605–1606)

Fortsetzung von Quiros' Expedition unter Torres (1606–1607)

Oben: Die Karte zeigt die ersten Fahrten, die Spanier westwärts über den Pazifik unternahmen, um eine Route für die Rückreise nach Osten über den Pazifik zu suchen.

denn er wollte den sagenhaften Südkontinent finden – die *Terra Australis*, über die man seit dem Altertum spekulierte. Sein eigentliches Vorhaben erreichte er nicht, doch er entdeckte die Salomonen. Auf der Route Urbañetas kehrte er nach Peru zurück. 1595 wollte Mendaña die Salomonen erneut aufsuchen, fand sie aber nicht. Statt ihrer entdeckte er die Marquesasinseln. Als Navigator hatte Mendaña den Spanier Pedro Fernandez de Quiros dabei, der, nachdem Mendaña unterwegs gestorben war, das Kommando übernahm und über den Pazifik nach Mexiko zurücksegelte.

1605 unternahm de Quiros eine eigene Suche nach der *Terra Australis*. Er erreichte die Neuen Hebriden (heute Vanuatu), hielt sie für den gesuchten Südkontinent, gründete rasch eine Niederlassung und segelte wenige Wochen später wieder ab. Sein Stellvertreter, Luis Vaez de Torres gab die Siedlung auf und segelte zu den Philippinen. Unterwegs entdeckte er die nach ihm benannte Meeresstraße zwischen Australien und Neuguinea.

SCHATZSCHIFFE IM ATLANTIK

Man hatte zwar begonnen, den Pazifik zu erforschen, doch die wichtigste Verbindung zwischen Spanien und der Neuen Welt blieb der Atlantik. Die Hafenstädte Nombre de Dios und Portobelo an der Karibikküste Panamas waren reiche Umschlagplätze, wo Güter aus Europa ankamen und Konvois nach Spanien absegelten.

Dass eine schwer beladene Galeone von Kriegsschiffen begleitet wurde, also im Konvoi fuhr, war eine seit 1542 übliche Praxis, seit Franz I. von Frankreich mit Kaiser Karl V., der Spanien, das Heilige Römische Reich Deutscher Nationen und einen großen Teil Italiens beherrschte, im Streit um die europäische Vormachtstellung lag. Diese Begleitgeschwader waren teuer und wenig flexibel. Die Kaufleute mussten für ihren Schutz hohe Steuern und Zölle zahlen und konnten jeweils nur dann fahren, wenn ein Konvoi zusammengestellt war. Angesichts dieser Situation sahen Schmuggler ihre Chance, die ihre Dienste billig anboten.

Die ersten Schmuggler waren Portugiesen. Mit Tuchen und Metallwaffen segelten sie nach Afrika, wo sie für ihre billigen Waren schwarze Sklaven eintauschten. Mit denen segelten sie über den Atlantik nach Südamerika, wo die Sklaven an Plantagen- und Minenbesitzer verkauft wurden. Für den Erlös kauften die Portugiesen in Europa begehrte Waren und segelten damit zurück – eine sehr Gewinn bringende Praxis, die man Dreieckshandel nannte.

Oben: Philipp II. von Spanien mit seiner dritten Frau. Philipp war nicht bereit, den Engländern Handelsrechte mit den spanischen Kolonien in der Neuen Welt einzuräumen.

1562 hatte John Hawkins, ein Reeder aus Plymouth in England, die Idee einen Dreieckshandel mit den Westindischen Inseln zu treiben.

Mühelos fand Hawkins viele Geldgeber für sein Projekt. Er stattete drei Schiffe aus und setzte im Oktober 1562 in Plymouth Segel Richtung Westafrika. Auf Teneriffa nahm er einen Lotsen aus Cadiz an Bord, der die karibischen Gewässer gut kannte. In Sierra Leone zwang er portugiesische Sklavenhändler mit Waffengewalt, ihm 300 Sklaven billig zu überlassen. Mit einem gekaperten portugiesischen Sklavenschiff segelte er dann über den Atlantik.

Auf der Insel Hispaniola (heute Haiti und Dominikanische Republik) verkaufte er die Sklaven an die spanischen Plantagenbesitzer. Vom Erlös kaufte er westindische Waren, darunter Zucker sowie Tierhäute und -felle. 1563 nach England zurückgekehrt, verkaufte er diese Waren und machte insgesamt einen stolzen Gewinn.

Freibeuter – Piraten mit Lizenz

Im 16. Jahrhundert waren viele der Seeschlachten, die sich die Europäer besonders in den Gewässern der neu entdeckten Länder lieferten, kaum mehr als staatlich organisierte Piraterie. Regierungen und Herrscher stellten ihren Seefahrern Freibriefe aus, die ihnen die Erlaubnis erteilten, Schiffe anzugreifen, die unter »feindlichen« Flaggen segelten.

Handelsschiffe, die in den 1550er-Jahren den Ärmelkanal durchsegelten, waren vielfachen Gefahren ausgesetzt, denn beide Küsten waren von französischen Kapern besetzt (die zwei sich bekämpfenden katholischen und protestantischen Parteien des französischen Bürgerkriegs). Außerdem drohte Gefahr von britischen Freibeutern, die es auf die Schiffe der katholischen Franzosen abgesehen hatten. Spanien unterstützte die katholische Seite, und so wurden seine Schiffe oft Opfer von protestantischen Franzosen und englischen Kaperschiffen.

In Florida hatten die protestantischen Franzosen eine Basis, von der aus sie spanische Schiffe in der Karibik überfielen, bis Philipp II. von Spanien 1565 die Zerstörung der Basis befahl.

Hawkins wollte eigentlich kein Schmuggler sein. Er hätte es vorgezogen, legalen Handel mit den spanischen Kolonien zu treiben, aber die spanische Regierung zeigte sich hart, und die Beamten, mit denen er in der Karibik verhandelte, waren nicht befugt, ihm eine Handelslizenz auszustellen.

Da die portugiesischen Sklavenhändler in Lissabon Klage gegen Hawkins erhoben und auch eines seiner Schiffe von den Spaniern aufgebracht worden war, wurde sein Unternehmen ein Fall für die hohe Diplomatie. Die britische Krone schlug Philipp II. von Spanien einen Kompromiss vor. Sollten die Spanier Hawkins den Handel in der Karibik erlauben, würde er dafür die spanischen Kolonien vor französischen Freibeutern schützen. Philipp lehnte ab. Davon unbeirrt begab sich Hawkins im Oktober 1564 mit vier Schiffen auf seine zweite Fahrt, denn nun hatte er mit Elizabeth I. und hochrangigen britischen Seeoffizieren mächtige Geldgeber im Rücken. In Westafrika kaufte er eine Ladung aus Sklaven, Elfenbein und Gold zusammen, segelte damit nach Trinidad und errichtete einen Handelsposten für den Binnenhandel mit den spanischen Siedlern an der Nordostküste Südamerikas. Die Spanier reagierten sehr ärgerlich, und Philipp drohte allen, die mit Engländern Handel treiben sollten, hohe Strafen an.

Bei seiner nächsten Reise, 1567, war Hawkins' junger Cousin, Francis Drake, der Kommandant eines der fünf Schiffe. Wieder segelten sie erst nach Afrika, um Sklaven einzukaufen, die sie allen Verboten zum Trotz in der Karibik weiterverkauften. Vor der Küste Mexikos geriet er in einen Sturm; eines der Schiffe wurde beschädigt und musste repariert werden. Es war noch nicht wieder seetüchtig, als ein spanischer Konvoi einlief. Die Spanier griffen sofort an und vernichteten Hawkins' Flotte. Hawkins selbst und Drake konnten entkommen, aber seine von den Spaniern gefangenen Männer kamen für acht Jahre hinter Gitter.

KAPERFAHRTEN DES FRANCIS DRAKE

Wieder zurück in England, wurde Elizabeth I. auf Drake aufmerksam und autorisierte ihn, Kaperfahrten gegen die Spanier zu unternehmen. 1570 überfiel und plünderte Drake spanische Schiffe und brandschatzte spanische Siedlungen in der Karibik. 1571 segelte er zur Meerenge von Panama. Hier sammelte er Informationen über die Küste und die Häfen und fand eine Bucht, die wunderbar als Versteck geeignet war, um von dort aus Nombre de Dios anzugreifen.

1572 kam Drake mit zwei Schiffen und mit 73 Mann zurück und überfiel und plünderte Nombre de Dios am 28. Juli. Dann führte er seine Männer ins Inland und überfiel einen Zug von Packtieren, die mit Gold beladen auf dem Weg zur Hafenstadt waren. Während seiner Zeit in Panama bestieg Drake auch einen Berg und sah den jenseitigen Ozean – er war somit der erste Engländer, der den Pazifik sah. Bei dieser Gelegenheit schwor er, dass er diesen Ozean einst befahren werde. Sechs Monate verbrachte Drake plündernd und brand-

schatzend in der Karibik, dann kehrte er mit reicher Beute nach England zurück.

Nicht alle englischen Abenteurer waren Haudegen wie Hawkins und Drake. Der reiche Sir Walter Raleigh machte sich 1580 mit dem Plan auf den Weg, eigene Kolonien in Amerika zu gründen und finanzierte eine Expedition, die von Philip Amadas und Arthur Barlow geleitet wurde. Im Juli 1584 erreichte sie die Küste von North Carolina.

EIN LAND NAMENS VIRGINIA

Ab Dezember 1584 flossen die Gelder zur Finanzierung von Raleighs Kolonie. Im Januar gab ihm Elizabeth I. die Erlaubnis, das neue Land Virginia zu nennen, zu Ehren der »Virgin Queen«, der jungfräulichen Königin, wie man die unverheiratete Elizabeth zu nennen pflegte. Eine weitere Expedition wurde ausgerüstet, und im April 1585 verließ eine Flotte von sieben Schiffen unter dem Kommando von Richard Grenville den Hafen von Plymouth. Nachdem die Flotte in Westindien ein paar Raubzüge unternommen hatten, landete sie bei Cape Fear in North Carolina. Auf Roanoke Island wurde eine erste Kolonie gegründet, anschließend kehrten die Schiffe nach England zurück.

1586 kam Francis Drake mit einer Flotte von 23 Schiffen, um die Kolonie mit Nachschub zu versorgen. Inzwischen war es mit den einheimischen Indianern zu Scharmützeln gekommen, und als Drake den Siedlern anbot, sie wieder nach England zu bringen, nahmen sie den Vorschlag dankbar an.

Nochmals versuchte Raleigh eine Siedlergruppe unter Führung von John White anzusiedeln, aber die Indianer verhielten sich abweisend.

Die ersten Siedler hatten sich während des Winters nicht selbst versorgen können; als im August ein englischer Kaper vorbeikam, schickten sie ihren Gouverneur John White mit diesem Schiff nach England zurück, damit er bei der Krone um mehr Geld bitte.

Oben: 1568 wurde die Flotte von John Hawkins von spanischen Kriegsschiffen in einer Racheaktion angegriffen, während sie vor Mexiko in einem Hafen vor Anker lag. Hawkins und Drake konnten mit einem einzigen Schiff entkommen.

Oben: Seewege der englischen Freibeuter, die spanische Schiffe und Kolonien in der Karibik und in Südamerika angriffen, um sie zu plündern.

Raleighs Versuch, seiner Kolonie zu helfen, wurde aufgehalten. Die Spanier hatten 1588 ihre Armada zum Kampf gegen England geschickt und dieser Feind musste nun erst bekämpft werden. Die Hilfsexpedition, mit der John White zur Kolonie zurückkehrte, wurde bis 1590 aufgehalten. Ehe sie dann zur Kolonie auf Roanoke Island zurückkehrte, verbrachte sie erst noch ein paar Monate kapernd in Westindien. Als die Expedition endlich zur Kolonie kam, fand sie sie verlassen vor. Bis heute ist das Schicksal der Siedler ungeklärt.

DIE SUCHE NACH EL DORADO

Raleighs Interesse verlagerte sich jetzt gen Süden – auf die karibische Küste und Südamerika. Wie viele andere machte auch er sich auf die Suche nach dem Königreich von El Dorado, des »Goldenen Herrschers«. Im Februar 1595 segelte Raleigh nach Trinidad und von dort zur Mündung des Orinocos. Dort sammelte er ein paar wertvoll aussehende Gesteinsbrocken, die er nach England zurückbrachte. Doch niemand zeigte Interesse an einer Kolonie in diesem Gebiet. Obwohl er 1617 eine zweite Reise zum Orinoco unternahm, musste sein Traum von einer Kolonie ein Traum bleiben.

Rechts: Lange Jahre glaubte man, Sir Walter Raleigh habe die Gründungsexpedition nach Virginia im Jahr 1584 persönlich begleitet und sei von den Einheimischen freundlich empfangen worden. Historische Forschungen ergaben, dass er wahrscheinlich nie einen Fuß auf den Boden der Kolonie auf Roanoke Island setzte. Wegen schlechter Bedingungen und Kämpfen mit den Indianern verließen die Siedler die Kolonie wieder.

3. Kapitel

NORD-AMERIKA

Unten: 1621 feierten britische Siedler in Virginia zusammen mit ihren indianischen Nachbarn ihr erstes Thanksgiving (Erntedankfest), das seither traditionell am letzten Donnerstag im November begangen wird. Dieses viel später entstandene Gemälde von J. L. G. Ferris ist eine romantisch verklärte Darstellung des eigentlichen Ereignisses.

Seit Christoph Kolumbus Ende des 15. Jahrhunderts in San Salvador gelandet war, begannen die Europäer, die Reichtümer der »Neuen Welt« auszubeuten. Während des 16. und 17. Jahrhunderts unternahmen wagemutige Pioniere immer wieder die risikoreiche Fahrt über den Atlantik, inspiriert von den Berichten über Goldfunde und fruchtbares Siedlungsland. Die Spanier zog es an die südlichen Küsten und in die Karibik; französische Fallensteller begannen im hohen Norden mit einem lukrativen Fellhandel; die Briten ließen sich dazwischen an der Ostküste nieder. Erst im 18. Jahrhundert machten sich mutige Männer daran, das nordamerikanische Binnenland auf der Suche nach einer Verbindung zwischen Ost- und Westküste zu erforschen. Persönlichkeiten wie Daniel Boone und Kit Carson fanden Wege für die berühmten Wagentrecks, mit denen sich die Menschen aufmachten, den Westen zu besiedeln.

DIE SPANIER IN NORDAMERIKA

Unten: Die Spanier, die Nordamerika als Erste von Süden her erforschten, waren vor allem auf der Suche nach Gold. Dabei gab es viele ungleiche Kämpfe mit der einheimischen indianischen Bevölkerung.

Zu Beginn des 16. Jahrhunderts war das nordamerikanische Hinterland den Europäern noch völlig unbekannt. Christoph Kolumbus hatte zwischen 1492 und 1504 die Westindischen Inseln, die Küsten Mittelamerikas und einen kleinen Teil der Nordküste Südamerikas erforscht, doch den nordamerikanischen Kontinent hatte er nicht betreten.

GOLD UND RUHM

Die Spanier gehörten zu den Ersten, die sich von ihren Niederlassungen in Mittelamerika und den Karibischen Inseln aus aufmachten, Länder zu erforschen, die später zu den Vereinigten Staaten von Amerika gehören sollten. Diese ersten Entdecker waren meist Soldaten, die Gold und persönlichen Ruhm suchten. Wenn ihnen einheimische Indianer in den Weg traten, machten sie meist kurzen Prozess, brachten sie um und nahmen das Land für sich in Besitz.

Die Eroberung Nordamerikas begann 1513, als Juan Ponce de Léon mit drei Schiffen von Puerto Rico aus lossegelte. Er war auf der Suche nach einer Insel, auf der es Berichten von Einheimischen zufolge einen Jungbrunnen geben sollte. Ponce de Léon, der bereits mit Kolumbus gesegelt war, hatte in Puerto Rico schon große Reichtümer zusammengerafft, doch die Geschichte von der ewigen Jugend war für ihn eine neue Herausforderung. Als er am Ostersonntag Land entdeckte, nannte er es *Pascua Florida* (blumenreiches Ostern).

Da er weder Gold noch die Wunderquelle fand, kehrte er nach Puerto Rico zurück, ohne erkannt

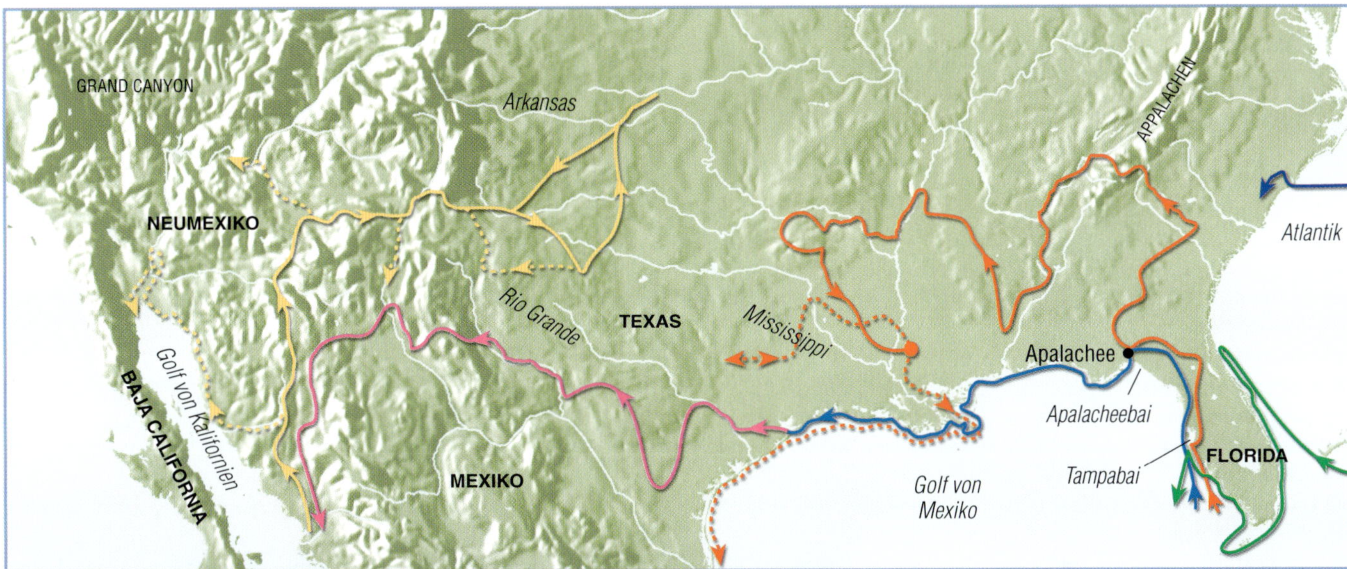

Frühe spanische Entdeckungen

Ponce de Léon (1513)
Ayllon (1526–1527)
Narváez und Cabeza de Vaca (1528)
Vaca (1528–1533)
Vermutliche Route
Soto (1539–1542)
Tod des Soto
Moscoso (1542–1543)
Coronado (1540–1542)
Hauptroute
Nebenroute

zu haben, dass Florida eine Halbinsel war. 1521 kam er noch einmal, wurde aber bei einem Scharmützel mit Einheimischen von Pfeilen tödlich verwundet. Wenige Jahre später machte sich Lucas Vásquez de Ayllon von Hispaniola aus auf, eine Siedlung im heutigen South Carolina anzulegen, doch er war so glücklos wie Ponce de Léon. Die meisten der Leute, die er ansiedeln wollte, starben an Sumpffieber. Als er selbst der Krankheit 1527 erlag, packten die letzten Überlebenden ihre Sachen und kehrten nach Hispaniola zurück.

NARVÁEZ SUCHT NACH REICHTÜMERN

1528 führte der Conquistador Pánfilo Narváez eine Expedition mit 400 Männern nach Florida, die an der Tampa Bay landeten, nachdem sie in einem Sturm vom ursprünglichen Kurs abgekommen waren. Narváez, ein narbengesichtiger Haudegen, der nur noch ein Auge hatte, suchte nach Gold, wollte aber auch herausfinden, ob zwischen Florida und Mexiko eine Verbindung bestand. Er befragte die Einheimischen, wo es Gold gebe, und man nannte ihm einen Ort namens Apalachee, nahe dem heutigen Tallahassee. Mit 300 Männern machte sich Narváez über Land auf den Weg. Die anderen sollten per Schiff in derselben Richtung an der Küste entlangsegeln. Er nahm die ihm genannte Ortschaft ein, doch Reichtümer fand er hier nicht. Nun schickte er den jungen Offizier Alvar Núñez Cabeza de Vaca mit einigen Leute auf die Suche nach den Schiffen. Nach einem langen Marsch mussten sie umkehren, ohne die Schiffe gesichtet zu haben. Nun versuchte Narváez, mit dem Rest seiner Leute zur Küste zu kommen, wurde unterwegs aber von den Timucua angegriffen. Sie warteten, bis die Spanier in sumpfiges Gebiet geraten waren und ließen dann einen Pfeilhagel auf sie niedergehen. Die Überlebenden konnten sich mit Mühe zur Küste durchschlagen und dort aus Treibholz Boote bauen.

Oben: Die Karte zeigt die Reiserouten einiger spanischer Entdecker und Eroberer.

Unten: Für die ersten spanischen Eroberer erwies sich Florida als höchst ungesundes, feuchtheißes Sumpfland. Sechs Jahre nachdem Juan Ponce de Léon 1521 von Indianern getötet worden war, erlag Lucas de Ayllon hier dem tückischen Sumpffieber.

Rechts: Hernando de Soto und seine Leute stehen 1541 staunend als erste Europäer vor dem mächtigen Mississippi. Mit 700 Mann war Soto an der Küste Floridas gelandet und zunächst nordwärts und dann westwärts vorgedrungen. Die Reichtümer, nach denen er suchte, fand er nicht, und oft mussten sich die Spanier gegen angreifende Indianer verteidigen. Nach der Entdeckung des Mississippis starb Soto an Fieber und wurde in dem Fluss, den er entdeckt hatte, beigesetzt. Sein Stellvertreter, Luis de Moscoso, ließ Flöße bauen und brachte seine Leute auf dem mächtigen Strom sicher zur Küste zurück.

Auf der Fahrt nach Kuba gerieten sie in einen Sturm, bei dem einige Boote Schiffbruch erlitten; Narváez kam um, Cabeza de Vaca und eine Hand voll Leute konnten sich retten und erreichten die Küste. Die hiesigen Indianer nahmen sie freundlich auf und pflegten sie gesund.

CABEZA DE VACA

Von den in Florida gelandeten 400 Spaniern waren nun noch 15 übrig. Von diesen entsandte Cabeza de Vaca vier nach Mexiko zurück, wo sie Verstärkung und Hilfe holen sollten. Ob sie Mexiko je erreichten, ist unbekannt. Cabeza de Vaca selbst begab sich mit den übrigen, unter denen sich auch ein dunkelhäutiger Mann aus Marokko namens Estebán befand, auf den Weg durch das heutige Texas.

Unten: Francisco Vásquez de Coronado war 1540 auf der Suche nach den Sieben Städten von Cibola, die er jedoch nicht fand. Stattdessen entdeckte ein Teil seiner Expedition den Grand Canyon.

Acht Jahre lang war er mit seiner immer kleiner werdenden Mannschaft durch Wälder, Berge und Wüsten unterwegs und durchquerte auf der Suche nach spanischen Außenposten einen großen Teil des amerikanischen Südwestens. Bis zum Golf von Kalifornien schlugen sich die Männer durch, dann wanderten sie Richtung Süden an der Küste entlang nach Mexiko zurück. 1533 trafen sie auf eine Gruppe von spanischen Soldaten aus Nordmexiko und waren endlich gerettet. Cabeza de Vaca kehrte nach Spanien zurück und schrieb einen Bericht über seine Wanderung.

SUCHE NACH DEM LEGENDÄREN CIBOLA

Angespornt von der verlockenden Aussicht auf Reichtum, sollten nicht weniger als vier Expeditionen nach dem sagenhaften Cibola suchen. Die erste dieser Expeditionen wurde von Hernando de Soto angeführt, der im Mai 1539 in Florida landete. Er stieß nach Norden über die Appalachen vor, wandte sich dann nach Westen und entdeckte den Mississippi. Sein Stellvertreter, Luis de Moscoso, erforschte später Osttexas und die mexikanische Küste. 1539 machten sich der Franziskanermönch Marcos de Niza und der Marokkaner Estebán von Mexiko aus in Richtung Norden auf.

Niza behauptete bei seiner Rückkehr, die goldenen Städte gesehen zu haben, wahrscheinlich aber waren es Pueblos. 1540 machten sich unter Francisco Vásquez de Coronado 2000 spanische Soldaten von Compostela in Mexiko aus auf den Weg und kamen bis zum Grand Canyon. Eine andere Expedition unter der Führung von Hernando de Alarcón segelte an der kalifornischen Küste aufwärts, entdeckte die Mündung des Colorado und erforschte diesen bis zum Grand Canyon. Keine dieser Expeditionen fand die gesuchten Reichtümer, aber sie erschlossen weite Teile Nordamerikas.

FRANZOSEN IN NORDAMERIKA

Ab den späten 1490er-Jahren begannen französische Fischer über den Atlantik nach Neufundland an die Ostküste des heutigen Kanadas zu segeln und dort mit den Einheimischen Handel zu treiben. Im Tausch gegen Eisenwerkzeuge, die bei den Indianern sehr begehrt waren, bekamen die Fischer wertvolle Pelze.

JACQUES CARTIER

Jacques Cartier, ein Seemann aus der französischen Bretagne, war im April 1534 auf der Suche nach der Nordwestpassage in Frankreich abgesegelt. Nachdem er an der Ostküste Neufundlands gelandet war, begann er diese und den Sankt-Lorenz-Golf zu erforschen. Die dort ansässigen Algonkin erbaten sich von ihm Messer und Äxte aus Eisen, für die sie Pelze boten. Auf seiner ersten Reise aber wagte sich Cartier nicht allzu tief in das Land vor.

Erst als er 1535 wiederkam, erforschte er den Sankt-Lorenz-Strom etwa 1600 km weit landeinwärts und stieß auf ein Dorf der Hochelaga auf einer Insel im Lorenz-Strom. Dort bestieg er einen nahe gelegenen Berg und nannte ihn Mont Réal, den königlichen Berg. Im Laufe der Zeit wurde aus dem Dorf der Hochelaga die Stadt Montreal. Mit Kanus versuchte Cartier den Lorenz-Strom weiter aufwärts zu paddeln, doch gewaltige Stromschnellen verhinderten das Weiterkommen.

1541 unternahm Cartier eine dritte Reise nach Kanada und überwinterte in einer kleinen Siedlung. Diese Expedition wurde von einem französischen Aristokraten, Jean-François de la Roque, Sieur de Roberval, finanziert. Ein Jahr später kam Roberval selbst zusammen mit 100 siedlungswilligen Franzosen und versuchte Cartier zu überreden, ihm bei der Gründung einer Kolonie behilflich zu sein, doch Cartier lehnte ab, da ihm die Winter zu hart waren.

Die Franzosen aber hatten Anspruch auf bestimmte Gebiete erhoben und nannten sie Neufrankreich. Bald waren Franzosen und Spanier, die im Süden Niederlassungen gegründet hatten, erbitterte Konkurrenten, denn beide wollten das neu entdeckte Land zu ihren Gunsten ausbeuten.

Diese Rivalität führte zu einer der tragischsten Episoden in der frühen Entdeckungsgeschichte Nordamerikas. 1562 verließen drei Schiffe mit protestantischen Hugenotten an Bord Frankreich. Da sie im Mutterland religiöser Verfolgung ausgesetzt waren, wollten sie sich in Florida niederlassen. Ihre Anführer waren Jean Ribault und René Goulaine de Laudonnière.

Nach ihrer Ankunft erkundeten sie die Küsten, Inseln und Flussmündungen von Florida, Georgia und South Carolina. Während Ribault nach Frankreich zurückkehrte, um die Vorräte zu ergänzen, blieben die Hugenotten und gründeten in South Carolina eine Siedlung – Fort Charles. Da das Versorgungsschiff aber nicht kam, wurde die Siedlung aufgegeben.

Laudonnière kehrte 1564 nach Nordamerika zurück und gründete mit Fort Caroline am St. John's River eine neue Siedlung. Da er unterwegs spanische Schiffe geplündert hatte, unternahm der spanische Generalkapitän von Florida, Pedro Mendéz de Avilés, eine Strafexpedition, griff Fort Caroline an und tötete alle französischen Siedler. Die Versorgungsschiffe gerieten in einen Sturm und erlitten Schiffbruch. Mendéz jagte den wenigen Überlebenden nach und tötete auch sie (bis auf einige wenige, die bei den Indianern Unterschlupf fanden). Nach dieser brutalen Aktion erbat sich Mendéz Unterstützung aus Spanien und gründete Siedlungen an der Küste Floridas, um die spanische Vorherrschaft dort zu sichern.

Oben: Ein Dorf der Huronen. Sie selbst nannten sich Wendat, »Bewohner der Halbinsel«, denn ihr Wohngebiet war die Landzunge zwischen Erie- und Huronsee. Jacques Cartier trieb Handel mit ihnen, andere Entdecker lebten jahrelang bei ihnen.

SAMUEL DE CHAMPLAIN

Gegen Ende des 16. Jahrhunderts kehrten die Franzosen in den Nordosten Nordamerikas zurück und setzten ihre Entdeckungen fort. In den folgenden 70 Jahren kartographierten sie riesige Gebiete, in der Hoffnung dort mächtige Kolonien gründen und auf diese Weise die spanischen Rivalen ausschalten zu können.

Der erste und zugleich bemerkenswerteste unter diesen neuen Forschungsreisenden war Samuel de Champlain, Sprössling einer Seefahrerfamilie. Seines Wissens und seiner geographischen Fähig-

Links: Samuel de Champlain trifft auf einer seiner Expeditionen im 17. Jahrhundert auf einheimische Indianer. Er gehörte zu den frühen Erforschern des heutigen Kanadas und wurde deshalb »Vater von Neufrankreich« genannt.

keiten wegen wurde er 1603 damit beauftragt, Kanada zu erkunden.

In den darauf folgenden Jahren führte er eine Reihe von Expeditionen durch und erforschte dabei sowohl das Inland als auch die Küste südwärts bis zum heutigen Long Island. Auch gründete er die erste dauerhafte französische Siedlung – das heutige Quebec – und wurde als der »Vater Neufrankreichs« bezeichnet.

Als Schotten und Engländer 1628 und 1629 Montreal und andere Siedlungen überfielen, wurde Champlain gefangen genommen, als Geisel nach England gebracht und im Tausch gegen Kolonien, die die Franzosen den Engländern abgenommen hatten, wieder freigelassen.

Bis zu seinem Tod im Jahre 1635 war Champlain als Forschungsreisender unterwegs. Einige seiner Günstlinge, darunter Etienne Brulé, waren ebenfalls als Entdecker tätig. Brulé erforschte und kartographierte die Gegend um die Großen Seen. Er hinterging Champlain schließlich und trat in die Dienste der Engländer. Längere Zeit lebte er bei den Huronen, wurde von ihnen aber 1633 bei einem Streit getötet.

Ein anderer Günstling Champlains, Jean Nicolet, kam 1634 bis zum Michigansee. Er sprach verschiedene Indianersprachen und diente auch als Dolmetscher.

Als er am Michigansee auf die dort lebenden Winnebago traf, war endgültig klar, dass man sich weiterhin in Amerika befand und nicht etwa in China, wie manche zu glauben geneigt waren.

Sehr bald folgten den Entdeckern Missionare. Zunächst Franziskaner, dann Jesuiten, die sich, ihrer eigenen Neigung zur Askese folgend, recht mühelos in das entbehrungsreiche Leben der Huronen, Algonkin und Irokesen eingliedern konnten. Sie lebten bei diesen Völkern, lernten deren Sprachen und passten sich allen indianischen Lebensgewohnheiten an.

Diesen Missionaren verdankten die ehrgeizigen Gouverneure Neufrankreichs wichtige Informationen. Vor allem war oft die Rede von einem großen Fluss im Süden, dessen Name Mississippi lauten sollte. Wo genau war dieser Fluss? Und bildete er vielleicht die gesuchte Verbindung zur Westküste und zum Pazifik?

DIE SUCHE NACH DEM MISSISSIPPI

Die beiden Europäer, die schließlich den Mississippi fanden, waren der französische Pelzhändler Louis Jolliet und der Jesuitenpater Jacques Marquette. Beide hatten rund um die Großen Seen bereits viel Erfahrung in ihren jeweiligen Berufen gesammelt, als sie sich 1669 in der Nähe der Niagarafälle erstmals begegneten. Als Jolliet 1672 von Jean Talon, dem Gouverneur von Neufrankreich, beauftragt wurde, den sagenhaften Mississippi zu suchen, bat er Marquette, ihn als Dolmetscher zu begleiten. Vom Westufer des Michigansees aus begaben sie sich auf dem Fox River Richtung Süden, erreichten den Winnebagosee und von dort den

Unten: Der Pelzhändler Louis Jolliet und der Jesuitenpater Jacques Marquette erforschten 1673 Teile des Mississippis.

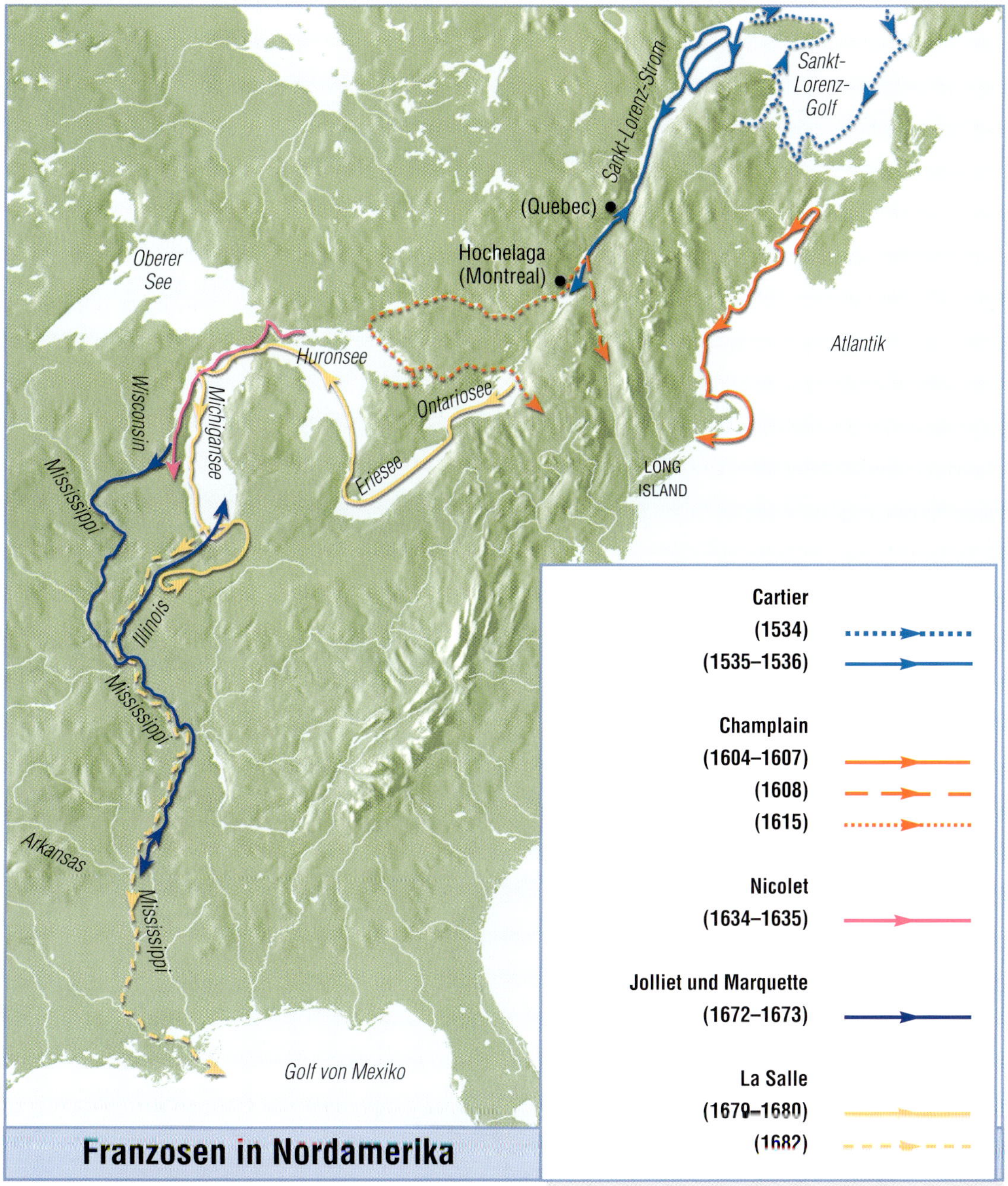

Links: Die Routen, die die frühen französischen Entdecker Nordamerikas nahmen. Der Sankt-Lorenz-Strom war Ausgangsbasis für Entdeckungen zu Wasser, die zu den Großen Seen und schließlich zum Mississippi führten.

Wisconsin, dem sie bis zur Mündung in den Mississippi folgten. Den reisten sie nun abwärts bis zur Mündung des Arkansas, wo sie von Indianern vor feindlichen Stämmen weiter im Süden gewarnt wurden und deshalb umkehrten. Gleichwohl waren beide Forscher sicher, dass dieser immer mächtiger werdende, konstant südwärts fließende Strom keinesfalls in den Pazifik münden könne, sondern vielmehr im Golf von Mexiko enden müsse.

LA SALLES MISSION

Erst 1682 wurde ein Versuch unternommen, die Vermutung Jolliets zu bestätigen und den Mississippi bis zur Mündung zu befahren. Der Mann, dem das gelang, war René Robert Cavelier, Sieur de La Salle. Auch er war Pelzhändler und bereits oft im Gebiet der Großen Seen unterwegs gewesen. 1679–1680 hatte er den Erie-, den Huron- und den Michigansee mit seinem Segelschiff, der *Griffin*, durchfahren. Nun wollte er den Mississippi abwärts bis zur Mündung fahren.

Im April 1682 erreichte er mit seiner kleinen Mannschaft den Golf von Mexiko, nahm das ganze Land für Frankreich in Besitz und nannte es zu Ehren seines französischen Königs, Ludwig XIV., Louisiana.

1683 segelte er wieder nach Frankreich und erhielt vom König die Erlaubnis, an der Mündung des Mississippis eine Kolonie zu gründen. Mit 320 Siedlern kam er aus Frankreich zurück; diese Männer erbauten das Fort St. Louis, das 800 km westlich der Flussmündung lag. Während La Salle zur Mündung des Mississippis zurücksegelte, meuterten seine Leute und brachten ihn um. Ein trauriges Ende für einen Mann, der zu den größten Entdeckern Nordamerikas gehörte.

DIE HUDSONBAI UND DIE NORDWESTPASSAGE

Die Suche nach der Nordwestpassage, die von Europa an der Nordspitze Amerikas entlang nach China führen sollte, hatte schon während des 16. Jahrhunderts viele Entdecker beschäftigt. Als Letzter hatte sich hier John Davis versucht, als er zwischen 1585 und 1587 die eisigen Gewässer zwischen Grönland und Kanada durchfuhr. Doch jedes Mal hatten ihn Eis und Kälte zur Umkehr gezwungen. Der Krieg zwischen England und Spanien hatte die Suche der Engländer nach der Nordwestpassage dann viele Jahre lang unterbrochen.

DÄNISCHE EXPEDITIONEN NACH GRÖNLAND

Andere Nationen waren ebenfalls an der arktischen Region interessiert. Anfang des 17. Jahrhunderts organisierte Christian IV. von Dänemark eine Expedition von drei Schiffen unter der Leitung eines Engländers. Sie sollte die grönländische Küste erforschen und nach den Siedlungen der Wikinger suchen, von denen man seit mehr als 200 Jahren nichts mehr gehört hatte. Unter dem Kommando von John Cunningham, dem James Hall als Lotse zur Seite stand, segelten die Schiffe 1605 Richtung Davisstraße los und ankerten im König-Christian-Fjord, wo man nach Zeichen einer europäischen Siedlung suchte, aber nur auf einheimische Inuit traf. Fünf von ihnen entführte man, außerdem sammelte man Gesteinsbrocken auf, die aussahen, als könnten sie Silber enthalten.

Der König war vom Ergebnis so begeistert, dass er im folgenden Jahr eine weitere Expedition zur Davisstraße schickte. Diesmal jedoch war das Eis so mächtig, dass die Seeleute zunächst keine Landemöglichkeit fanden. Sie segelten also weiter aufwärts bis zu einer Breite von 66° Nord, wo sie ankern konnten, erneut einige Inuit einfingen und Gesteine sammelten, ehe sie wieder nach Dänemark zurückkehrten.

1607 nahm Hall an einer dritten Reise in die Arktis teil, doch da das Eis größte Probleme machte, konnten sie nicht ankern. Dies war das vorläufige Ende der dänischen Unternehmungen, denn auch das Gestein erwies sich als wertlos.

Hall ging nach England zurück und organisierte weitere Fahrten in die Davisstraße. 1612 tat er sich mit William Baffin zusammen und segelte mit zwei Schiffen in die Arktis. Diesmal ankerte er bei Holsteinsborg, das er schon 1605 besucht hatte.

Unten: Auf der Suche nach der Durchfahrt zum Pazifik traf Henry Hudson 1609 bei seiner Fahrt auf dem Hudson River landeinwärts mit ansässigen Indianern zusammen.

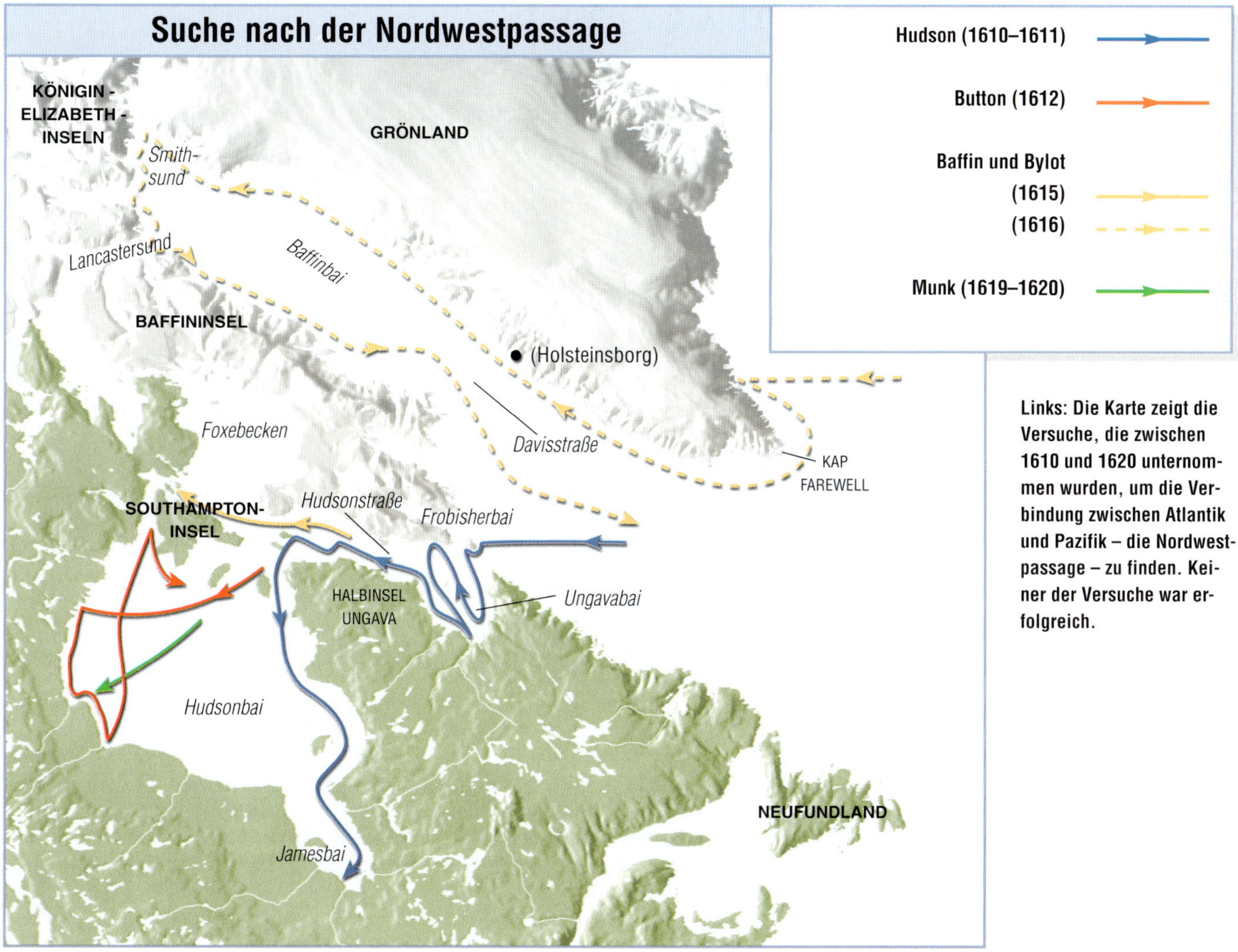

Links: Die Karte zeigt die Versuche, die zwischen 1610 und 1620 unternommen wurden, um die Verbindung zwischen Atlantik und Pazifik – die Nordwestpassage – zu finden. Keiner der Versuche war erfolgreich.

Die Engländer wurden von den Einheimischen zunächst freudig begrüßt, bis einer von ihnen in Hall den Mann wieder erkannte, der 1605 einige von ihnen entführt hatte. Da erstachen sie ihn.

Halls Reise von 1612 war bereits Teil eines wieder erwachten Interesses der Engländer an der Nordwestpassage gewesen. Die Ostindische Kompanie hatte inzwischen zwei Expeditionen finanziert; die eine hatte 1602 George Weymouth unternommen, die andere stand 1606 unter der Leitung von John Knight. Weymouth entdeckte nichts Neues, und Knights Expedition endete in Neufundland, wo er mit seinen Leuten spurlos verschwand.

HENRY HUDSON

Zu den Engländern, die die Nordroute in den Osten suchten, gehörte auch Henry Hudson. 1609 machte er sich für die Holländisch-Ostindische Kompanie auf die Suche nach der Nordostpassage. Wie einige seiner Vorgänger erreichte er Nowadja Semlja, ehe auch ihn das Packeis zur Umkehr zwang. Doch statt mit einer Misserfolgsmeldung zurückzukehren, wandte er sich Richtung Westen, entschlossen, nun die Nordwestpassage zu suchen.

Im Juli erreichte er die Küste von Nova Scotia und segelte Richtung Süden bis zum heutigen Hafen von New York, wo er auf die Mündung des später nach ihm benannten Flusses traf. Er segelte den Hudson bis in Höhe des heutigen Albany aufwärts, erkannte aber dann, dass er nicht zur Nordwestpassage führte.

Im November 1609 wollte Hudson über England zu seinen niederländischen Auftraggebern zurückkehren, wurde aber zusammen mit den Engländern in seiner Mannschaft gefangen genommen. Da man ihm untersagte, weiterhin für fremde Mächte tätig zu sein, suchte sich Hudson englische Geldgeber, die ihm ein neues Schiff, die *Discovery*, finanzierten, mit der er am 24. Juni 1610 wieder in See stach. Diesmal segelte er in die heute nach ihm benannte Meeresstraße und um die Halbinsel Ungava, hinter der sich eine riesige Wasserfläche auftat. Hudson hoffte, sie würde eisfrei bleiben und segelte an der Küste entlang Richtung Süden.

Hudsons Hoffnung sollte sich jedoch nicht erfüllen, denn die Bucht, die er entdeckt hatte – die heute nach ihm benannte Hudsonbai – war riesig. Als er bis zur Südspitze in der Jamesbai vorgedrungen war und erkannte, dass es hier keinen Ausgang gab, setzte der Winter ein und die *Discovery* saß bald im Eis fest. Während des unerwartet langen und harten Winters begann die Mannschaft zu

Oben: Als Henry Hudson 1610 gezwungen war, in der von ihm entdeckten Hudsonbai zu überwintern, waren die Bedingungen so erbärmlich, dass die Crew meuterte und Hudson mit seinem Sohn aussetzte.

meutern. Als das Packeis im Juni 1611 aufbrach, setzten die Meuterer Hudson, seinen Sohn und ein paar Getreue in einem Boot aus. Über ihr weiteres Schicksal ist nichts bekannt, da sie spurlos verschollen sind. Die Überlebenden kehrten unter dem Kommando von Robert Bylot mit der *Discovery* nach England zurück, wo sie behaupteten, Hudson habe Proviant gehortet und einige Männer der Besatzung anderen vorgezogen.

Hudsons Geldgeber gründeten 1612 eine Gesellschaft zur Erforschung der Nordwestpassage, die in den kommenden 20 Jahren immer wieder Kapitäne ausschickte, um die Gewässer Nordkanadas zu erkunden.

Der erste Versuch erfolgte mit zwei Schiffen, darunter die *Discovery*. Sir Thomas Button leitete die Expedition, die sowohl nach Henry Hudson als auch nach der Nordwestpassage suchen sollte. Button segelte am Westufer der Hudsonbai entlang bis zur Mündung des Nelson. Hier wurde auch diese Expedition vom Winter überrascht und vom Packeis eingeschlossen. Erst im Frühjahr konnte man wieder Richtung Norden zur Insel Southampton segeln. Die Suche nach Hudson blieb vergeblich und so fuhr man nach England zurück.

BYLOT UND BAFFIN

1615 unternahm die *Discovery* noch eine dritte Reise, diesmal unter dem Kommando von Robert Bylot, der William Baffin als Lotsen verpflichtete. Die beiden entschlossen sich, nicht in die Hudsonbai zu segeln, sondern einer Route nördlich von Southampton zu folgen. Bald stellten sie jedoch fest, dass auch hier kein Durchkommen war.

1616 wandten sich die beiden mit der *Discovery* den Gewässern zu, die Davis schon 30 Jahre zuvor erforscht hatte. Sie segelten durch die Davisstraße und erkundeten die Westküste Grönlands bis 78° nördlicher Breite. Da sie auf Packeis stießen, wendeten sie und entdeckten den Archipel der Königin-Elizabeth-Inseln. Auf der Rückreise erforschten sie noch die Nordküste der Baffininsel und kehrten dann nach England zurück.

Bylot und Baffin lieferten ein komplettes Bild des Gewässers, das heute als Baffinbai bekannt ist. Darüber hinaus entdeckten sie die einzigen beiden Kanäle, die vielleicht als Durchfahrten in Frage kommen konnten – den Lancastersund und den Smithsund.

DIE RÜCKKEHR DER DÄNEN

Als der dänische König vom wieder erwachten Interesse der Engländer und von der Entdeckung der Hudsonbai erfuhr, schickte auch er wieder eine Expedition los, diesmal unter der Leitung von Jens Munk. 1619 erreichte dieser mit zwei Schiffen Kap Farvel und segelte, westlichen Kurs haltend, in die Frobisherbai, die er fälschlicherweise für die Hudsonstraße hielt. Als er seinen Fehler erkannte, machte Munk kehrt und segelte nun in die Ungavabai, die er für die Hudsonbai hielt. Er ankerte und nahm das Land für Dänemark in Besitz. Im August bemerkte er seinen zweiten Fehler, segelte nun tatsächlich in die Hudsonbai, überquerte sie direkt und ankerte in der Bottonbai an der Mündung des Churchills. Hier musste Munk überwintern, doch die Mannschaft litt an Skorbut, und fast alle der 63 Mann starben. Als im Frühjahr 1620 das Eis brach und die Rückreise möglich wurde, waren außer Munk nur noch zwei oder drei Männer am Leben. Ihnen gelang es, das kleinere der beiden

Die Hudson's Bay Company

Am 2. Mai 1670 stellte König Charles II. von England der Hudson's Bay Company einen Freibrief aus, der ihr gestattete, in allen die Hudsonbai umgebenden Ländern freien Handel zu treiben. Der größte Teil dieses riesigen Territoriums war unwirtliches arktisches Gebiet. Dennoch errichtete die Company zahlreiche Handelsposten. Sie lockten die ansässigen Indianer an, die vorrangig am Pelzhandel interessiert waren.

In den Anfangsjahren gab es häufig Probleme mit französischen Pelzhändlern, die das englische Monopol nicht anerkennen wollten. Im Frieden von Utrecht, 1713, trat Frankreich alle Ansprüche auf die Hudsonbai an England ab. Doch als 1783 die in Quebec ansässige Nordwestkompanie gegründet wurde, erwuchs der Hudson's Bay Company ein ernst zu nehmender Rivale.

Rechts: Diese um 1740 entstandene Zeichnung zeigt europäische Fallensteller im Gebiet der Hudsonbai.

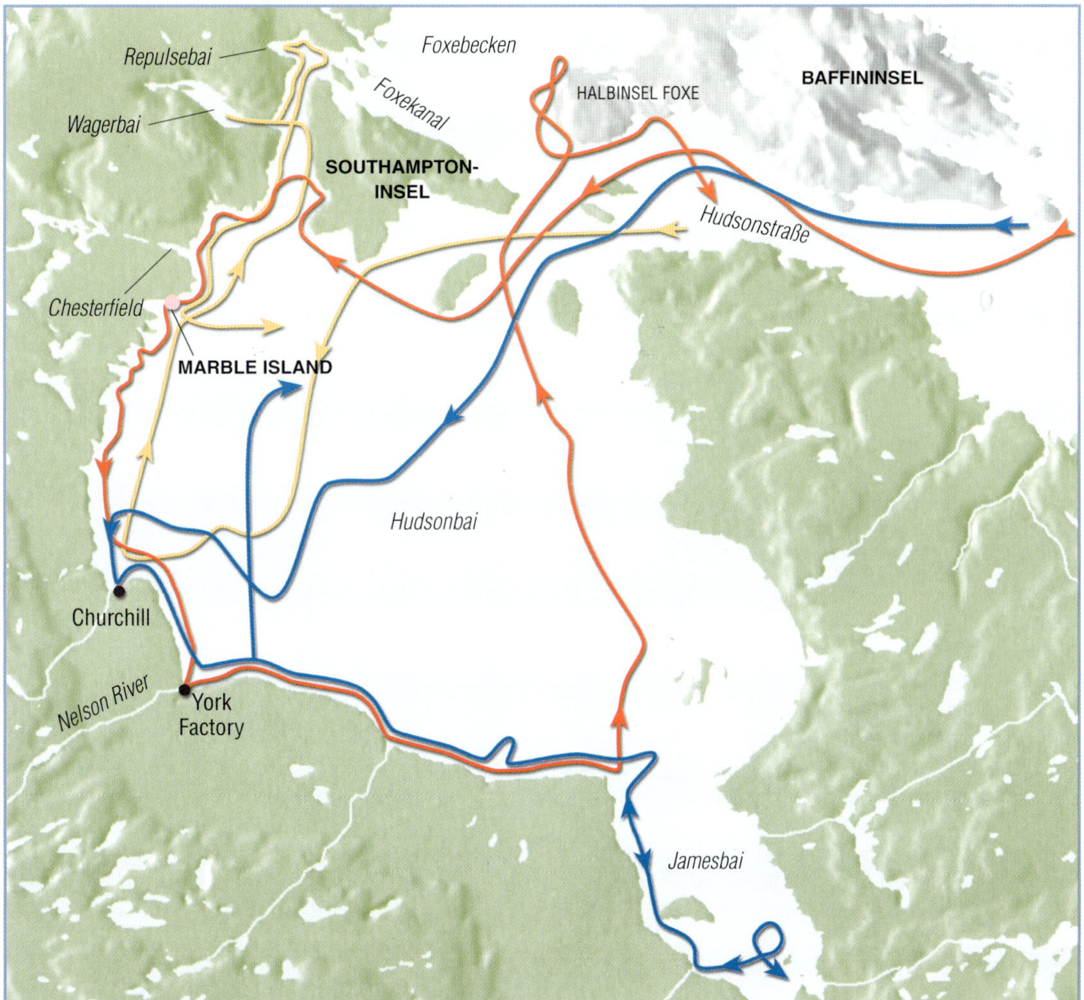

Erkundungen 1620–1750

Links: Die Karte zeigt die Routen von Entdeckern, die meinten, dass es von der Hudsonbai aus eine Verbindung zum Pazifik geben müsse. Wie sich zeigte, bestand eine solche Verbindung nicht.

Schiffe heil nach Dänemark zurückzubringen – nach allen Fehlern und Rückschlägen war wenigstens das eine seemännische Glanzleistung.

JAMES UND FOXE

Englische Kaufleute wollten noch immer wissen, ob es nicht doch von der Hudsonbai aus eine Verbindung zum Pazifik gebe. 1631 taten sich deshalb Kaufleute aus Bristol zusammen und beauftragten Thomas James, diese Verbindung zu finden. James segelte wie Munk über die Hudsonbai zum Churchill und von dort an der Küste entlang bis zur Südwestecke, wo die Hudsonbai in die später nach James benannte Jamesbai übergeht, die auch Hudson schon erreicht hatte. Eine weitere, im selben Jahr ausgesandte Expedition wurde von Londoner Kaufleuten finanziert und von Luke Foxe geleitet. Ohne Ergebnis segelte er die gesamte West- und Südküste der Hudsonbai bis zum Übergang in die Jamesbai ab. Dann segelte er Richtung Norden über die Bai, durch den nach ihm benannten Kanal in das ebenfalls nach ihm benannte Basin, erforschte die Küste der Foxe-Halbinsel und musste mit der Nachricht, keine Durchfahrt gefunden zu haben, nach England zurückkehren.

DIE HUDSON'S BAY COMPANY

Etwa 40 Jahre später gewährte Charles II. von England der 1670 gegründeten Hudson's Bay Company das Privileg, rund um die Bai Handelsposten zu errichten. Während des 18. Jahrhunderts waren diese Posten Ausgangspunkte für weitere Erkundungen der Gegend. 1676 schloss sich James Knight der Company an und verbrachte fast den ganzen Rest seines Lebens in Kanada. Während er sich im Handelsposten von York an der Mündung des Nelsons aufhielt, traf er eine Frau der einheimischen Chipewyan, die ihm erzählte, im Nordwesten ihres Stammesgebietes gebe es Minen mit wertvollen Metallen und auch eine Wasserstraße, die sich in einen großen See im Westen ergieße.

Rechts: Marble Island, wo James Knight 1720 in einem Sturm Schiffbruch erlitt. Die Überlebenden retteten sich auf diese kleine Insel, doch überlebte keiner von der gestrandeten Crew die nächsten zwei Jahre.

Da Knight meinte, es könne sich dabei um die so lange gesuchte Nordwestpassage handeln, reiste er nach England, um sich Geld von der Hudson's Bay Company für die Erforschung des Territoriums der Chipewyan zu besorgen. 1719 segelte er mit zwei Schiffen in York Factory ab und folgte der Westküste der Hudsonbai, doch dann hörte man nichts mehr von Knight und seinen Leuten.

Erst 1776, als die Wracks seiner Schiffe auf Marble Island gefunden wurden, klärte sich das Schicksal seiner Expedition auf. Einheimische berichteten, die Schiffe wären in einem Sturm havariert. Die Überlebenden hätten sich Hütten gebaut und zwei Winter lang um ihr Überleben gekämpft, doch zwischen 1720 und 1721 seien sie einer nach dem anderen gestorben.

Eine prominente Gestalt unter den Europäern, die sich in der Zeit des europäischen Imperialismus um die Suche nach der Nordwestpassage bemühten, war auch der Lehnstuhlabenteurer Arthur Dobbs. Als ehrgeiziger irischer Politiker war Dobbs der Ansicht, die Hudson's Bay Company bemühe sich nicht intensiv genug um die Suche nach der Nordwestpassage. 1734 bedrängte er die Royal Navy, die Königliche Marine, eine Expedition zu entsenden und mit militärischer Disziplin nach dem Seeweg zu suchen. Unter dem Kommando eines Offiziers namens Christopher Middleton wurde schließlich eine Expedition entsandt. Middleton kannte die Region von einem früheren Besuch und hatte sorgfältige Beobachtungen über die Kompassabweichungen angestellt. Vor der Abreise hatte er aber auch Kontakt zur Hudson's Bay Company aufgenommen – was sich als nachteilig erweisen sollte.

Mit zwei Schiffen erreichte Middleton zum Ende des Sommers 1741 die Hudsonbai. Da es für eine genaue Erkundung der Westküste der Bai schon zu spät im Jahr war – das Risiko vom Eis eingeschlossen zu werden war zu groß –, überwinterte Middleton am Churchill.

Als im Frühjahr 1742 das Eis aufbrach, segelte er an der Westküste der Bai aufwärts Richtung Norden und entdeckte die Wagerbai gegenüber der Westküste von Southampton. Indem er dem Sund zwischen Insel und Festland weiter Richtung Norden folgte, entdeckte er noch die Repulsebai, doch wieder machte Packeis ein Weiterkommen unmöglich, und so musste auch Middleton nach England zurückkehren.

VERRÄTER ODER HELD?

Dobbs war wütend. Er behauptete, Middleton sei von der Hudson's Bay Company gekauft worden. Tatsächlich habe er die Durchfahrt zum Pazifik entdeckt, halte sein Wissen aber geheim, damit die Company den alleinigen Nutzen daraus ziehen könne. Da Dobbs großen Einfluss hatte, musste die Königliche Marine seine Anschuldigungen ernst nehmen und ihnen nachgehen. Middleton musste sich den Fragen eines Tribunals stellen, wurde aber für unschuldig befunden. Die Royal Society zeichnete ihn seiner Entdeckungen wegen sogar mit einer Medaille aus und veröffentlichte seine Studie über seine Beobachtungen der Kompassabweichungen in der Hudsonbai.

Erste Begegnungen mit den Inuit

Die ersten Entdecker, die in arktische Regionen vorstießen, wie Martin Frobisher und John Davis, trafen dort auf nomadisch lebende Menschen, die von Fischfang und Robbenjagd lebten und mit ihren Kajaks die arktischen Gewässer befuhren. Da diese Menschen eine allgemeine Gütergemeinschaft hatten und kein persönliches Eigentum kannten, fühlten sich die Europäer bestohlen, wenn die Inuit von ihnen nahmen, was sie brauchten – wie etwa Eisen für ihre Jagdharpunen. So kam es zu folgenschweren, oft in tödliche Kämpfe ausartende Missverständnisse. Inuit (Menschen) ist der Name, mit dem sich die arktischen Bewohner selbst bezeichnen. Ihre indianischen Nachbarn nannten sie Eskimo (»Rohfleischesser«), ein Name der von den Europäern übernommen und lange beibehalten wurde.

ENTDECKER DER OSTKÜSTE

Oben: Britische Siedler veranstalten 1607 nach der Ankunft in Jamestown, Virginia, einen Dankgottesdienst. Doch von den 120 Siedlern, die in drei Schiffen angekommen waren, starb fast die Hälfte noch im ersten Jahr.

Verschiedene europäische Mächte waren im 17. Jahrhundert daran interessiert, ein Stück von der Neuen Welt abzubekommen. Spanier, Franzosen, Russen und Niederländer ergatterten Kolonien in Nordamerika, doch am erfolgreichsten waren die Engländer, die sich an der Ostküste niederließen.

Nicht zuletzt durch die intensive Hilfe und Unterstützung, die sie von den Einheimischen erfuhren, gediehen die englischen Gemeinden, und bald schon begannen die Siedler, über die Bergkette der Appalachen hinauszublicken, zu deren Füßen sie jagten, Land bebauten und Handel trieben. Die Menschen drängten nach Westen – nicht auf der Suche nach Gold oder Pelzen, sondern weil die rasch wachsende Bevölkerung neues Siedlungsland brauchte.

Die Spanier hatten die einheimische Bevölkerung bedenkenlos ausgerottet, die Franzosen hatten – zumeist – versucht, mit und neben den Indianern zu leben. Die englischen Siedler von der Ostküste, die das Land für sich wollten, begannen nun damit, die Einheimischen aus ihren angestammten Gebieten zu verdrängen. Als die ersten Siedler in ihren kleinen Schiffen aus England ankamen, hätte niemand diese Entwicklung voraussagen können. Diese Menschen waren nicht mit der Absicht gekommen, einen großen Kontinent zu erobern, sie suchten nur einen Platz, wo sie in Frieden leben konnten, denn viele von ihnen waren in der Heimat aus religiösen Gründen Verfolgte.

DIE ERSTE KOLONIE

Zwei erste Ansiedlungsversuche im 16. Jahrhundert waren gescheitert. Erst 1607 gelang mit der Gründung von Jamestown in Virginia die bleibende Kolonisierung. Verschiedene Abenteurer hatten hieran mitgewirkt, darunter Christopher Newport und John Smith. Beide hatten ein bewegtes Leben hinter sich, ehe sie sich an der Erforschung der Ostküste beteiligten. Newport war mit dem Engländer Sir Francis Drake gesegelt, hatte spanische Schiffe in der Karibik gekapert und war 1585 unter denen gewesen, die versucht hatten, die verhungernden Siedler auf Roanoke Island zu retten.

1606 beauftragte eine Gruppe englischer Kaufleute Newport damit, 120 Kolonisten in Nordamerika anzusiedeln und die Nordwestpassage nach

Rechts: John Smith, der Gründer von Jamestown, wurde 1608 von den Powhatan gefangen genommen und sollte hingerichtet werden. Doch hat ihn Pocahontas, die Tochter des Häuptlings, gerettet. Moderne Historiker halten diese Geschichte allerdings für eine romantische Legende.

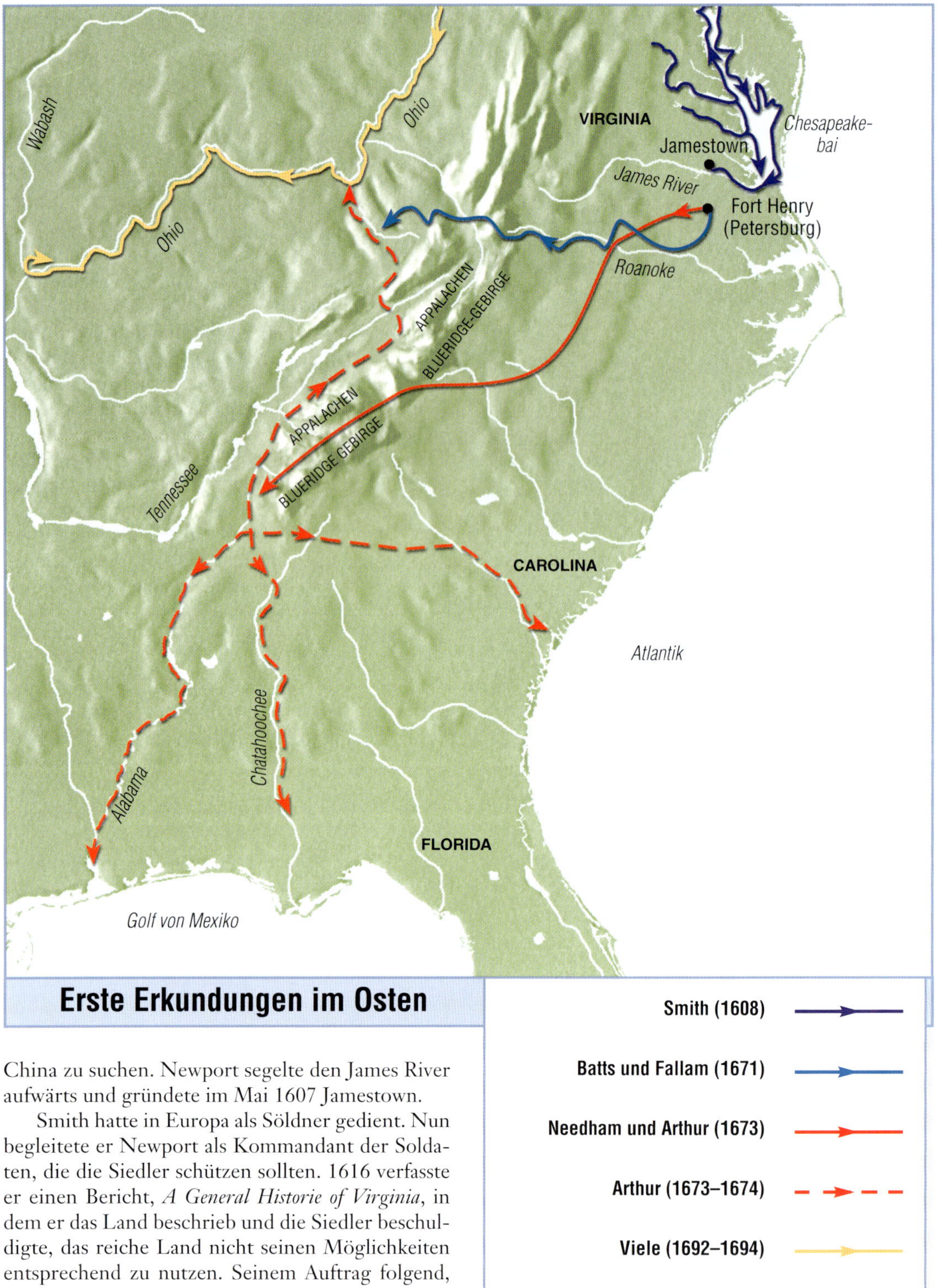

Links: Die Routen der ersten europäischen Entdecker, die Expeditionen in die Appalachen unternahmen.

China zu suchen. Newport segelte den James River aufwärts und gründete im Mai 1607 Jamestown.

Smith hatte in Europa als Söldner gedient. Nun begleitete er Newport als Kommandant der Soldaten, die die Siedler schützen sollten. 1616 verfasste er einen Bericht, *A General Historie of Virginia*, in dem er das Land beschrieb und die Siedler beschuldigte, das reiche Land nicht seinen Möglichkeiten entsprechend zu nutzen. Seinem Auftrag folgend, segelte Newport nun den James River aufwärts, während Smith die Küste der Chesapeakebai erforschte und dabei von Powhatan gefangen genommen wurde. Angeblich soll er zum Tode verurteilt, aber von der Häuptlingstochter Pocahontas gerettet worden sein.

HEIMISCH WERDEN

Die ersten Siedler bauten Tabak an, handelten mit Pelzen und schlugen die Sassafrasbäume, deren Holz und Rinde als Heilmittel begehrt waren. Sie bemühten sich um ihre Siedlung, und als 1620 die *Mayflower* mit den Pilgervätern aus England eintraf, bekam die junge Kolonie weiteren Auftrieb. Das Inland wurde kaum erforscht, aber von Schiffen aus wurde die Küste kartographiert. Bis 1670 hatten die Engländer eine Reihe von neuen Siedlungen nördlich und südlich entlang der Küste Virginias angelegt und begannen nun, in westliche Richtung vorzustoßen. Inzwischen waren die Franzosen von den Großen Seen aus den Mississippi abwärts gekommen.

Die *Mayflower* und die Pilgerväter

Am 16. September 1620 legte ein Segelschiff mit Ziel Virginia in Amerika im Hafen von Plymouth, England, ab. Das Schiff war die *Mayflower,* und unter den Menschen an Bord waren auch 35 Puritaner – Mitglieder einer protestantischen Glaubensgemeinschaft. In England wurden sie ihres Glaubens wegen verfolgt, in Virginia aber, so hatte man ihnen zugesichert, sollten sie ihre strengen Glaubensregeln ungehindert befolgen können.

Das Schiff war winzig, nur 28 m lang und 8 m breit, und mit 149 Passagieren (Offiziere und Mannschaft, die Pilgerväter mit ihren Familien, außerdem Handwerker, die in den neuen Kolonien dringend erwartet wurden) hoffnungslos überfüllt. Außer den Menschen waren noch Hunde, Schweine, Ziegen und Hühner an Bord, zudem der Hausrat der Siedler und Proviant für die Reise.

Rund sieben Wochen dauerte die beschwerliche Fahrt; viele wurden unterwegs seekrank, fünf Menschen starben. Am 9. November landete die *Mayflower* in Cape Cod und am 16. Dezember endlich war New Plymouth erreicht, wo die Pilgerväter ihre neue Heimat fanden.

Rechts: Die *Mayflower* beim Ablegen in Plymouth, 1620.

Die rivalisierenden europäischen Nationen begannen, das bisher noch unbekannte Binnenland von verschiedenen Seiten aus zu erforschen.

HINTER DER BLAUEN KETTE

Abraham Wood, Offizier der Kolonialarmee von Virginia, vor allem aber Profit orientierter Pelzhändler, hatte in den 1640er-Jahren Fort Henry und andere Forts am Appomattox River errichten lassen und in den 1650er-Jahren die Oberläufe von James und Roanoke River erforscht.

Auch Sir William Berkeley, der Gouverneur von Virginia, war von den Möglichkeiten der neuen Kolonien fasziniert. Freilich wusste er, dass man zunächst das Land erforschen und vor allem Pässe durch die unüberwindlich scheinende Kette der Appalachen suchen müsse. 1671 schickte er Thomas Batts und Robert Fallam mit einem Diener und einem indianischen Führer aus, die östliche Kammlinie der Appalachen, die Blue Ridge (Blaue Kette), in Augenschein zu nehmen.

Zu ihrer Überraschung stellten Batts und Fallam fest, dass die Kette sich sehr viel weiter erstreckte und höher aufragte, als man gedacht hatte, vor allem aber fand man Bäume mit eingeritzten Zeichen von Fallenstellern. Es waren also vor ihnen schon andere hier gewesen. Aber sie hatten, dem Staunton River folgend, einen Einschnitt gefunden, der in ein breites Tal führte, wo der nach Westen fließende New River einen Zugang zum Herzen des Kontinents versprach. Sie kehrten also nach Fort Henry zurück und berichteten, dass sie jenseits der Berge mächtige Flüsse und weites Land gesehen hätten.

Andere Abenteuer machten sich auf eigene Faust auf den Weg und kamen mit fantastischen und sicherlich maßlos übertriebenen Berichten zurück. Zwei solche Männer waren James Needham aus Carolina und Gabriel Arthur aus Virginia, die sich ebenfalls in die Blue Range begaben. Arthurs Bericht zufolge stießen sie auf eine kleine Gruppe einheimischer Occaneechi, die sie harsch abwiesen, da sie nicht wollten, dass sich Europäer in ihren Handel mit den Cherokee einmischten.

Links: Ein moderner Cherokee in traditioneller Kleidung. Die Cherokee waren in den südlichen Appalachen beheimatet. Da sie früh mit den Europäern in Kontakt gekommen waren, trieben sie Handel mit ihnen. Viele ihrer Frauen heirateten Europäer.

Needham und Arthur wollten nun selbst das Gebiet der Cherokee aufsuchen, doch im schwierigen Gelände der Blue Ridge gingen ihnen fünf ihrer Pferde durch. Im Quellgebiet des Tennessees stießen sie dann unverhofft auf eine befestigte Siedlung der Cherokee. Die Indianer dieser Stammesgruppe hatten in der Vergangenheit herrenloses Gut der Spanier erbeutet, aber angeblich noch nie einen Weißen oder ein Pferd gesehen.

Needham wollte zur Berichterstattung nach Fort Henry zurück, Arthur blieb bei den Cherokee, um deren Sprache zu erlernen. Needham geriet unterwegs wohl in einen Hinterhalt der Occaneechi und wurde getötet. Arthur, der bei den Cherokee geblieben war, wurde von diesen freundlich beherbergt. Sie nahmen ihn mit auf ihre Raubzüge gegen andere Stämme und so kam er mit ihnen bis nach Florida. Unterwegs erkundete er das Gelände. Bei einem der Raubzüge wurde er von den Shawnee gefangen genommen, die wohl ebenfalls noch nie einen Weißen gesehen hatten. Jedenfalls berichtete Arthur später, die Shawnee hätten ihn mit Wasser und Asche abgeschrubbt, um zu sehen, ob seine weiße Hautfarbe echt oder aufgemalt sei. Da er anbot, mit ihnen Handel zu treiben und ihnen Feuerwaffen versprach, ließen sie ihn wieder laufen. Unter dem Geleitschutz einer Cherokee-Eskorte kam er schließlich 1674 nach Fort Henry zurück.

Nach diesen ersten intensiveren Kontakten mit der indianischen Bevölkerung begannen die Siedler der Ostküste zunächst, regelmäßigen Handel mit den Bewohnern jenseits der Appalachen zu treiben, aber auch die dortigen Ebenen und Flüsse bis zum Mississippi hin zu erkunden.

Manche dieser Abenteurer und Entdecker waren bereits in Nordamerika geboren und einige beherrschten auch indianische Sprachen. Zu ihnen gehörte der niederländisch-stämmige Händler Arnaud Viele, der 1692–1694 den Ohio aufwärts bis zur Grenze des heutige Kentucky reiste. Bald nachdem die ersten Handelsposten errichtet und mit der einheimischen Bevölkerung Verträge geschlossen worden waren, begannen die ersten Siedler nach Westen zu ziehen. Doch der Kontinent sollte sich als sehr viel größer und wilder erweisen, als man gedacht hatte.

Oben: Dieser Blick von den Appalachen auf eine Flussschleife des mächtigen Tennessees bot sich bereits den ersten Entdeckern, die das mächtige Bergmassiv auf der Suche nach Übergängen durchstreiften.

DIE PIONIERE DES WESTENS

Unten: Die Siedler, die in langen Trecks mit ihren Planwagen gen Westen zogen, kamen durch indianisches Gebiet und wurden von den Indianern, die sich zu Recht bedroht fühlten, oft angegriffen.

Mitte des 18. Jahrhunderts hatten die Spanier es nahezu aufgegeben, den Süden Amerikas weiter zu erforschen. Sie konzentrierten sich vielmehr auf die Nordwestküste, wo auch die Russen einige Pelzhandelsstationen eröffnet hatten. Die Franzosen waren den Mississippi abwärts bis zum Golf von Mexiko vorgestoßen, doch ihr eigentliches Herzland war Kanada und das Gebiet um die Großen Seen. Die Engländer, die ebenfalls im hohen Norden ausgedehnten Pelzhandel betrieben, hatten damit begonnen, von ihren Kolonien an der Ostküste aus nach Westen ins Landesinnere vorzurücken. Die Mitglieder der verschiedenen Nationen behielten sich aufmerksam im Auge, und immer wieder kam es zu Rivalitätskämpfen.

Durch die Fremden, die plötzlich von allen Seiten her in ihr Land kamen, hatte sich das Leben der indianischen Bevölkerung verändert – und selten zu ihrem Vorteil. Die indianischen Völker bildeten untereinander Allianzen wie etwa den Irokesenbund oder die »Fünf Zivilisierten Nationen«, und die Europäer schlossen Verträge mit den Indianern, hielten sich aber fast nie daran. Dauernd kam es zu Scharmützeln und kleinen Schlachten, und jeder Vorstoß in unbekanntes Gebiet war ein gefährliches Risiko.

AUF NACH WESTEN!

Die Siedler der frühen Kolonien an der Ostküste betrachteten das Land, in dem sie lebten, bald nicht mehr als Kolonie, sondern als ihre eigentliche Heimat, denn viele waren nun schon im neuen Land geboren und kannten Europa nur vom Hörensagen. Sie wollten hier in diesem Land bleiben, aber der Raum an der Küste wurde eng. Sie mussten also nach Westen gehen und neues Land erschließen, woran ganz unterschiedliche Gruppierungen Anteil hatten – Vater-Sohn-Gespanne wie John und William Bartram beispielsweise, die den ersten Botanischen Garten in Nordamerika anleg-

ten und auf der Suche nach neuen Pflanzen- und Vogelarten durch Carolina, Georgia und Westflorida reisten. Ihre Forschungsergebnisse findet man im 1795 veröffentlichten Buch *Travels*, das auch über Lebensweise und Sitten der unterwegs angetroffenen Indianerstämme berichtet.

EIN WEG DURCH DIE BERGE

Daneben gab es Männer wie Thomas Walker. Im Osten Virginias geboren, hatte er Medizin studiert und durch Heirat mit einer reichen Witwe großflächige Ländereien erworben. Als Agent einer Gesellschaft, der riesige Landstriche im Westen zugesprochen worden waren, durchstreifte Walker 1750 das Gebiet der heutigen Cumberlandberge in den südlichen Appalachen und entdeckte dort einen natürlichen Pass, der den Zugang zu den Ebenen des Westens öffnete. Zu Ehren des Herzogs von Cumberland nannte er den Pass Cumberland Gap.

Die Entdeckung des Cumberland Gap erleichterte die weitere Erforschung der westlichen Territorien und der Appalachen durch andere Abenteurer. Einer von ihnen war Daniel Boone, der einer Quäkerfamilie in Pennsylvania entstammte und noch heute zu den großen Helden Amerikas zählt, von dem viele Legenden berichtet werden. Boone kämpfte gegen Indianer, aber er lernte auch von ihnen wie man jagt und in der Wildnis überlebt. Er arbeitete als Farmer, Jäger und Fallensteller, als Goldsucher und Späher, der neue Länder für Siedler im Westen Kentuckys ausfindig machte.

Im Mai 1775 führte er als Agent der Transylvania Company einen ersten größeren Siedlerzug durch den neu entdeckten Cumberland Gap nach Kentucky, auf einem Weg, der als Wilderness Road bekannt werden und noch von vielen Siedlern benutzt werden sollte. Am Kentucky River gründete Boone im April 1775 ein Fort, um das sich später das nach ihm benannte Boonsborough als Siedlung entwickelte.

EINE NEUE ÄRA

Nachdem sich die Vereinigten Staaten von England gelöst und als unabhängiges Land etabliert hatten, begann eine Zeit besser organisierter und besser ausgerüsteter Erkundungen. Schon während seiner Zeit als amerikanischer Botschafter in Paris war Thomas Jefferson fasziniert von der Idee, eine Expedition auf dem Missouri Richtung Westen zu schicken, die einen Zugang zum Pazifik suchen und so zwischen Ost- und Westküste eine Verbindung schaffen sollte. Als er dann 1801 zum Präsidenten gewählt wurde, legte er seinen Plan dem Kongress

Unten: Nordamerikanische Erkundungen im späten 18. Jahrhundert. Seit etwa 1775 stellte Daniel Boones »Wilderness Road« einen relativ leichten Übergang über die Appalachen dar, den viele Siedler nutzten. Frankreich war noch immer im Besitz von Louisiana, und den Spaniern gehörten Florida und die Küstenregion am Golf von Mexiko.

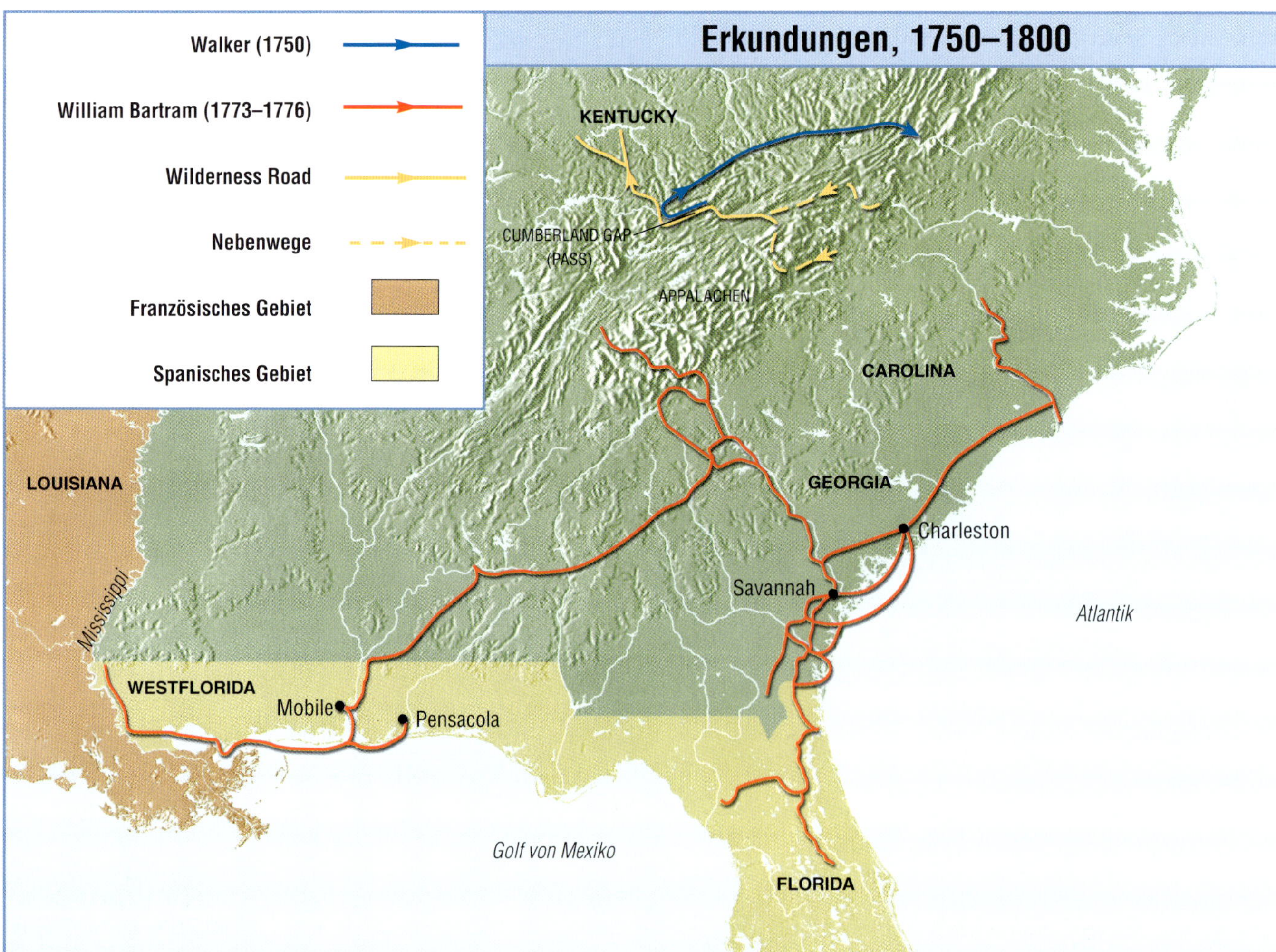

vor. Zwei Jahre später kauften die USA den Franzosen Louisiana ab und wurden so Eigentümer dieses riesigen, nur zum Teil erforschten Gebietes. Nach knapp einem Jahr Vorbereitung machte sich im Mai die von Jefferson initiierte Expedition auf den Weg. Es sollte die spektakulärste und erfolgreichste amerikanische Expedition des 19. Jahrhunderts werden.

Das Oberkommando hatte der in Virginia geborene Armeeoffizier Meriwether Lewis, der sich in Kämpfen gegen die Indianer einen Namen gemacht hatte. Er war ein Freund Jeffersons und zugleich dessen Privatsekretär. Als er erfuhr, dass man ihm die Leitung dieser Expedition übertragen wolle, begab er sich an die Universität von Pennsylvania, um sich noch rasch ein wenig naturwissenschaftliches Wissen anzueignen.

Zehn Jahre zuvor hatte er William Clark kennen gelernt, auch er ein Armeeoffizier aus Virginia, dessen Familie aber inzwischen nach Kentucky gezogen war, wo sie eine Plantage besaß. Clark hatte sich als widerstandsfähiger Grenzbewohner einen Namen gemacht, der es verstand, in der unerschlossenen Wildnis zu überleben. Er war der ideale Partner, um mit Lewis die Expedition zu leiten. Clarks schwarzer Sklave York war ebenfalls mit von der Partie, und auch französische Fallensteller, die eine Menge Erfahrung mitbrachten und das Land und die Flussverläufe bereits sehr gut kannten, wurden unterwegs angeheuert. York, der sich unterwegs sehr verdient gemacht hatte, erhielt später von Clark die Freiheit.

GUT FREUND MIT DEN INDIANERN

Obwohl sowohl Lewis als auch Clark in der Vergangenheit bei der Unterdrückung, Vertreibung und Bekämpfung der Indianer eine nicht immer rühmliche Rolle gespielt hatten, lautete ihr Befehl jetzt, wo immer möglich Frieden mit den Einheimischen zu schließen und auf ihre Landeskenntnis zu bauen. Und sie hielten sich daran. Vor allem aber hatten sie eine gehörige Portion Glück. Nachdem sie St. Louis 1804 auf dem Missouri verlassen hatten, schlugen sie in Dakota ihr Winterlager auf, wo sie einen französischen Fallensteller namens Toussaint Charbonneau trafen.

Von den Mandan hatte er eine Frau gekauft, die zum Volk der Shoshone gehörte und bei einem Stammeskrieg entführt worden war. Clark und Lewis erkannten, dass ihnen diese Frau, deren Name Sacagawea war, als Dolmetscherin und Führerin unentbehrliche Dienste leisten konnte. Sie baten sie, sich der Expedition anzuschließen, obwohl sie hochschwanger war. Noch bevor sie das Wintercamp verließen, brachte Sacagawea am 11. Februar 1805 ihr Kind zur Welt.

Im Frühjahr 1805 setzte die Expedition ihren Weg auf dem Missouri in Booten fort. Nachdem man die verschiedenen Nebenflüsse des Missouri erforscht hatte, kam man zu den Rocky Mountains, wo man zu Fuß weitergehen musste. Zum Glück erinnerte sich Sacagawea an einen Weg, der über die Rockys zum Pazifik führte und den sie aus ihrer Kindheit kannte, bevor sie als etwa 12-Jährige entführt worden war. Seitdem hatte sie die Gebiete ihres Heimatstammes, den Shoshone, nicht mehr betreten. Nun wollte es der Zufall, dass sie hier in den Rockys wieder mit ihrer Familie zusammentraf. Die Shoshone lagen gerade im Krieg mit den Minnetari und den Blackfoot, und als sie die Vorhut der Expedition sich nähern sahen, zogen sie sich

Oben: Der zur amerikanischen Legende gewordene Daniel Boone, der die »Wilderness Road« entdeckte, auf der Siedler unter seiner Führung durch den Cumberland Gap die Appalachen überqueren konnten. Noch mit mehr als 80 Jahren durchstreifte Boone die amerikanische Wildnis.

Links: Präsident Thomas Jefferson, der Lewis und Clark losschickte, den Missouri zu erforschen und einen Weg über die Rocky Mountains zur Pazifikküste zu finden.

Links: Der Cumberland Gap, ein Pass in den Appalachen, über den die Siedler mit ihren Planwagen auf dem Weg von der Ostküste in den Westen zogen.

zurück, denn sie hielten die Männer für Verbündete ihrer Feinde. Gerade noch rechtzeitig kam Sacagawea mit der Nachhut der Expedition in Sicht. Einer der beobachtenden Scouts der Shoshone erkannte sie, und nun war klar, dass es sich bei den Fremden nicht um Feinde, sondern um neue Verbündete handelte.

DER WEG ZUM PAZIFIK

Noch war der Pazifik nicht erreicht, und der Weg dorthin war voller Hindernisse. Clark folgte dem Tipp eines alten Indianers und machte sich über einen Pass im Norden auf den Weg. Einer kleinen Gruppe gelang auf diese Weise der Durchbruch zum Clearwater Valley, wo sie auf Indianer vom Volk der Nez Percé trafen. Zwei den Entdeckern bekannte Häuptlinge zeichneten ihnen Karten der Route, die sie zum Pazifik führen würde, ließen Einbäume aus ausgehöhlten Zedernstämmen für sie herstellen und begleiteten sie bis zum Durchbruch des Columbia River in den Cascade Mountains.

Die Expedition erreichte schließlich im November 1805 den Pazifik, doch die Männer waren von den Strapazen derart erschöpft, dass sie nur einen kurzen Blick auf den Ozean warfen und dann zusahen, dass sie wieder ins Binnenland kamen und einen Ort fanden, an dem sie überwintern und Elche jagen konnten. Da sie dabei nicht viel Glück hatten, mussten sie sich vor allem von getrockneten Lachsen ernähren.

Im März 1806 machte sich die Expedition auf den Heimweg, für den sich Clark und Lewis trennten. Im September kehrten sie beide nach St. Louis zurück. Insgesamt hatten sie einen Weg von etwa 12 800 km über Ebenen, Gebirge und auf Flüssen hinter sich gebracht.

1814 wurde der Weg, den die Expedition durch das Felsengebirge genommen hatte, in einer Karte veröffentlicht. Damit war der Weg zur Nordwestküste für Händler und Grenzgänger frei.

Die amerikanische Regierung und das Militär finanzierten im Anschluss an das gelungene Unternehmen weitere Forschungs- und Entdeckungsreisen, wie etwa die Expedition, die Zebulon Pike 1806–1807 in die Colorado Rockys unternahm. Daneben gab es auch private Unternehmungen,

Unten: Die Begegnung zwischen Chinook-Indianern und Lewis (im Boot vorne stehend) und Clark (mit Dreispitz), die am 8. November 1805 am Columbia River stattfand. Sacagawea, neben Clark stehend, spricht in Zeichensprache mit den Chinook.

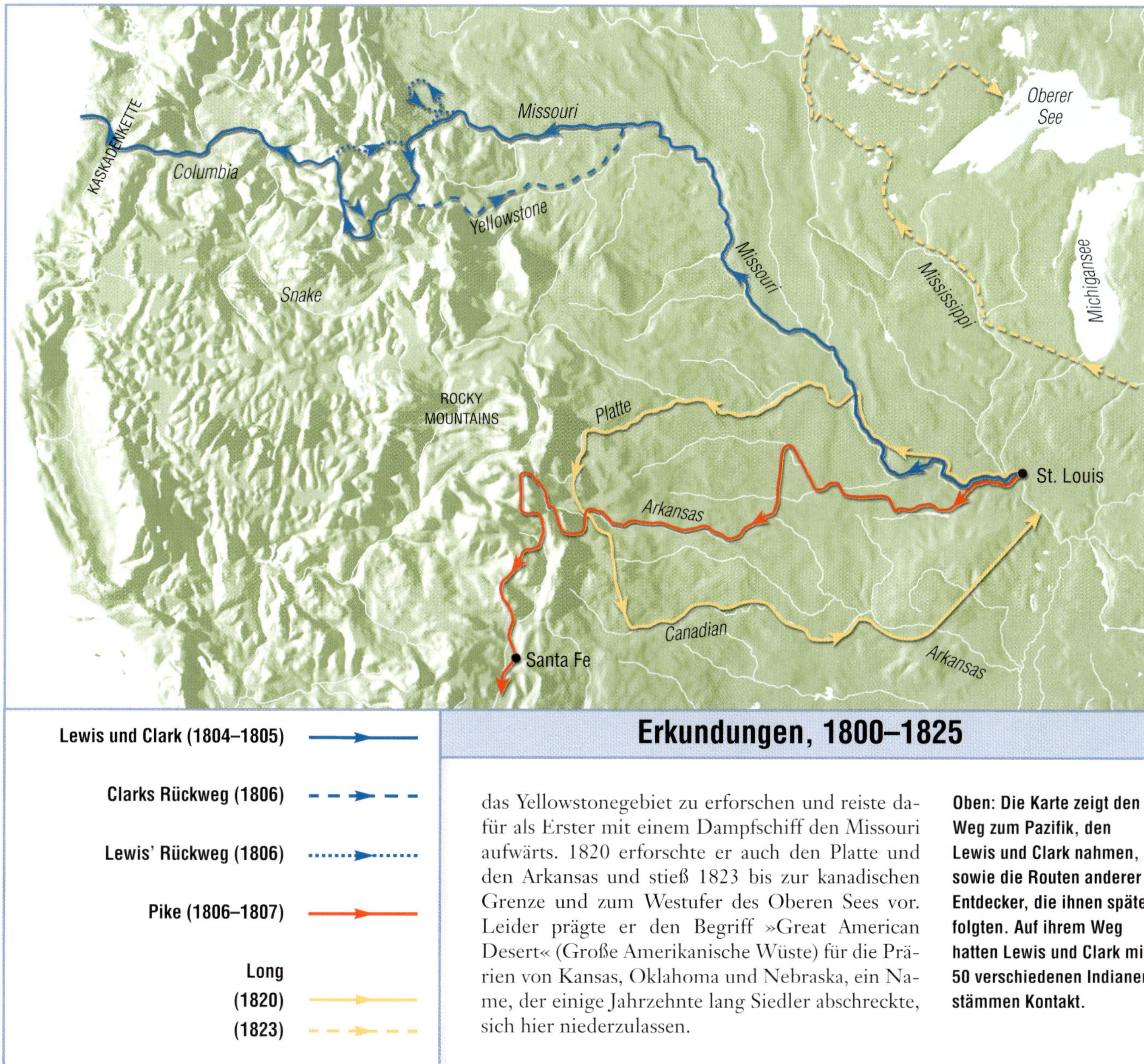

Erkundungen, 1800–1825

Oben: Die Karte zeigt den Weg zum Pazifik, den Lewis und Clark nahmen, sowie die Routen anderer Entdecker, die ihnen später folgten. Auf ihrem Weg hatten Lewis und Clark mit 50 verschiedenen Indianerstämmen Kontakt.

wie die des deutschstämmigen John Jacob Astor, der die – leider glücklose – Expedition von Wilson Price Hunt finanzierte. Hunt brach 1811 in St. Louis auf, denn er wollte der Route von Clark und Lewis folgen. Da er in den Rockys aber Angriffe von den Blackfoot fürchtete, machte er große Umwege. Am Snake River angekommen, beging er seinen größten Fehler, denn er gab die Pferde auf und verlud Proviant und Ausrüstung auf Kanus. Bald zeigte sich, dass der Snake River nicht weiter befahrbar war. Die Mitglieder der Expedition zerstreuten sich in kleine Gruppen und schlugen sich zu Fuß weiter durch. Alle litten entsetzlich an Hunger und Entbehrungen, und die gewonnenen Erkenntnisse waren gering.

Ein anderer Entdecker hatte erheblich mehr Glück und wohl auch mehr Verstand: Stephen Long. Der Armeeoffizier bekam 1819 den Auftrag, das Yellowstonegebiet zu erforschen und reiste dafür als Erster mit einem Dampfschiff den Missouri aufwärts. 1820 erforschte er auch den Platte und den Arkansas und stieß 1823 bis zur kanadischen Grenze und zum Westufer des Oberen Sees vor. Leider prägte er den Begriff »Great American Desert« (Große Amerikanische Wüste) für die Prärien von Kansas, Oklahoma und Nebraska, ein Name, der einige Jahrzehnte lang Siedler abschreckte, sich hier niederzulassen.

Die American Fur Company

Der 1763 in Walldorf bei Heidelberg geborene Johann Jakob Astor ging 1784 nach Amerika, wo er seine Vornamen in John Jacob amerikanisierte und seine kleinen Ersparnisse in den Pelzhandel steckte. In diesem damals boomenden Geschäft war er so erfolgreich, dass er 1808 die American Fur Company gründen konnte – eine Pelzhandelsgesellschaft, die Pelze bis nach China exportierte und ungeheure Profite machte. 1811 ließ er an der Mündung des Columbia River Fort Astoria bauen und finanzierte die zum Bau nötigen Expeditionen zu Wasser und zur Erforschung des Landesinneren. Gegen Ende der 1820er-Jahre besaß die American Fur Company quasi das Monopol im amerikanischen Pelzhandel, doch in den 1830er-Jahren gingen die Gewinne zurück, weil die Biber stark dezimiert waren. Dennoch war Astor, als er 1848 starb, mit einem Vermögen von rund 30 Millionen Dollar der erste Multimillionär Amerikas. Der Stadt New York vermachte er 350 000 Dollar zur Gründung einer öffentlichen Bibliothek.

ERSCHLIESSUNG DES WESTENS

Nach der 1804–1806 von Lewis und Clark erfolgreich durchgeführten Expedition, nahm die Idee, den Kontinent nun auch an der Westküste von Kalifornien bis Oregon zu besiedeln, immer konkretere Formen an.

Bis zur Mitte des Jahrhunderts blieb der Mississippi die Grenze der Siedler, die, von der Ostküste kommend, über die Appalachen nach Westen zogen. Dahinter sowie westlich und nördlich des Missouris lagen offene Prärien, die sich wie ein unüberwindliches Meer aus Gras bis zu den Rocky Mountains und zur Sierra Nevada erstreckten. Es gab keine Straßen, die Flüsse waren oft nicht schiffbar, die Berge türmten sich kalt und hoch, und die Indianer hatten inzwischen genügend schlechte Erfahrungen gemacht, um jeden Vormarsch der fremden Eindringlinge mit Misstrauen zu beäugen. An der Westküste galt die nach Norden nicht klar abgegrenzte Region von Oregon durch die Ansprüche der Hudson's Bay Company als britischer Besitz, während Kalifornien im Süden zu Mexiko gehörte.

DER PELZHANDEL

Mächtige Kräfte zogen und schoben die Menschen zwischen Ost und West hin und her. Der Pelzhandel des Nordens hatte sich über das Felsengebirge bis nach Süden ausgeweitet, und so gab es inzwischen ein recht gut organisiertes Handelssystem. Vierschrötige, an das Leben in der Wildnis angepasste Trapper (Fallensteller) hatten ihre eigenen Techniken entwickelt, die Pelztiere – vor allem Biber – zu fangen. So waren die Indianer als Pelzlieferanten ausgebootet und quittierten das mit zunehmender Feindlichkeit. Um den längst von Weißen beherrschten Pelzhandel der Region westlich des Mississippis zu schützen, errichtete die U. S. Army eine Kette von Forts und schränkte die Bewegungsfreiheit der Indianer drastisch ein.

Die Trapper und Scouts erkundeten und kartographierten immer mehr die bisher unerschlossenen Gebiete und suchten nach neuen Übergängen über die Rockys zur Westküste. Diejenigen Trapper, die sich meist in den Bergen aufhielten, wurden schlicht Mountain Men genannt. Viele dieser »Gebirgsmänner« verdingten sich als Führer für die ersten Siedler, die in den 1840er-Jahren in den Mittleren Westen zogen. Oft wurden sie auch von Armeesoldaten begleitet, die die Wagentrecks vor angreifenden Indianern schützen sollten.

Viele Schlachten wurden geschlagen und auch Verträge geschlossen (und häufig gebrochen), als immer mehr Land zur Besiedlung durch Weiße »befriedet« wurde. Nach dem Sieg der Amerikaner über Mexiko im Krieg von 1846–1848 gewann Amerika das mexikanische Kalifornien hinzu und damit ein immenses Stück Land, das die heutigen Staaten Arizona, Colorado, Nevada, New Mexico und Utah umfasste. Etwa zur selben Zeit trat auch Großbritannien Oregon und einen großen Teil des Nordwestens an die Vereinigten Staaten ab.

Unten: Das im heutigen Wyoming gelegene Fort Laramie, eines der vielen Forts, das die Amerikaner im frühen 19. Jahrhundert im Westen errichteten. Es lag im Herzen des Gebietes der Prärieindianer und diente ihnen und Trappern als Handelszentrum.

ASHLEYS UNTERNEHMUNGEN

Tatsächlich begonnen hatte die Öffnung des Westens bereits 1803, als Frankreich seine Kolonie Louisiana an Amerika verkaufte. Dieser territoriale Zugewinn gab Männern wie William Henry Ashley die Möglichkeit, von Virginia aus in die Missouri-Region zu ziehen. Zusammen mit seinem Geschäftspartner Andrew Henry setzte er Annoncen in zwei Lokalzeitungen, in die *Missouri Gazette* und den *Public Advertiser*, und suchte Männer, die mit ihm zusammen in den Pelzhandel am oberen Missouri einsteigen wollten. Es kam ein ziemlich bunter Haufen von Menschen zusammen, aber einige von ihnen sollten angesehene Mountain Men der Rockys und des Mittleren Westens werden. Unter denen, die auf die Anzeigen antworteten, waren Jim Bridger, ein analphabetischer Waisenjunge, der als Lehrling bei einem Schmied arbeitete, Jedediah Strong Smith, ein relativ gebildeter Methodistensohn, der gerade aus Irland angekommene Thomas Fitzpatrick, Hugh Glass – ein Abenteurer, der behauptete, im Golf von Mexiko von Piraten gefangen worden, diesen aber entkommen zu sein – und Edward Rose, der den Spitznamen Cut Nose hatte. Ganz anders William Sublette, der Polizist war, und James Clyman, der ein angesehener Landvermesser war.

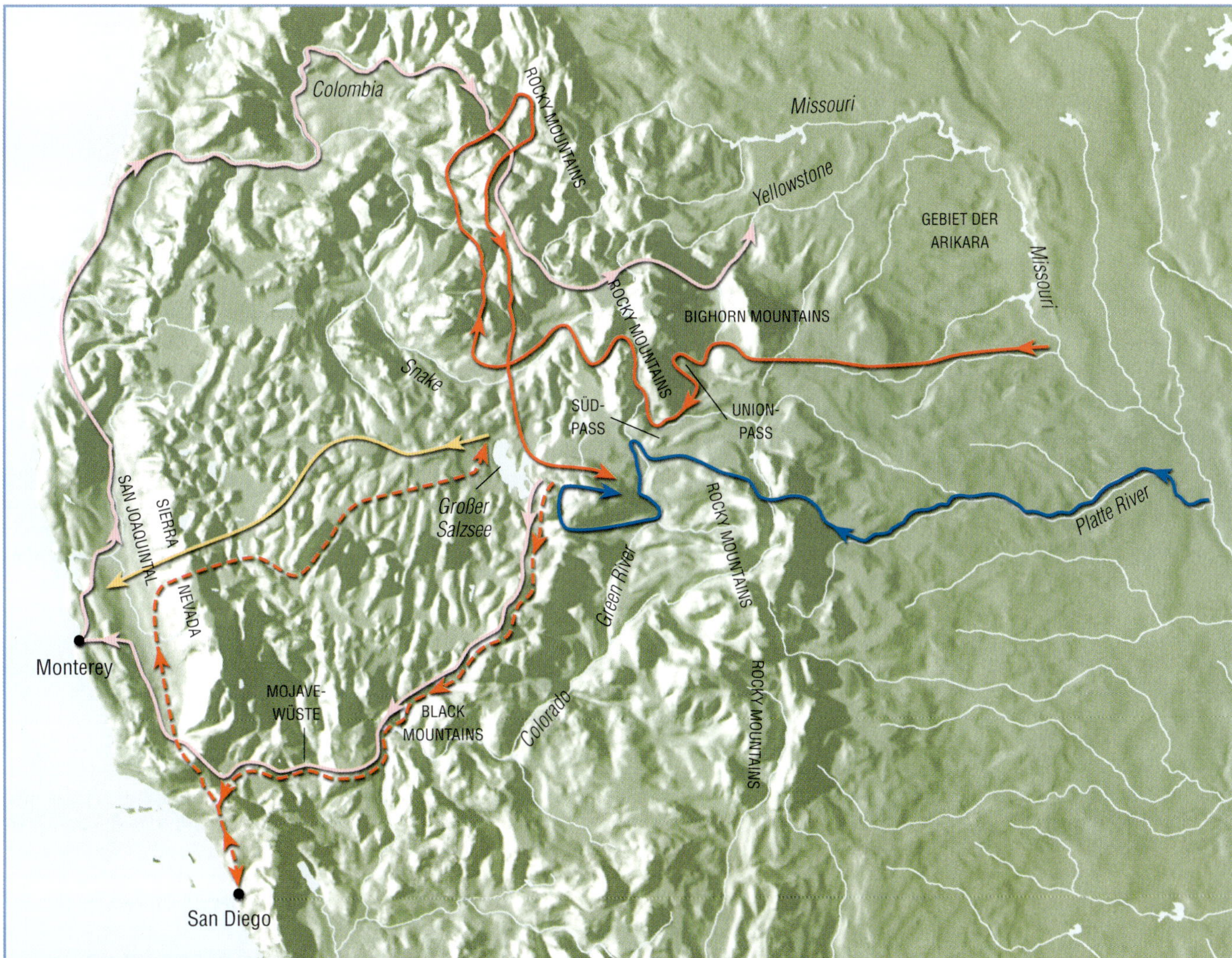

Pelzhändler und Mountain Men

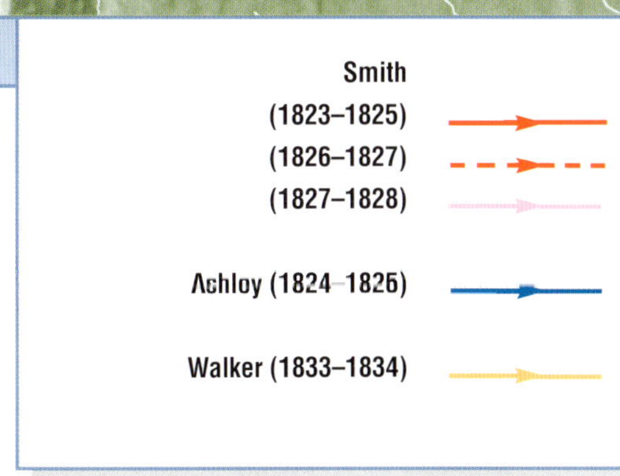

Oben: Die Routen der Trapper und Händler, die im frühen 19. Jahrhundert über die Rocky Mountains bis zur Westküste vordrangen.

Zusammen mit 62 weiteren Männern verließ die Gruppe 1823 St. Louis und fuhr den Missouri aufwärts ins Yellowstonegebiet, wo sie sich in kleine Trupps aufteilen und Biber jagen wollten. Dafür bauten sie zunächst ein Fort mit Handelsposten.

Der Bau dieses Forts musste die Arikara irritiert haben, die westlich des Missouris lebten. Als Ashley und seine Leute im kommenden Jahr wieder erschienen, wurden sie von 600 Kriegern der Arikara empfangen. Die meisten waren mit Feuerwaffen ausgerüstet, die sie sehr gut zu bedienen wussten. Die restlichen Krieger waren mit Pfeil und Bogen sowie mit Streitäxten bewaffnet. Es grenzte an ein Wunder, dass nur zwölf von Ashleys Männern umkamen und 58 von ihnen die Flucht gelang, obwohl einige verwundet wurden. Als Ashley zum Schutz seines Forts Hilfe erbat, ließ sie nicht lange auf sich warten. Colonel Henry Leavenworth von der U. S. Army zog nicht nur Soldaten zusammen, sondern forderte auch vagabundierende Abenteurer auf, sich ihm anzuschließen. Trapper und Pelzhändler verstärkten die 200 Mann starke Truppe des Obersts, hinzu kamen 700 indianische Krieger. Doch selbst diesen nahezu 1000 Männern gelang es nicht, die Arikara gänzlich auszuschalten. Erst 1880, als sie in einer der vielen Reservationen angesiedelt wurden, war ihr Widerstand gebrochen. Zu der Zeit lebten von den Arikara, deren Zahl Clark 1804 noch auf über 2500 geschätzt hatte, nur noch knapp 500. Im Rückblick sieht man, dass sie guten Grund hatten, sich gegen Ashleys Fort zu erheben.

1824–1825 unternahm Ashley weiter südlich auf dem Platte River eine neue Expedition in die Rocky Mountains und erreichte das Gebiet um den Großen Salzsee. Sein Weg durch das südliche Wyoming und Utah war die Basis für die Route der 40 Jahre später gebauten Union Pacific Railway.

Rechts: Die Uferregion des Großen Salzsees in Utah. 1826 führte Jedediah Smith von hier aus die erste Expedition durch die Mojavewüste nach Kalifornien und wäre dabei fast mit seinen Männern umgekommen.

Die Leistungen von Jedediah Strong Smith, der die Rocky Mountains erstmals 1823–1825 durchstreifte, sind legendär. 1826 entschloss er sich, zusammen mit David Jackson, William Sublette und einigen anderen Männern auf die Biberjagd zu gehen. In der Gegend des Großen Salzsees trafen sie sich und nahmen den Weg durch Utah, über den Colorado zu den Black Mountains in Nordarizona. Doch statt Waldland mit Seen und Flüssen voller Biber fanden sie eine Halbwüste mit vereinzelten trockenen Büschen vor.

Von Indianern gerettet zogen sie nach Westen, wo sie katholische Missionen zu finden erhofften, die die Spanier dort vor mehr als einem Jahrhundert gegründet hatten, und die jetzt in blühendem Viehzuchtgebiet lagen. Das Problem war nur, dass sie, um dorthin zu gelangen, eine Staatsgrenze überschreiten mussten und kein Recht besaßen, einfach nach Kalifornien – in spanisches Gebiet – einzudringen. Trotzdem machten sie sich auf den Weg und fanden sich alsbald in der Mojavewüste wieder, in der sie beinahe umkamen. Bald aber dämmerte ihnen, dass sie einen neuen Weg zur Westküste entdeckt hatten, denn sie kamen in der Nähe des heutigen Los Angeles aus dem Trockengebiet. Dieser zu Mexiko gehörende Landstrich war eine andere Welt, die mit dem Pelzhandel nichts zu tun hatte. Smith bat den mexikanischen Gouverneur um Proviant, frische Pferde und freies Geleit durch Kalifornien. Doch anstatt ihm das zu gewähren, steckte er ihn in eine Gefängniszelle, bis ein amerikanischer Schiffskapitän sich für Smith verwendete und den Gouverneur bat, ihn unter der Bedingung freizulassen, dass er nie wieder kalifornisches Gebiet betrete.

Smith, der als überzeugter Methodist fest auf Gott vertraute und neben seiner Flinte immer eine Bibel bei sich trug, missachtete jedoch die Anordnungen der Behörden und verbrachte den Winter in den Bergen des San Joaquin Valleys. Der Heimweg war ein Albtraum. Elf seiner Männer musste er in Kalifornien zurücklassen, während er mit einem kleinen Trupp einen Weg durch die Wüste suchte. Mehr tot als lebendig erreichten sie den Bear Lake in Utah, wo Smith eine Beschreibung ihrer Expedition verfasste und an William Clark, den großen Pionier des Oregon Trail, schickte.

Dann eilte er nach Kalifornien zurück, musste aber feststellen, dass die Mohave inzwischen ihre Meinung über ihn und seine Leute geändert hatten, denn als er den Colorado überqueren wollte, griffen sie an. Zehn seiner Männer kamen um; zwei Frauen, die auch mitgezogen waren, nahmen sie als Geiseln. Schließlich erreichte Smith Kalifornien doch noch, kam aber wieder ins Gefängnis. Erneut wurde er auf freien Fuß gesetzt, als er versprach, Kalifornien endgültig zu verlassen. Aber auch diesmal scherte er sich nicht um sein Versprechen, sondern fuhr den Columbia River aufwärts. Nach weiteren Abenteuern kehrte Smith 1829 nach St. Louis zurück. Sein letztes Abenteuer erlebte er 1830, als er von St. Louis aus eine Handelsreise nach Santa Fe unternahm und sich im Trockengebiet am Cimarron River im heutigen Kansas auf der Suche nach Wasser verirrte. Von Komantschen, die ihn dort fanden, wurde er umgebracht – im Alter von erst 32 Jahren.

Unten: Die Stadt Independence in Missouri war einer der Ausgangspunkte für die Wagentrecks in den Westen. Hier startete der Santa Fe Trail, der nach Kalifornien weiterführte. Die Stadt war reich, denn hier deckten sich die Siedler mit allem ein, was sie für die beschwerliche Reise brauchten.

WALKER UND DER CALIFORNIA TRAIL

Einer der berühmtesten Mountain Men war Joseph Reddeford Walker, ein großer Mann mit Haaren, die er nach »Indianerart« lang wachsen ließ. Er wurde in Virginia geboren, war in Tennessee aufgewachsen und ging mit 20 Jahren nach Missouri. Er war Führer auf dem Santa Fe Trail, und wie Smith wurde auch er in Mexiko verhaftet. Als er nach Missouri zurückkam, entschloss er sich, eine Pelzhandelsfirma zu gründen und unternahm viele Ausflüge in das Felsengebirge. Eine Zeit lang war er Sheriff von Independence in Missouri.

1833, als die Zahl der Biber in den östlichen Rockys drastisch abnahm, trommelte Walker eine Gruppe von Männern zusammen und machte sich mit ihnen gen Westen auf. Er wusste von den

Indianervölker der Prärien

Als die ersten Siedler nach Nordamerika kamen, mussten sie feststellen, dass das Land bereits von Indianern bewohnt war. Meist waren die Einheimischen freundlich und an Handelsbeziehungen interessiert, doch als sich immer deutlicher herausstellte, dass die Weißen das Land für sich allein wollten, begannen die Indianer eine verzweifelte Gegenwehr.

Der Prototyp des Indianers ist für die meisten Menschen der zu Pferd sitzende Prärieindianer, der Büffeljagd betreibt und mit seiner Squaw (Frau) im Tipi (Stangenzelt) lebt. Tatsächlich hatte diese Präriekultur nur eine sehr kurze Dauer, denn das Pferd wurde erst durch die Spanier in Nordamerika eingeführt; nur wenige Indianer lebten als nomadische oder halbnomadische Büffeljäger. Die bekanntesten unter diesen Völkern waren Dakota, Mandan, Iowa, Cheyenne, Kiowa, Blackfoot, Crow und Arikara.

Ab 1830, als immer mehr Pioniere und Siedler in den Westen vordrangen, wurde die indianische Bevölkerung mehr oder weniger systematisch ausgerottet; die Überlebenden wurden in Reservate abgedrängt. 1878 gab es im ganzen Prärie- und Plainsgebiet keine freien Indianer mehr, und erst 1924 erhielten auch die Indianer, die eigentlichen Urbewohner Amerikas, das amerikanische Bürgerrecht zugestanden. Doch bis heute müssen sie – oft vergeblich – um ihre Rechte kämpfen.

Problemen, die Smith gehabt hatte und wählte deshalb eine andere Route durch das bisher den Weißen unbekannte Land. Walker hatte viel Erfahrung, und er war diszipliniert. Er nahm viele Pferde mit; jeder seiner Männer ritt auf einem und führte drei weitere, die mit Proviant und anderem Bedarf beladen waren. Sollten sie wirklich nicht weiterkommen und überwintern müssen, hätten sie wenigstens Pferdefleisch zu essen. Auch er wählte den Großen Salzsee als Ausgangspunkt. Die Männer durchquerten das Große Becken und erforschten den Humboldt River bis zu den ersten Hügeln der Sierra Nevada. Durch die Berge folgte Walker dann dem Lauf eines anderen Flusses – der heute nach ihm benannt ist – und kam bis Monterey in Kalifornien, ohne große Verluste erlitten zu haben. Zurück führten ihn befreundete Indianer auf einem südlicher gelegenen Weg durch die Sierra Nevada. Wieder einem Flusslauf folgend, durchquerte er einen Pass (der heutige Walkerpass), stieg auf der anderen Seite der Berge hinunter in die Mojavewüste und kam 1834 wieder nach Utah zurück.

Unten: Kit Carson überquert die Rocky Mountains 1831. Der von Carson gefundene Weg wurde von vielen »Forty-niners« benutzt, die 1849 auf der Suche nach Gold nach Kalifornien strömten.

MOUNTAIN MEN ALS WEGBEREITER

Ein berühmter Mountain Man war auch Christopher Houston Carson, kurz Kit Carson genannt, der als Kind mit seinen Eltern von Kentucky nach Missouri gekommen war. In den späten 1820er-Jahren wurde er Fallensteller in Taos, heute New Mexico, und fand bei dieser Tätigkeit nebenher so manchen neuen Pfad durch die Berge nach Kalifornien. Wie viele andere in jener Zeit, verdingte auch er sich nach 1840 zeitweise als Landvermesser bei der Armee.

Ein anderer Mountain Man, der die südlichen Regionen durchforstete, war Jesse Chisholm, der aus Tennessee stammte, aber in Arkansas aufgewachsen war. Da seine Mutter eine Cherokee war, sprach er ihre und ein paar weitere Indianersprachen. Er arbeitete mit Leavenworth und anderen zusammen und erkundete Wege für die Siedler in Oklahoma. Lange überlebte er den Niedergang der Pelzjäger.

Der nach ihm benannte Chisholm Trail, eine Viehtreiberroute von San Antonio in Texas nach Norden, entstand erst in den 1860er-Jahren.

Es waren die Händler, die Fallensteller und die für die Armee tätigen Landvermesser, die die meiste Erkundungsarbeit leisteten, und die ins Land kommenden Siedler wurden meist in großen Trecks auf festen Routen von Männern wie Joe Walker durch das Land geschleust. Doch in den frühen Jahren lockte die Westküste auch Menschen, die risikoreich genug waren, sich auf waghalsige Expeditionen zu begeben, wie etwa die von John Jacob Astor, dem Gründer der American Fur Company.

Kurz nachdem Lewis und Clark Oregon durchquert hatten, wollte Astor einen eigenen Handelsposten an der Mündung des Columbias in Oregon errichten und Fort Astoria nennen. Während eine Gruppe (unter Wilson Price Hunt) über Land reisen sollte, wollte eine andere ihre Glück auf dem Seeweg von New York aus versuchen – und zwar auf dem unglaublichen Weg um Cap Hoorn im südamerikanischen Chile. Im September 1810 legte das Schiff, die *Tonquin*, unter dem Kommando von Jonathan Thorn in New York ab und erreichte die Mündung des Columbias in Oregon im März 1811. Während die Männer Fort Astoria bauten, trieben sie nebenher Handel mit den Indianern. Als es eines Tages im Zuge dieser Handelsgeschäfte zum Streit kam, schlug Kapitän Thorn in einem Wutanfall dem Häuptling ins Gesicht – eine Beleidigung, der die Rache auf dem Fuße folgte: Der Kapitän und seine Mannschaft wurden massakriert. Als die Indianer anderntags wiederkamen, um das Schiff zu plündern, steckte der einzige Überlebende die Pulverkammer in Brand und jagte sich selbst, das Schiff und die Indianer in die Luft. Dennoch wurde Fort Astoria gebaut, stand aber bis 1813 unter britischer Kontrolle.

Ab den 1830er-Jahren versuchte man, Siedler auf den erkundeten Wegen in den Westen zu bringen, obwohl die Pfade für Wagentrecks nicht sehr geeignet waren. In den 1840er-Jahren zogen dann Planwagenkolonnen mit oft mehr als 1000 Pionieren durch die Great Plains bis nach Kalifornien.

Der Krieg mit Mexiko, den die Amerikaner 1848 gewannen, öffnete Kalifornien für Unmengen von Einwanderern. Deren Drang, ins Land zu kommen, verstärkte sich 1849 noch, als man dort Gold entdeckte.

Unten: Die Karte zeigt wichtige Pionierpfade in den Westen. Auf ihnen zogen die Wagentrecks des 19. Jahrhundert mit Tausenden von Menschen, die sich überall im Lande ansiedelten.

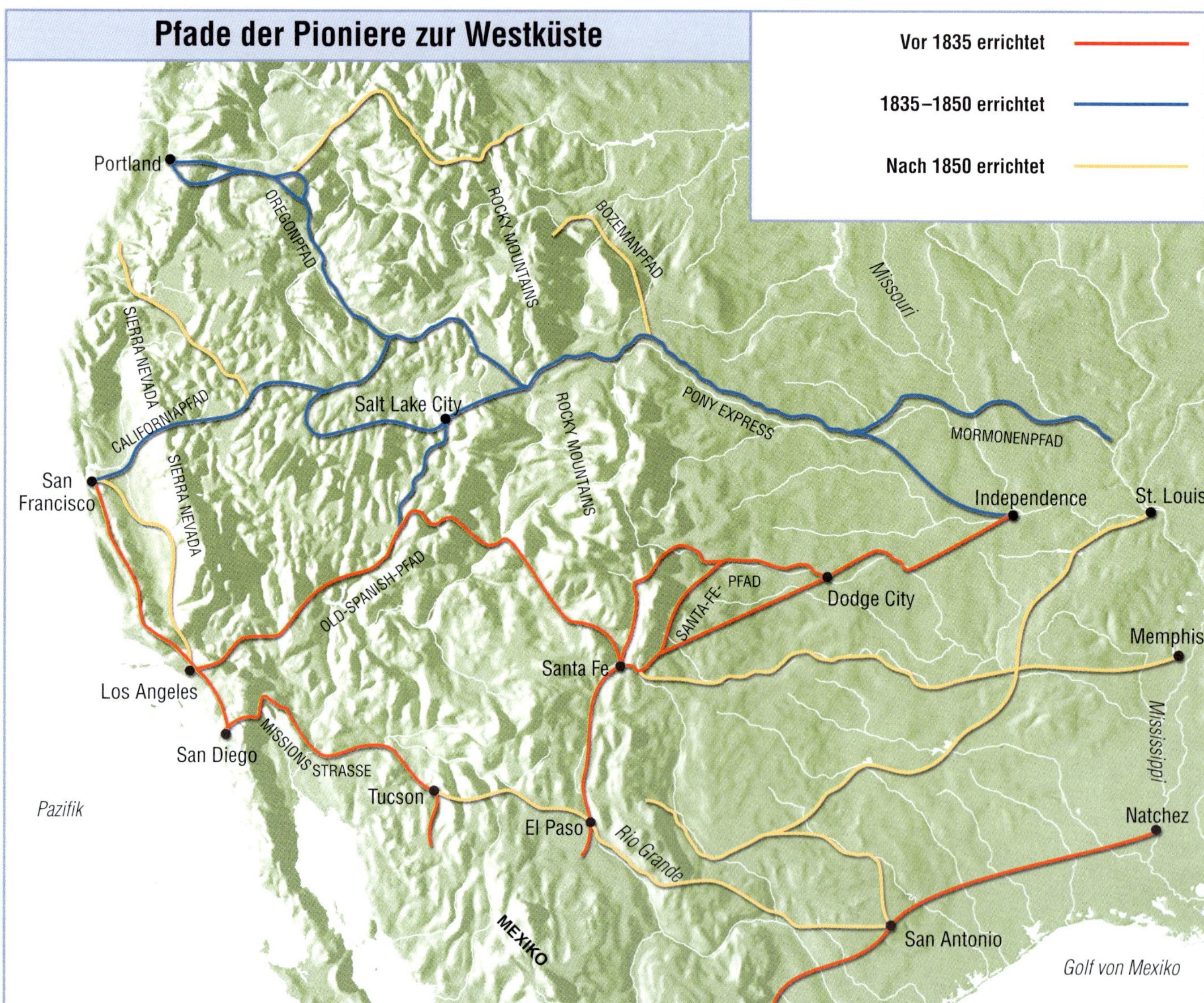

4. Kapitel

LATEINAMERIKA

Unten: Eine Tempelpyramide der Maya in Chichén Itzá auf der mexikanischen Halbinsel Yucatán. In ihrer unersättlichen Gier nach Gold und Macht zerstörten die spanischen Eroberer die alten Kulturen in Mittel- und Südamerika und versetzten auch der Mayakultur den Todesstoß.

Seit Christoph Kolumbus 1492 vor einer kleinen Bahamainsel Anker geworfen hatte, waren die Spanier daran interessiert, die neuen Territorien, die sie zu ihrem Eigentum erklärten, genauer zu erforschen. Angelockt von fantastischen Geschichten von Städten, deren Straßen mit Gold gepflastert seien, segelten spanische Konquistadoren in die Neue Welt. Tatsächlich besaßen die Azteken in Mexiko und die Inka in Peru große Reichtümer, und es kostete die Spanier nur wenige Jahre, diese beiden Hochkulturen zu zerstören. Galeonenweise wurden Gold, Edelsteine und andere Schätze nach Spanien gebracht. Die mit den spanischen Eroberern gekommenen christlichen Missionare brachten den Indios als »Gegenleistung« das Christentum, das sie oft gleich mit dem Schwert predigten.

KARTOGRAPHIERUNG DER KÜSTE

Unten: Die Illustration zeigt Amerigo Vespucci bei der Landung in Florida 1497. Ob er tatsächlich dort landete, ist historisch umstritten, doch da er als einer der Ersten erkannte, dass ein neuer Kontinent entdeckt worden war, wurde der ganze Kontinent nach ihm benannt – Amerika.

Als sich Christoph Kolumbus 1492 mit seinen drei Schiffen gen Westen über den Atlantik wagte, hatte er einen schnellen Weg nach Indien, China und Japan gesucht. Dieser Versuch scheiterte, denn statt des Seewegs nach Indien hatte er einen bisher unbekannten Kontinent entdeckt. Bald schickten Spanier und Portugiesen weitere Expeditionen in diese Neue Welt, die die Inseln und Binnenländer erforschen und die Küstenverläufe kartographieren sollten. Da Spanien und Portugal aber Rivalen waren, die beide großes Interesse daran hatten, Lateinamerika zu beherrschen und auszubeuten, war keiner von beiden bereit, die Rechte des jeweils anderen anzuerkennen.

Die katholischen spanischen Majestäten Ferdinand und Isabella gewannen den Rückhalt von Papst Alexander VI., als sie ihm den Vorschlag machten, die Menschen des neuen Kontinents zu christianisieren; dafür wollten sie die Länder mit seinem Segen für Spanien beanspruchen. Portugal, noch immer eine mächtige Seemacht, wollte seine Ansprüche aber nicht ohne weiteres aufgeben und

drängte auf eine gerechte Teilung. Im Mai 1493 erließ der Papst eine Bulle, derzufolge die neu entdeckte Welt zwischen Spanien und Portugal entlang einer Linie geteilt wurde, die 500 km westlich der Azoren vom Nord- zum Südpol verlief. Alles, was westlich dieser Linie lag, sollte Spanien gehören. 1494 unterzeichneten die beiden Länder den Vertrag von Tordesillas, der diese »Demarkationslinie« zugunsten der Portugiesen um 1700 km nach Westen verschob. Ohne es zu wissen, hatten sich die Portugiesen damit Brasilien gesichert, das zu jener Zeit noch nicht entdeckt war. Als Konsequenz des Vertrages waren es zunächst die Spanier und Portugiesen, die die ersten Expeditionen unternahmen, um den neuen Kontinent zu erforschen und zu kartographieren. Bald aber sollten zwei protestantische Seemächte, England und die Niederlande, das Monopol der iberischen Katholiken angreifen. Schließlich kam es zu Kriegen, die letztlich zur Zerstörung der Macht Spaniens führten.

SPANISCHE ERKUNDUNGEN

Viele spanische Entdecker und Abenteurer machten sich nun auf, die Küsten Südamerikas zu erforschen, denn ein Erlass von 1495 erlaubte jedem spanischen Bürger, um eine Lizenz zur Erforschung der neuen Länder nachzusuchen. Zwischen 1499 und 1502 segelten verschiedene Expeditionen nach Amerika und vermaßen die 4800 km lange Küstenlinie von Brasilien bis Panama.

Schon 1499 segelten die erfahrenen Navigatoren Alonso de Ojeda und Juan de la Cosa, die beide bereits mit Kolumbus gereist waren, von Brasilien nordwärts bis zur Halbinsel Guajirá. Als Ojeda die auf Pfählen im Wasser errichteten Häuser der Einheimischen sah, nannte er das Land Venezuela – kleines Venedig. Cosa kehrte 1501 mit Rodrigo de Bastidas zurück und vermaß unter anderem die Küste zwischen Guayana und Venezuela.

Der aus Italien stammende Amerigo Vespucci erreichte 1499 mit einem eigenen Schiff einen Teil der Expedition Ojedas, der die Küste Brasiliens erforschte, und reiste gen Süden, während sich Ojeda nach Norden wandte. Kaum war er nach Europa zurückgekehrt, beauftragte ihn der portugiesische König Manuel I., eine weitere Expedition nach Südamerika zu unternehmen. Er verließ Lissabon im Mai 1501, segelte eigenen Angaben zufolge die Küste abwärts bis 50° südlicher Breite und kehrte dann 1502 nach Portugal zurück.

Manche Zeitgenossen, aber auch spätere Historiker, hielten Vespucci für einen Schwindler und Aufschneider. Heute ist er teilweise rehabilitiert. Jedenfalls erlaubten die vielen neuen Entdeckungen dem deutschen Kartographen Martin Waldseemüller 1507 eine neue Weltkarte herauszugeben. Da Vespucci in seinen Schriften als Erster von einem neuen Kontinent sprach, nannte Waldseemüller den Südteil dieses Kontinents in seinen Karten – nach Amerigo Vespucci – »Amerika«.

Vespuccis Reiseberichte trugen zweifellos dazu bei, dass sich viele Europäer aufmachten, Südamerika zu erforschen.

Links: Juan de la Cosa, der Kolumbus auf zwei seiner Reisen begleitet hatte, erforschte Teile der Küste von Venezuela und Kolumbien. Als er 1510 in Kolumbien auf Sklavenjagd war, wurde er von Einheimischen ermordet.

Navigation bei Nacht

Die Navigatoren der Segelschiffe nutzten den Sternenhimmel, um nachts die Uhrzeit zu bestimmen. Ihr wichtigster Fixpunkt war der Polarstern. Das benutzte Gerät bestand aus zwei beweglich aufeinander montierten Scheiben unterschiedlicher Größe mit einem Loch in der Mitte. Die größere Scheibe war in zwölf Sektoren, für die Monate, geteilt, die kleinere, an der ein langer Zeiger montiert war, hatte 24 Sektoren für die Stunden. Zur Bestimmung der Zeit, stellte der Navigator den Zwölf-Uhr-Zahn der kleineren Scheibe auf die gerade gültige Monatsposition und visierte durch das Loch den Polarstern an. Dann stellte er den Zeiger parallel zur gedachten Verbindungslinie der Leitsterne des Großen und des Kleinen Bären.

Oben: Die Zeichnung zeigt, wie der Navigator das Gerät benutzt, um die Uhrzeit festzustellen.

Links: Ungefähr so, wie hier dargestellt, sahen die auf Pfählen im Wasser stehenden, mit Blättern gedeckten Langhäuser der Einheimischen aus. Allerdings waren Künstler oft auf Berichte angewiesen und hatten die Motive, die sie malten, nicht selbst gesehen.

1509 waren Ojeda und Cosa erneut zusammen unterwegs, diesmal, um die Küste Kolumbiens zu erkunden. Auch Francisco Pizarro war mit von der Partie. Doch Cosa, der 1501 mit Bastidas schon einmal hier gewesen war, kam nicht weit. Bei der Landung wurde er nahe der heutigen Stadt Cartagena von Einheimischen ermordet. Sein Tod war ein großer Verlust für die Spanier, denn Cosa hatte sehr detailgenaue Karten gezeichnet.

Auch die Brüder Vicente und Martin Pinzón, die bereits 1492 mit Kolumbus gesegelt waren, erforschten jetzt die Ostküste Südamerikas. 1500 kamen sie zusammen mit Diego de Lepe zur brasilianischen Küste und erforschten sie in ihrem nordöstlichen Verlauf.

Durch einen Zufall war 1500 auch der Portugiese Pedro Alvares Cabral an der brasilianischen Küste gelandet, etwa in Höhe des heutigen Salva-

Unten: Die ersten Spanier und Portugiesen, die Südamerika genauer untersuchten, konzentrierten sich auf die Nordostküste des neuen Kontinents.

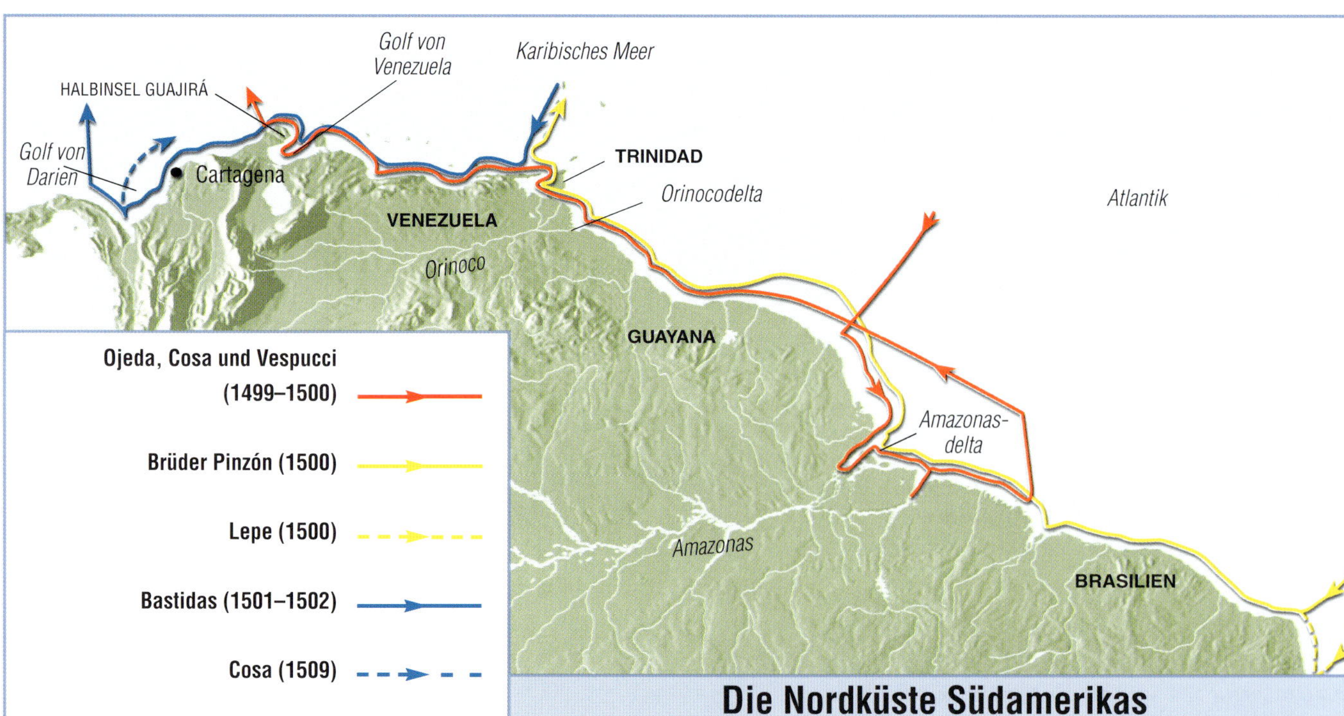

Die Nordküste Südamerikas

dor. Die Portugiesen hatten sich schon seit längerer Zeit mehr um die Erforschung der Küste Afrikas bemüht, denn sie suchten den östlichen Seeweg nach Indien. Bartolomëu Diaz hatte 1487 die Südspitze des Kontinents erreicht, aber man wollte weiterkommen. Um die Strömungen des Atlantiks nutzen zu können, segelte man nicht an der Küste entlang, sondern weit außerhalb auf offener See. Das hatte auch Cabral getan, war dabei aber abgetrieben worden und in Brasilien gelandet. Da er erkannte, dass er Land erreicht hatte, das dem Vertrag von Tordesillas gemäß Portugal zustand, nahm er es rasch in Besitz, ehe er, seinem eigentlichen Plan folgend, wieder nach Afrika und von dort nach Indien segelte. Cabral nannte das neue Territorium *Tierra da Vera Cruz* (Land des Wahren Kreuzes). Erst als der Handel mit dem roten Farbstoff des Brasilholzes begann, bekam das Land seinen heutigen Namen.

ABENTEURER IN SÜDAMERIKA

Einer der großen spanischen Entdecker jener Tage war Juan Diaz de Solis, der zusammen mit Vicente Yáñez Pinzón 1506–1507 die gesamte Insel Kuba umsegelte und so endgültig die Theorie des Kolumbus widerlegte, dass Kuba eine Halbinsel und Teil Indiens sei. 1515 sollte er in spanischem Auftrag einen Schiffsweg in das Südmeer suchen – den Pazifik, den Vasco Nuñez de Balboa 1513 bereits von Panama aus gesehen und zu spanischem Besitz erklärt hatte.

Von Brasilien aus segelte Solis mit drei Schiffen und 60 Seeleuten los. Er erreichte eine große Bucht, an deren Ende das Mündungsdelta des Rio de la Plata lag. Er nahm das Land, das heutige Uruguay, in Besitz, und da er meinte, hier den Durchbruch zum Südmeer erreicht zu haben, segelte er an der Nordküste der Bucht entlang.

Weil das leicht hügelige Grasland verlockend aussah, entschloss sich Solis, zu ankern und das Land genauer in Augenschein zu nehmen. Die hier lebenden Charrua waren von dem ungebetenen Besuch nicht begeistert. Sie erschlugen Solis und die Männer, die mit ihm an Land gegangen waren. Die Suche nach der Durchfahrt zum Südmeer hatte ein abruptes Ende gefunden.

Dem Portugiesen Fernão de Magalhães, der sich, als er in spanische Dienste trat, Fernando Magellan nannte, sollte bei der Suche nach dem Südmeer mehr Glück beschieden sein. Er fand 1520 die Durchfahrt an der Südspitze Südamerikas, die heute nach ihm Magellanstraße genannt wird. Schon bald danach wurde Lateinamerika nicht mehr als Hindernis auf dem Weg nach Indien angesehen, sondern als ein Land, das unermessliche Schätze bot.

Die neuen Entdecker des Inlands kamen als Eroberer, als Konquistadoren, die vom Wunsch getrieben waren, Reichtümer anzuhäufen. In weniger als 30 Jahren unterwarfen sie ganz Lateinamerika und setzten die einheimische Bevölkerung einem Terror aus, wie ihn die Menschheit bis dahin noch nicht erlebt hatte.

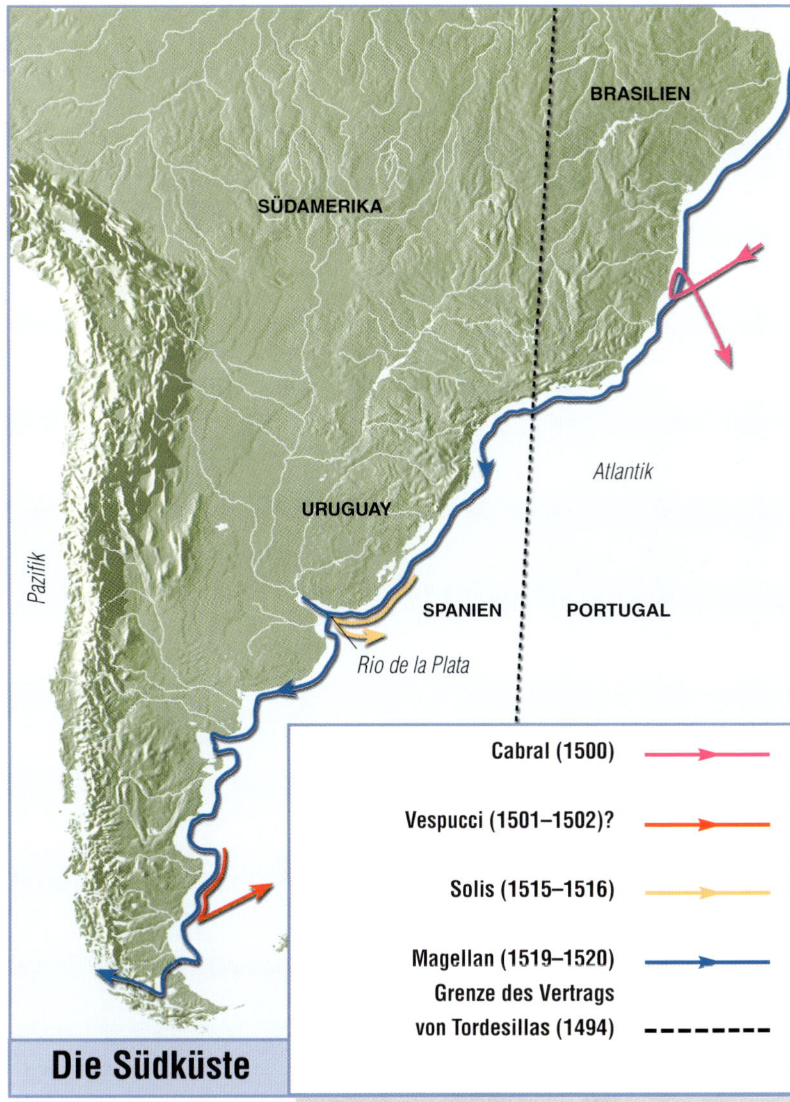

Oben: Seit 1494 waren die Territorialgrenzen zwischen Spanien und Portugal durch eine schnurgerade, im Vertrag von Tordesillas festgelegte Grenze getrennt. Die ersten Entdecker erforschten lediglich den Küstenverlauf.

Links: Vicente Yáñez Pinzón, der bei der Reise des Kolumbus 1492 als Kapitän der *Niña* mitgereist war, unternahm in den Jahren um 1500 noch weitere Entdeckungsreisen nach Mittel- und Südamerika.

DIE EROBERUNG MITTELAMERIKAS

Während die Kapitäne der Schiffe die Küsten Lateinamerikas nach der Durchfahrt zum Pazifik absuchten, machten sich andere Männer auf, das Binnenland zu erforschen. Dabei interessierten sie im Grunde nur zwei Dinge: Gold und Ruhm. Neben zwielichtigen, raffgierigen Gestalten gab es jedoch auch einsichtige Mahner, wie etwa der Dominikanermönch Bartolomé de Las Casas, einer der führenden Chronisten der spanischen Conquista. Aber auch die Eroberer mussten einen hohen Preis zahlen – Schiffbruch, Krankheiten und Hunger waren an der Tagesordnung, und nicht wenige wurden auch von den bedrängten Einheimischen ermordet.

Die Konquistadoren waren rastlose, zähe Männer. Viele waren erprobte Soldaten, die in den Kriegen Europas gekämpft und dabei gelernt hatten, große Strapazen durchzustehen. Vor allem aber waren viele auch von religiösem Eifer beflügelt. Sie waren fest davon überzeugt, sie müssten die Heiden um jeden Preis zum einzig wahren Glauben, zum Katholizismus bekehren.

Die ersten spanischen Kolonien waren auf Hispaniola (heute Haiti) und Kuba errichtet worden, wo man Gold entdeckt hatte. Die Einheimischen wurden zur Sklavenarbeit in den Minen gezwungen und starben dort massenhaft. Das südamerikanische Festland blieb einige Jahre lang unberührt, auch wenn immer wieder Treibjagden unternommen wurden, um neue Sklaven für die Inselkolonien zu besorgen. Diese neuen spanischen Besitzungen standen unter der Herrschaft von Gouverneuren, die das Recht der spanischen Krone vertraten. Manchen passte das aber nicht und sie hielten nach neuen Eroberungen Ausschau.

Unten: Soldaten aus der Truppe von Vasco Nuñez de Balboa wehren den Angriff von Einheimischen in Mittelamerika ab.

NEUE SIEDLUNGEN

1509 erließ die Krone zwei Lizenzen, die die Besiedlung von Teilen des Festlands erlaubten; zwei Expeditionen wurden losgeschickt. Alonso de Ojeda sollte zur Nordküste von Kolumbien segeln, und Diego de Nicuesa hatte Befehl, Siedler in die Länder zu bringen, die heute Panama, Costa Rica und Nicaragua heißen. Mit 300 Männern und zwölf Pferden an Bord segelte Ojeda im November los und ankerte in der Gegend des späteren Cartagenas. Als er mit 70 Leuten an Land ging, wurde er von einem Pfeilhagel empfangen. Nur er selbst und ein paar andere konnten mit knapper Not entkommen. Bei seinem zweiten Landungsversuch nahm er bittere Rache und ließ viele der Einheimischen massakrieren. Dann segelte er zum Golf von Urabá und versuchte, an der Ostküste eine Siedlung zu gründen, die er San Sebastián nannte. Aber der Siedlung war kein Glück beschert: Viele der Siedler starben an Krankheiten und Hunger oder wurden von Einheimischen umgebracht. Die letzten Überlebenden waren dem Hungertod nahe, als ein Schiff kam, das Ojeda nach Hispaniola zurückbrachte. Die kräftigsten der Männer ließ er unter dem Kommando von Francisco Pizarro zurück.

Verstärkung und neuer Proviant kamen in einem Schiff, das unter dem Kommando des Rechtsgelehrten Martin Enciso stand, und auf dem sich ein blinder Passagier versteckt hatte – Vasco Nuñez de Balboa, der in Hispaniola Schulden hatte und seinen Gläubigern entfliehen wollte. Für die Siedler war es ein Glück, denn er kannte die Gegend und empfahl, die Siedlung an die Westküste zu verlegen. Auf seinen Rat hin wurde Santa Maria la Antigua de Darién gegründet.

Inzwischen war es Nicuesa nicht viel besser ergangen. Er hatte versucht, am Isthmus von Panama eine Siedlung zu gründen, doch sein stolzes Kontingent von 700 Männern war durch Krankheit und Hunger zu einem armseligen Häufchen von 40 geschrumpft. Diese wenigen wurden gerettet und nach Darién gebracht, wo Nicuesa die Führungsrolle beanspruchte. Doch Balboa wollte seine Autorität nicht anerkennen. Mit ein paar Getreuen setzte er ihn in einem alten Boot aus; danach hat sich ihre Spur verloren.

Darién wurde die erste größere spanische Siedlung auf lateinamerikanischem Boden, und Balboa, jetzt Gouverneur der Siedlung, machte sich daran, die Kolonie zu vergrößern. Er kreuzte vor der Küste auf der Suche nach Gold und Sklaven. Den Einheimischen begegnete er mit brutaler Gewalt oder gerissener Diplomatie. So heiratete er die Tochter eines Kaziken (eines lokalen Häuptlings) und stand ihm bei den Kämpfen mit seinen Nachbarn bei.

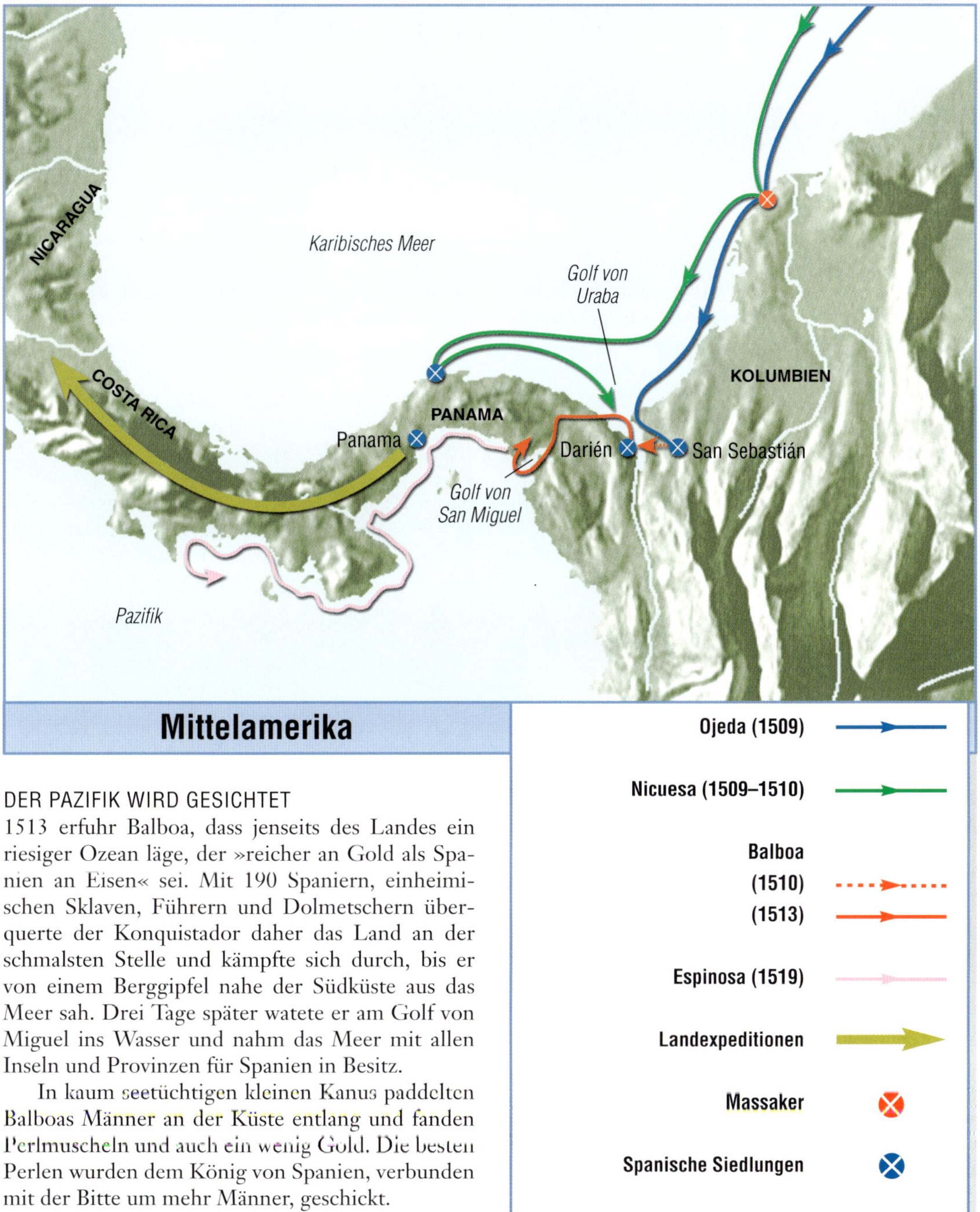

Links: Mittelamerika war das Hauptziel der ersten spanischen Konquistadoren. Ab 1509 vergab die spanische Krone Lizenzen zur Erforschung Mittelamerikas, was die Kolonisierung rasch vorantrieb.

DER PAZIFIK WIRD GESICHTET

1513 erfuhr Balboa, dass jenseits des Landes ein riesiger Ozean läge, der »reicher an Gold als Spanien an Eisen« sei. Mit 190 Spaniern, einheimischen Sklaven, Führern und Dolmetschern überquerte der Konquistador daher das Land an der schmalsten Stelle und kämpfte sich durch, bis er von einem Berggipfel nahe der Südküste aus das Meer sah. Drei Tage später watete er am Golf von Miguel ins Wasser und nahm das Meer mit allen Inseln und Provinzen für Spanien in Besitz.

In kaum seetüchtigen kleinen Kanus paddelten Balboas Männer an der Küste entlang und fanden Perlmuscheln und auch ein wenig Gold. Die besten Perlen wurden dem König von Spanien, verbunden mit der Bitte um mehr Männer, geschickt.

Da der König über Balboa verärgert war, ernannte er Pedro Arias de Avila zum neuen Gouverneur von Darién und schickte ihn mit 2000 Mann nach Kolumbien. Balboa gelang es, sich den Posten des Gouverneurs von Panama und Coiba zu sichern und setzte seine Erforschung der Küste Panamas fort. Dafür ließ er 1518 vier Schiffe bauen. Der größte Teil des Baumaterials wurde von der Nordküste über Land herangeschleppt. Als die Schiffe fast fertig waren, erhielt Balboa Befehl von Arias de Avila, sich in Darién einzufinden.

Unterwegs kam ihm Pizarro entgegen, der geschickt worden war, Balboa wegen Hochverrats zu verhaften. In Darién fand 1519 der Prozess statt, bei dem Balboa durch Intrigen für schuldig befunden, zum Tode verurteilt und öffentlich enthauptet wurde. Noch im selben Jahr verleibte Arias de Avila Panama seinem Einflussbereich ein und verlegte seine Hauptstadt von Darién in die neu gegründete Stadt Panama, die durch Ausbau und Befestigung eines einheimischen Fischerdorfes entstand. Sie war die erste spanische Siedlung an der Pazifikküste.

Gaspar de Espinosa, der Richter, der den Prozess gegen Balboa geführt hatte, übernahm die vier Schiffe, ließ sie an der Pazifikküste entlangsegeln und dabei den Küstenverlauf genau vermessen und kartographieren. Auch Arias de Avila schickte Expeditionen aus, die das Land in westlicher und nördlicher Richtung erforschen sollten. Zur See und zu Land drangen die Spanier bis nach Nicaragua und Honduras vor und trafen schließlich mit einem Erkundungstrupp zusammen, den Hernando Cortez von Mexiko aus Richtung Süden geschickt hatte. Mit diesem Zusammentreffen hatten die Spanier ganz Mittelamerika unter ihrer Kontrolle.

NEUSPANIEN

Kurz bevor Balboa die Südsee gesichtet hatte, war es einem anderen Konquistador gelungen, den Einfluss Spaniens in der Karibik zu vergrößern. Diego de Velázquez, der Kolumbus auf dessen zweiter Reise begleitet hatte, erhielt 1511 von Diego Colón (dem Sohn von Christoph Kolumbus und Gouverneur von Hispaniola) den Auftrag, Kuba zu erobern. Mit einer kleinen Streitmacht von 300 Männern gelang ihm das mühelos, denn die einheimischen Arawaken waren nicht sehr kriegerisch. Er gründete einige neue Siedlungen, darunter Baracoa, Bayamo und Santiago de Cuba.

1518 wurde Hernadez de Cordoba von Kuba aus losgeschickt, auf den Bahamas Sklaven einzufangen. Doch seine Schiffe gerieten in einen Sturm und wurden an die Küste der Halbinsel Yucatán abgetrieben. Zu ihrer großen Überraschung trafen die Spanier hier auf Zeugnisse einer großen Zivilisation. Die Menschen, denen sie hier begegneten, betrieben Bodenbau, sie waren in prächtige, bunte Gewänder gehüllt und hatten riesige Städte mit Steinhäusern und imposanten Tempelanlagen. Sie waren auf jene letzten Maya gestoßen, die sich hierher zurückgezogen hatten und gegen die mächtigen mexikanischen Azteken bisher erfolgreich ihre Unabhängigkeit hatten verteidigen können.

Cordoba war ihnen nicht willkommen. Er konnte zwar ein wenig Gold eintauschen, doch seine Leuten sahen sich ständigen Angriffen ausgesetzt. Nur die Hälfte der Männer kehrte nach Kuba zurück und viele der Überlebenden waren krank oder litten an infizierten Wunden.

Das Gold aber, das Cordoba mitgebracht hatte, genügte, um die ständig lodernde Gier der Eroberer zu entfachen, und so entsandte Velázquez eine weitere Expedition, die diesmal unter der Leitung seines Neffen Juan de Grijalva stehen sollte. Er landete an der Nordostküste Yucatáns und segelte dann südwärts an der Küste entlang. Zwischendurch machte er immer wieder Halt, um an Land Frischwasser aufzunehmen und mit den Bewohnern Tauschhandel zu treiben. Dabei gab es einige Scharmützel mit den Maya. Doch was Grijalva am meisten beeindruckte waren die vielen steinernen Kreuze, die er sah. Da sie ihn an christliche Kreuze erinnerten, nannte er die Region Neuspanien. Grijalva segelte weiter an der Küste entlang, die sich nun bald wieder Richtung Norden wandte. Er kam bis zur Mündung des Panucos, wo heute die Stadt Tampico liegt. Hier begrüßten die Bewohner (sie waren Untertanen des Aztekenherrschers) die Fremden freundlich mit Geschenken. Sie gaben ihnen zu essen und tauschten bereitwillig Gold gegen billige bunte Glasperlen ein. Indem sie in Richtung der untergehenden Sonne zeigten, berichteten sie von einer Stadt, in der es enorme Mengen Gold geben sollte.

Mit dem Gedanken an dieses Gold, aber auch mit Angst im Herzen (denn in einem Tempel hatten sie ein Menschenopfer gesehen, bei dem den Geopferten das Herz aus der aufgeschnittenen Brust gerissen worden war) kehrte die Expedition nach Kuba zurück. Ohne dass die Spanier es wussten, war der Aztekenherrscher Motecuhzoma – auch oft Moctezuma oder Montezuma genannt – über die Aktionen der Spanier auf dem Laufenden gehalten worden. Er hatte seinen Untertanen an der Küste befohlen, den Fremden freundlich zu begegnen.

Oben: Hernando Cortez, der Eroberer Mexikos. Er war ein ehrgeiziger und erbarmungsloser Kämpfer, der mit 19 Jahren schon nach Hispaniola gekommen war und bei der Eroberung Kubas mitgeholfen hatte. 1521 besiegte er das Reich der Azteken und gewann so ganz Mexiko für Spanien.

Wer waren die Konquistadoren?

Kommandeure wie Hernando Cortez und Francisco Pizarro hatten einen Freibrief von der spanischen Krone, der sie ermächtigte, die neuen Länder zu erobern, zu kolonisieren und einen Teil der dabei gemachten Beute für sich persönlich zu behalten. Diese Beute war ihr vorrangiges Interesse. Sie kamen nicht wie Siedler, um in der Fremde eine neue Heimat zu finden, sondern sie kamen mit kleinen Armeen, um den Einheimischen ihre Reichtümer zu entreißen. Diese Kommandanten wurden Konquistadoren (Eroberer) genannt. Viele, wie auch Cortez, kamen aus der spanischen Estremadura, waren Mitglieder von Adelshäusern und einigermaßen gebildet. Cortez, der aus einem verarmten Adelsgeschlecht stammte, hätte auf Wunsch der Eltern eigentlich Jurist werden sollen, doch die von ihm gewählte Laufbahn versprach ebenfalls Ruhm und Reichtum.

Andere Konquistadoren wie der berüchtigte Pizarro, der das Inkareich eroberte, waren ungebildete Analphabeten. In seiner Jugend hatte er in Spanien Schweine gehütet, ehe er als Soldat in die Neue Welt ging.

Die Eroberung Lateinamerikas

Cordoba (1516–1517)

Grijalva (1518)

Cortez
(1519)
(1524–1526)
(1532–1535)

Alvarado
(1522–1524)
(1526)

Olid
(1522–1524)
(1524)

Aztekenreich

Mayareich

Oben: Eine Reihe von Expeditionen spanischer Konquistadoren galt im frühen 16. Jahrhundert der Eroberung von Küste und Binnenland.

Als Velázquez die Berichte seines Neffen hörte und das mitgebrachte Gold sah, plante er sofort eine Armee nach Neuspanien zu entsenden, um das Land mit all seinen Schätzen zu erobern und der spanischen Krone zu unterstellen. Um diese Aufgabe zu erledigen, wählte Velázquez einen Mann, der schon bei der Eroberung Kubas gute Dienste geleistet hatte – Hernando Cortez.

HERNANDO CORTEZ

Cortez war ein Edelmann, der für seine romantischen Affären ebenso berühmt war wie für seinen Kampfgeist, den er bei der Eroberung Hispaniolas und Kubas an den Tag gelegt hatte. Cortez war dem spanischen König treu ergeben, doch um andere Autoritäten scherte er sich wenig. Velázquez spürte bald, dass es mit dem jungen Cortez Schwierigkeiten geben könne und wollte seinen Auftrag an ihn zurückziehen, doch Cortez war schon mit elf Schiffen, mehr als 500 bewaffneten Männern, 16 Pferden und sechs Kanus unterwegs.

1519 landete er in Yucatán und erklärte sofort seine Unabhängigkeit von Velázquez. Auch traf er hier Jerónimo de Aguilar, einen spanischen Priester, der von einer früheren Expedition an diesem Ort hängen geblieben war und inzwischen die Sprache der Maya gelernt hatte.

Cortez hielt sich nicht mit Yucatán auf, sondern segelte nach Tabasco, wo ihm der Kazike reiche Geschenke machte, darunter 20 Frauen. Eine von ihnen war eine junge, hübsche Kazikentochter, die mehrere Sprachen beherrschte, darunter das von den Azteken gesprochene Nahuatl. Die Spanier nannten sie Doña Marina. Mit ihr und Aguilar hatte Cortez nun die Möglichkeit, direkt mit Motecuhzoma und seinen Edelleuten zu sprechen. Zunächst aber segelte er weiter an der mexikanischen Küste bis zur Höhe des heutigen Vera Cruz. Dort gründete er die Basis der Stadt, unterwarf die Totonaken und versicherte sich ihrer Unterstützung im Kampf gegen die Azteken. Vier Monate lang bereitete er sich auf die Eroberung der aztekischen Hauptstadt Tenochtitlan vor. Indem er mal

Malinche und Cortez

Bernal Diaz del Castillo, einer der Chronisten des Feldzugs, den Cortez gegen die Azteken unternahm, berichtet, dass Cortez vom Kaziken in Tabasco 20 Frauen geschenkt bekam: »Unter ihnen befand sich eine Frau, die später das Christentum annahm und Doña Marina genannt wurde ... Ihr Vater war früh verstorben und die Mutter heiratete einen anderen jungen Kaziken, mit dem sie einen Sohn hatte, der später die Herrschaft übernehmen sollte. Um die Tochter mit ihren Erbansprüchen loszuwerden, brachte sie das Mädchen zu einer Familie nach Xicalango, und diese gab sie nach Tabasco weiter ... Da Marina in allen Kriegen in Neuspanien Dienste als Dolmetscherin leistete, nahm sie Cortez überall mit hin.« Diese Frau (eigentlich hieß sie Malintzin) wurde später die Geliebte des Cortez und gebar ihm 1525 einen Sohn.

Rechts: Cortez und Doña Marina empfangen eine aztekische Abordnung.

Gewalt, mal Überredungskünste anwendete, unterwarf Cortez die Küstenbewohner. Der Aztekenherrscher Motecuhzoma schickte Boten mit Geschenken, Gold und Roben aus exotischen Vogelfedern, denn er hoffte, Cortez mit diesen Geschenken davon abhalten zu können, in die Hauptstadt einzumarschieren. Tatsächlich hatten die Gaben den gegenteiligen Effekt.

Außer seinen überlegenen Feuerwaffen und seiner unbeugsamen Entschlossenheit hatte Cortez noch einen weiteren Vorteil. Im Reich der Azteken brodelte es, denn die Völker, die sie selbst unterworfen hatten, waren ihnen nicht wohl gesonnen, weil die Azteken ihnen die Nahrungsmittel raubten und ihre Söhne und Töchter verschleppten, um sie in ihren Tempeln als Menschenopfer darzubringen.

DIE EROBERUNG MEXIKOS

Was Cortez anlangte, so war er überzeugt, die Eroberung des Aztekenreiches sei ihm vom Schicksal bestimmt. Um seine Männer von seiner Entschlossenheit zu überzeugen, ließ er nach der Landung in Vera Cruz all seine Schiffe zerstören. Es sollte kein Zurück mehr geben können, und die nun arbeitslosen 100 Seeleute waren eine willkommene Ergänzung der Streitmacht.

Während des dreimonatigen Marsches auf die Hauptstadt wurden die Einheimischen entweder militärisch geschlagen (und dabei meist vernichtet) oder überredet, sich als Verbündete anzuschließen. Der kleine Staat von Tlaxcala, der sich den Azteken nie gebeugt hatte, gedachte auch Cortez Widerstand zu leisten, doch nach mehreren, heftigen Gefechten musste sich Tlaxcala geschlagen geben und sich mit Cortez verbünden. Diese Allianz war der Schlüssel zur Eroberung Mexikos. Motecuhzoma sandte erneut Boten mit noch reicheren und exotischeren Geschenken und der Bitte, doch der Hauptstadt fern zu bleiben, aber Cortez marschierte weiter. Seine eigenen 500 Leute wurden nun von 4000 Einheimischen begleitet.

Anfang November 1519 stand der Konquistador am Fuß des Popocatépetl und blickte auf die Hauptstadt Tenochtitlan. Vor ihm lag eine riesige

Unten: Im November 1519 trafen der Aztekenherrscher Motecuhzoma und der spanische Konquistador Hernando Cortez in Tenochtitlan zusammen. Ein späterer Künstler malte, wie er sich dieses Zusammentreffen vorstellte.

Stadt auf künstlich in einem Salzsee aufgeschütteten Inseln. Drei Hauptdämme verbanden die Stadt mit dem Festland. Sie verfügte über symmetrisch angelegte Straßen, über Paläste, Tempel und Gärten mit exotischen Pflanzen und über einen zentralen Platz mit einem Kultbezirk.

Motecuhzoma kam Cortez entgegen, begrüßte ihn und führte ihn am 8. November selbst in seine Stadt. Die Führungsriege der Spanier wurde in einem der königlichen Paläste untergebracht. Dort heckten sie einen Plan aus, wie sie den Aztekenherrscher als Geisel nehmen könnten. Der Coup gelang, und sie erpressten all sein Gold, sein Silber und auch seine Edelsteine von ihm. Doch dann wendete sich das Blatt. Eine von Velázquez geschickte Truppe war in Vera Cruz gelandet und der Kommandant, Panfilo de Narváez, hatte Befehl, Cortez zu verhaften. Cortez ließ seine Leute in Tenochtitlan unter dem Kommando von Pedro de Alvarado zurück und eilte mit einem Trupp Soldaten nach Vera Cruz, nahm seinerseits Narváez gefangen und gliederte die Spanier, die mit ihm gekommen waren, in seine eigenen Truppen ein.

ÄRGER IN TENOCHTITLAN

Als er nach Tenochtitlan zurückkam, fand Cortez die Stadt in Aufruhr. Alvarado hatte, um einer beginnenden Erhebung gegen die Spanier zuvorzukommen, 400 aztekische Edelleute hinrichten lassen. Nun kam Cortez mit 1300 spanischen Fußsoldaten, 100 Pferden und 4000 Kriegern der Tlaxcalan in die Stadt und wurde sofort angegriffen. Cortez befahl dem unter Hausarrest stehenden Motecuhzoma, zu den Einwohnern zu sprechen und sie zu beruhigen. Doch als er vor die Menschenmenge trat und zu sprechen anhob, flogen Steine. Einer davon traf den Herrscher am Kopf; er starb drei Tage später.

Angesichts der neuen Situation entschied Cortez sich, aus der Stadt auszubrechen. In der Nacht vom 30. Juni 1520, in den Annalen der Spanier als *noche triste* (traurige Nacht) bezeichnet, kämpften sich die Spanier unter großen Verlusten aus der Stadt heraus. Viele wurden von den Aztekenkriegern erschlagen, andere ertranken in den Kanälen der Stadt – von ihren schweren Rüstungen und den Goldschätzen, die sie zusammengerafft hatten, unter Wasser gezogen. Von triumphierenden Aztekenkriegern verfolgt, schafften es einige wenige, darunter Cortez selbst, sich in Tlaxcala in Sicherheit zu bringen.

Inzwischen hatten sich Gerüchte von den Reichtümern, die Cortez gefunden hatte, in der Karibik verbreitet. Als er wieder nach Vera Cruz kam, fanden sich hier Leute, die von Kuba, Jamaika und Santo Domingo gekommen waren, um in Mexiko ihr Glück zu machen. Cortez sammelte sie und holte zum Rückschlag gegen die Azteken aus. Mit 550 Spaniern und vielen Kriegern aus Tlaxcalan machte er sich am 28. Dezember wieder auf den Weg nach Tenochtitlan. Unterwegs eroberte er viele aztekische Städte und stand im Mai wieder vor der Hauptstadt. Er ließ Schiffe bauen, die auf dem See patrouillierten und belagerte die Stadt 93 Tage lang. Zum Hunger und zur Wassernot der Bewohner der Stadt gesellte sich eine noch größere Plage: die Pocken.

Nachdem am 13. August 1521 der neue König der Azteken, Cuauhtemoc, beim Versuch, die Stadt zu verlassen, um Hilfe zu holen, gefangen genommen worden war, entschloss sich Cortez, die Stadt nun Straße um Straße einzunehmen. Dabei hatte er nun leichtes Spiel. Zum Schluss stand von der »schönsten Stadt der Welt«, wie ein Chronist sie

Oben: Ein zeitgenössisches, aber nicht vor Ort entstandenes Gemälde zeigt Cortez, vorn rechts zu Pferd, der die Eroberung der aztekischen Hauptstadt Tenochtitlan im August 1521 kommandiert.

Links: Die schlichte Terrakottafigur zeigt einen Mayakrieger. Die Waffen der Maya erwiesen sich gegenüber den Eisenschwertern und Musketen der Spanier als wirkungslos.

Das Reich der Azteken

Zwischen 1300 und 1519 erlebte das Reich der Azteken seine Blüte, doch reicht seine Geschichte bis in vorchristliche Zeit zurück. Bereits um 3000 v. Chr. begannen die Menschen hier mit Mais, Bohnen und Kürbis Ackerbau zu treiben und um die Zeitenwende entstanden Städte. Um 1200 waren von Norden her die Azteken eingewandert, eroberten das ältere Reich der Tolteken und verdrängten die Maya auf die Halbinsel Yucatán. Als im 16. Jahrhundert die Spanier kamen, fanden sie in den Einheimischen, die selbst von den Azteken unterdrückt wurden, viele Verbündete. Die Azteken hatten eine eigene Schrift, in der sie ihre Codizes genannten, reich illustrierten Faltbücher verfassten.

Rechts: Ein moderner Nachfahre der Azteken trägt ein Zeremonialgewand und einen reich mit bunten Federn geschmückten Kopfputz.

genannt hatte, nur noch knapp ein Viertel, der Rest war zerstört. Im Alter von 36 Jahren hatte er Mexiko für Spanien erobert und alle Länder Motecuhzomas kamen unter seinen Oberbefehl. Die Nachbarvölker, erstaunt über den leichten Sieg, versicherten die Spanier ihrer Loyalität und baten um ihren Schutz. Bald danach begann Cortez mit dem Wiederaufbau der zerstörten Stadt Tenochtitlan, doch wurde es jetzt eine spanische Stadt. Im Laufe der Jahrhunderte entwickelte sich daraus Mexico City. Außerdem schickte Cortez Expeditionen aus, die die Eroberung des aztekischen Mexikos vollenden sollten. Eine führte unter Cristobal de Olid in den Westen, eine andere unter Pedro de Alvarado in den Süden und Osten. Cortez selbst fiel in Honduras ein und segelte 1535 von Mexiko aus nach Baja California, wo er den Grundstein für die Siedlung Santa Cruz legte. Pedro de Alvarados' Expedition erreichte das Gebiet, das heute von Guatemala und El Salvador eingenommen wird, und beanspruchte es für Spanien. Cristobal de Olid, der auf Befehl von Cortez 1522 das Gebiet westlich von Tenochtitlan erforschte, eroberte zwei Jahre später das heutige Honduras.

YUCATÁN UND NICARAGUA

Die Eroberung der Halbinsel Yucatán gelang Francisco de Montejo und seinem gleichnamigen Sohn. Der Vater hatte zusammen mit Pedro Arias de Avila 1514 an der Eroberung Panamas mitgewirkt und hatte auch während der Eroberung Mexikos durch Cortez gekämpft. 1522 war er zusammen mit Cortez zum Golf von Honduras gesegelt.

1526 erhielt er vom spanischen König den Auftrag, die Halbinsel Yucatán zu erobern. Von den Maya zurückgeschlagen, nahm er vom Gebiet um Tabasco Besitz. Da auch ein zweiter Versuch, die Maya zu unterwerfen, 1531 scheiterte, gab er die Hoffnung auf einen Sieg auf. 1537 unternahm sein Sohn einen erneuten Anlauf, doch es dauerte bis 1546, ehe die Maya zur Kapitulation gezwungen waren und spanische Untertanen wurden.

Die Besetzung Nicaraguas gelang Hernandez de Cordoba. 1522 von Pedro Arias de Avila (er hatte Balboa hinrichten lassen) beauftragt, Nicaragua zu kolonisieren, folgte Cordoba den Spuren einer früheren Expedition unter Gonzales de Avila und Andres Niño, die den Nicaraguasee entdeckt hatten. Er erforschte das Gebiet um den kleineren Managuasee, legte die Siedlung León an und gründete Granada am Nicaraguasee. Doch 1524 sah er sich unvermittelt in einen Kampf mit Gonzales de Avila verwickelt, der das Gebiet für sich beanspruchte. Cordoba musste sich unterwerfen. Arias de Avila, inzwischen seines Gouverneurspostens in Panama enthoben, machte sich nun zum Gouverneur von Nicaragua, ließ Cordoba anklagen und 1526 hinrichten. Etwa drei Jahrzehnte später dehnte Francisco de Ibarra die spanische Macht auf den Norden Mexikos aus. 1554 machte er sich auf die Suche nach Silberminen, hatte in der Gegend nördlich von Zacatecas Erfolg und gründete eine Reihe von Siedlungen, darunter Durango und Nombre de Dios. Um diese Zeit erstreckte sich Neuspanien bereits bis nach Chihuahua im Norden. Mittelamerika war nun völlig in spanischer Hand. Der Kontinent Südamerika war die nächste Region, über die sich die spanischen Abenteurer nun hermachten.

Unten: Das Bild zeigt die Truppen der Expedition, die Pedro de Alvarado ins Innere Mexikos führte, wo seine Soldaten mit ihren überlegenen Waffen die einheimischen Azteken töteten.

DIE SPANIER IN SÜDAMERIKA

Nachdem die Spanier bis 1539 Mittelamerika völlig unter ihre Kontrolle gebracht hatten, wandten sie sich nun Südamerika zu. Der Sieg, den Hernando Cortez in Mexiko über die Azteken errungen hatte, und die Reichtümer, die manch einer noch zu finden hoffte, ermutigte eine neue Welle von Konquistadoren, ihr Glück in der neuen Welt zu machen. Einer unter ihnen, Francisco Pizarro, sollte tatsächlich ein weiteres indianisches Reich zerstören. Neben Christoph Kolumbus, Vasco Nuñez de Balboa und Hernando Cortez gehört er zu den bekanntesten Entdeckern und Eroberern der spanischen Geschichte.

Wie Cortez kam auch Pizarro aus der spanischen Provinz Estremadura, doch im Gegensatz zu seinem dem Adel entstammenden Landsmann war er das uneheliche Kind eines Hauptmanns und verbrachte seine Kindheit und Jugend als Schweinehirt. Pizarro wurde früh Soldat, kam bereits 1502 nach Amerika und war dort in den 1520er-Jahren schon ein alter Hase. Er war 1509 an der fehlgeschlagenen Expedition Ojedas nach Kolumbien beteiligt, und er war dabei, als Balboa dort später die Siedlung Darién gründete.

Während er 1513, wieder im Gefolge Balboas, den Isthmus von Panama erforschte, hörte er von dem sagenhaften »Biru«, wo es angeblich unermesslich viel Gold gab. Von Arias de Avila angestachelt, verhaftete Pizarro seinen ehemaligen Vorgesetzten Balboa und wurde, nachdem dieser hingerichtet war, Bürgermeister der neuen Stadt Panama. Doch Pizarro wollte mehr.

Links: Der Konquistador Francisco Pizarro, der mit einer Streitmacht von weniger als 200 Mann das Inkareich zerstörte.

SUCHE NACH EINER LEGENDE

1522 segelte ein Spanier namens Pascual de Andagoya von Panama aus Richtung Süden, und auch er hörte dabei das Gerücht vom reichen Land Biru, wo ein Herrscher regieren sollte, der mehr Gold besaß als irgendein Mensch auf der Welt. Was er bei seiner Rückkehr zu berichten hatte, ließ Pizarro und Diego de Almagro keine Ruhe mehr. Die beiden nicht mehr ganz jungen Männer – beide hatten die 50 überschritten – holten sich bei Arias de Avila die Erlaubnis, das sagenhafte Land zu suchen.

Während der nächsten vier Jahre unternahm Pizarro immer neue Erkundungsreisen und viele endeten für die Teilnehmer tödlich. Ende 1524 hatte Pizarro zur ersten Expedition Segel gesetzt. Almagro war später mit einem zweiten Schiff gefolgt. In Richtung Süden segelten sie entlang der Pazifikküste auf der Suche nach dem Goldland, doch als sie in einer Bucht beim heutigen Buenaventura ankerten und an Land gingen, um ihre Wasservorräte aufzufüllen, wurden sie von den Einheimischen angegriffen und viele Spanier kamen ums Leben. Unbeeindruckt setzten Pizarro und Almagro ihre Reise entlang der Küste des heutigen Kolumbiens und Ecuadors fort. 1526 kamen sie zu einer kleinen Stadt namens Tumbes, wo sie auf Anzeichen dafür stießen, dass die Legende stimmte, denn hier gab es nicht nur imposante Häuser aus Stein, sondern auch Kunstschätze aus Gold und Silber. Diese Stadt und weitere, die sie entdeckten, als sie immer weiter nach Süden fuhren, standen unter der Herrschaft eines Königs, der nach Auskunft der Einheimischen jenseits der Berge im Osten lebe.

Links: Diego de Almagro, der Francisco Pizarro auf dem Feldzug gegen das Inkareich begleitete, sich aber später mit ihm entzweite.

Rechts: Der Sapa Inka Atahualpa, der von Pizarro als Geisel genommen wurde, ein hohes Lösegeld zahlte und dennoch von Pizarro ermordet wurde.

Da Pizarro für den Fortgang der Expedition die Genehmigung des spanischen Königs brauchte, segelte er nach Panama zurück und dann, 1528, nach Spanien. Seine Mitbringsel – exotische Tiere, bunte Stoffe, Gegenstände aus Gold und Silber – überzeugten Kaiser Karl V. rasch, dass dieses Reich von Peru wohl ein zweites Mexiko sein müsse.

Pizarro wurde zum Gouverneur und Generalkapitän von Peru ernannt und bekam ein riesiges Einkommen zugestanden. Almagro hingegen wurde nur Gouverneur des Städtchens Tumbes – eine Beleidigung, die schwer an ihm nagte und schließlich zum Zerwürfnis zwischen den Männern führte.

Vor seiner Rückkehr nach Panama überredete Pizarro seine vier Brüder mitzukommen. Außerdem heuerte er mit dem Versprechen auf Gold viele Freiwillige an. Ende 1530 machte sich Pizarro mit 180 Männern und 27 Pferden erneut auf den Weg. Die folgenden zwei Jahre verbrachte er damit, an der Küste Stützpunkte zu errichten und an der Mündung des Chiras die Stadt San Miguel zu gründen. Nun konnte die Eroberung des Inkareiches beginnen.

Das Reich der Inka war noch jung. Erst 1440 hatte es sich aus einem kleinen Fürstentum um die Stadt Cuzco zu einem Großreich entwickelt. 1527 war der Inkaherrscher Huayana Capac gestorben, und seine Söhne Atahualpa und Huascar kämpften um den Thron des Sapa Inka. Atahualpa hatte sich durchgesetzt und war nun der Sapa Inka, aber das Reich hatte sich von der schweren inneren Erschütterung noch nicht erholt. Der Inka residierte in der Stadt Cajamarca, obwohl Cuzco die eigentliche Hauptstadt des Reiches war. Pizarro hatte von den Machtkämpfen der Brüder gehört und machte sich mit 60 Berittenen und 100 Infantristen nach Cajamarca auf, um dort Atahualpa zu treffen. Am 14. November 1532 kam er in die Stadt und fand sie verlassen. Atahualpa hatte sich mit 30 000 seiner Soldaten ins Tal zurückgezogen.

Pizarro ließ seine Leute in den prächtigen Gebäuden von Cajamarca Quartier nehmen, dann schickte er Hernando de Soto und seinen Bruder Hernando ins Feldlager des Sapa Inka und lud Atahualpa ein, ihn zu besuchen. Dabei hatte Pizarro vor, dem Beispiel des Cortez zu folgen und den Herrscher als Geisel zu nehmen. Am 16. November kam der Inka bei Sonnenuntergang in die Stadt. Er wurde in einer goldenen Sänfte getragen und war von 80 seiner Edelleute und 6000 Soldaten begleitet. Während einer Predigt, die der Priester Vicente de Valverde hielt, stürmten plötzlich Reiter aus ihren Verstecken und feuerten auf die Soldaten des Inka. Die Verwirrung war unbeschreiblich und das Gemetzel entsetzlich. In weniger als einer Stunde hatten die Spanier die Soldaten des Inka abgeschlachtet, obwohl einige versuchten, aus dem Lager vor der Stadt Verstärkung zu holen. Atahualpa wurde von Pizarro und einigen Männern gefangen genommen. Da der Sapa Inka im Reich als Gott galt und die absolute Herrschaft innehatte, besaß Pizarro mit seiner Geisel praktisch die Kontrolle über das Land. In nur einer einzigen Stunde war das mächtige Reich zu Fall gekommen!

Unten: Ein nach Augenzeugenberichten entstandenes Bild von der Eroberung Cuzcos, der Hauptstadt der Inka. Die Spanier töteten fast alle Einwohner; die wenigen Überlebenden verschleppten sie in die Sklaverei.

LÖSEGELD FÜR EINEN KÖNIG

Noch konnten sich die Spanier nicht sicher sein. Drei von Atahualpas Generälen hatten mächtige Heere unter ihrem Kommando. Doch Atahualpa gab keinen Befehl zum Angriff, sondern bot Pizarro Lösegeld an. Innerhalb von zwei Monaten wollte er den Raum, in dem er festgehalten wurde, so hoch mit Goldschätzen füllen lassen, wie er mit seinem Arm reichen konnte. Pizarro nahm das Angebot an.

Im Februar kam Almagro mit Verstärkungstruppen und um sich seinen Anteil an der Beute abzuholen. Der Anteil des Kaisers wurde von Hernando Pizarro nach Spanien verschifft. Atahualpa hatte seinen Teil des Abkommens erfüllt und Schät-

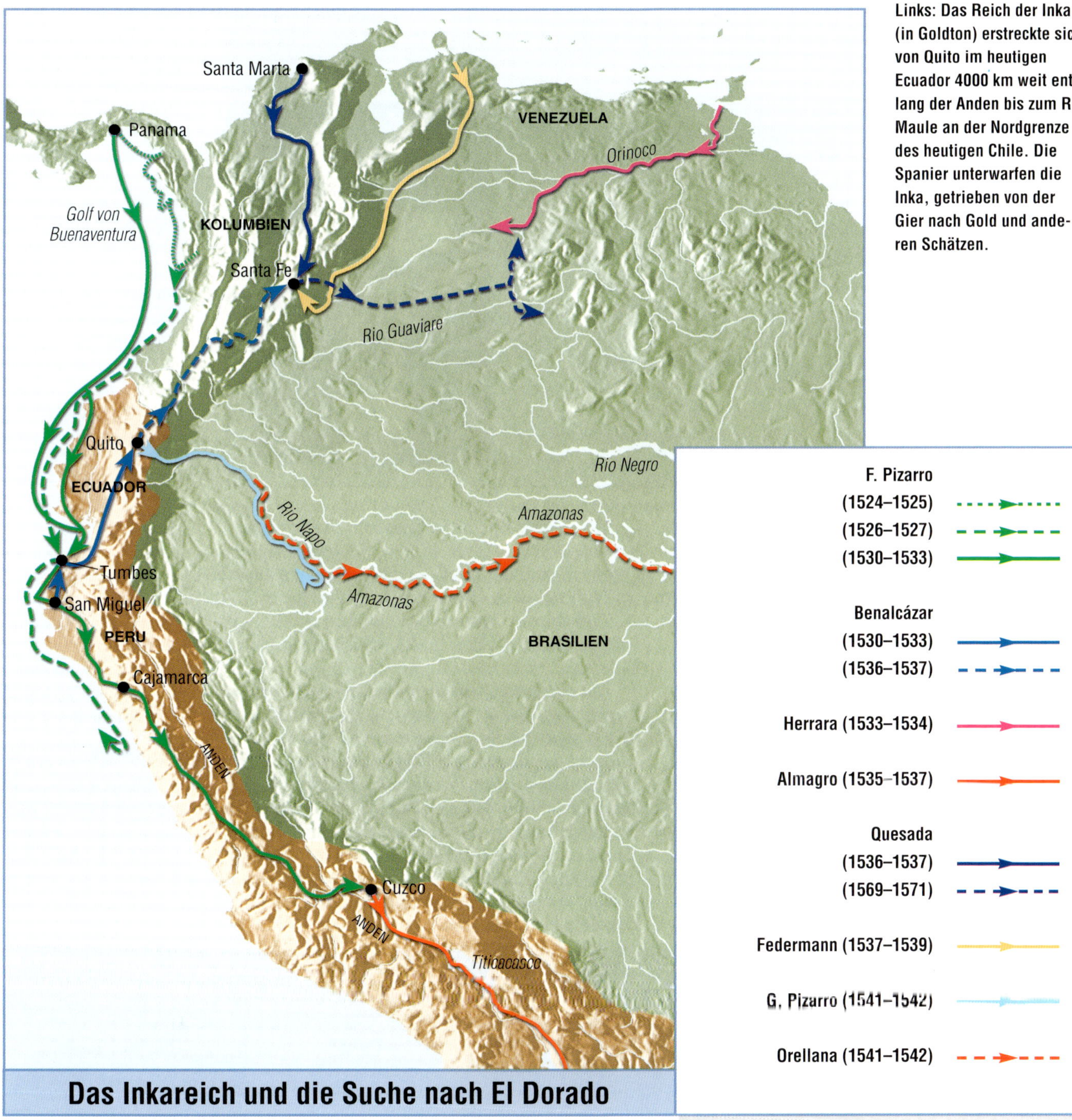

Das Inkareich und die Suche nach El Dorado

Links: Das Reich der Inka (in Goldton) erstreckte sich von Quito im heutigen Ecuador 4000 km weit entlang der Anden bis zum Rio Maule an der Nordgrenze des heutigen Chile. Die Spanier unterwarfen die Inka, getrieben von der Gier nach Gold und anderen Schätzen.

ze in einem modernen Gegenwert von annähernd 350 Millionen Euro abgeliefert. Doch Pizarro ließ ihn nicht frei, sondern zum Tod auf dem Scheiterhaufen verurteilen, es sei denn, er ließe sich taufen. Atahualpa willigte ein. Nachdem Frater Vicente de Valverde ihn feierlich getauft hatte, verkündete Pizarro zynisch, man »begnadige« Atahualpa: Er werde nicht lebendig verbrannt, sondern mit der Garotte erdrosselt, was auch sogleich geschah.

DER SAME DER ZWIETRACHT

Ein Jahr nach seinem Einmarsch in Cajamarca hatte Pizarro, ohne auf nennenswerten Widerstand zu stoßen, auch die Hauptstadt Cuzco eingenommen, die nördlich des Titicacasees lag. Auch hier wurden alle Schätze geraubt und das Gold eingeschmolzen. Lediglich Quito war noch in der Hand der Inka, und auch die Territorien im heutigen Bolivien und Chile waren noch nicht unterworfen. Außerdem hatten die Spanier Zwietracht im eigenen Lager. Die Anhänger Almagros waren neidisch auf die Macht der Pizarrobrüder, und es sollte ein 30 Jahre andauernder Machtkampf entbrennen.

Als Almagro 1533 erfuhr, dass Pedro de Alvarado von Guatemala aus auf Quito zumarschierte, um Ecuador einzunehmen, machte er sich gleich von Cuzco aus auf den Weg. In San Miguel angekommen, erfuhr er, dass der dortige Garnisonskom-

Links: Die Routen der Entdecker, die den Südteil des südamerikanischen Kontinents erforschten.

Bogotá) an, doch statt sich zu bekämpfen, kamen sie überein, nach Spanien zurückzukehren und dort vor dem Hof ihre Ansprüche klären zu lassen. Benalcázar wurde Gouverneur von Popayán, Quesada wurde als Marschall einem neu ernannten Gouverneur unterstellt, Federmann blieb in Europa, wo er ein Buch über seine Reiseerlebnisse schrieb.

Quesada kehrte 1549 nach Südamerika zurück und machte sich 1569, schon 60 Jahre alt, nochmals auf die Suche nach El Dorado, indem er die Gegend um den Zusammenfluss von Orinoco und Guaviare in Ostkolumbien durchforstete, doch auch diese Suche blieb ohne Ergebnis.

DIE ERFORSCHUNG DES RIO DE LA PLATA

Während die Konquistadoren im Norden nach El Dorado suchten, wandten andere Spanier ihr Interesse dem Süden des Kontinents zu. Der Rio de la Plata, den Magellan als Erster gesehen und dem Sebastian Cabot seinen Namen gegeben hatte, war das Ziel von Pedro de Mendoza, der zum Gouverneur der Region ernannt worden war, die sich zwischen dem Fluss und der Magellanstraße im Süden erstreckte. 1535 verließ er Spanien mit zwölf Schiffen und 1500 Kolonisten. Kurz nach seiner Ankunft am Delta des Flusses gründete er Buenos Aires, doch die Kolonisierung war nur ein Teil seines Auftrags, er sollte auch eine Landroute nach Peru suchen und, wenn möglich, Gold.

Die dünn besiedelten Grasländer boten den Entdeckern wenig Nahrung, und die dort lebende indianische Bevölkerung war nicht gewillt, ihre schmalen Ressourcen mit den bärtigen Männern aus der Fremde zu teilen. Nach einer von Mendoza angeordneten Strafaktion gegen »ungehorsame« Querandi taten sich diese mit Nachbarstämmen zusammen und töteten viele Spanier. Schließlich blieb diesen nur die Flucht.

Mendoza übergab die Verantwortung an Juan de Ayolas und wollte selbst nach Spanien zurücksegeln, starb aber unterwegs. Ayolas segelte indessen den Paraná aufwärts und gründete Corpus

Christi, ehe er den Rio Paraguay zu erforschen begann. Hier traf er auf freundliche Einheimische, die als Bauern Mais anbauten. Am 15. August 1537 gründete er ein Fort, das er, des Himmelfahrtstages wegen *Asunción* nannte. Dann segelte er weiter nach Norden und machte sich mit ein paar Männern auf, den Weg nach Peru zu suchen, doch niemand weiß, wo die Gruppe abgeblieben ist.

Der in Asunción zurückgebliebene Domingo Martinez de Irala hatte nun das Sagen. 1546 machte auch er sich auf, den Weg nach Peru zu suchen, aber seine Soldaten, die schon zu viel mitgemacht hatten, meuterten. Erst zwei Jahre später gelang es ihm, einen Weg nach Peru zu finden. Eine Expedition, die sich in Gegenrichtung durchgeschlagen hatte, war ihm jedoch zeitlich zuvorgekommen. Zwar hatte diese Expedition keine Reichtümer entdeckt, aber sie hatte einen Weg gefunden, der am Fuß der Ostanden entlang führte, und so die Sümpfe des Paranás vermied. Bis zum Ende des 16. Jahrhunderts sollte sich daraus der etablierte Landweg entwickeln, auf dem Waren zwischen Atlantik und Pazifik hin und her transportiert wurden.

Links: Der Abenteurer Gonzalo Jiménez de Quesada gründete die Stadt Santa Fe (heute Bogotá). Er gehörte zu den wenigen unter den spanischen Konquistadoren, die gebildet genug waren, um einen eigenen Bericht über ihre Unternehmungen verfassen zu können.

DIE EROBERUNG CHILES

Nach Almagros glückloser Expedition von 1537 war es nun an Pedro de Valdivia, einen neuen Versuch zu unternehmen und Chile zu erobern. Schon mit Hernando Cortez hatte er an der Eroberung Mexikos teilgenommen, und er hatte treu zu Pizarro gestanden, als Almagro gegen ihn aufbegehrte. Nun hatte er die königliche Erlaubnis, die Länder südlich des eroberten Inkareiches zu erforschen. Ungewöhnlich für einen Spanier seiner Zeit war er an der Entwicklung des Landes mehr interessiert als an der Ausbeutung. Indem er sich langsam von Nord nach Süd vorarbeitete, erforschte er das Land über den Rio Bío-Bío hinaus und gründete Städte: 1541 Santiago, 1544 Valparaiso, 1550 Concepción, 1551 Imperial und 1552 das nach ihm benannte Valdivia. Ende 1553 kam es unter der Führung des Indianers Lautaro, der noch heute den Chilenen als Nationalheld gilt, zu einem Aufstand der Araukaner, bei dem Valdivia gefangen genommen und getötet wurde. Trotz intensiver Bemühungen gelang es den Spaniern nicht, die Araukaner ganz zu unterwerfen, dennoch hatten die Konquistadoren ihre Arbeit abgeschlossen.

Federmanns Bericht

Über die meisten größeren Entdeckungszüge wurden während der Unternehmung oder später Berichte verfasst. Manchmal schrieb ihn der Kommandant der Expedition selbst, häufiger aber war ein Chronist dabei, der oft ein Geistlicher war. Einer derjenigen, die ihren eigenen Bericht schrieben, war der Deutsche Nikolaus Federmann. Zu seiner Zeit waren die Buchtitel sehr lang und ausführlich; der Titel seines Berichtes lautete:

Indianische Historia. Ein schöne kurtzweilige Historia Niclaus Federmanns des Jüngeren von Ulm erster raise so er von Hispania und Andolosia auß in Indias des Occeanischen Mörs gethan hat/ und was ihm allda ist begegnet biß auff sein wiederkunfft inn Hispaniam/ auffs kurtzest beschrieben/ gantz lustig zu lesen. MDLVII (Hagenaw).

Links: Der Konquistador Pedro de Valdivia, der viele Städte im heutigen Chile gründete, aber an den Araukanern scheiterte. Sie brachten ihn um und verzehrten sein Fleisch.

ERFORSCHUNG DES BINNENLANDS

In den 1550er-Jahren war Spanien ganz damit beschäftigt, die Schätze seiner überseeischen Kolonien zu verwalten und auszubeuten. Männer wurden über den Atlantik geschickt, den neuen Kontinent zu erforschen, Karten von ihm zu fertigen, Siedlungen anzulegen und eher Handel zu treiben als zu rauben. Während noch immer Konquistadoren kamen, die auf der Suche nach Abenteuern und schnellem Reichtum waren, gab es doch inzwischen auch Männer, die Interesse an dem Land zeigten und es vernünftig verwalten und kolonisieren wollten. Unerschrockene Individuen wagten sich in das unerforschte Binnenland vor, um Land zu suchen, wo man Ackerbau und Viehzucht betreiben, Minen ausbeuten oder Sklaven fangen konnte.

Eines der letzten Entdeckungsabenteuer, das die spanische Krone finanzierte, war eine Expedition zum Rio de la Plata. 1540 wurde Alvar Núñez Cabeza de Vaca, der sich schon bei anderen Expeditionen bewährt hatte, abermals in die Neue Welt

Rechts: Die Iguaçufälle im Herzen Brasiliens. Die Wassermassen stürzen dort in 275 Einzelfällen in zwei Stufen bis zu 72 m tief. Alvar Núñez Cabeza de Vaca war der erste Europäer, der dieses grandiose Naturschauspiel 1541 erblickte.

geschickt. Diesmal, um den Posten von Domingo Martinez de Irala einzunehmen, der sich als Gouverneur der La-Plata-Kolonie im heutigen Paraguay als kleiner Diktator aufspielte.

Cabeza de Vaca erreichte, von Spanien kommend, 1541 die Küste im Süden Brasiliens und machte sich mit 250 Männern auf den 600 km langen Marsch nach Asunción. Es dauerte fast zwei Monate, bis die Expedition ihr Ziel erreichte. Als Cabeza de Vaca in Asunción ankam, fand er eine verwahrloste, korrupte Verwaltung vor, die er sofort zu säubern begann. Dann bereiste er das Gebiet nördlich der Siedlung flussaufwärts einige hundert Kilometer weit. Bei seiner Rückkehr wurde Cabeza de Vaca von den Anhängern Iralas schon erwartet. Sie nahmen ihn fest und schickten ihn nach Spanien zurück, wo er zu acht Jahren Verbannung verurteilt wurde.

VERKEHRSWEGE INS LANDESINNERE

Die Flüsse Südamerikas waren die Verkehrswege, auf denen man ins Landesinnere gelangte. Einer der großen Ströme im Norden, der Orinoco, wurde von Antonio de Berrio erforscht, der meinte, am Lauf des Flusses das sagenhafte El Dorado finden zu können. Zehn Jahre lang suchte er es vergeblich. 1584 hatte er sich von der Andenstadt Chita erstmals auf den Weg gemacht und den Orinoco bereits überquert, doch dann musste er umkehren und neue Vorräte besorgen. 1587 bis 1589 unternahm er einen neuen Versuch und erkundete den Orinoco von den Aturesfällen ab, doch eine Meuterei unter seinen Leuten zwang ihn, die Expedition abzubrechen. Bei einem dritten Versuch folgte er dem Orinoco bis zur Mündung des Rio Caronis. Inzwischen überzeugt, El Dorado müsse in Guayana liegen, reiste Berrio nach Trinidad, um Männer für die Eroberung der Region zu rekrutieren. 1593 beauftragte er Domingo de Veer den Rio Caroni zu erkunden, doch ehe Berrio aus seinen Entdeckungen Kapital schlagen konnte, wurde er 1595 von Sir Walter Raleigh gefangen genommen, als die Engländer Port of Spain angriffen.

Auch Raleigh, der im Namen von Königin Elizabeth I. von England als Freibeuter tätig war, suchte das sagenhafte El Dorado. Ausgestattet mit den Informationen, die er seinem Gefangenen abgepresst hatte, fuhr er den Orinoco 800 km weit landeinwärts, musste aber in der Regenzeit kehrtmachen, weil der Strom zu mächtig anschwoll.

Berrio starb 1597, ehe er seinen Traum verwirklichen konnte, doch er hatte den Orinoco wie kein anderer vor ihm erforscht. Sein Sohn Fernando setzte die Suche nach El Dorado im Hochland von Guayana 14 Jahre lang ergebnislos fort.

Die Portugiesen, denen ein Teil Brasiliens zufiel, zeigten zunächst wenig Interesse an ihrem neuen Land. Einen Teil der brasilianischen Küste hatten sie besiedelt und trieben dort mit Sklaven, die aus Afrika kamen, eine lukrative Zuckerwirtschaft. Doch Banden von Gesetzlosen durchstreiften das mächtige Gebiet zwischen Anden und Atlantikküste auf der Suche nach Sklaven. Sie waren zwar oft jahrelang unterwegs, doch machten sie keine Aufzeichnungen und fertigten auch keine Karten von den Gegenden an, die sie durchstreiften. Dennoch waren sie es, die die Grenzen des portugiesischen Einflussbereichs immer weiter vorantrieben und so das Land abgrenzten, das heute Brasilien heißt.

Links: Eine Illustration aus dem 19. Jahrhundert zeigt Indianer aus dem Amazonasgebiet mit Lippenpflöcken und Gesichtsbemalung.

ERFORSCHUNG DES AMAZONAS

Der Portugiese Pedro de Teixeira war der Erste, der 1637 den offiziellen Auftrag erhielt, den ganzen Amazonas vom Mündungsdelta bis zu den Anden zu durchfahren. Schon 1616 hatte er an der Errichtung von Fort Presepio (heute Belém) am Südende des Deltas mitgewirkt und war 1622 an einer Expedition beteiligt, die den unteren Amazonas kartographierte, denn es ging um die Festlegung

Links: Sir Walter Raleigh mit seinem Sohn. Raleigh war einer der bedeutendsten Seefahrer Englands, aber auch ein berüchtigter Freibeuter, den die Spanier als einen Piraten verfolgten.

der umstrittenen Machtansprüche zwischen Portugal und Spanien.

Nun war Teixeira Kommandant einer großen Expedition, die in Kanus vom Delta aus bis zum Zufluss des Rio Negros paddelte, den er 1638 für Portugal in Besitz nahm. Ein paar Monate später erreichte er den Rio Napo, dem er aufwärts bis zum Rio Quijos folgte. Als auch der nicht mehr befahrbar war, setzte er die Expedition über Land nach Quito fort. Die Spanier, die sich hier längst festgesetzt hatten, betrachteten diesen Vorstoß mit großem Misstrauen und befahlen Teixeira die Heimreise. Auf der Rückreise hörte er Gerüchte von einem Stamm, der ein tapferes Frauenheer unterhalte, doch wie andere vor ihm bekam auch er keine der Kriegerinnen zu Gesicht. Teixeiras genaue Erkundung und Kartographierung des Amazonas erlaubte den Portugiesen, die Grenze Brasiliens 2400 km westlich der Linie zu ziehen, die der Vertrag von Tordesilla von 1494 vorschrieb.

Nun begann auch Portugal sich für das neue Land und seine natürlichen Ressourcen zu interessieren. 1666 wurde Agostinho Viale, der bereits in Brasilien geboren war, zum Verwalter der Minen des Landes ernannt. Von seiner Geburtsstadt São Paulo aus machte er sich zum Mato Grosso auf, wo es große Smaragdlagerstätten geben sollte. Den Banditen und Sklavenjägern, denen er unterwegs begegnete, sicherte er Straffreiheit zu, wenn sie ihm dafür geographische Informationen lieferten. 1667 starb er unterwegs an der Malaria, doch eine Welle von Prospektoren sollte auf seinen Spuren folgen. Tatsächlich fanden sie im Mato Grosso Gold, Eisen und Diamanten.

DIE JESUITEN IN BRASILIEN

Im Zuge der Gründung ihrer Missionsstationen überall in Brasilien erreichten die Jesuiten Gebiete, in die sich bewaffnete Männer nicht hineinwagten. Samuel Fritz, einer dieser mutigen Jesuiten, der als Missionar und Forscher tätig war, kam Ende der

Die Jesuiten

1534 gründete Ignatius von Loyola die Gesellschaft Jesu – den Jesuitenorden –, der 1540 von Papst Paul III. nur zu gern bestätigt wurde, denn er fügte den drei Mönchsgelübden ein viertes hinzu: Unter dem Kreuzesbanner wollten die Jesuiten Kriegsdienst leisten und damit ausschließlich Gott und dem Papst in absolutem Gehorsam dienen. Das Oberhaupt der Jesuiten nennt sich daher auch General und hat die unumschränkte Gewalt, die Ordensmitglieder zur Missionierung in alle Welt zu entsenden.

Nach Lateinamerika kamen die ersten Jesuiten 1549. Sie gründeten viele Missionsstationen und nicht wenige Jesuiten unternahmen auch Forschungsreisen. Andere stellten ihre Geschäftstüchtigkeit unter Beweis.

Oben: Ignazius von Loyola, der Gründer des Jesuitenordens.

Links: Ein typisches Haus der Einheimischen am Rio Napo, einem Nebenfluss des Amazonas. Dieser mächtige Strom wurde von vielen Abenteurern und Forschern befahren, bis man sich über seinen Verlauf im Klaren war.

Erforschung des Binnenlands

Vaca (1541–1543)
Antonio de Berrio (1584–1591)
Fernando de Berrio (1598–1612)
Teixeira (1637–1638)
Missionarsreisen in das Amazonasquellgebiet
Sklavenjäger und Goldsucher

Oben: Im späten 16. und frühen 17. Jahrhundert machten sich viele Entdecker auf, das mächtige Binnenland Südamerikas zu erforschen. Darunter waren auch Sklavenjäger und Goldsucher, deren Namen und Routen nicht bekannt sind, die aber doch wichtige Kenntnisse sammelten und sie an seriöse Forscher weitergaben.

1680er-Jahre nach Quito, von wo aus er sein Werk bei den Menschen im Quellgebiet des Amazonas begann. Er paddelte sein Kanu mehr als 1600 km weit den Rio Napo abwärts bis zum Zusammenfluss mit dem Amazonas. Unterwegs gründete Fritz rund 50 Missionsstationen, doch dann zwang ihn 1689 eine Krankheit, sich in Para auszukurieren. Hier wurde er von den Portugiesen als Spion festgenommen und 18 Monate lang gefangen gehalten. Nach seiner Freilassung kehrte er an den Amazonas zurück und folgte seinem Lauf aufwärts, bis er 1693 wieder den Rio Napo erreichte. Während der kommenden 20 Jahre erforschte er den Verlauf vieler Nebenflüsse im oberen Amazonasgebiet. 1707 veröffentlichte er eine detailreiche Karte, die den gesamten Flussverlauf zeigte.

Andere Jesuiten, wie der Naturforscher Jose de Acosta, berichteten ausführlich über die Sitten, Bräuche und Sprachen der Einheimischen sowie über die Tier- und Pflanzenwelt des Amazonasgebietes. Die Forschungsergebnisse der Jesuiten beeinflussten die Entscheidung Portugals, seinen Anspruch auf den zentralen Teil Südamerikas 1750 im Vertrag von Madrid zu behaupten. Die Bedingungen dieses Vertrages verlangten jedoch die Abtretung von sieben Jesuitenstationen im heutigen Paraguay an Portugal. Die Jesuiten weigerten sich und zettelten Aufstände an, was dazu beitrug, dass ihr Orden 1759 in Portugal aufgehoben wurde und sie Lateinamerika verlassen mussten.

WISSENSCHAFTLICHE FORSCHUNGSREISEN

Die seit der Mitte des 18. Jahrhunderts in Südamerika unternommenen Entdeckungsreisen wurden häufig von ernsthaften Wissenschaftlern durchgeführt. Konquistadoren und Missionare waren schon in das Innere des Kontinents vorgestoßen, aber es gab noch unendlich viel zu erforschen. Eine der ersten akademischen Südamerika-Expeditionen wurde von Charles-Marie de La Condamine geleitet, der an einem Projekt teilnahm, das feststellen sollte, ob die Erde an den Polen oder am Äquator abgeflacht sei. Um das festzustellen, sollte er die exakte Länge eines Meridiangrades am Äquator messen. Andere Forscher sollten dasselbe in Lappland und in der Arktis tun.

1735 machte sich La Condamine auf den Weg nach Quito und blieb bis 1743 in dieser Gegend, um die in der Andenregion äußerst schwierigen Messungen vorzunehmen. Als er seine Arbeit beendet hatte, erfuhr er, dass durch die Lapplandexpedition schon bestätigt war, dass die Erde an den Polen leicht abgeflacht ist. Von wissenschaftlicher Neugier getrieben, entschloss sich La Condamine, in Südamerika zu bleiben und den Amazonas von den Anden bis zur Mündung zu erforschen. Ausgestattet mit Kopien der Karten, die der Jesuitenmissionar Samuel Fritz Jahrzehnte zuvor angefertigt hatte, überquerte La Condamine die Anden und fuhr den Rio Marañón abwärts bis zum Amazonas. Während der Reise maß er Breite, Tiefe und Strömungsgeschwindigkeit des Flusses und machte Aufzeichnungen über die Sitten und Bräuche der Menschen, die am Fluss lebten. Er stellte auch fest, dass der Rio Negro von Nordwesten und nicht von Norden her in den Amazonas mündete, und er war der erste Europäer, der von der Existenz eines »Kanals« zwischen Amazonas und Orinoco erfuhr (tatsächlich handelt es sich um den Fluss Casiquiare).

La Condamine kehrte 1745 nach Frankreich zurück und veröffentlichte wissenschaftliche Bücher über seine Reisen. Der Spanier Felix de Azara erforschte in einem Zeitraum von 20 Jahren ein anderes großes südamerikanisches Flusssystem: den Rio de la Plata, den Paraná und den Paraguay; er bestimmte ihre Verläufe und die umgebende Geographie. Nach seiner Rückkehr legte er 1809 mit seinem Bericht *Voyage dans l'Amérique méridionale* ein 4-bändiges Werk mit Atlas vor.

Unten: Tief im südamerikanischen Regenwald legen Alexander von Humboldt und Aimé Bonpland mit ihren einheimischen Führern eine Rast ein.

EIN HERAUSRAGENDER FORSCHER

Die großartigen Leistungen des deutschen Universalgelehrten Alexander von Humboldt sind bis heute einmalig und unwiederholt. Der französische Botaniker Aimé Bonpland teilte Humboldts wissenschaftliche Interessen, und 1798 erteilte der spanische König Carlos IV. den beiden die Erlaubnis, in Lateinamerika Forschungsreisen zu unternehmen. 1799 kamen die beiden Wissenschaftler in Venezuela an. Ihr erstes Ziel war die Erforschung des mächtigen Orinocos. Im Jahre 1800 bereisten sie zusammen per Schiff den oberen Teil des Flusses, korrigierten dabei die Fehler, die sie in den älteren Karten fanden, studierten aber auch die Flora und Fauna der Region. Humboldt bestätigte, dass der Casiquiare wie ein Kanal die Flusssysteme von Orinoco und Amazonas verbindet.

Während eines Zwischenaufenthalts auf Kuba legten Humboldt und Bonpland ein Herbarium mit Tausenden von Pflanzen an, darunter 6000 bisher unbekannte Arten. 1801 kehrten sie nach Südamerika zurück, reisten von Cartagena auf dem Rio Magdalena und dann über Land weiter nach Quito. Unterwegs erforschten sie die Andenregion, die sie durchzogen, und versuchten dann, den Chimborazo zu besteigen. In einer Höhe von 5760 m mussten sie jedoch aufgrund von Sauerstoffmangel umkehren. Auch wenn Bonpland und Humboldt den Gipfel nicht erreichten, hatten sie mit ihrem Aufstieg doch einen ersten Weltrekord aufgestellt.

Nun begaben sich die beiden Richtung Süden und erforschten die Atacamawüste. Von Lima aus reisten sie per Schiff an der Küste entlang zurück. Dabei maß Humboldt die Wassertemperatur des Pazifiks und fand heraus, dass das kalte, trockene

Frühe wissenschaftliche Entdecker

Oben: Die frühe wissenschaftliche Erforschung Lateinamerikas konzentrierte sich auf den Nordteil des Kontinents und den Amazonas.

Klima der Atacama für die kalte Nordströmung des Meeres verantwortlich sein müsse. Zu seinen Ehren nannte man diese Meeresströmung später Humboldtstrom. Zuletzt segelten die beiden 1803 nach Mexiko, wo sie weitere Forschungen vornahmen.

In nur vier Jahren hatten Humboldt und Bonpland 9650 km zurückgelegt und dabei ganz erstaunliche Erkenntnisse für die Wissenschaft gewonnen. Ab 1811 gab Humboldt in Paris nach und nach einen 30 Bände umfassenden, in französischer Sprache abgefassten wissenschaftlichen Reisebericht heraus: *Voyage aux régions équinoxiales du nouveau continent, fait en 1799–1804.*

FORSCHUNGEN IN BRASILIEN

Ehe er 1825 nach Südamerika kam, hatte sich der englische Naturforscher William John Burchell bereits mit seinem Bericht über seine 5-jährige Forschungsreise nach Südafrika einen Namen gemacht. In Südamerika wollte er den brasilianischen Regenwald erforschen und sammelte im Gebiet des heutigen Bundesstaates Minas Gerais Tausende von Artenproben, mit denen er 1829 nach England zurückkehrte.

Zur selben Zeit, als Burchell im brasilianischen Tropenwald forschte, war auch ein erfahrener deutscher Entdecker und Naturforscher, Georg Heinrich von Langsdorff, in Brasilien unterwegs. Er hatte den Auftrag, eine russische Expedition in den Mato Grosso und das Amazonasbecken zu führen. Auch diese Expedition war vier Jahre unterwegs und kartographierte die Landschaft; dann musste das Unternehmen abgebrochen werden, weil Langsdorff erkrankte.

Auch der deutsche Arzt und Botaniker Karl Friedrich Philipp von Martius war zu dieser Zeit in Brasilien tätig. Er war Mitglied einer 1817 bis 1820 von der österreichischen und bayrischen Regierung entsandten Expedition, der auch der Zoologe Johann Baptist von Spix angehörte. Zusammen unternahmen die beiden Forscher von São Paulo aus eine ausgedehnte Forschungsreise, die sie bis zum Zusammenfluss von Amazonas und Rio Japurá führte. Hier trennten sie sich. Spix reiste den Amazonas abwärts und Martius den Japurá aufwärts bis zum Fuß der Anden. 1820 kamen sie mit 6500 Pflanzen- und 3300 Tierproben nach Europa zurück. Dort verbrachte Martius einige Jahre damit, den Reisebericht zu verfassen, der dann in drei Bänden 1831 unter dem Titel *Reise nach Brasilien* erschien. Sein Hauptwerk, *Flora brasiliensis*, verfasste er zusammen mit anderen Botanikern, die es nach seinem Tod noch weiterführten. Daneben gab er zahlreiche weitere Bücher über Brasilien heraus, darunter auch ein Buch mit dem Titel *Das Naturell, die Krankheiten, das Arzttum und die Heilmittel der Urbewohner Brasiliens.*

Auch der französische Naturforscher Alcide Dessalines d'Orbigny war von der exotischen Tier- und Pflanzenwelt Brasiliens fasziniert. Für die Akademie der Wissenschaften in Paris forschte er 1826 bis 1827 in Brasilien und Uruguay auf der Suche nach neuen Arten. Später bereiste er den Paraná, was ihn nach Paraguay und Argentinien brachte. 1828 beauftragte ihn die argentinische Regierung zu erforschen, ob die riesigen Grasländer (Pampas) wirtschaftlich nutzbar gemacht werden könnten. Nachdem er diesen Auftrag abgeschlossen hatte, unternahm er eigene Studien und forschte fünf Jahre lang in Patagonien, Peru und Bolivien.

Isabella Godin des Odanais

Die erste Europäerin, die den Amazonas befuhr, war die Frau eines Naturkundlers in der Begleitung der Expedition von Charles-Marie de La Condamine. 1749 reiste sie mit großem Gefolge von Riobamba nach Cayenne in Britisch-Guyana, wo sie ihren Mann treffen wollte. Doch schon bald ließen die Träger sie im Stich. Als die Verbliebenen versuchten, ein Kanu zu bauen, sank es. Die männlichen Begleiter machten sich auf, um Hilfe zu holen, Isabella und ihr Team warteten 25 Tage vergeblich, dann bauten sie ein Floß, das aber ebenfalls sank. Zu Fuß schlugen sie sich weiter durch, verirrten sich aber. Alle anderen starben, nur Isabella überlebte. Sie wanderte noch neun Tage durch den Regenwald, ernährte sich von Wurzeln und Insekten, bis sie von Einheimischen gerettet wurde. 1750 kam sie in Cayenne an.

Unten: Isabella Godin des Odanais, die neun Tage allein im Dschungel überlebte, nachdem all ihre Begleiter an Hunger und Krankheit gestorben waren.

Sein besonderes Interesse galt kleinen Fossilien. Für die unglaubliche Menge an Artenproben, die er 1834 nach Frankreich mitbrachte, erhielt er einen Preis, doch das war nicht sein einziger Erfolg. Er hatte einen sehr großen Teil Südamerikas untersucht und konnte seinen vielen Büchern dadurch ausgezeichnete Karten beifügen.

Das Interesse Frankreichs an Lateinamerika wurde von François de la Porte, Graf von Castelnau fortgeführt, der in französischem Auftrag von 1843 bis 1846 in Brasilien unterwegs war. Er fand die Quelle des Rio Paraguays im Mato Grosso und war einer der ersten europäischen Forscher, der den Gran Chaco durchquerte. Er hielt die Ergebnisse seiner Reise in seinem 6-bändigen Werk *Expédition dans les parties centrales del'Amérique du Sud* fest, dem er später noch ein Kartenwerk anfügte.

DIE ERFORSCHUNG GUAYANAS

Während der Amazonas im 19. Jahrhundert im Mittelpunkt des Interesses vieler Expeditionen stand, spielte die Region Guayana (in etwa das Gebiet im Südosten Venezuelas und der heutigen Staaten Guyana und Surinam) eine untergeordnete Rolle. Das änderte sich, als Robert Hermann Schomburgk, ein Naturforscher deutscher Abstammung, sich des Gebietes annahm.

Zwischen 1831 und 1838 reiste Schomburgk in das damals britische Guyana, befuhr zunächst den Essequibo River und folgte ihm bis zur Quelle. 1839 überquerte er das Hochland von Guayana und die Kanukuberge, marschierte zum Orinoco und erforschte den Casiquiare und den Rio Negro. 1840 berichtete er in London über seine Entdeckungen.

Schon im Jahr darauf war er wieder in Guyana, diesmal mit dem Auftrag, die Landesgrenze zu Venezuela zu bestimmen. Von 1843 bis 1844 richtete er sein Interesse dann auf die Ostgrenze Guyanas und durchquerte das Land bis zum Corantijn, dem er bis zur Mündung ins Meer folgte.

Während Schomburgk in Guyana unterwegs war, bereiste der Schweizer Naturforscher Johann Jakob von Tschudi Peru. Zwischen 1838 und 1842 brachte er eine enorme Wegstrecke hinter sich und erforschte dabei das Gebiet um Cerro de Pasco und andere Andenregionen. Er hatte wissenschaftliches Interesse an allem, was er sah, vor allem aber an Minen, archäologischen Fundstellen und den Einheimischen.

Zwischen 1857 und seiner Ernennung zum Schweizer Botschafter in Brasilien im Jahr 1860 reiste Tschudi von Buenos Aires durch die La-Plata-Region in Nordargentinien nach Chile.

Sein großes Interesse an Insekten veranlasste den Engländer Henry Walter Bates, seine Arbeitsstelle als Buchhalter einer Brauerei zu kündigen und sich mit seinem Freund, dem Lehrer und Naturforscher Alfred Russell Wallace nach Südamerika zu begeben.

1848 kamen sie in Belém an und machten sich daran, per Kanu den Süden des Amazonasdeltas zu erforschen. Sie paddelten den Rio do Pará bis zum

Spätere wissenschaftliche Entdecker

Oben: Die Routen der europäischen Entdecker, die es während der zweiten Hälfte des 19. Jahrhunderts in das gefährliche Landesinnere Südamerikas zog.

Rio Tocantins aufwärts, dem sie dann 1600 km weit folgten. Unterwegs sammelten sie Schmetterlinge und andere Insekten.

1849 reisten sie auf dem Amazonas bis nach Manaus, wo sie sich trennten. Bates reiste auf dem Amazonas weiter bis Tefé, das er 1851 erreichte. Wallace erforschte den Rio Negro, den Orinico und den Rio Uaupés. Danach trafen die beiden Forscher sich in Belém wieder.

IM KANU AUF DEM AMAZONAS

Wallace kehrte 1852 nach England zurück, Bates aber blieb in Südamerika und reiste per Kanu auf dem Amazonas zurück bis nach Santarém. Hier ließ er sich drei Jahre nieder, in denen er mehrere Exkursionen zum Rio Tapajós unternahm. 1855 setzte er seine Reise auf dem Amazonas fort und kam 1859 nach England zurück. 14 000 Präparate von Insekten brachte er mit, darunter 8000 bisher unbekannte Arten. 1863 veröffentlichte er seinen Reisebericht unter dem Titel *The Naturalist on the River Amazon*.

Nach Ansicht der Direktion der Kew Gardens in London war der Botaniker Richard Spruce genau der Richtige, um eine Expedition zum unteren Amazonas zu unternehmen und die Flora dieses Gebietes zu erkunden. 1849 segelte Spruce nach Brasilien, wo er in Santarém mit Bates und Wallace zusammentraf, die ihm rieten, am Amazonas entlang zum Rio Negro zu reisen. Hier nahm Spruce

Chinin – eine wirkungsvolle Medizin

Mitte des 19. Jahrhunderts entdeckte man, dass die Rinde der *Cinchona*, des Chinin- oder Chinarindenbaums, eine wichtige Substanz enthielt, die zur Behandlung der Malaria diente. Die Krankheit betraf viele Menschen, die in tropischen und sumpfigen Gebieten lebten. Der Mensch wird durch den Stich eines bestimmten Mosquitos infiziert, der beim Stechen einen Parasiten überträgt, der dann die Blutzellen angreift. Dadurch kommt es zu Wechselfieber. Manchmal endet die Krankheit, an der vor allem auch zahlreiche Forscher in den Tropen erkrankten, tödlich. In Südamerika beobachteten Forscher, dass sich Einheimische mit einem Sud aus der Rinde eines Baumes vor der Krankheit schützten. Die Ketschua sprechenden Indianer nannten das Mittel *Quinaquina* – mit China also hat weder das Mittel, noch der Baum etwas zu tun.

Rechts: Die Blüten des wilden Chininbaums. Aus der Rinde des Baums wird ein wirksames Mittel gegen die Malaria gewonnen.

ein Dampfboot und fuhr zum oberen Amazonasbecken, wo er den Rio Marañón und den Rio Huallaga erforschte und dabei drei den Europäern bisher unbekannte Flüsse fand und kartographierte. Die Region am Fuß der Anden interessierte Spruce besonders; zwei ganze Jahre verbrachte er deshalb in Peru und Bolivien, um verschiedene Moose zu sammeln.

SPRUCE UND DER CHININBAUM

Zwischen 1859 und 1861 hatte Spruce eine andere Mission. Das britische Außenministerium gab ihm den Auftrag, Samen der *Cinchona* – des Chinin- oder Chinarindenbaums, der in Ecuador wuchs – zu sammeln und nach England zu schicken. Die Rinde dieses Baumes enthielt nämlich ein Mittel, das gegen Malaria wirkte. Spruce sollte die Samen in die britische Kolonie Indien bringen, wo die Bäume kultiviert werden sollten. Politische Unruhen und einheimische Stämme, die Kopfjagd betrieben, machten den Auftrag zu einem sehr riskanten Unternehmen, doch nachdem Spruce den Rio Pastaza und den Rio Puyo genauer erkundet hatte, gelang es ihm, 100 000 Setzlinge nach Indien zu verschiffen.

Spruce kam 1864 mit 30 000 botanischen Artenproben nach England zurück. Außerdem hatte er 21 verschiedene Sprachen der Einheimischen lexikalisiert und die Verläufe der Flüsse aufgezeichnet, die er befahren hatte. Er publizierte ein wichtiges Werk über die Moose Südamerikas, doch sein eigentliches Erbe ist die indische Chininproduktion, die zu einem wichtigen Einkommensfaktor des Landes wurde.

JULES-NICOLAS CREVAUX

Der französische Schiffsarzt Jules-Nicolas Crevaux war ebenfalls ein unerschrockener Entdecker, doch seine Leidenschaft für Südamerika sollte ihn das Leben kosten. 1876 reiste er von Cayenne im damaligen Französisch-Guayana zum Maroni und drang dann weiter ins Landesinnere vor.

Als erster Europäer durchquerte Crevaux die Serra Tumucumaque und befuhr dann den Rio Jari bis zu seiner Einmündung in den Amazonas. 1879 kam er erneut zum Amazonas, dem er diesmal bis zum Rio Iça folgte. Unterwegs erforschte er den Rio Japurá und den Putumayo bis zu den Anden.

Zwischen 1880 und 1881 hielt sich Crevaux forschend in Kolumbien und Venezuela auf. Er folgte dem Rio Magdalena und segelte dann auf dem Orinoco zurück zum Atlantik. Nochmals kehrte er kurz nach Frankreich zurück, doch 1882 war er wieder in Südamerika, diesmal entschlossen, den Rio Paraná zu bereisen, um in den Gran Chaco zu gelangen. Doch gleich zu Beginn der Expedition wurde er am Rio Pilcomayo von einheimischen Toba ermordet, die zu dieser Zeit einen verzweifelten Überlebenskampf gegen die argentinische Armee führten. Außer seiner Pionierarbeit, die er in Guayana geleistet hatte, trug Cervaux auch wichtige Informationen über die nördlichen Zuflüsse zum Amazonas zusammen. Nach seinem Tod wurde ein Bericht über seine Entdeckungen veröffentlicht.

Unten: Viele Entdecker nutzten die Flüsse als Wege ins Landesinnere. Doch sie konnten nur leichte Boote und Kanus verwenden, die zur Not auch getragen werden konnten, denn oft versperrten Stromschnellen und Wasserfälle den Weg.

5. Kapitel

AUSTRALIEN UND DER PAZIFIK

Im frühen 17. Jahrhundert war der riesige Pazifische Ozean noch größtenteils unerforscht. Holländische Seefahrer, die die Ostindischen Inseln entdeckt hatten, berichteten von Landmassen, die sie im Süden des Ozeans gesichtet hatten. Doch das weckte nur wenig Interesse, bis man erkannte, dass es sich um einen weiteren riesigen Kontinent handeln müsse. Seit den Reisen, die Kapitän Cook in der zweiten Hälfte des 18. Jahrhunderts unternommen hatte, stand auch Australien europäischen Siedlern und Entdeckern offen. In weniger als einem halben Jahrhundert wurde das eindrucksvolle Land, das von Menschen eines ganz eigenen Schlages bewohnt war, von Entdeckern erforscht und kartographiert – zu Fuß, zu Pferd, auf Kamelen oder auch in Kanus.

Unten: So wie diese unkultivierte Landschaft im heutigen australischen Bundesstaat New South Wales sah das Land aus, das die ersten europäischen Siedler hier vorfanden.

DIE ENTDECKUNG AUSTRALIENS UND NEUSEELANDS

Oben: Die *Eendracht*, das Schiff, mit dem Dirk Hartog 1616 vom Kap der Guten Hoffnung aus nach Osten segelte und schließlich die australische Küste sichtete.

Unten: Maori in Kriegskanus greifen 1642 die Schiffe Abel Tasmans vor der Küste der Südinsel Neuseelands an.

Seit Anfang des 16. Jahrhunderts war der Seehandel mit dem Osten vom katholischen Portugal dominiert. Die Portugiesen hatten den Seeweg um Afrika nach Indien entdeckt. Ihre Flotten gewannen Seeschlachten mit anderen Nationen, machten die arabische Vorherrschaft im Indischen Ozean zunichte und errichteten Handelsposten im Persischen Golf und auf den Gewürzinseln (Molukken). Aber als es im Mutterland zu politischen Krisen kam, zerbröckelte auch die überseeische Macht und ein neuer europäischer Mitstreiter setzte sich an die Spitze: die Niederlande. Erfahrene niederländische Seeleute waren gesuchte Kräfte und wurden gern von anderen Nationen angeheuert, um für sie mit ihren Handelsschiffen um die Welt zu segeln.

Dieses Arrangement kam 1580 zu einem Ende, denn Spanien, das mit Portugal und den Niederlanden im Krieg lag, versperrte niederländischen Schiffen die Zufahrt zum Hafen von Lissabon. Die Holländer brauchten also ein neues Betätigungsfeld für ihre Flotte, und es waren die Kaufleute, die die entsprechende Idee hatten: Wenn die Portugiesen kostbare Waren aus dem Osten mit hohem Profit in Europa verkaufen konnten, weshalb dann nicht auch die Niederländer?

AUSTRALIEN WIRD GESICHTET

1595 schickte die von Amsterdamer Händlern neu gegründete Kompanie der Fernen Lande (Companie van Verne) Cornelis de Houtman (auch Cornelis van Gouda genannt) mit vier Schiffen nach Java, wo er Handelsbeziehungen zu den Gewürzinseln anknüpfte. Es gelang ihm, einen Handelsvertrag zu schließen, obwohl sich die portugiesischen Händler sehr feindlich zeigten. Weitere Reisen führten dann 1602 zur Gründung der *Vereenigde Oostindische Companie*, kurz VOC, der Holländisch Ostindischen Kompanie, die sich ganz auf den Handel mit Java und den Gewürzinseln konzentrierte.

Die VOC übernahm einen Handelsposten, der in Bantam auf Java gegründet worden war. Als die holländischen Händler immer bessere Informationen über die Geographie Ostindiens einholten, erfuhren sie, dass östlich der Gewürzinseln weitere Inseln lagen.

Steven van der Hagen, ein Kaufmann, der 1603 selbst mit einer Flotte von den Niederlanden aus unterwegs gewesen war, entsandte nun Willem Jansz mit dem kleinen Segelschiff *Duyfken* auf Entdeckungsfahrt. Im November 1605 legte Jansz von Java ab, segelte an der Südküste Neuguineas entlang bis zum heutigen Merauke. Dort setzte er südlichen Kurs und sichtete ein Wüstenland, von dem er meinte, es sei ein Teil Neuguineas. Er segelte bis 14° südlicher Breite, ehe er nach Java umkehrte. Im Juni 1606 war er wieder in Bantam und berichtete, es gebe östlich der Gewürzinseln eine riesige tropische Insel.

Jansz hatte – unwissentlich – mächtig untertrieben, denn tatsächlich war er an der Westküste der Kap-York-Halbinsel entlanggesegelt. Er war also der erste Europäer, der bis Australien gekommen war.

Obwohl auch niederländische Geographen wussten, dass schon bei Ptolemäus von einem Südkontinent die Rede gewesen war, dauerte es einige Jahre, ehe man begriff, dass Jansz eine Bestätigung für die alte Vorstellung gefunden hatte.

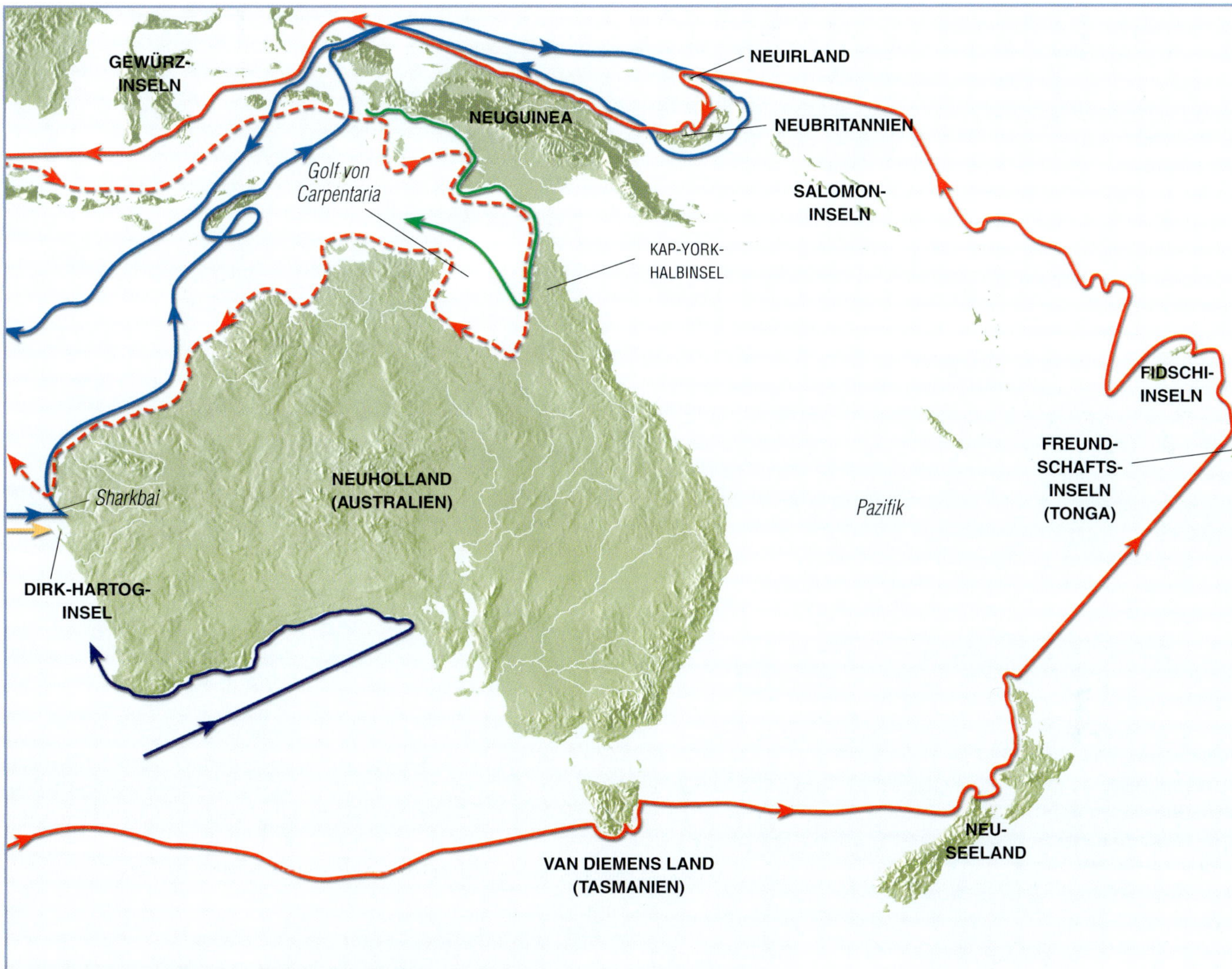

Die Entdeckung Australiens und Neuseelands

Jansz (1605–1606)

Hartog (1616)

Thyssen (1627)

Tasman
(1642–1643)
(1644)

Dampier (1699)

Oben: Die Karte zeigt die verschiedenen Routen der Seefahrer, die im 17. Jahrhundert Australien und Neuseeland entdeckten. Niederländische Entdecker sichteten als Erste verschiedene Regionen der australischen Küste. Abel Tasman entdeckte das nach ihm benannte Tasmanien sowie Neuseeland und erforschte auch die australische Nordküste.

Erst 1616 sollte wieder ein niederländischer Seefahrer einen Zipfel von Australien sichten. Die VOC hatte Kapitän Dirk Hartog angewiesen, vom Kap der Guten Hoffnung an der Südspitze Afrikas direkt nach Osten zu segeln statt in nordöstlicher Richtung, wie es die Portugiesen taten, die nach Indien wollten. Am 25. Oktober 1616 sichtete Hartogs Ausguck bei 26° südlicher Breite eine Insel. Der Kapitän ließ ankern und benannte die Insel nach sich. Ein weiterer niederländischer Kapitän, François Thyssen, bestätigte, dass es südöstlich der Ostindischen Inseln eine Landmasse gebe. Er selbst segelte 1627 etwa 1500 km weit an der Südküste entlang. Doch 15 Jahre lang sah sich niemand veranlasst, zwischen den Entdeckungen von Jansz, Hartog, Thyssen und anderer Kapitäne, die bis zur australischen Küste gekommen waren, eine Verbindung herzustellen.

ABEL TASMAN

1642 schickte der Generalgouverneur der VOC den niederländischen Seefahrer Abel Tasman auf eine Erkundungsfahrt. Er sollte herausfinden, wie groß »Neuholland« sei, wie man das vage Gebiet, von dem andere Seefahrer berichtet hatten, nun nannte. Er war auch auf der Suche nach den Salomonen und sollte für die Schiffe, die von den Gewürzinseln kamen, eine Durchfahrt südlich von Neuguinea suchen.

Tasman verließ Batavia (das heutige Jakarta) mit zwei Schiffen. Er segelte nach Westen bis zur Insel Mauritius im Indischen Ozean, um die Westwinde nutzen zu können, die auch die holländischen Schiffe nutzten, die um das Kap der Guten Hoff-

Der echte Robinson Crusoe

Anfang 1704 musste der Freibeuter Kapitän Stradling wegen eines Schadens an seinem Schiff, der *St. George,* vor der unbewohnten Insel Juan Fernández rund 500 km vor der chilenischen Küste ankern. Im Oktober gab der Kapitän den Befehl zur Weiterfahrt, obwohl das Schiff noch nicht wieder seetüchtig war. Der Erste Maat, ein Schotte namens Alexander Selkirk, protestierte heftig und verlangte, man solle ihn an Land bringen. Insgeheim hoffte er, die Crew würde sich ihm anschließen, aber die Angst vor Stradling war zu groß. Selkirk wurde wie gewünscht auf der Insel ausgesetzt und verbrachte dort mehr als vier Jahre allein. Erst im Februar 1709 wurde er von Kapitän Rogers entdeckt und nach England zurückgebracht. Rogers und Selkirk verfassten Berichte über ihre Erlebnisse, die den englischen Schriftsteller Daniel Defoe anregten, 1720 seinen Roman *Robinson Crusoe* zu schreiben.

Oben: Alexander Selkirk, der auf der unbewohnten Insel Juan Fernández ausgesetzt wurde und dort vier Jahre allein lebte.

nung segelten. Doch der Kurs, den er gesetzt hatte, war etwas zu weit südlich, um Australien erreichen zu können. Tasman segelte auf dem 47. südlichen Breitengrad und wechselte, als seine Mannschaft über die Kälte zu klagen begann, auf 44° südlicher Breite, doch auch damit hätte er Australien nicht erreicht.

Dennoch wurde Land gemeldet und Tasman segelte an der Süd- und der Ostküste entlang. Obwohl er nicht ankerte, nahm er das Land für die Niederlande in Besitz und nannte es Van Diemens Land, nach dem Generalgouverneur der Ostindischen Inseln. Der Schiffszimmermann musste durch das Flachwasser an den Strand schwimmen und dort einen Fahnenmast errichten. Sehr viel später sollte die Insel nach ihrem Entdecker Tasmanien genannt werden.

EIN ERSCHRECKENDER EMPFANG

Von Van Diemens Land aus setzte Tasman seine Fahrt in östlicher Richtung fort und sichtete neun Tage später erneut Land. Er fand keine Bucht oder einen anderen günstigen Ankerplatz, und drei Tage lang trieben seine Schiffe im Wind, bis er die Nordspitze der Südinsel Neuseelands umrundet hatte und in der Golden Bay landen konnte.

Da Tasman Anzeichen dafür entdeckte, dass die Insel bewohnt war, wollte er die Reaktion der Einheimischen abwarten. Doch die sollte heftig ausfallen: Als die Offiziere der beiden Begleitschiffe, die zu einer Konferenz zum Flaggschiff gekommen waren, zu ihren Schiffen zurückgerudert wurden, kamen Kriegskanus von der Küste. Einheimische Maorikrieger griffen an, töten vier Offiziere.

Da Tasman auf der Nordinsel keinen besseren Empfang bekam, verließ er die gefährliche Gegend und hielt Kurs Nordost über den Pazifik. Er erreichte die Freundschaftsinseln, die er so nannte, weil er hier wesentlich freundlichere Leute als die Maori antraf. Dann segelte Tasman Richtung Westen entlang der Nordküste Neuguineas und kehrte im Juni 1643 nach Batavia zurück.

Sechs Monate später unternahm Tasman eine zweite Reise zur Erkundung des Südkontinents. Diesmal segelte er südlich von Neuguinea auf der Route von Jansz. Aber da ihm die Sandbänke und Klippen, die er im Osten vor sich sah, nicht gefielen, nahm er Kurs in den Golf von Carpentaria. Hier folgte er der australischen Küstenlinie westwärts. Er setzte die Fahrt bis zur Sharkbai fort und kehrte dann nach Batavia zurück.

Van Diemen und auch spätere Historiker äußerten sich kritisch über Tasmans Ineffektivität als Entdecker. Er hätte feststellen können, dass Neuseeland aus zwei Inseln besteht und nicht, wie er meinte, eine Halbinsel sei. Er hätte auch die Torresstraße zwischen Australien und Neuguinea entdecken können. Doch muss man zu seiner Entschuldigung sagen, dass er die Sicherheit seiner Mannschaft und seiner Schiffe nicht aufs Spiel setzen wollte und deshalb wohl übervorsichtig war.

UM KAP HOORN

Auch eine andere Route von Europa in den Fernen Osten interessierte die Niederländer: der Weg durch die Magellanstraße an der Südspitze Südamerikas. Die damaligen Geographen vermuteten, dass die Magellanstraße eine Durchfahrt zwischen dem südamerikanischen und einem bisher noch unbekannten großen Südkontinent sei. (Sie irrten sich, denn südlich lag die Insel Tierra del Fuego – Feuerland – und erst südlich davon die Antarktis.)

1616 machte der Seefahrer Willem Schouten unfreiwillig die Probe aufs Exempel. Als er durch die Magellanstraße segeln wollte, um zu den Gewürzinseln zu kommen, verfehlte er die Einfahrt und segelte in Richtung Süden weiter. Als er Kurs nach Westen setzte, erkannte er, dass er eine Insel südlich der Magellanstraße umrundet hatte und nannte das Kap nach seinem Heimatort Hoorn. Die südlichste Spitze Südamerikas war gefunden.

Sein Versuch war nicht der erste, den niederländische Seefahrer unternommen hatten, um nach Osten zu kommen. Schon 1598 hatten fünf Schiffe unter dem Kommando von Jacob Mahu die Magellanstraße durchfahren, doch ein Sturm hatte die kleine Flotte auseinandergetrieben. Ein Schiff, das der englische Steuermann William Adams navigierte, segelte nördlich an der Küste Chiles entlang und dann nach Westen. Die vorherrschenden Winde trieben das Schiff aber weiter nach Norden und so landete es schließlich in Japan, an der Ostküste von Kiuschu. Sofort verhafteten die Japaner Adams und seine Crew. Obwohl sie später freigelassen wurden, durften sie Japan nie wieder verlassen.

1613 erreichte auch ein Schiff der englischen Ostindischen Kompanie unter John Saris Japan. Dort wurde ihm gestattet, seinen Landsmann Adams zu treffen. Adams war inzwischen eine angesehene Persönlichkeit in der japanischen Gesellschaft geworden und begleitete Saris zum japanischen Kaiser. Aus dieser Begegnung ergab sich ein Handelsvertrag zwischen japanischen Kaufleuten und der Ostindischen Kompanie.

Oben: Abel Tasman und seine Familie. Tasman stand in den Diensten der VOC und war mit 31 Jahren Kapitän eines Schiffes, das Waren zwischen Europa und den Gewürzinseln transportierte. 1642 sollte er herausfinden, wie groß »Neuholland« – das noch völlig unbekannte Australien – sei. Er segelte jedoch zu weit südlich und entdeckte Tasmanien und Neuseeland.

DER FREIBEUTER WILLIAM DAMPIER

Im 17. Jahrhundert waren es auf englischer Seite vor allem Freibeuter, die die Entdeckungsgeschichte weitertrieben. Einer von ihnen war William Dampier. Er wurde 1652 in Somerset in England geboren, ging als 16-Jähriger zur See und durchsegelte bis 1673 die Meere von Ostindien bis Kanada. Nachdem er in der Karibik unterschiedlichen Berufen nachgegangen war, wandte er sich der halblegalen Tätigkeit der Freibeuterei zu.

1683 heuerte er in Virginia auf einem Schiff an, das in die Südsee fahren sollte. Zunächst ging es zu den Kapverden, dann um Kap Hoorn herum in den Pazifik, wo an der Westküste Südamerikas spanische Siedlungen geplündert wurden. Im Juli 1684 erreichte das Schiff die Insel Juan Fernández und die Galápagosinseln, doch im Jahr 1686 starb der Kapitän. Dampier wechselte nun auf ein anderes Schiff, das sich der verstorbene Kapitän auf einer der Kaperfahrten als Verbündeten gewählt hatte. An Bord dieses Schiffes, der *Cygnet*, die unter dem Kommando von Kapitän Swan stand, ging die Fahrt nun quer über den Pazifik. 1688 ankerte man an der Nordwestküste Australiens.

Swan, dem die Freibeuterei keine rechte Freude mehr machte, nahm Kurs auf die Philippineninsel Mindanao, wo die Mannschaft der *Cygnet* meuterte. Kurzerhand ließ man den Kapitän in Mindanao zurück und segelte zwischen den Häfen des Südchinesischen Meers hin und her.

Auch Dampier verlor allmählich die Lust am gefährlichen Beruf des Freibeuters und versuchte, sich auf den Nikobaren vom Schiff zu schleichen. Sieben weitere Männer schlossen sich ihm an.

Mit einem Auslegerkanu erreichten die acht Männer Malaysia, wo Dampier an der Ruhr erkrankte. Von Mitgliedern der englischen Ostindischen Kompanie wurde er gesund gepflegt, denn man schätzte seine Qualitäten als Steuermann. Im September 1691 kehrte Dampier auf dem Weg über das Kap der Guten Hoffnung nach England zurück. Dampiers Bericht von seinen Reisen, den er 1697 veröffentlichte, gab anschauliche Darstellungen von exotischen Tieren. Dadurch erweckte er das Interesse der British Royal Navy, die ihm ein Schiff und den Auftrag gab, die noch wenig bekannte Ostküste Australiens zu erforschen.

1699 setzte Dampier mit der *Roebuck* Segel. Eigentlich hatte er um Kap Hoorn und durch den Pazifik segeln wollen, doch der ungünstigen Jahreszeit wegen nahm er den Weg um das Kap der Guten Hoffnung und durch den Indischen Ozean. Demzufolge landete er an der Westküste Australiens nahe der Sharkbai. Er kartographierte die Nordwestküste, segelte dann weiter zum heutigen Indonesien und erforschte die Nordostküste Neuguineas.

Links: Der englische Kaper William Dampier mit australischen Aborigines. Dampier kam 1688 erstmals nach Australien und kehrte elf Jahre später zurück, um die Nordwestküste zu kartographieren.

DIE REISEN DES JAMES COOK

Rechts: Das Porträt zeigt Kapitän James Cook 1776 kurz vor Antritt seiner letzten Seereise.

Unten: Cooks Landung in der Botanybai im heutigen Sydney im April 1770. Er ließ die britische Flagge hissen, erklärte das Land zu britischem Territorium und nannte es New South Wales (Neusüdwales).

Im Jahre 1761 taten sich die Astronomen Europas zusammen, um ein seltenes Phänomen zu beobachten – den Vorbeizug des Planeten Venus vor der Sonne. Durch den Vergleich ihrer Beobachtungen und Messungen hofften sie, den Abstand zwischen Sonne und Erde besser berechnen zu können. Aber der Himmel über Europa war bedeckt und die Ergebnisse enttäuschten. Die Astronomen hatten jedoch Glück, da sich das Phänomen des Venusdurchgangs im Jahr 1769 wiederholte.

Britische Wissenschaftler wählten drei Beobachtungspunke, von denen aus sie den Venusdurchgang beobachten wollten; einer dieser Punkte hatte die vage Bezeichnung »Pazifischer Ozean«. Die Königliche Marine erklärte sich bereit, einen ihrer Offiziere in den Pazifik zu entsenden. Ihre Wahl fiel auf den 39-jährigen englischen Leutnant James Cook, dessen Erkundungsreisen zum Sankt-Lorenz-Strom und zur Küste Neufundlands ihm in Marinekreisen bereits Anerkennung eingebracht hatten.

Cooks Auftrag lautete, auf der Insel Tahiti ein Observatorium zu bauen, zugleich aber auch nach dem großen Südkontinent zu forschen, von dem man meinte, er müsse sich auf der Südhalbkugel befinden. Denn seit den Tagen des Ptolemäus, des großen Geographen des 2. Jahrhunderts, meinte man, die Landmassen der Nordhalbkugel müssten auf der Südhalbkugel ein entsprechendes Gegengewicht haben.

Die Royal Society lud eine Gruppe von Wissenschaftlern zur Teilnahme ein, darunter zwei Naturforscher – den Briten Joseph Banks und den Schweden Daniel Solander – sowie den Astronomen Charles Green. Cooks Schiff sollte die HMS *Endeavour* sein, ein umgebautes Handelsschiff.

COOKS ERSTE REISE

Am 26. August 1768 legte die *Endeavour* im Hafen von Plymouth in England ab und nahm Kurs auf Kap Hoorn. An einer kleinen Bai ankerte Cook, weil Banks mit einer kleinen Gruppe an Land gehen und Artenproben sammeln wollte. Aber sie wagten sich zu tief in sumpfiges Gelände. Als ein Sturm aufkam, konnten sie nicht zum Schiff zurück

und mussten die Nacht vor einem Feuer kauernd zubringen; dennoch erfroren zwei Männer.

Am 25. Januar 1769 erreichte Cook den Pazifik und Anfang April die Tuamotu-Inseln – das erste Land, das man seit Januar sichtete.

Am 13. April ankerte die *Endeavour* in der Matavaibai in Tahiti. Die Einheimischen begrüßten die Ankömmlinge sehr freundlich, begingen aber auch kleine Eigentumsdelikte, die in den Augen der Europäer Diebstahl waren.

Cooks Männer bauten das geplante Observatorium und umgaben es mit einer hohen Palisade, um die wertvollen Teleskope und astronomischen Uhren zu schützen. Am 3. Juni konnten die Wissenschaftler beobachten, wie die Venus vor der Sonne vorüberzog – ein Ereignis, das sechs Stunden dauerte. Danach setzte die *Endeavour* ihre Reise am 13. Juli fort.

Nachdem der erste Teil seines Auftrags erfüllt war, machte sich Cook auf die Suche nach dem Südkontinent. Bei 29° südlicher Breite meinte er, der schweren Dünung entnehmen zu können, dass kein Land in der Nähe sei. Er nahm westlichen Kurs und erreichte am 7. Oktober die Küste Neuseelands.

So freundlich die Polynesier auf Tahiti waren, so feindlich gebärdeten sich die Maori. Da sie die Ankömmlinge mit einem abschreckenden Kriegstanz empfingen, zog Cook es vor, das Land zu umsegeln und die Küstenlinie Neuseelands auf Karten zu verzeichnen.

Am 3. März 1770 nahm Cook Kurs auf Tasmanien, doch ein Sturm trieb das Schiff nach Norden. Am 19. April sichtete der Ausguck die australische Küste. Cook segelte in eine Bucht und ankerte. Er ließ die britische Flagge hissen, und da die Wissenschaftler sogleich ausschwärmten, um Pflanzenproben zu nehmen, nannte er die Bucht Botanybai. Er nahm das Land für die britische Krone in Besitz und nannte es New South Wales.

Am 10. Juni ereignete sich ein großes Unglück. Cook segelte in den Gewässern des Großen Barriereefs, ein bisher nicht kartographiertes Labyrinth aus Korallenriffen, flachen Wasserrinnen und Felsen. Die *Endeavour* rammte ein Riff und schlug leck. Trotzdem gelang es der Mannschaft, das Schiff zu einem sicheren Ankerplatz zu manövrieren und dort wieder flott zu machen.

Weiter Richtung Norden segelnd landete Cook noch einmal an der Kap-York-Halbinsel, ehe er Australien verließ und nach Java segelte. Hier erkrankten viele an Malaria und Ruhr – Cook verlor ein Drittel seiner Mannschaft, darunter den Astronomen Green. Über den Indischen Ozean segelte Cook nach England zurück, wo er am 13. Juli 1771 ankam.

DIE ZWEITE REISE

Cooks zweite Reise sollte ein für allemal klären, ob es den Südkontinent gab oder nicht. Diesmal segelte er mit zwei Schiffen, der *Resolution* und der *Adventure*, außerdem sollte er zwei britische Basen errichten – auf Tahiti und auf Neuseeland.

Am 21. Juni 1772 verließ die Expedition den Hafen von Plymouth und segelte über Madeira nach Kapstadt, Südafrika. Bei der Suche nach dem Südkontinent in den Gewässern südlich Afrikas traf man auf gefährliche Eisberge. Cook kam dennoch gut voran und näherte sich der Arktis bis auf etwa 100 km, ehe er die weitere Suche aufgab.

Hydrographie

Die Hydrographie befasst sich mit den Wasserflächen der Erde, den Meeren, aber auch mit den Seen und Flüssen. Sie hilft den Seeleuten, gefährliche Hindernisse wie beispielsweise Felsen oder größere Sandbänke frühzeitig zu erkennen.

Frühe Hydrographen loteten die Tiefe, indem sie ein Bleigewicht an einem markierten Faden ins Wasser warfen und schauten, wie tief das Lot sank, bis es den Grund erreichte. Eine Markierungslänge (ein Faden) beträgt 1,9 m. Um auch Bodenproben zu nehmen, war das hohle Lot mit einer klebrigen Fettmasse gefüllt. Die Tiefe mit dem Faden zu loten, war ein sehr langsamer Prozess, der aber bis ins frühe 20. Jahrhundert bis zur Erfindung des Echolots beibehalten wurde.

Wenn man in Sichtweite der Küste segelte, konnte man sich bei Entfernungsmessungen an markanten Punkten orientieren. Doch auf dem schwankenden Deck eines Schiffes auf offener See waren solche Messungen schwierig. Sie mussten deshalb mehrmals täglich vorgenommen werden, um ihre Richtigkeit zu bestätigen.

Oben: Hydrographen verwendeten einen Sextanten, um die Position zu bestimmen.

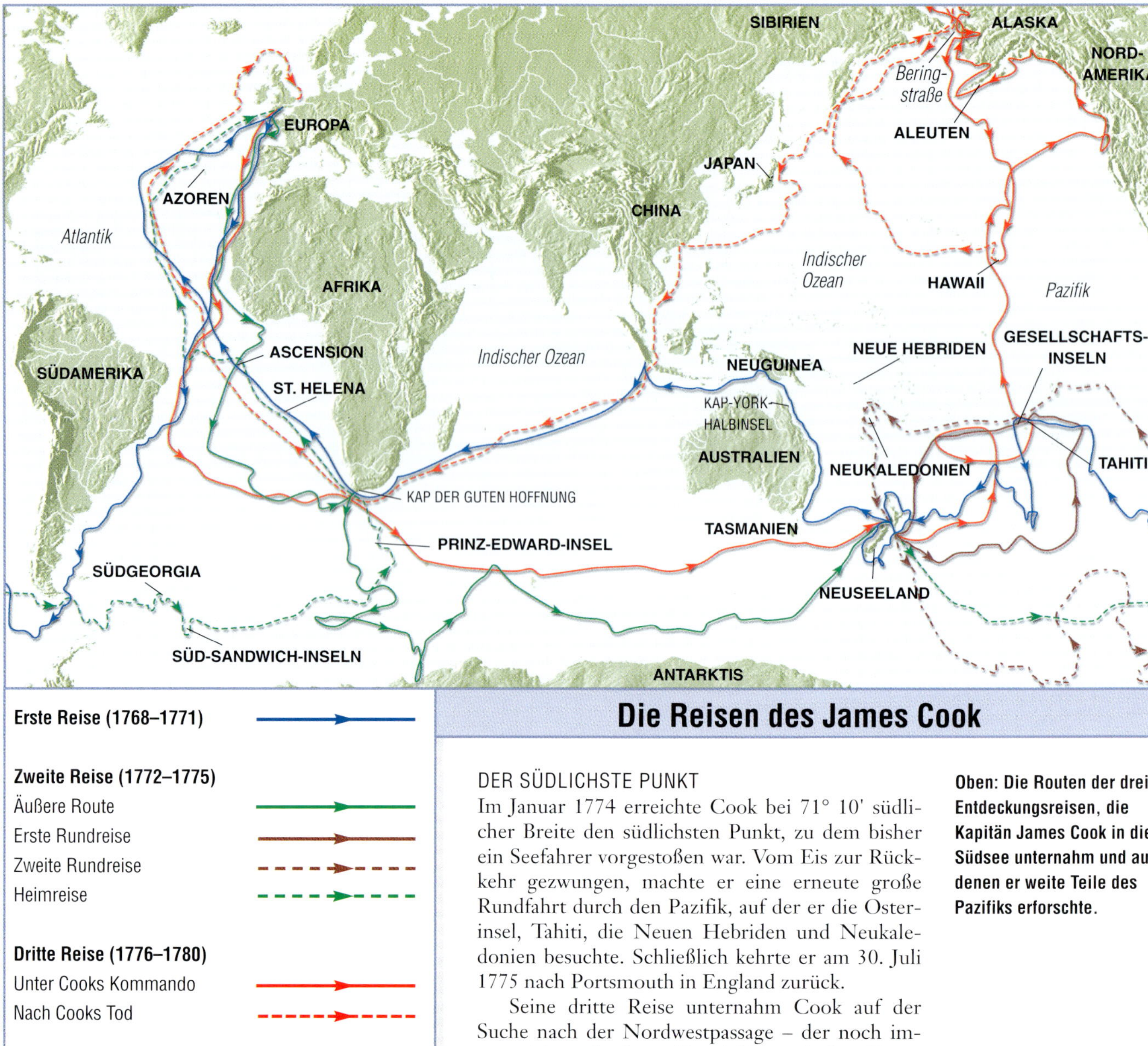

Die Reisen des James Cook

Oben: Die Routen der drei Entdeckungsreisen, die Kapitän James Cook in die Südsee unternahm und auf denen er weite Teile des Pazifiks erforschte.

In einer Nebelbank waren die *Resolution* und die *Adventure* getrennt worden und segelten nun unabhängig voneinander nach Neuseeland. Die *Resolution* unter Cooks Kommando erreichte den Dusky Sound der Südinsel am 23. März 1773 und kam im folgenden Monat mit der *Adventure* im Queen Charlotte Sound wieder zusammen.

Von Neuseeland aus segelte Cook nach Osten, um die Inseln des Südpazifiks zu erkunden, ehe er nach Tahiti zurückkehrte, um frischen Proviant aufzunehmen, denn die Mannschaft der *Adventure* litt an Skorbut. Doch auf Tahiti gab es nicht genügend frische Lebensmittel zu kaufen; so musste Cook weitersegeln zu den Gesellschaftsinseln.

Erneut verloren die beiden Schiffe Kontakt und als die *Adventure* den ausgemachten Treffpunkt nicht finden konnte, segelte sie Richtung Heimat. Cook segelte indessen wieder Richtung Süden zur Antarktis.

DER SÜDLICHSTE PUNKT

Im Januar 1774 erreichte Cook bei 71° 10' südlicher Breite den südlichsten Punkt, zu dem bisher ein Seefahrer vorgestoßen war. Vom Eis zur Rückkehr gezwungen, machte er eine erneute große Rundfahrt durch den Pazifik, auf der er die Osterinsel, Tahiti, die Neuen Hebriden und Neukaledonien besuchte. Schließlich kehrte er am 30. Juli 1775 nach Portsmouth in England zurück.

Seine dritte Reise unternahm Cook auf der Suche nach der Nordwestpassage – der noch immer nicht gefundenen Durchfahrt zwischen Euro-

Links: Eine Nachbildung von James Cooks Schiff *Endeavour* im Hafen von Whitby, England, kurz bevor es 1997 zu einer Atlantikfahrt auslief. Cook war im Alter von 18 Jahren nach Whitby gekommen und hatte dort seine Ausbildung als Seemann begonnen.

Rechts: Am 14. Februar 1779 wurde Kapitän Cook während eines Scharmützels mit Einheimischen von einem Hawaiianer erstochen. Die Insulaner hatten ein Beiboot gestohlen und der wütende Kapitän hatte bewaffnete Männer an Land geschickt, die Geiseln nehmen sollten, damit die Herausgabe des Boots erzwungen werden konnte. Es kam zu einem ungleichen Kampf, bei dem die Seemänner schossen. Cook und vier Männer wurden umgebracht – ein tragisches Ende für einen Seefahrer, der ansonsten stets besonnen im Umgang mit den Einheimischen war.

pa und Asien. Cook wollte vom Pazifik aus nach der Durchfahrt suchen, die andere schon vergeblich von der europäischen und amerikanischen Küste her gesucht hatten. Am 12. Juli 1776 verließ Cook mit den Schiffen *Resolution* und *Discovery* den Hafen von Plymouth Richtung Kap der Guten Hoffnung. Als er im Indischen Ozean war, setzte er Kurs auf Tasmanien und Neuseeland, suchte dann die Gesellschaftsinseln, die er Anfang Dezember fand. Von hier aus segelte er dann am 8. Dezember 1777 Richtung Norden.

Die Reise in die Arktis führte die Schiffe an der Ostküste Nordamerikas entlang nach Alaska und zu den Aleuten. Dort stieß Cook auf die Packeisgrenze. Durch die Beringstraße fuhr er anschließend in die Tschuktschensee. Doch da das Wetter schlecht wurde, beschloss Cook auf Hawaii zu überwintern, wo ihn die Einheimischen als eine Inkarnation ihres Gottes Orono zu betrachten schienen. Ehe die Expedition im beginnenden Frühjahr wieder abreiste, gab es ein großes Fest für die Fremden. Doch als ein Sturm große Schäden an den Schiffen verursachte, die Cook zwangen, Hawaii erneut anzulaufen, um die nötigen Reparaturen vornehmen zu lassen, schlug die Stimmung der Einheimischen um. Die Männer, die ihren Reparaturarbeiten nachgingen und den gebrochenen Mast ersetzten, wurden mit Steinen beworfen und schließlich entwendeten die Hawaiianer eines der Beiboote.

DER TOD KAPITÄN COOKS

Cook stellte einen Landungstrupp zusammen, der das Boot zurückholen und die Diebe bestrafen sollte. Cooks Männer feuerten eine Musketensalve ab, die aber wohl keinen Eindruck machte. Da verloren die Männer die Nerven und schossen gezielt. Im folgenden Scharmützel wurde Cook erstochen. Sein Stellvertreter, Charles Clerke, brachte die Besatzung der *Resolution* nach England zurück, indem er an der nördlichen Pazifikküste und an Java vorbei durch den Indischen Ozean und um das Kap der Guten Hoffnung durch den Atlantik segelte.

Durch Cooks Reisen bekam die britische Marine unschätzbare Karten von Gebieten in die Hände, die zuvor noch nie kartographiert worden waren, darunter weite Teile Neuseelands, die Ostküste Australiens, viele im Pazifik liegende Inseln sowie die eisigen Gewässer der Antarktis. Die Hoffnung, dass es weit im Süden einen fruchtbaren Kontinent gab, durfte endlich begraben werden.

Skorbut – die Geißel der Seeleute

Noch im 18. Jahrhundert bestand der Proviant der Seeleute auf langen Reisen aus Schiffszwieback, hartem Käse und Pökelfleisch, denn frische Nahrungsmittel gingen meist rasch zur Neige. Diese vitaminlose Kost führte schon nach wenigen Wochen zu einer Skorbut genannten Mangelkrankheit, bei der unter anderem das Zahnfleisch stark anschwillt und so schmerzt, dass man nicht mehr kauen kann. Oft fallen die Zähne sogar aus. Viele Seeleute starben sogar an der Krankheit.

Schließlich entdeckte man, dass die Symptome schlagartig nachließen, wenn die Seeleute an Land gingen und frische Nahrung, besonders Obst und Gemüse, zu sich nahmen. James Cook sorgte deshalb dafür, dass seine Leute sich so oft wie möglich mit frischen Produkten ernährten und konnte so seine Mannschaften gesund erhalten.

Schließlich fand der schottische Arzt Dr. James Lind heraus, dass vor allem der Mangel an Vitamin C für Skorbut verantwortlich war. Er empfahl deshalb, den Mannschaften Zitronensaft zu geben, doch sein Rat wurde bis 1795 von der britischen Admiralität ignoriert. Erst danach wurde offiziell angeordnet, allen Seeleuten eine tägliche Ration Zitronensaft zuzuteilen.

EUROPÄISCHE RIVALEN IM PAZIFIK

Oben: Der französische Seeoffizier und Entdecker Louis Antoine de Bougainville. 1766 segelte er mit der *Boudeuse* von Frankreich aus um die Welt. Eine seiner Aufgaben bestand darin, nach einer exakten Bestimmung des Längengrades zu suchen.

Im Jahre 1763 war der Siebenjährige Krieg, eine Fortsetzung früherer Kriege zwischen europäischen Mächten um Besitzrechte und Erbfolgen, zu Ende gegangen. Frankreich, verbündet mit Österreich und Spanien, hatte gegen England gekämpft, das mit Preußen verbündet war. Da diese Mächte auch überseeische Besitzungen hatten, in denen ebenfalls gekämpft wurde, war es bereits eine Art Weltkrieg gewesen. Durch den Friedensvertrag fielen die kanadischen Besitzungen Frankreichs an Großbritannien. Große Teile von Louisiana in Nordamerika musste Frankreich an Spanien abtreten, und so behielt es fast nur noch ein paar Kolonien in der Karibik. In Indien, wo Frankreich ebenfalls Interessen angemeldet hatte, erließ Großbritannien strikte Gesetze, die den Franzosen kaum eine Chance einräumten, hier ihre Besitzungen zu erweitern. Die Friedensbedingungen waren nicht geeignet, die Rivalität zwischen Großbritannien und Frankreich zu beenden, aber der Austragungsort verlagerte sich, denn nun ging es darum, auf den Gebieten der Wissenschaft und der Entdeckungen die Nase vorn zu haben. Beide Nationen bemühten sich, Seekarten vom Pazifik zu erstellen – der noch in weiten Teilen unbekannt war –, vor allem aber waren beide Nationen mit der drängenden Frage beschäftigt, wie man auf See die Längengrade bestimmen könne.

Während es für einen erfahrenen Seemann nicht schwer war, tagsüber anhand des Sonnenstandes oder nachts durch Ermittlung der Höhe bekannter Sterne über dem Horizont die geographische Breite zu bestimmen, war die Feststellung des Längengrades ein ungelöstes Problem. Es gab zwar astronomische Anhaltspunkte – etwa der täglich wechselnde Stand des Mondes –, aber exakte Daten auf dem schwankenden Schiff zu erheben, war die erste Schwierigkeit und daraus die richtigen Berechnungen anzustellen die zweite. Ohne genaue Bestimmung des Längengrades wusste man aber nie genau, wo auf dem Meer man sich eigentlich befand.

BOUGAINVILLES EXPEDITION

Der französische Entdecker Louis Antoine de Bougainville hoffte, sich einen Platz in der Geschichte zu sichern, indem er für Frankreich neue Territorien als Ersatz für die im Krieg verlorenen Gebiete entdecken wollte. 1766 verließ Bougainville Frankreich in einem Kriegsschiff namens *Boudeuse*.

Die Expedition hatte vier Ziele. Erstens sollte eine französische Kolonie auf den Falklandinseln an den ehemaligen Kriegsverbündeten Spanien übergeben werden. Zweitens sollte ein Teil des Pazifiks kartographiert werden, indem man den sagenhaften Südkontinent zu finden hoffte (erst Cook sollte feststellen, dass es einen fruchtbaren Kontinent am Südpol nicht gab). Drittens sollten Nelken- und Muskatpflanzen von den Gewürzinseln zur französischen Kolonie Mauritius im Indischen Ozean gebracht werden. Viertens sollte der französische Astronom Pierre Antoine Véron mit an Bord gehen und unterwegs Himmelsbeobachtungen vornehmen, die eine genauere Bestimmung der Längengrade ermöglichen sollten.

Schon kurz nachdem Bougainville Nantes in Frankreich verlassen hatte, geriet die *Boudeuse* in einen Sturm, und Bougainville musste in den Hafen zurück, um sie reparieren zu lassen. Danach segelte er ohne Unterbrechung zu den Falklandinseln und übergab die Siedlung in einer offiziellen Zeremonie an den Repräsentanten des spanischen Königs. Dann segelte er nach Norden, um im Hafen von Rio de Janeiro mit einem Schiff zusammenzutreffen, das inzwischen aus Frankreich gekommen war. Im Juli erreichte Bougainville den brasilianischen Hafen von Rio und blieb fünf Monate dort, denn er wollte, dass seine Mannschaft ausgeruht und seine Schiffe in bestem Zustand waren. Er nahm so viel Proviant und Frischwasser wie möglich auf und segelte dann mit der *Boudeuse* und dem Versorgungsschiff, der *Étoile*, von Rio aus Richtung Süden.

BOUGAINVILLE IM PAZIFIK

Bougainville nahm den Weg durch die Magellanstraße, obwohl das für seine Stürme berüchtigte Kap Hoorn um diese Jahreszeit – auf der Südhalbkugel herrschte jetzt Sommer – relativ ruhig ist. Er ließ sich Zeit für die schwierige Durchfahrt, segelte eng an der Küste und ankerte oft, um immer wieder die Vorräte aufzustocken. Die Mannschaft gesund zu halten, war ihm ein ganz entscheidendes Anliegen, denn nun stand die lange, ungewisse Fahrt über den Pazifik bevor, wo es nur sehr wenige Möglichkeiten gab, um Proviant aufzunehmen.

Im Januar 1768 kamen die Schiffe in den Pazifik, und da Bougainville auf günstige Winde aus Nordost traf, überquerte er den Pazifik ohne weiteren Zwischenhalt. Zum Glück erreichte die Flotte, ehe der Gesundheitszustand der Mannschaft bedenklich wurde, am 6. April 1768 Tahiti. Hunderte von Einheimischen kamen den Schiffen in ihren Auslegerbooten freudig entgegen, denn sie hofften, Eisennägel einhandeln zu können. Als Tauschware boten sie Frischfleisch, Früchte, Kokosnüsse und sogar Frauen. Nach zwei Wochen auf Tahiti – das Bougainville für Frankreich in Besitz nahm – setzte er wieder Segel Richtung Westen, in der Hoffnung, die Küste Australiens zu erreichen. Er segelte jetzt durch einen weitgehend unkartographierten Ozean. Die Schiffe erreichten den Ostrand des Großen Barrierriffs vor der Nordostküste Australiens. Er sah die vielen Koralleninseln und entschloss sich deshalb, nordöstlichen Kurs zu nehmen und nach Neuguinea zu segeln.

Breiten- und Längengrade

Um jeden beliebigen Ort auf der Welt genau bestimmen zu können, kam man schon früh auf die Idee, die Erdkugel mit einem imaginären Netz aus Breiten- und Längengraden zu überziehen. Die Breitengrade werden dabei durch die Natur bestimmt: Die dickste Stelle der Kugel, den Äquator, bezeichnete man als Null-Breitengrad. Von ihm aus zählte man gleichmäßig zu den Polen hin kleiner werdende, in die entsprechenden Winkelgrade eingeteilte Kreise. Da die jeweils vom Nord- zum Südpol führenden Längenkreise im Prinzip alle gleich lang sind, war die Entscheidung, welcher der Null-Längengrad sein soll, lange umstritten. Man einigte sich auf den Längengrad, der durch Greenwich in London verläuft, und konnte nun sagen, New York liegt 40° 43' N 74° W, was bedeutet, es liegt 40° 43' nördlich des Äquators und 74° westlich vom Greenwich-Meridian. Da man jedoch auf See kaum eine Möglichkeit hatte, den Längengrad zu bestimmen, konnten viele Seefahrer lange Zeit nur Angaben zum Breitengrad ihrer Entdeckungen machen. Cook beispielsweise näherte sich der Antarktis bis auf 71° 10' südlicher Breite – der exakte Längengrad ist jedoch nicht bekannt.

Unten: Die Falklandinseln, eine ehemals französische Kolonie, sollten durch Bougainville offiziell an Spanien übergeben werden, das im Siebenjährigen Krieg mit Frankreich verbündet war.

John Harrisons Chronometer

Die exakte Berechnung des Längengrads auf See war ein Problem, das viele kluge Köpfe vergeblich zu lösen versuchten. An Land waren astronomische Beobachtungen hilfreich, doch auf dem schwankenden Deck eines Schiffs waren sie zu ungenau. Das englische Parlament setzte 1714 eine Belohnung von 20 000 Pfund für den aus, der das Problem lösen sollte.

Im Prinzip war die Lösung einfach: Man musste die Uhrzeit an Bord des Schiffes und die gleichzeitige Uhrzeit auf einem bekannten Längengrad, etwa dem Greenwich-Meridian, kennen. Aus dem Zeitunterschied ließ sich der geographische Abstand berechnen, denn da die Erde für eine Drehung von 360 Grad 24 Stunden braucht, legt sie in einer Stunde 15 Grad zurück. Eine Stunde Zeitunterschied entspricht also 15 Grad westlicher oder östlicher Länge. Es musste »nur« ein Chronometer konstruiert werden, das unter den Bedingungen auf einem Schiff absolut genau ging.

Dies gelang dem schottischen Uhrmacher John Harrison. In 40 Jahren unermüdlicher Arbeit konstruierte er einen Zeitmesser, der reibungsfrei funktionierte und weder durch Schiffsschwankungen noch durch Temperatur- und Feuchtigkeitsunterschiede beeinträchtigt wurde. Der H-4 genannte, vierte Chronometer Harrisons bewährte sich 1757 auf einer Probefahrt nach Jamai-ka. Nach 81 Tagen auf See hatte er nur fünf Sekunden verloren.

Am 10. Juni 1768 sichtete er eine neue Inselgruppe, die er die Louisiaden nannte. Obwohl das Land verlockend wirkte, lief Bougainville es nicht an, denn er hatte es eilig nach Mauritius zu kommen. Sollte sich die Weiterfahrt verzögern, würde er die Monsunwinde verpassen, die er brauchte, um über den Indischen Ozean zu den Gewürzinseln zu kommen. Er nahm Kurs Nordwest, doch ungünstige Winde und Riffe im Wasser verlangsamten die Weiterfahrt.

VERMESSUNG DES OZEANS

Am 25. Juni 1768 waren die Riffe überwunden und die Schiffe näherten sich Neuguinea, wo Bougainville endlich ankerte und acht Tage blieb. Véron beobachtete eine Sonnenfinsternis, die ihm ermöglichte, den Längengrad zu berechnen, auf dem man sich befand. Dadurch war es erstmals seit Entdeckung des Pazifiks möglich, seine genaue Ausdehnung zu berechnen. So rasch wie möglich nahm Bougainville die Fahrt wieder auf.

Inzwischen litt fast die gesamte Mannschaft an Skorbut; am 24. August starb sogar der Mannschaftsführer. Dem Kurs entlang der Nordküste Neuguineas folgend erreichte Bougainville am 1. September die Gewürzinseln. Der dort regierende Sultan spendierte der dankbaren Mannschaft und ihrem Kapitän üppige Mahlzeiten, doch Bougainville drängte auf Weiterfahrt, denn bald würde der Monsun einsetzen. Am 28. Juni erreichte er Batavia auf Java, wo er nur knapp zwei Wochen blieb, ehe er Segel Richtung Mauritius setzte. Länger wollte er nicht in einem Hafen verweilen, der für seine Tropenkrankheiten berüchtigt war. Dennoch hatten sich einige Mannschaftsmitglieder mit Malaria und Ruhr infiziert. Von Mauritius segelte Bougainville auf dem direkten Weg nach Frankreich, wo er im März 1769 im Hafen von Saint-Malo landete.

Bougainville war zwar als erstem Franzosen eine Weltumsegelung gelungen, aber insgesamt war seine Reise ein ziemlicher Misserfolg. Vérons Berechnungen des Längengrades waren zwar korrekt, lösten aber das Problem der Seefahrer nicht. Auch war es Bougainville nicht gelungen, die Gewürze nach Mauritius zu bringen. Er hatte die Küste Australiens nicht erreicht und von dem Südkontinent konnte er nur wenig Neues berichten. Lediglich die Falklandinseln hatte er an Spanien übergeben.

WALLIS UND CARTERET

Bougainvilles Reise war nur eine von vielen, die in den 1760er-Jahren Seefahrer in den Pazifik führten. Im August 1766 beispielsweise setzten zwei Schiffe in Plymouth Segel, um nach dem Südkon-

Oben: Ein Haifischer aus Neuguinea steht auf seinem Auslegerboot und erzeugt mit einer Muscheltrompete einen speziellen Lockruf für seine Beute.

Unten: Die Routen, die französische und englische Expeditionen Mitte des 18. Jahrhunderts in den Pazifik nahmen.

tinent zu suchen. HMS *Dolphin* stand unter dem Kommando von Samuel Wallis, dem Expeditionsleiter. Philip Carteret hatte das Kommando über HMS *Swallow*.

Die beiden Kapitäne waren sehr unterschiedlich: Carteret hatte gerade erst mit der *Dolphin* die Welt umsegelt, die dabei allerdings unter dem Kommando von John Byron stand. Wallis kannte bisher nur den Atlantik, dennoch weigerte er sich, Carteret um Hilfe zu bitten oder Rat von ihm anzunehmen. Auch die geheimen Instruktionen, die er von der britischen Admiralität hatte, teilte er ihm nicht mit.

Die *Swallow* war alt, hatte nur unzureichend Raum für Proviant und sie ließ sich nur schwer manövrieren. Carteret war mehr als erstaunt, als er hörte, dass er mit diesem Schiff auf Weltreise gehen solle. Er tat sein Bestes, um Anschluss an die *Dolphin* zu halten, doch nachdem sie die Magellanstraße passiert hatten, segelte Wallis davon, um einem nahenden Sturm zu entkommen und überließ die *Swallow* ihrem Schicksal.

Im Juni 1767 erreichte Wallis die Insel Tahiti und nahm sie für Großbritannien in Besitz (im folgenden Jahr beanspruchte sie Bougainville für Frankreich). Anfangs waren die Bewohner nicht sehr freundlich, doch als Wallis anbot, Handel mit ihnen zu treiben, begrüßten sie die Besucher enthusiastisch, denn Wallis hatte die begehrten Eisennägel zu bieten.

Statt nach dem Südkontinent zu suchen, beeilte sich Wallis, nach England zurückzukehren und von den Inseln zu berichten, die er entdeckt hatte. Die Rückreise über Java und um das Kap der Guten Hoffnung gestaltete sich schwierig und ein großer Teil seiner Mannschaft starb an Krankheiten.

Carteret aber sollte es noch schlimmer ergehen. Als er auf der Insel Juan Fernandéz vor der Küste Chiles zu ankern versuchte, kam ein schwerer Sturm auf. Außerdem war die Insel von Spaniern besetzt, mit denen England im Krieg lag. Sein Westkurs verlief südlich von dem, den Wallis segelte, und obwohl er Pitcairn und die Osterinsel entdeckte, kam er an keiner der Inseln vorbei, die Wallis entdeckte.

Carteret nahm nun nordwestlichen Kurs, in der Hoffnung, auf die schon bekannten Fidschiinseln zu stoßen, aber als Folge der fehlenden Möglichkeit, den Längengrad zu bestimmen, setzte er den Kurs zu früh. Er segelte zwar auf dem richtigen Breitengrad, aber viel zu weit östlich an ihnen vorbei. Da die Mannschaft krank und unterernährt war, besprach er sich mit dem Mannschaftsmeister und seinem Stellvertreter. Sie schlugen vor, nördlichen Kurs auf die Marianen zu nehmen, doch Carteret hielt westlichen Kurs und erreichte im August 1767 Neuirland. Von hier aus segelte er nach Norden zu den Philippinen und dann wieder

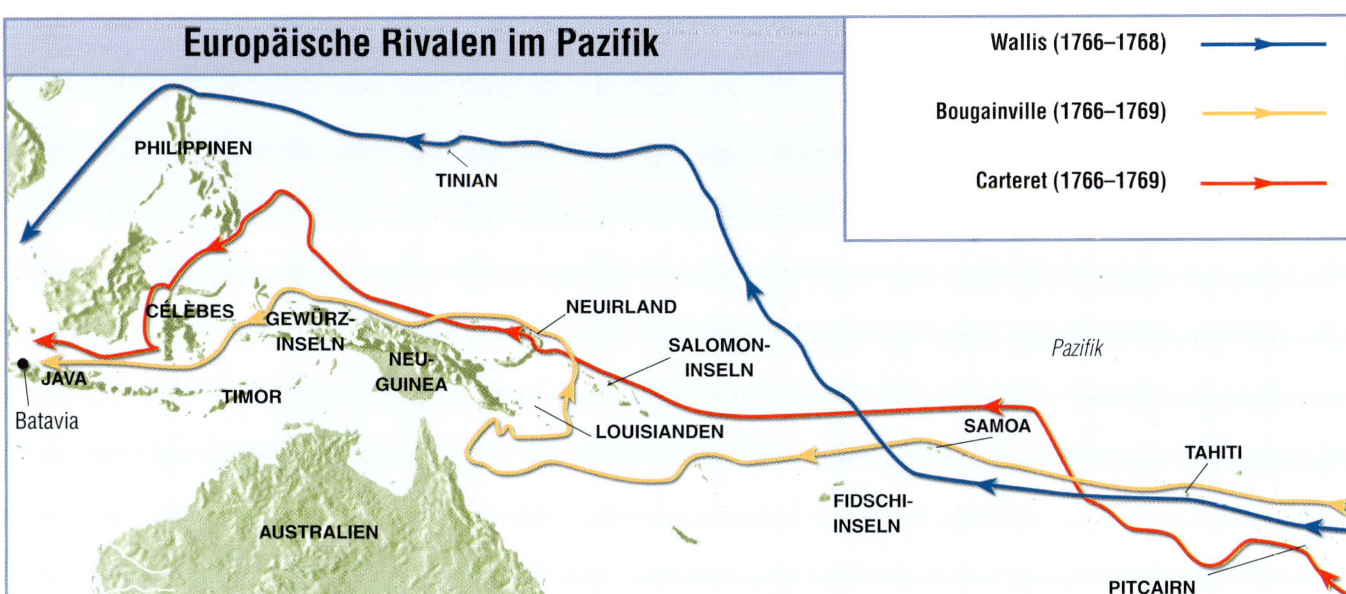

südlich nach Sulawesi (Célèbes). Dort blieb er vier Monate lang, um der Crew die Gelegenheit zu geben, sich auszukurieren und um das Schiff reparieren zu lassen. Im September 1768 segelte Carteret weiter in den Indischen Ozean, erreichte im Januar 1769 die Insel Ascension im Atlantik und im März, nachdem er zweieinhalb Jahre unterwegs gewesen war, wieder englischen Boden.

Ein anderer Kapitän, dessen Reise unrühmlich endete, war der britische Seeoffizier William Bligh. Er hatte an Cooks dritter Reise teilgenommen und kannte die Routen nach Tahiti und Hawaii. 1787 erhielt Bligh das Kommando über die *Bounty* und den Auftrag, Brotfruchtpflanzen von Tahiti zu einer Sklavenplantage auf Jamaika zu bringen.

Als Bligh mit den Setzlingen an Bord von Tahiti nach Jamaika segelte, meuterte unterwegs die Mannschaft. Bligh und 18 ihm treu ergebene Männer wurden in einem offenen Langboot mit etwas Proviant und Wasser sowie primitivem Navigationsgerät ausgesetzt. Trotzdem gelang es Bligh, das Boot 6000 km weit über den Pazifik bis nach Timor zu navigieren. – Keine Erkundungsfahrt, doch eine große seemännische Leistung.

Oben: Fischerboote vor der Küste von Sulawesi (Célèbes). Der britische Seeoffzier Carteret verbrachte hier 1767 vier Monate, um seiner geschundenen Mannschaft Zeit zu geben, sich von den Strapazen einer wochenlangen Pazifiküberquerung zu erholen.

Die Meuterei auf der *Bounty*

Da William Bligh, der englische Kapitän der *Bounty,* oft zu drastischen Strafen griff, erhob sich die Mannschaft am 28. April 1789 unter dem Ersten Offizier Christian Fletcher gegen ihn. Man setzte Bligh mit denjenigen Männern, die ihm treu bleiben wollten, in einem offenen Boot aus. Christian segelte mit den Meuterern nach Tahiti zurück, wo sie einheimische Frauen heirateten, mit denen sie anschließend nach Pitcairn segelten und sich dort niederließen. Noch heute leben deren Nachkommen auf dieser Insel.

Bligh gelang die seemännische Glanzleistung, das Boot bis nach Indonesien zu bringen. 1805 wurde er zum Gouverneur von New South Wales, Australien, ernannt. Sein Versuch, den Alkohol zu verbieten, führte dort 1808 zu einer weiteren Meuterei – der »Rum Rebellion«.

KARTOGRAPHIERUNG DES PAZIFIKS

Im August 1785 verließen zwei Schiffe mit Ziel Nordpazifik den Hafen von Brest. Ihr Kommandeur, Jean François de Galaup, Graf La Pérouse, hatte vom französischen König Louis XVI. den Auftrag, eine wissenschaftliche Expedition in den Pazifik zu unternehmen, um dort unter anderem Tier- und Pflanzenproben zu sammeln, astronomische Beobachtungen anzustellen und die Südseevölker zu studieren. Noch immer verärgert über den Verlust seiner Kolonien in Nordamerika, wollte Frankreich sein Prestige dadurch aufbessern, dass es sich unter den Wissenschaftlern der Welt einen besonderen Ruf erwarb. Doch La Pérouse kehrte nie zurück.

La Pérouse hatte bereits zwischen 1764 und 1778 bedeutende Seereisen unternommen. Die Expedition von 1785, die er nun leiten sollte, war die bestausgerüstete und teuerste der bisherigen Entdeckungsgeschichte. Französische Wissenschaftler hatten einen 500 Seiten umfassenden Fragenkatalog zusammengestellt; die Themen, zu denen sie Antworten wünschten, reichten von der Tierzucht bis zur Sterilisierung von Wasser. An Bord seiner Schiffe, der *Astrolabe* und der *Boussole*, hatte La Pérouse die modernsten Schweizer Uhren und die besten Kompasse der Zeit. Unter den Mitreisenden waren bedeutende Wissenschaftler unterschiedlichster Fachrichtungen.

Um Kap Hoorn herum segelten die Schiffe in den Pazifik, und als die chilenische Küste erreicht war, setzte La Pérouse Kurs auf die Osterinsel, wo man die Steinkolosse untersuchte, die ein ausgestorbenes Volk hier vor Jahrhunderten geschaffen hatte. Dann ging es weiter über Hawaii in den Nordpazifik. Mitte Juni 1786 sichtete La Pérouse die schneebedeckten Gipfel Alaskas und ankerte in der Lituyabai, die er für Frankreich in Besitz nahm.

Hier ereilte ihn das erste Unglück: Drei Boote mit Offizieren und Mannschaft, die zur Jagd auf essbares Wild ausgeschickt worden waren, kenterten in der aufgewühlten See und 20 Leute kamen um. Einige Wochen lang ließ La Pérouse nach Überlebenden suchen, dann segelte er südwärts an der Küste entlang nach Monterey an der kalifornischen Küste, von wo er zur Überquerung des Pazifiks aufbrach. Nachdem er 100 Tage lang ohne Ankerung Westkurs gehalten hatte, kam Macau vor der Südküste Chinas in Sicht. Dort und in Manila überwinterten die Schiffe.

Im April 1787 ließ La Pérouse nördlichen Kurs setzen und segelte an der asiatischen Küste entlang durch das Japanische in das Ochotskische Meer, denn er wollte Sachalin kartographieren und herausfinden, ob das japanische Hokkaido eine Insel oder eine Halbinsel war. Da die Durchfahrt zwischen Sachalin und Festland zu gefährlich war, nahm La Pérouse den Weg durch die später nach ihm benannte Meeresstraße zu den Kurilen und von dort zur Halbinsel Kamtschatka. Hier verbrachte die Expedition einen Monat lang mit wissenschaftlichen Beobachtungen, ehe sich La Pérouse dazu entschloss, einen seiner Offiziere mit allen bisher erhobenen Daten über Asien nach Europa zurückzuschicken. Vielleicht ahnte er, dass der Expedition eine Katastrophe bevorstand.

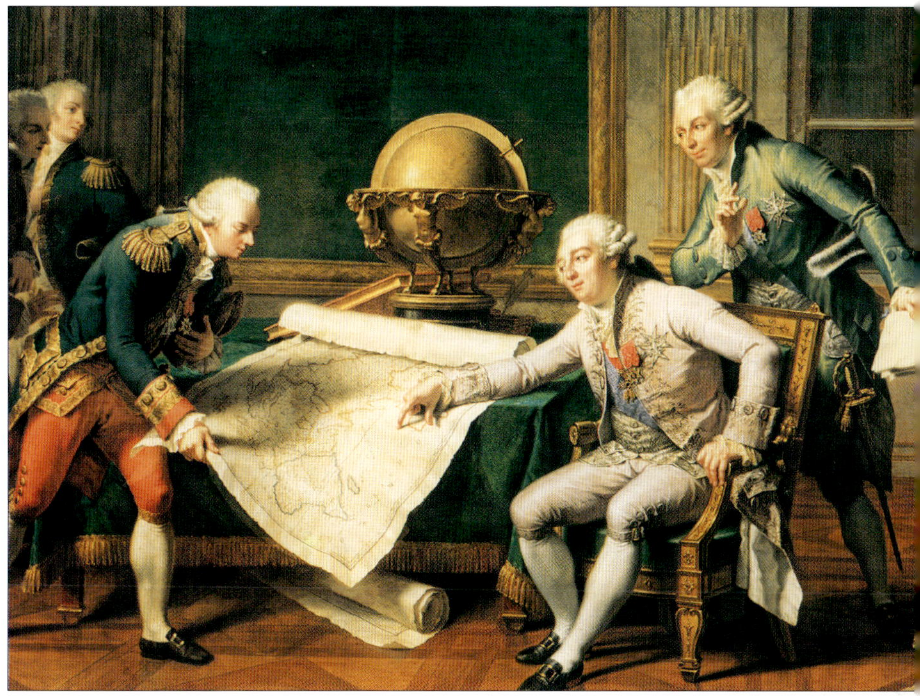

Oben: König Louis XVI. von Frankreich erteilte La Pérouse 1785 persönlich den Auftrag zu einer wissenschaftlichen Expedition in den Pazifik. Sie sollte Frankreich Ruhm und Ehre einbringen, endete aber in einer ungeklärten Katastrophe.

Auf Kamtschatka fand La Pérouse Order vor, Australien aufzusuchen, wo die Briten gerade an der Botanybai ihre erste Strafkolonie errichtet hatten. Also nahm er Südkurs. Bei einem Zwischenhalt auf Samoa kam es zum zweiten großen Unglück, als Einheimische zwölf Crewmitglieder ermordeten, die an Land gegangen waren, um Trinkwasser zu besorgen. La Pérouse verließ Samoa und landete Ende Januar 1788 in der Botanybai.

LA PÉROUSE GEHT VERSCHOLLEN

Von Australien aus ließ La Pérouse alle bisher erstellten Schiffskarten und Unterlagen nach Frankreich verschiffen. Sie wurden später unter dem Titel *Voyage autour du monde pendant les années 1785–88* veröffentlicht.

Am 10. März lief er mit beiden Schiffen aus, um Australiens Nordküste zu kartographieren. Auf dieser Reise ging er offenbar verschollen. Als man drei Jahre lang nichts von La Pérouse gehört hatte, entsandte die französische Marine 1791 eine neue

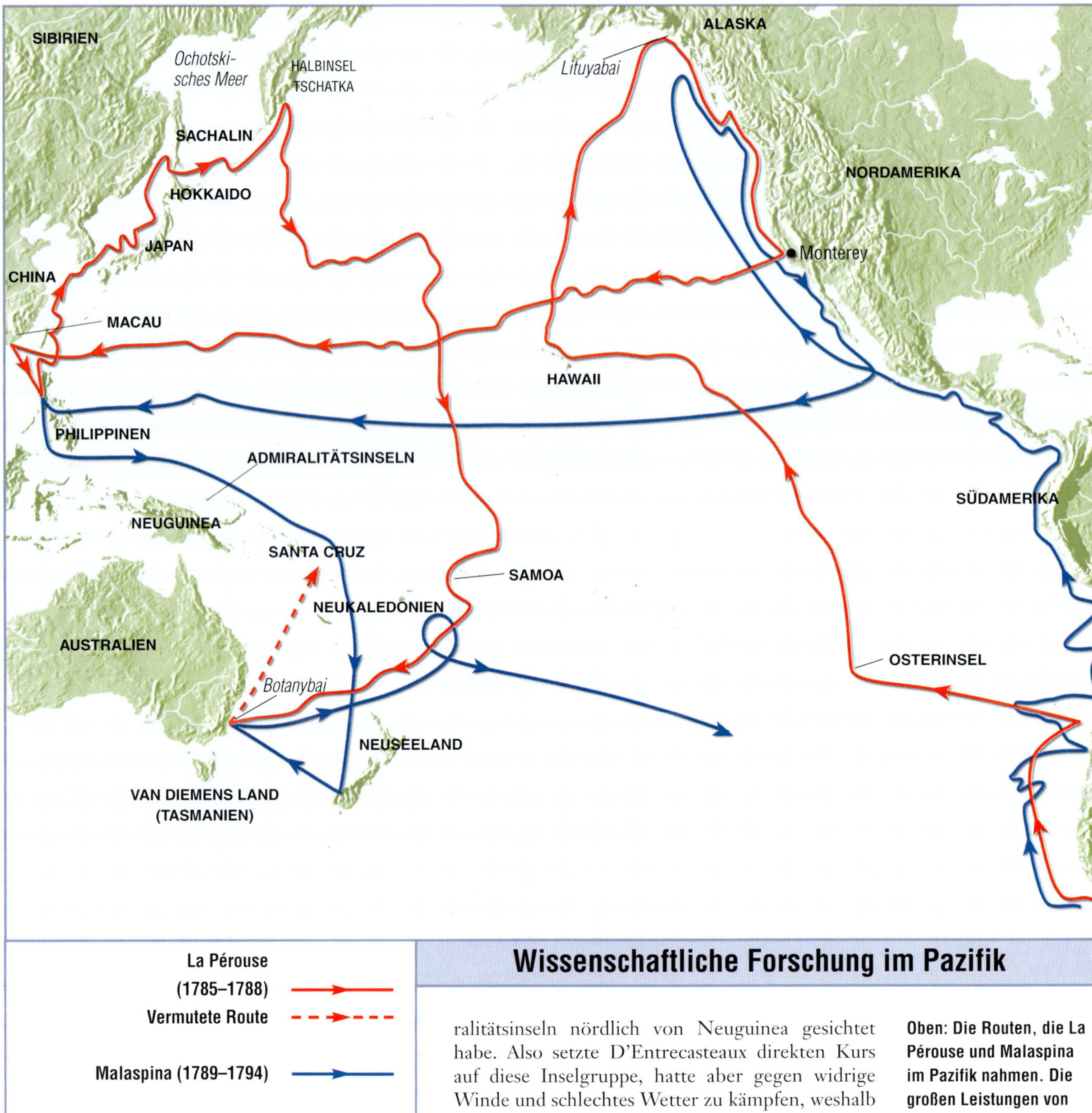

Wissenschaftliche Forschung im Pazifik

Oben: Die Routen, die La Pérouse und Malaspina im Pazifik nahmen. Die großen Leistungen von La Pérouses Expedition der Jahre 1785–1788 sind überschattet vom mysteriösen Verschwinden seiner Schiffe.

Expedition in den Pazifik, die die vermissten Schiffe suchen, aber auch die Küsten Australiens, Tasmaniens und Neukaledoniens vermessen sollte. Wissenschaftler, darunter der Botaniker und Zoologe Claude Riche und der Botaniker Jacques de la Billardière, begleiteten die Expedition.

Der französische Seeoffizier Antoine de Bruni, Ritter D'Entrecasteaux hatte das Kommando über die zwei Schiffe, die man hoffnungsvoll *Recherche* und *Espérance* getauft hatte. Von Frankreich aus nahm D'Entrecasteaux die ihm bekannte Route über das Kap der Guten Hoffnung. Bei seiner Ankunft in Kapstadt erhielt er Nachricht, dass man die Schiffe der La-Pérouse-Expedition vor den Admiralitätsinseln nördlich von Neuguinea gesichtet habe. Also setzte D'Entrecasteaux direkten Kurs auf diese Inselgruppe, hatte aber gegen widrige Winde und schlechtes Wetter zu kämpfen, weshalb er sich entschloss, Kurs auf Tasmanien zu nehmen.

Im April 1792 erreichten die Schiffe Tasmanien (damals Van Diemens Land) an einem Landstrich im Süden. Obwohl man dieses Gebiet für eine Halbinsel hielt, konnte D'Entrecasteaux durch komplette Umsegelung beweisen, dass es sich um eine Tasmanien vorgelagerte Insel handelte, die heute, nach ihm benannt, Brunyinsel heißt.

KEINE SPUR VON LA PÉROUSE

Von Tasmanien aus segelte D'Entrecasteaux nach Neukaledonien und dann westlich zwischen Neuirland und Neubritannien durch den Bismarckarchipel zu den Admiralitätsinseln. Aber die Auskünfte, die er in Kapstadt erhalten hatte, waren wohl falsch – es gab keine Zeichen von La Pérouse

Rechts: Zwei Boote der La-Pérouse-Expedition kenterten in aufgewühlter See in der Lituyabai in Alaska. 20 Männer kamen dabei um.

und seinen Schiffen. D'Entrecasteaux war nun seit knapp zwei Jahren mit seinen Schiffen auf See und steuerte die Niederländischen Ostindischen Inseln an, um Reparaturen vornehmen zu lassen. Im September 1792 erreichte die französische Expedition die Molukkeninsel Ambon.

Hier erfuhr die Mannschaft von dem, was sich in der Heimat zugetragen hatte: Nach der Revolution von 1789 war Frankreich nun im Krieg mit Österreich, Preußen und einer Armee exilierter französischer Adliger. Die Spannungen zwischen reichem Adel und armen Bürgern zu Hause schienen sich nun auf die Schiffsbesatzung zu übertragen. Der selbst zum Adel gehörende D'Entrecasteaux entschloss sich, Segel zu setzen, bevor die Spannungen zwischen Monarchisten und Republikanern zu einem Konflikt an Bord des Schiffes ausarteten. Er nahm Kurs auf Australien und erforschte die Küste der Großen Australischen Bucht.

Als er in einen Sturm geriet, musste er an der Esperancebai ankern. Dort gingen Riche und Billardière an Land, um Artenproben zu sammeln, doch Riche entfernte sich zu weit von der gelandeten Gruppe und irrte zwei Tage lang allein durch das verlassene Terrain, ehe er zurückfand. Von der Esperancebai kehrte D'Entrecasteaux im November 1792 nach Tasmanien zurück, wo er mit Aborigines zusammentraf und Billardière eine bisher unbekannte Art von Eukalyptusbäumen entdeckte.

D'Entrecasteaux segelte nun über Neuseeland und Tonga zurück nach Neukaledonien, das er im Mai 1793 erreichte. Von dort führte die Reise nach Santa Cruz und zu den Salomoninseln. Unterwegs konnten er der Karte die D'Entrecasteaux-Inseln

Leben an Bord eines Segelschiffs im 18. Jahrhundert

Die großen Forschungsreisen, wie sie La Pérouse, D'Entrecasteaux und andere unternahmen, sind umso eindrucksvoller, wenn man sich vor Augen führt, unter welchen Bedingungen eine Seereise im 18. Jahrhundert ablief. Besonders die Mannschaft hatte ein hartes Leben.

Die Seeleute wurden oft gegen ihren Willen auf die Schiffe verschleppt und Disziplinlosigkeiten wurden mit Prügelstrafen und anderen Maßnahmen geahndet.

Gefürchtet war der Auftrag, in kalten Regionen in den Mastkorb zu steigen (dort konnte man leicht erfrieren) oder bei Sturm in die Wanten zu klettern und die losen Enden eines gerissenen Taus splissen zu müssen. Da man bei dieser Arbeit keine Handschuhe tragen konnte, riss man sich nicht nur die ungeschützten Hände blutig, sondern konnte auch den Halt verlieren und in die See oder auf das Deck stürzen.

In den Mannschaftsunterkünften war die Luft extrem schlecht. Ehe sich die Hängematte als Schlafgelegenheit durchsetzte, schliefen die Seeleute unter Deck auf dem mit Stroh ausgelegten Boden.

Links: Ein Kupferstich des 18. Jahrhunderts zeigt Einheimische der Admiralitätsinseln in ihren Auslegerbooten. D'Entrecasteaux lief die Inseln 1792 an, da er gehört hatte, dass man die verschollenen Schiffe der La-Pérouse-Expedition dort gesichtet habe, was sich aber nicht bestätigte. Die Wissenschaftler der Expedition sollten auch Informationen über die Völker der Südsee sammeln.

und die Trobriandinseln hinzufügen. Obwohl D'Entrecasteaux es nicht wusste, war er wahrscheinlich nahe daran, das Schicksal von La Pérouse aufzudecken, denn nahe der Insel Santa Cruz überquerte er das Vanikoloriff, wo man die Wracks der gesunkenen Schiffe heute vermutet.

DIE GEISSEL SKORBUT

Skorbut war jetzt das große Problem des Kommandeurs; er selbst und viele Männer der Besatzung litten daran. Da bereits zwei Monate zuvor der Kapitän der *Espérance* daran gestorben war, entschloss sich D'Entrecasteaux am 29. Juli 1793 zur Heimreise, fiel aber kurz darauf selbst der Krankheit zum Opfer. Alexandre d'Auribeau übernahm jetzt das Schiff und die Leitung der Expedition, während Elisabeth-Paul-Edouard, Ritter von Rossel das Kommando der *Recherche* übernahm. D'Auribeau setzte Kurs auf Surabaya, Java, aber als auch er gefährlich an Skorbut erkrankte, übernahm Rossel die Gesamtleitung.

Als die Schiffe Anfang des Jahres 1794 Java erreichten, erfuhr man, dass Frankreich den Niederlanden ein Jahr zuvor den Krieg erklärt hatte. Obwohl die Männer schwer an Skorbut litten, wurden viele verhaftet, darunter auch der Botaniker Billardière. Diejenigen, die Sympathie für die Royalisten bekundeten, wurden auf ein Schiff Rich-

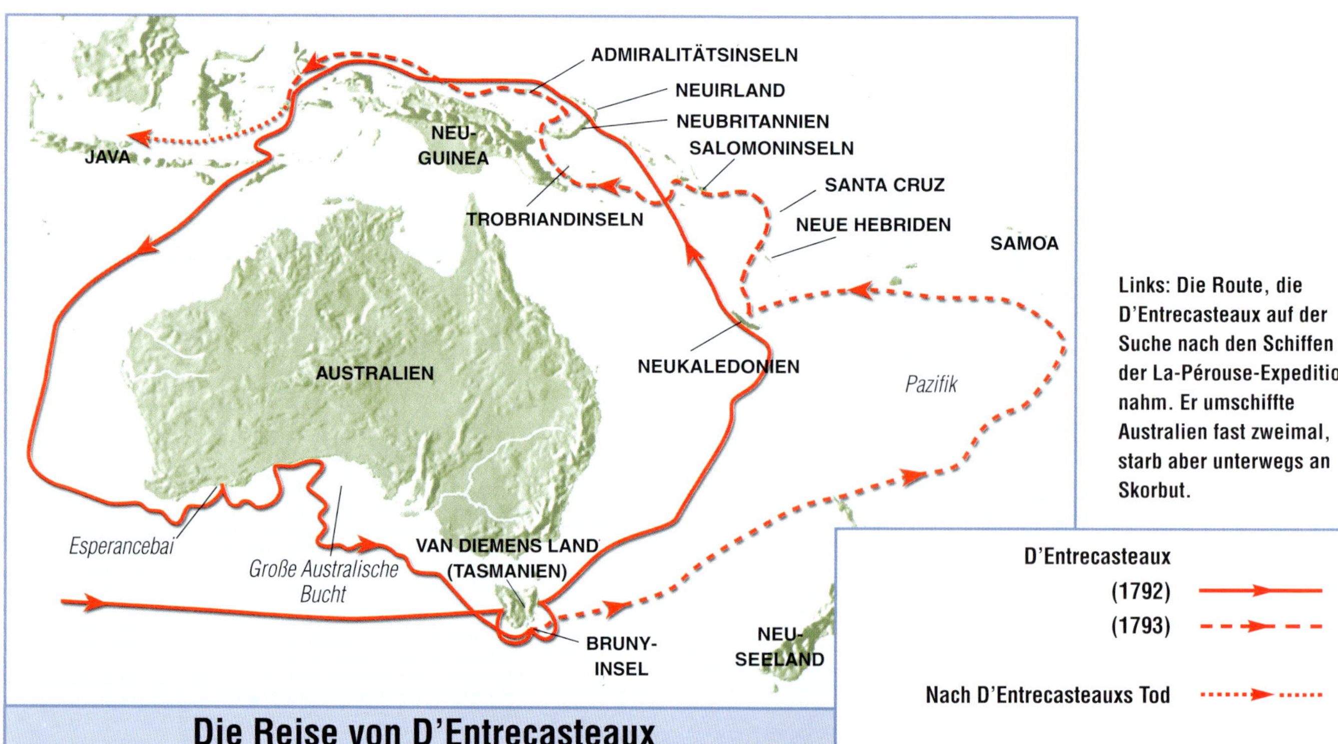

Links: Die Route, die D'Entrecasteaux auf der Suche nach den Schiffen der La-Pérouse-Expedition nahm. Er umschiffte Australien fast zweimal, starb aber unterwegs an Skorbut.

Die Nordwestküstenindianer Nordamerikas

Die Tlingit, Haida, Nootka und andere Stämme der Nordwestküste lebten vom Fischfang, den sie mit seetüchtigen Kanus von bis zu 20 m Länge betrieben. Ihre großen Holzhäuser hielten durch Verzapfung der Balken, denn Nägel oder Schrauben waren unbekannt. Vor und in den Häusern standen geschnitzte Wappen- oder Totempfähle. Stammesmitglieder schnitzten reich verzierte Masken, Schilde, Truhen u. Ä.; die Frauen webten Chilkatdecken aus Ziegenwolle und Zedernrindenbast. Die Besonderheit dieser Indianer war ein Potlatch genanntes Fest, bei dem der Gastgeber zu Ehren seiner Gäste große Reichtümer verschenkte – oder vernichtete. Der Gast musste sich revanchieren und den Gastgeber möglichst überbieten.

Rechts: Der Kupferstich zeigt das Innere eines Hauses der Nootka, das James Cook 1778 besucht hatte.

tung Europa verfrachtet, die Republikaner jedoch hielt man ein weiteres Jahr in Ostindien fest.

Ein britisches Kriegsschiff kaperte das Schiff, auf dem Rossel reiste, und beschlagnahmte alle Karten und Unterlagen der Expedition. Billardière blieb bis März 1795 in niederländischer Gefangenschaft. Nur mithilfe des britischen Botanikers Joseph Banks konnte er seine botanischen Proben zurückerlangen.

GEORGE VANCOUVER

Während D'Entrecasteaux im Pazifik unterwegs war, unternahm George Vancouver auf britische Anordnung eine genaue Untersuchung der nordpazifischen Küste Nordamerikas. Im Mai 1791 setzte er in England Segel und verbrachte die Sommermonate der Jahre 1792 bis 1794 jeweils vor Nordamerika, die Winter dagegen auf den Hawaii-Inseln. Er entdeckte den Puger Sound, den Mount Rainier und das nach ihm benannte Vancouver Island. Der Erweiterung naturwissenschaftlicher Erkenntnisse diente die Expedition, die Alessandro Malaspina zwischen 1789 und 1794 mit zwei Schiffen unternahm. Malaspina gewann die Unterstützung der spanischen Regierung für eine Reise, bei der er »die entferntesten Regionen Amerikas« kartographieren wollte. Um seine Mission auszuführen, bekam er einen Stab von Wissenschaftlern und Künstlern zugeteilt. Während er die Westküste Nord- und Südamerikas vermaß, sammelten Naturkundler Informationen über Flora und Fauna; Völkerkundler studierten die Sitten und Bräuche der Tlingit, einem an der Nordwestküste Nordamerikas beheimateten Indianervolk. Künstler malten die Küstenabschnitte von Washington, Kalifornien und Oregon.

Rechts: Der französische Admiral Nicolas Baudin, der von Napoleon in den Pazifik entsandt wurde, um die Küsten Australiens und Tasmaniens zu kartographieren.

Nicolas Baudin, ein französischer Seeoffizier, der bereits 1793 bis 1795 eine Expedition nach China, Indien und Indonesien durchgeführt hatte, machte weitere wissenschaftliche Studien möglich. Im Oktober 1800 verließ er Frankreich mit zwei Schiffen, der *Géographe* und der *Naturaliste*. Die 24 Wissenschaftler, die an der Expedition beteiligt waren, brachten eine große Menge wissenschaftlicher Proben mit. Baudin erforschte die Westküste Australiens und die Südküste des heutigen Bundesstaates Victoria.

Darüber hinaus unternahm er auch eine dreimonatige Exkursion nach Tasmanien. Im April 1802 traf Baudin mit dem Engländer Matthew Flinders zusammen, der Australien umschiffte. Von ihm erhielt Baudin Seekarten, die sich auf die Informationen stützten, die die Briten von dem gefangen genommenen Rossel erhalten hatten.

Die Expedition machte in Sydney Station, wo Baudin ein drittes Schiff erwarb, das er dem Kommando von Louis-Claude de Saulces de Freycinet unterstellte. Die Schiffe segelten nach Mauritius, wo Baudin starb. Freycinet brachte sie mit den Überlebenden nach Frankreich zurück.

DIE AUSTRALISCHE KÜSTENLINIE

Rechts: Der Engländer Matthew Flinders, der ganz Australien umschiffte und dabei weite Teile der Küste kartographierte.

Gegen Ende des 18. Jahrhunderts gab es noch viele Regionen auf der Welt, in die noch kein Europäer seinen Fuß gesetzt hatte. Die Gewässer, Inseln und Küstenlinien des Pazifiks waren nicht nur für Seefahrer eine interessante Herausforderung, auch andere Naturwissenschaftler beteiligten sich an solchen Reisen, denn man wollte mehr über die Tiere, Pflanzen und Menschen dieser fernen Welten erfahren.

Außerdem war Australien noch immer weitgehend unbeanspruchtes Territorium. Kapitän Cook hatte 1770 einen Teil der Ostküste vermessen, kartographiert und für Britannien in Besitz genommen, aber das Land hatte sich wenig um sein neu gewonnenes Territorium gekümmert. Lediglich eine Strafkolonie wurde 1788 in New South Wales errichtet.

Mit Anbruch des 19. Jahrhunderts wurde es für Großbritannien höchste Zeit, seine Ansprüche auf Australien zu festigen, denn Frankreich, mit dem es sich im Krieg befand, suchte sich überall in der Welt neue Territorien zu sichern. Das noch unerforschte Australien schien den Franzosen dabei besonders verlockend.

KARTOGRAPHIERUNG DER KÜSTE

Matthew Flinders und Nicolas Baudin sind die beiden Entdecker, die den größten Teil der australischen Küstenlinien vermessen haben. Flinders kam 1795 als junger Mann auf demselben Schiff nach New South Wales, das den zweiten Gouverneur, Kapitän John Hunter, zur Kolonie brachte. Außerdem an Bord war der Schiffsarzt George Bass, ein Mann von großem Wissensdurst.

Bass hatte ein ungewöhnliches Gepäckstück mit dabei – ein kleines Segelboot namens *Tom Thumb* (Däumling). Kaum war er in Australien gelandet, setzte er Segel, um auf Erkundungsfahrt zu gehen. Bass bat Flinders und einen seiner Diener, ihn zu begleiten.

Von Port Jackson aus segelten die Männer los und waren acht Tage unterwegs – keine große Entdeckungsfahrt, aber ihre Lust an weiteren Unternehmungen war geweckt. Mit Unterstützung von Gouverneur Hunter unternahmen Bass und Flinders im Jahr 1796 eine größere Expedition in einen südlich der Botanybai gelegenen Wasserarm, den sie für eine Flussmündung hielten. Sie stellten je-

Unten: Colesbai an der Ostküste Tasmaniens. Flinders umschiffte 1798 die zu seiner Zeit Van Diemens Land genannte Insel.

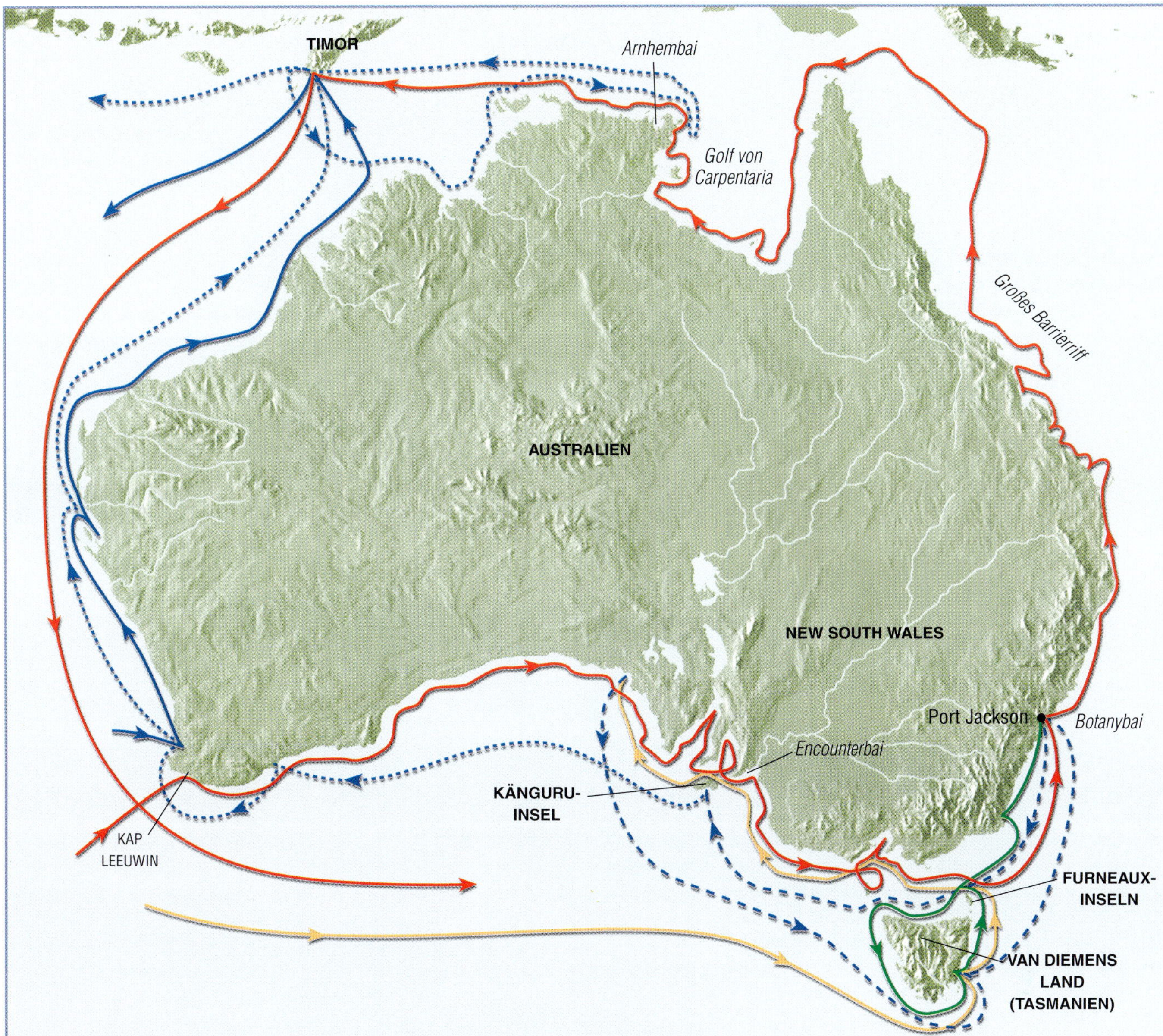

Kartographierung der australischen Küste

Oben: Die Routen, die der englische Seefahrer Matthew Flinders und der französische Seeoffizier Nicolas Baudin bei ihren Erkundungen der australischen Küste nahmen.

doch fest, dass es sich um eine schmale, tiefe Bucht handelte. Sie hatten großes Glück, dass sie diese Expedition lebend überstanden, denn sie waren in einen heftigen Sturm geraten, in dem die *Tom Thumb* fast gekentert wäre.

Im September 1798 erhielt Flinders das Kommando über die *Norfolk* und über eine Crew von acht Männern, um nach Van Diemens Land (heute Tasmanien) zu segeln und zu erforschen, ob es sich um eine Insel oder um eine mit Australien verbundene Halbinsel handelte. Auch Bass war mit an Bord.

Nachdem sie die Furneaux-Inseln nordöstlich von Tasmanien umschifft hatten, segelten sie in westlicher Richtung zur Nordküste Tasmaniens. Nach drei Monaten auf See erreichten die Männer endlich das Ende der Nordküste, wo schwere Brecher gegen die Westküste brandeten. Flinders notierte ins Logbuch, er und Bass hätten dies mit großer Freude und gegenseitiger Beglückwünschung zur Kenntnis genommen, sei doch der lang ersehnte Weg in den Indischen Ozean gefunden worden. Sie umsegelten Van Diemens Land und bewiesen so, dass es eine Insel war.

Nachdem diese erste Umschiffung gelungen war, machten sie sich daran, die unerforschten Küsten Australiens zu erkunden. Flinders schrieb in sein Tagebuch: »Cook brachte die Ernte der Entdeckung ein, nun muss noch die Nachlese gehalten werden.«

RUND UM AUSTRALIEN

Die britische Admiralität gab Flinders das Kommando über die *Investigator*, ein Schiff von 334 Tonnen. Im Dezember 1801 begann er seine Arbeit am Kap Leeuwin an der Südwestspitze Australiens, von wo aus er östlichen Kurs setzte.

Im April 1802, kurz nachdem er die Känguru-Insel verlassen hatte (die er so nannte, weil er besonders viele dieser Tiere dort gesehen hatte), traf er mit einer französischen Expedition unter Nicolas Baudin zusammen. Obwohl die Beziehungen zwischen ihren Heimatländern gespannt waren, kamen die beiden Männer sich relativ freundlich entgegen. Flinders überließ Baudin sogar eine Karte des eben von ihm vermessenen Küstenabschnitts.

Nach der Südküste wandte sich Flinders nun der Ostküste Australiens zu, doch während er selbst begeistert bei der Sache war, begann das Holz des Rumpfes zu modern.

Bis März 1803 hatte Flinders die Nordküste bis zur Arnhembai kartographiert, als ihn der Zustand des Schiffes zur Rückkehr nach Port Jackson zwang. Um schnell dorthin zu kommen, nutzte Flinders Winde und Strömungen geschickt aus und segelte in Richtung Westen und um Australien herum. Obwohl er nicht die gesamte Küste vermessen hatte, war ihm doch eine volle Umschiffung des Kontinents gelungen.

Mit einem neuen Schiff wollte Flinders nach England segeln, erlitt aber am Großen Barrierreef Schiffbruch. Bei seinem zweiten Versuch, in die Heimat zurückzukehren, musste er in der damaligen französischen Kolonie Ile de France (heute Mauritius) vor Anker gehen, wo er als Spion verhaftet und sechs Jahre lang inhaftiert wurde, obwohl ihm von der französischen Regierung sicheres Geleit zugesagt worden war.

Als Flinders schließlich 1810 nach England kam, musste er erfahren, dass man Baudin den Ruhm für seine Entdeckungen zugeschrieben hatte. Er korrigierte dies in seinem Buch *A Voyage to Terra Australis*, aber das Werk wurde erst an seinem Todestag im Jahre 1814 veröffentlicht.

BAUDINS ERKUNDUNGEN

Nicolas Baudin war Kapitän des französischen Kriegsschiffs *Géographe*, das 1800 von Napoleon in den Pazifik entsandt worden war, um den Anspruch Frankreichs auf Van Diemens Land zu festigen und um die West- und Nordküste Australiens zu kartographieren.

Baudin starb jedoch 1803 auf See. Ein großer Teil der ihm zugeschriebenen Vermessungsarbeiten war von Flinders gemacht worden und wurde den Karten entnommen, die Flinders 1802 Baudin bei ihrem Zusammentreffen überlassen hatte.

Links: Flinders und Bass kämpfen in dem kleinen Segelboot *Tom Thumb* gegen die Elemente. Bei einer Expedition in den heutigen Port Hacking gerieten sie in einen Gewittersturm.

Unten: Das Große Barrierriff vor der Nordostküste Australiens. Hier erlitt Flinders 1803 Schiffbruch, als er nach England zurückkehren wollte.

AUSTRALIENS FRÜHE JAHRE

Oben: Die Bergkette der Blue Mountains, die sich westlich von Sydney im Innern von New South Wales erstreckt. Für die Siedler, die das Land durchqueren wollten, erwies sich das Gebirge mit seinen zahlreichen Kerbtälern als schwer zu überwindendes Hindernis.

Als 1788 die ersten Europäer nach Australien kamen, um es zu besiedeln, wussten sie nur bedingt, worauf sie sich eingelassen hatten. Trotz der Reisen von Pionieren wie James Cook, der 1770 an der Botanybai gelandet war, hatten die Entdecker nur eine sehr vage Vorstellung vom Küstenverlauf des Kontinents. Auch was sich im Innern der riesigen Landmasse verbarg, wusste man nicht. Es sollte sich herausstellen, dass es sich um eine Landmasse von acht Millionen Quadratkilometern handelte, was etwa 80 % der Landmasse der Vereinigten Staaten von Amerika entspricht.

Als die Europäer mit der Besiedelung Australiens begannen, waren sie nicht die ersten Menschen, die den Kontinent betraten. Vielmehr war der Inselkontinent seit etwa 40 000 Jahren bewohnt. Als die ersten Europäer kamen, lebten hier etwa 300 000 Aborigines, wie die Ureinwohner Australiens genannt werden. Diese Aborigines hatten das Land bis in den letzten Winkel durchstreift und wussten sich ideal vor der Gluthitze und vor Feinden zu schützen.

Europäische Expeditionen heuerten oft Aborigines als Führer an und hätten ohne ihre Hilfe eine wesentlich längere Zeit gebraucht, um diesen Kontinent zu erforschen.

Die Briten nutzten die erste Kolonie nahe des heutigen Sydneys als Straflager; anstatt verurteilte Verbrecher in Gefängnissen in Großbritannien unterzubringen, wurden sie nach Australien verschifft, wo sie je nach Strafmaß eine Zeit lang Zwangsarbeit leisten mussten, ehe sie sich als freie Siedler im Land niederlassen durften.

Vor Australien hatte man britische Strafgefangene in die Kolonien nach Nordamerika gebracht, aber da sich die Vereinigten Staaten von Großbritannien unabhängig gemacht hatten, waren diese Kolonien verloren. Man errichtete deshalb 1787 im New South Wales genannten Teil Australiens eine neue Strafkolonie.

DIE »ERSTE FLOTTE«

Der erste britische Straftransport – von den Australiern die »Erste Flotte« genannt – landete im Januar 1788 mit knapp 1000 Menschen in Port Jackson (heute Sydney). Darunter waren ungefähr 800 Strafgefangene, ein Viertel davon Frauen. Die übrigen Ankömmlinge waren zum größten Teil Soldaten zur Bewachung.

Am Anfang waren die Zustände entsetzlich, und viele Menschen verhungerten oder starben an Krankheiten. Die Strafgefangenen mussten Unterkünfte bauen und das Land für die Bewirtschaftung urbar machen, doch sie besaßen weder das nötige Werkzeug noch die Sachkenntnis.

Als das Land endlich zum Anbau bereit war, stellte man fest, dass die aus Europa mitgebrachten Pflanzen nicht gediehen und auch das Vieh nicht überlebte. Jahrelang ging es den neuen Siedlern um nichts anderes als ums bloße Überleben und auch nach zwei Dekaden waren die Kolonisten kaum mehr als ein paar Meilen weit ins Landesinnere vorgedrungen.

Während sich die Kolonie in New South Wales langsam den Gegebenheiten anpasste, erforschten britische Seefahrer größere Abschnitte der australischen Küste. Matthew Flinders (der zusammen mit George Bass 1798 bewiesen hatte, dass Tasmanien eine Insel ist) erhielt 1801 das Kommando über die *Investigator* und den Auftrag, Australien zu umsegeln und die Küstenlinie aufzuzeichnen. Seine Reise dauerte 18 Monate.

Als Flinders nach Port Jackson zurückkehrte, hatte er zahlreiche Männer verloren und von den Überlebenden litten viele an Skorbut. Doch Flinders hatte seinen Auftrag zum großen Teil erfüllt. Einige der Karten, die er erstellt hatte, wurden noch 150 Jahre später benutzt.

Flinders hatte ein Team von fünf Wissenschaftlern und Künstlern zusammengestellt, das unter-

Strafgefangene als erste Siedler

Die ersten Europäer, die von Großbritannien aus als Siedler nach Australien kamen, waren Strafgefangene. Im Januar 1788 kamen die ersten sechs Schiffe mit 730 Sträflingen (darunter 160 Frauen) in Port Jackson an der Ostküste an.

Neben dem Gouverneur Arthur Phillips waren auch Seeleute und Soldaten an Bord. Außerdem hatte man eine große Stückzahl an Vieh, Saatgut und Gerätschaften mitgebracht, mit denen die Kolonie sich nun selbst erhalten sollte. Während der acht Monate dauernden Reise waren jedoch viele Sträflinge krank geworden.

Nach der Landung bauten Gefangene, Seeleute und Soldaten gleichermaßen Unterkünfte und sorgten für Nahrung – hauptsächlich Fisch und Kängurufleisch. Das ausgesäte Saatgut ging jedoch nicht auf und die Menschen verhungerten fast, da erst nach mehr als zwei Jahren das erste Versorgungsschiff kam.

Das übliche Strafmaß der Verurteilten betrug sieben Jahre. Es konnte für kleine Diebstähle oder Betrügereien verhängt werden, besonders, wenn der Schuldige aus der Unterschicht stammte.

Wenn die Sträflinge ankamen, mussten sie Zwangsarbeit auf Regierungsfarmen oder in anderen Einrichtungen leisten, sie konnten aber auch zu freien Farmern geschickt werden. Hatten sie ihre Strafe verbüßt, hatten die ehemaligen Sträflinge die gleichen Rechte wie freie Siedler, die nach Australien kamen. Manche bekamen später wichtige Posten in der Verwaltung, denn es herrschte in den Anfangsjahren ein großer Mangel an Führungskräften. Nur so ist es zu erklären, dass man einem verurteilten Betrüger die Leitung der ersten Mine Australiens übertrug.

In den 1850er-Jahren wurden die letzten Sträflinge nach Australien geschickt, insgesamt waren es etwa 13 000 gewesen. Danach kamen immer mehr freie Siedler, doch es dauerte bis zum Ende des 19. Jahrhunderts, bis die Zahl der freien Siedler die der Sträflinge überstieg.

Oben: Auf den Schiffen, die britische Kriminelle nach Australien brachten, herrschten unmenschliche Zustände. Viele überlebten die 8-monatige Überfahrt nicht.

wegs Forschungen an Pflanzen, Tieren und Gesteinen anstellte und Bilder davon zeichnete. Einer der Wissenschaftler, der schottische Botaniker Robert Brown, ging so oft wie möglich an Land und sammelte Proben von Pflanzen, die in Europa bisher unbekannt waren. Von mehr als 4000 Arten schickte er Exemplare nach England.

Der Maler Ferdinand Bauer fertigte Hunderte von Skizzen und Bildern von australischen Blumen und exotischen Tieren. Leider gingen bei einem Schiffbruch auf der Rückreise nach Großbritannien viele von Browns Artenproben und von Bauers Bildern verloren. Doch was das Unglück überstanden hatte, reichte aus, um eindrucksvoll zu zeigen, wie außergewöhnlich und exotisch die Flora und Fauna Australiens war.

Auf einen Vorschlag Flinders' geht auch der Name »Australien« zurück. Schon auf uralten Weltkarten war ein *Terra Australis Incognita*, ein »unbekanntes Südland« genanntes Land eingezeichnet. Da dieses Land nun entdeckt war, beschloss Flinders, einen Teil des alten Namens zu behalten und das Land Australien zu nennen.

ERSTE VORSTÖSSE INS INLAND

1813 erstreckte sich die Kolonie New South Wales etwa 50 km weit ins Inland. Versuche weiter vorzustoßen, scheiterten an den zerklüfteten Schluchten und dem dichten Buschwald der Blauen Berge, der Kette der Blue Mountains. Eine längere Dürreperiode, die die gesamte Ernte zu vernichten drohte, ermutigte die Farmer George Blaxland, William Wentworth und William Lawson, noch einmal einen Versuch zu unternehmen.

Blaxland war einer der ersten freien Siedler, die 1805 nach Australien gekommen waren. Bis 1813 besaß er eine ansehnliche Schafzucht am Fuß der Blue Mountains. Wentworth wurde auf der Insel Norfolk, einer weiteren britischen Strafkolonie im Pazifik geboren – seine Mutter war dorthin verbannt worden. Lawson hatte, ehe er Farmer wurde, Dienst als Soldat getan.

Anfang Mai machte das Trio sich mit vier weiteren Männern auf den Weg. Nach mehr als drei Wochen hatten sie nur 80 km hinter sich gebracht, denn mit jedem Schritt mussten sie sich den Weg durch das dichte Unterholz freihacken. Scharfe Felskanten hatten Menschen und Pferden zudem die Beine zerschnitten. Als sie sich endlich jenseits der Berge befanden, lag vor ihnen offenes Land. Da ihre Wasservorräte zu Ende gingen, waren sie froh, das fruchtbare Grasland gefunden zu haben, das sie für ihre Tiere brauchten.

Im Herbst 1813 beauftragte Lachlan Macquarie, der Gouverneur von New South Wales, den Landvermesser George Evans, die Route nachzugehen und zu vermessen; danach bekam William Cox den Auftrag, eine Straße zu bauen. 1815 wurde die Straße eröffnet und Bathurst – die erste bedeutende Inlandstadt Australiens – gegründet.

1815 verfolgte Evans die Route ein Stück weiter, fand einen Weg über die letzte Bergkette in die Ebene und entdeckte einen Fluss, den er Lachlan

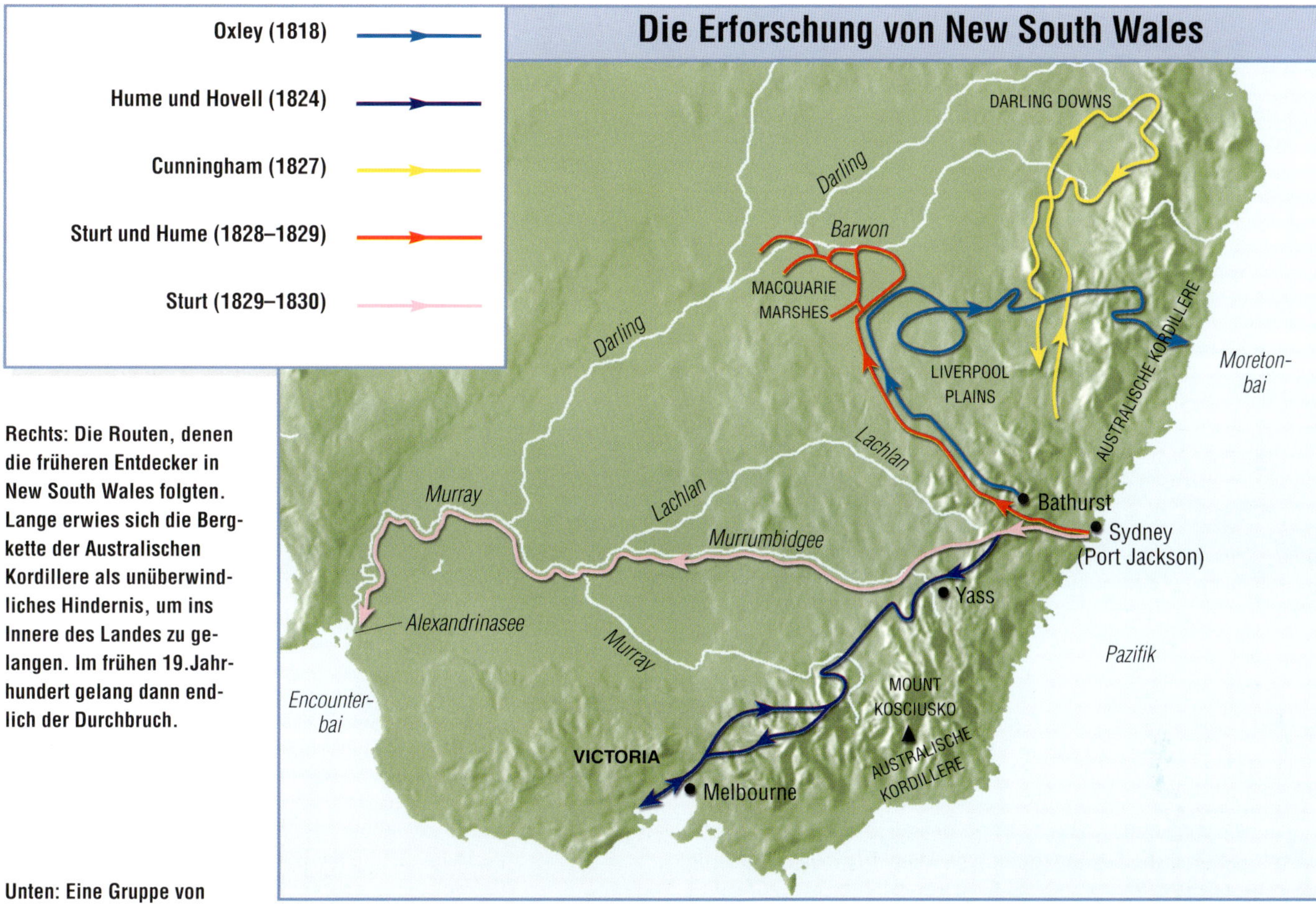

Rechts: Die Routen, denen die früheren Entdecker in New South Wales folgten. Lange erwies sich die Bergkette der Australischen Kordillere als unüberwindliches Hindernis, um ins Innere des Landes zu gelangen. Im frühen 19. Jahrhundert gelang dann endlich der Durchbruch.

Unten: Eine Gruppe von Aborigines. Noch heute leben viele Ureinwohner nach der Lebensweise, die sich für sie in Jahrtausenden in Australien bewährt hat.

nannte. Bald folgte ein stetiger Strom von Pionieren, die ihre Schaf- und Rinderherden auf die neuen Weiden führten, von denen schon Blaxland und seine Freunde geschwärmt hatten. John Oxley, ein ehemaliger britischer Seeoffizier, wurde 1812 zum obersten Landvermesser der Kolonie ernannt. In den Jahren zwischen 1817 und 1823 unternahm er verschiedene Exkursionen. 1818 machte er sich von Bathurst aus in Richtung Nordwesten auf den Weg und kam etwa 320 km weit bis zu einem Fluss, den er Macquarie nannte.

DIE GRÜNDUNG VON BRISBANE

Da das Gelände zu sumpfig war, musste Oxley die Richtung ändern. Er wandte sich Richtung Osten, kämpfte sich durch die Berge des Great Dividing Range (Australische Kordillere) zurück zur Küste und entdeckte unterwegs weitere Ebenen, die sich als Gelände für die Viehzucht anboten – die Liverpool Plains. Oxley vermaß das Gelände um die Moretonbai, an der bald Brisbane – heute Hauptstadt des Bundesstaates Queensland – gegründet wurde.

Der Botaniker Allan Cunningham hatte schon seit 1816 in Australien geforscht und Artenproben gesammelt. Er hatte zusammen mit Brown die Expedition von Flinders begleitet und war ein Mitarbeiter von Sir William Banks, der Kapitän Cook als Naturforscher auf seiner ersten Reise begleitet hatte. Einige seiner Proben schickte Cunningham nach Großbritannien und ließ sie von Banks untersuchen.

Cunningham erforschte das Gebiet um die Moretonbai. 1827 führte er eine Expedition nördlich von Bathurst an der Inlandseite der Australischen

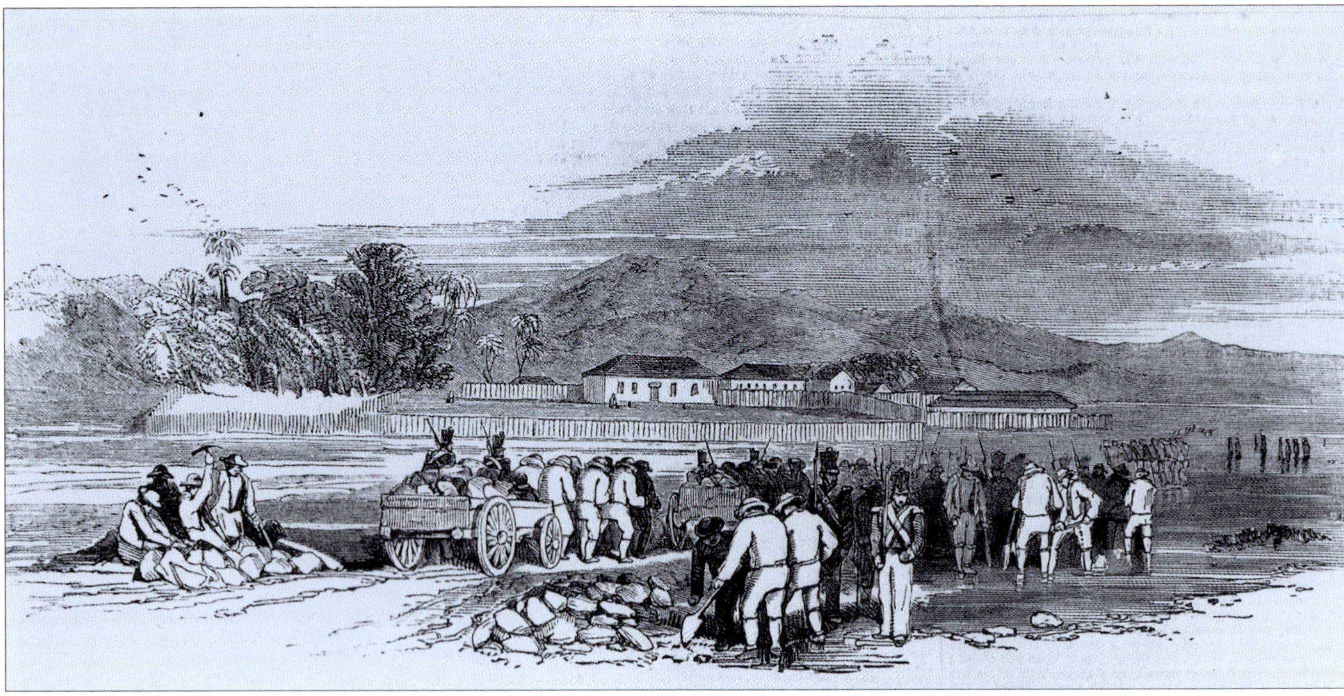

Kordillere entlang und entdeckte dort ein Gebiet »unerschöpflicher Weideflächen«, das er Darling Downs nannte.

Von New South Wales aus stießen die Pioniere auch nach Süden in den heutigen Bundesstaat Victoria vor. Erste Entdecker, die sich in diese Richtung aufmachten, waren Hamilton Hume und William Hovell.

Hume war bereits in Australien geboren und erst 17 Jahre alt, als er sich auf seine erste Erkundungsreise begab. Zwischen 1814 und 1822 erforschte er das Gebiet um Goulburn und Yass, nördlich des heutigen Canberras. Im Laufe der Jahre erwirtschaftete er sich in Yass eine ansehnliche Farm. 1824 erhielten er und Hovell von Sir Thomas Brisbane, dem Gouverneur von New South Wales, den Auftrag, eine Route zur Südküste auszukundschaften.

Hume und Hovell waren die ersten Europäer, die den Mount Kosciusko (den höchsten Gipfel Australiens) und einen gewaltigen Strom sahen – den Hume, der später in Murray umbenannt wurde.

Die Männer erreichten die Südküste westlich des heutigen Melbournes und kehrten dann nach Hause zurück. Allerdings hatte es unterwegs große Probleme gegeben: Aus ihren Wagen hatten sie improvisierte Flöße zimmern und auf umgestürzten Baumstämmen reißende Flüsse überqueren müssen. Einem Buschfeuer entkamen sie nur mit knapper Not, die Lebensmittelvorräte gingen zur Neige und stechwütige Moskitos brachten die Männer fast um den Verstand.

Auch stritten sie häufig über den Weg, den sie nehmen sollten: Hovell war die Leitung übertragen worden, er erwies sich aber als schlechter Führer. Noch Jahre nach Beendigung der Reise stritten Hume und Hovell über ihre Ansichten.

CHARLES STURT

Es überrascht nicht, dass sich Hume für seine nächste Expedition einen neuen Partner suchte, nämlich Charles Sturt, der sich als einer der effektivsten europäischen Entdecker Australiens erweisen sollte, zumindest was die hohe Qualität seiner Karten und Berichte anging.

Sturt war 1827 als Soldat nach Australien gekommen und zeigte bald Interesse an der Landeserkundung. Schon im Januar 1828 unternahm er mit Hume eine Exkursion, die herausfinden sollte, ob die Flüsse, die westlich der Bergkette der Great Dividing Range flossen, ihren Weg zum Meer oder möglicherweise zu einem großen Binnensee nahmen.

Sturt und Hume folgten der Route, die John Oxley genommen hatte und erreichten den Macquarie und das Gebiet, das Oxley seiner Sümpfe wegen zur Umkehr gezwungen hatte. Doch nun war die Region vollkommen trocken, ein riesiges, wasser- und vegetationsloses Becken unter gleißender Sonne.

Allen Schwierigkeiten zum Trotz marschierten die Männer weiter und stießen auf einen anderen Fluss, den sie Darling nannten. Leider mussten sie feststellen, dass er salziges Wasser führte, und da ihre Süßwasservorräte knapp wurden, mussten sie umkehren. Der Salzgehalt des Wassers ließ sie jedoch vermuten, der Darling münde in einen salzigen Binnensee.

ERFORSCHUNG DES MURRUMBIDGEES

Im November 1829 unternahm Sturt eine weitere Expedition, diesmal zum Murrumbidgee, einem Fluss im Süden von New South Wales. Er hatte Hölzer dabei, aus denen bei Bedarf ein etwa 8 m langes Boot gebaut werden konnte. Als der Fluss erreicht war, ließ Sturt die meisten Männer zurück

Oben: Die ersten Siedler, die nach Australien kamen, waren britische Sträflinge. Sie machten das Land urbar und bauten Straßen und Siedlungen.

und reiste mit nur sechs von ihnen auf dem streckenweise strömungsstarken Fluss weiter. Überall lagen umgestürzte Baumstämme quer, dann wieder war der Fluss versumpft. Die Männer bauten ein zweites Boot und vertäuten es mit dem ersten, um darin die Nahrungsvorräte zu transportieren. Doch ausgerechnet dieses Boot kenterte.

Nach einigen problematischen Tagen wurden sie in einen breiteren Fluss geschwemmt – den Murray. Obwohl der Fluss sanfter war, blieb die Reise gefährlich. Etwa 100 Aborigines hatten sich am Ufer versammelt, folgten dem Boot und bedrohten die Männer auf dem Fluss mit Speeren und anderen Waffen. Die Lage schien aussichtslos, doch dann erschienen vier andere Aborigines und beruhigten die aufgebrachte Meute.

Als Nächstes entdeckte Sturt, dass der Murray einen großen Nebenfluss hatte – den Darling. Die Gruppe fuhr anschließend wieder flussabwärts und kam 33 Tage, nachdem sie ihre Erkundungsreise begonnen hatten, nahe dem heutigen Adelaide zum Alexandrinasee und zur Küste. Auf dem Rückweg mussten die Männer jedoch gegen die Strömung der Flüsse ankämpfen. Es dauerte mehr als einen Monat, ehe sie zum Zusammenfluss von Murray und Murrumbidgee kamen. Nach weiteren drei Wochen gelangten sie zu ihrem Ausgangspunkt zurück. Sturt hatte sich dabei so sehr angestrengt, dass seine Gesundheit geschädigt wurde.

Sturt hatte die wichtigsten geographischen Züge Südostaustraliens erkundet, das ganze Gebiet, das heute die Bundesstaaten Victoria, New South Wales und der Süden von Queensland einnehmen, war nun für die Besiedlung durch Schafzüchter und andere geöffnet.

Die Pioniere hatten dabei große Strapazen durchgestanden. Trotz Hitze und Dürre, die ihnen zu schaffen gemacht hatten, blieben sie hartnäckig und verfolgten ihr Ziel, neues Land zu erschließen. Anderen Entdeckern standen jedoch noch weitaus schlimmere Erfahrungen bevor.

Oben: Sturt und seine Männer werden am Murray von aufgebrachten Aborigines bedroht.

Unten: Der Murrumbidgee, ein Nebenfluss des Murrays, schwillt zeitweise mächtig an. Sturt folgte beiden Flüssen bis zum Meer.

Süden nach Norden zu durchqueren. Doch seine Expedition kam nicht weit. Rund 700 km hinter Adelaide stieß der Trupp auf riesige Salzebenen, die Eyre für einen Teil des Torrenssees hielt. Tatsächlich handelte es sich um eine Neuentdeckung, die später zu seinen Ehren Eyresee genannt wurde. Mehrmals versuchten die Männer vergeblich, die sumpfigen Salzebenen zu überqueren, dann gaben sie auf, weil die Pferde jedes Mal bis zum Bauch in dem salzigen Morast versanken.

Eyre kehrte zur Küste zurück und wollte nun an der Küste entlang von Ost nach West segeln, um einen Weg für den Viehtransport nach Westaustralien zu eröffnen. Im Februar 1841 machte er sich auf den Weg. Trotz Hitze und Trockenheit war der erste Teil des Weges nicht allzu schwierig, denn bis zur Fowlersbai folgte der Expedition ein Versorgungsschiff.

Zur Expeditionsgruppe gehörte neben Eyre ein weiterer Europäer namens John Baxter, außerdem hatten sie drei Aborigines als Führer mit dabei. Bald jedoch gab es Wasser nur noch aus den Wurzeln von Sukkulenten. Ohne die Hilfe und die kundige Führung der Aborigines wären Eyre und Baxter zweifellos verdurstet. Ende April, nach mehreren Wochen ohne ausreichende Nahrung und Wasserversorgung, gab es einen Streit unter den Männern. Baxter wurde erschossen und zwei der Aborigines machten sich mit den restlichen Vorräten davon.

Eyre und Wylie, der Dritte der Aborigines, schlugen sich weiter durch. Schließlich wurde es etwas kühler und am Ende fiel sogar etwas Regen. Die Männer waren in äußerster Not, als es ihnen Anfang Juni gelang, die Aufmerksamkeit eines französischen Walfängers zu erregen, der vor der Küste kreuzte.

Sie bekamen Wasser und Nahrung und machten sich dann wieder auf den Weg. Die letzten drei Wochen ging es in strömendem Dauerregen durch sumpfiges Marschland. Nach vier Monaten und einem Marsch von rund 1500 km erreichten Eyre und Wylie völlig erschöpft Albany.

STURT GEHT NACH NORDEN

Die nächste wichtige Expedition, die von Adelaide aus nach Norden vordrang, um neues Weideland zu suchen, wurde 1844 wiederum von Charles Sturt geleitet. Er hatte 16 Männer, elf Pferde, 30 Ochsen und 200 Schafe als Nahrungsreserve bei sich, dazu Karten und ein Boot.

Zunächst erforschte er das Gebiet östlich des Torrenssees, dann stieß er weiter nach Norden vor und erreichte im Januar 1845 Milparinka. Es war Hochsommer und die Flüsse waren ausgetrocknet. Doch die Expedition fand einen großen Billabong (das Wort der Aborigines für einen Süßwassersee) und schlug ihr Lager auf.

Sechs Monate verbrachten Sturt und seine Männer beim Billabong – der einzigen Wasserquelle im sonst ausgedörrten Land –, in der Hoffnung, er würde nicht auch austrocknen. Sturt schrieb in sein Tagebuch: »Um uns herrscht die Stille des Todes, keine lebende Kreatur war zu hören, nichts Lebendiges zeigte sich in dieser trostlosen Wüste, selbst Ameisen und Fliegen mieden sie.«

Schließlich brachte der einsetzende Winter etwas Regen. Der Trupp kämpfte sich weiter bis

Oben: 1844 brach Charles Sturt mit großem Gefolge von Brisbane aus auf, um das Gebiet westlich des Darlings zu erkunden.

Aborigines – Ureinwohner Australiens

Vor etwa 40 000 Jahren wanderten Menschen von Südostasien nach Australien ein, indem sie von Insel zu Insel vorrückten. Materiell behielten sie ihre steinzeitliche Kultur bei und lebten als Wildbeuter, Sammler und Jäger ohne festen Wohnsitz. Sie besaßen ein ausgeklügeltes Mythensystem, das mit einer Urzeit verknüpft war, die sie »Traumzeit« nannten. Menschliche Helden und tierähnliche Heroen hatten dieser Vorstellung nach die Welt und die Menschen geschaffen. Traumpfade überspannten den Kontinent, der den Aborigines bis in den letzten Winkel bekannt war. Auch ihre Kunst, zum Beispiel die Rindenbilder (siehe Abbildung unten), waren Ausdruck der Mythen und Symbole der Traumzeit. Die gesamte Kultur der Ureinwohner Australiens hatte eine tiefe mythische Bedeutung, die von den Angehörigen unterschiedlichster Stämme auf dem Kontinent verstanden wurde.

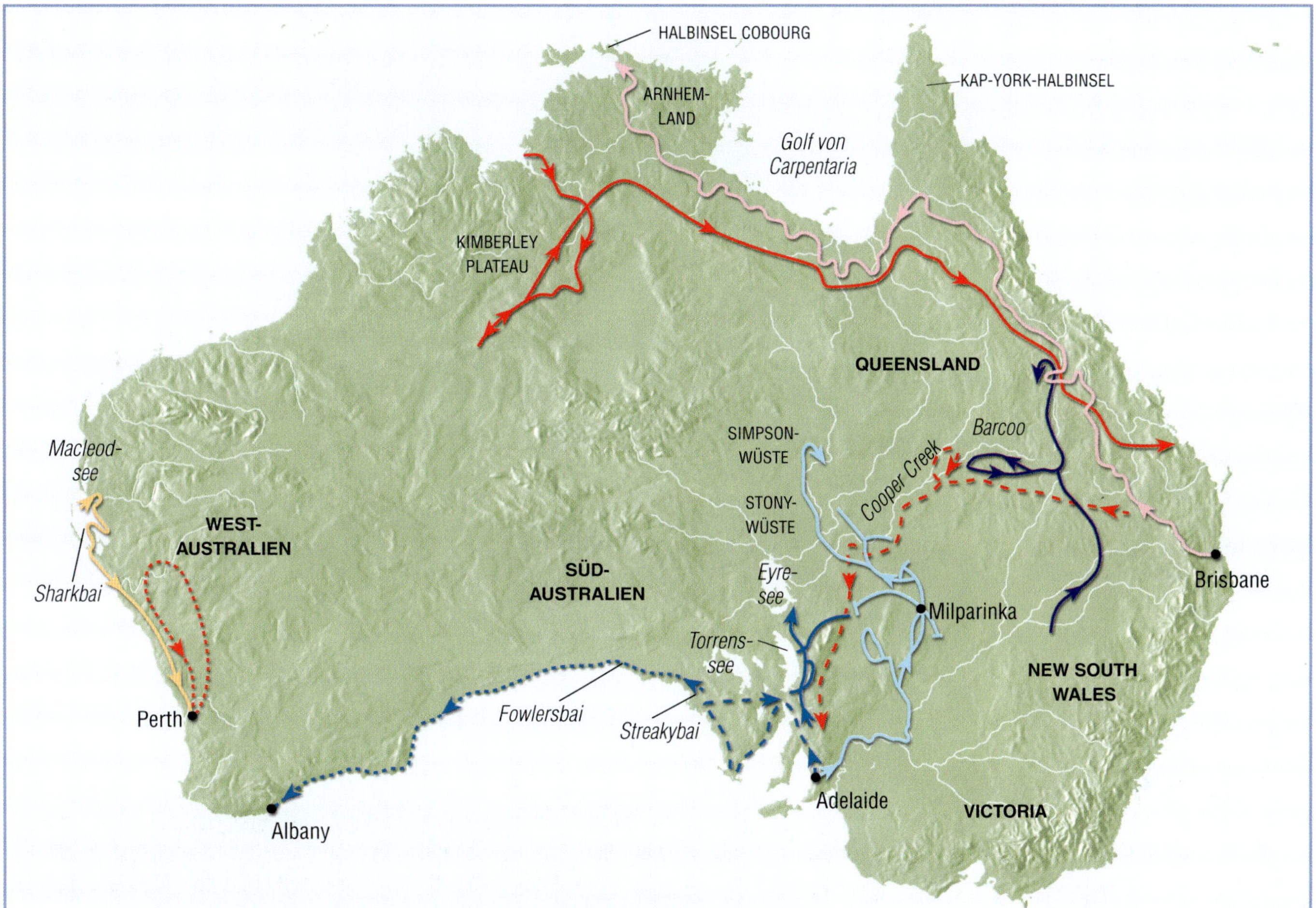

Erkundungen in Australien, 1839–1858

Oben: Die Routen der Entdecker der späten 1830er- und der 1850er-Jahre. Die meisten Entdecker hielten sich an den Rändern des Kontinents auf, bis ins Zentrum stieß keiner von ihnen vor.

zum Cooper Creek, aber die Hitze war immer noch unerträglich. Einer der Männer starb, und auch Sturt wäre auf dem Rückweg durch die Stonywüste fast umgekommen.

EIN UNFÄHIGER PFADFINDER

Der nächste Entdecker war der Deutsche Friedrich Wilhelm Leichhardt, der 1842 nach Australien ausgewandert war, um nicht zum Militär eingezogen zu werden. Zwei Jahre lang versuchte Leichhardt Gelder für seine Expedition aufzutreiben. Sein Ziel war es, eine Landverbindung zwischen Brisbane und der Nordostküste zu finden. Schließlich konnte er einige reiche Farmer in und um Sydney überreden, ihn zu unterstützen. Mit acht Kameraden machte sich Leichhardt im Oktober 1844 auf den Weg und erreichte im Dezember 1845, nach einem 4000 km langen Marsch, Port Essington auf der Halbinsel Cobourg.

Es grenzte an ein Wunder, dass Leichhardt überhaupt dort ankam, denn er war ein schlechter Navigator, der immer wieder die Richtung verlor. Auch war die Gruppe völlig unzureichend ausgestattet und hatte zu wenige Wasserbehälter dabei. Zum Glück führte die Expedition durch ziemlich fruchtbares Land, wo man ausreichend essbare Früchte und Jagdwild fand.

Im Dezember 1846 machte sich Leichhardt auf seine zweite Expedition. Diesmal wollte er den Kontinent von Ost nach West durchqueren. Wieder war seine Ausrüstung unzureichend; es kam zu

Streitereien und bald schon musste er umkehren. Aber Leichhardt und seine Geldgeber starteten im März 1848 einen neuen Versuch. Einen Monat später wurde der Trupp am Condamine River zum letzten Mal gesehen. Erst zehn Jahre später sollte sich ihr Schicksal aufklären.

DIE LÜCKEN FÜLLEN SICH

Es dauerte noch einige Jahre, ehe es einem Europäer gelang, den Kontinent zu überqueren. In der Zwischenzeit bemühten sich kleine Stoßtrupps, den Norden etwas genauer zu erforschen. Dabei waren einige erfolgreicher als andere. Auch Thomas Mitchell war wieder mit von der Partie. Von 1845 bis 1846 führte er eine Expedition tief in das Innere von Queensland, entdeckte einen Fluss, den er Victoria nannte und kam zum übereilten Schluss, er fließe nach Nordwesten ins Meer.

Einer von Mitchells Assistenten bei dieser Exkursion war Edmund Kennedy. Ende 1847 unternahm er eine eigene Forschungsreise und entdeckte die Wahrheit: Der Victoria, den er Bacoo nannte, floss in den Cooper Creek und versickerte letztlich in den unfruchtbaren Salzebenen des Eyresees. 1848 unternahm Kennedy eine weitere Erkundungsreise, diesmal im Norden von Queensland zur Kap-York-Halbinsel. Doch es war den 13 Männern der Expedition kein Glück beschieden. Zehn von ihnen, darunter Kennedy selbst, kamen um. Die letzten Europäer verdankten ihr Leben dem Mut des einheimischen Führers Galmahra, (den die Europäer Jacky Jacky nannten).

DIE GREGORY-BRÜDER

In den 1850er-Jahren kamen die Entdeckungen ins Stocken, denn einige Goldfunde lenkten das Interesse in eine andere Richtung. Als die Entdecker wieder aktiv wurden, begannen sie, nach Mineralien und nach fruchtbarem Land zu suchen.

Zwei Brüder, Augustus und Francis Gregory, unternahmen verschiedene Expeditionen in den Norden und Nordwesten Australiens. Augustus, der schon 1848 von Perth aus eine Expedition auf der Suche nach Weideland geführt hatte, auf der ihn sein Bruder begleitet hatte, unternahm von 1855 bis 1856 eine große Forschungsreise, deren Ziel es war, den Kontinent von Nord nach Süd zu durchqueren. Finanziert wurde das Unternehmen durch britische Regierungsgelder. 18 Männer machten sich vom Queens Channel aus mit 50 Pferden und 200 Schafen auf den Weg. Mehrmals versuchten sie, gerade nach Süden vorzustoßen, doch der akute Wassermangel zwang sie immer wieder zur Umkehr. Zuletzt wandten sie sich nahe der Küste Richtung Osten, in etwa der Route Leichhardts in umgekehrter Richtung folgend.

1858 stellte Augustus Gregory eine wichtige Verbindung zwischen den Gebieten in Queensland her, die Mitchell erforscht hatte, und den Gebieten, die Sturt in Südaustralien ausgekundschaftet hatte. Dafür machte er sich von Brisbane aus auf den Weg und folgte zunächst Leichhardts Route, um herauszufinden, wo er abgeblieben war. Gregory fand ein verlassenes Lager und andere Spuren der Expedition, doch dann wandte er sich Richtung Süden, erreichte den Cooper Creek und kam schließlich uber das Gebiet des Torrenssees bis Adelaide.

Die Entdecker hatten nun das östliche Drittel Australiens kreuz und quer durchkämmt und auch von der Nordküste aus ein paar Wege ins Landesinnere gefunden. Doch noch immer war den Europäern ein großer Teil der Landmasse unbekannt. Von den Wüsten in den zentralen und westlichen Regionen wussten sie überhaupt noch nichts.

Links: Ein Siedler treibt seine Schafe auf neue Weidegründe. Die Suche nach neuem Weideland für Schafe und Rinder war einer der wichtigsten Gründe, warum sich Entdecker in das unwirtliche Binnenland wagten.

Mit Kamelen durch die Wüste

Die im Mittleren Osten und Asien heimischen Kamele können lange Zeit ohne Wasser auskommen, da sie Unmengen trinken und von der Flüssigkeit bis zu einem Monat zehren können.

Da Kamele zudem genügsame Fresser sind und deutlich schwerere Lasten tragen können als Pferde, führte man Kamele nach Australien ein und verwendete sie als Last- und Reittiere bei einer Reihe von Expeditionen ins Innere Australiens.

Oben: Eine Expedition mit Kamelen führt ins dürre australische Hinterland.

QUER ÜBER DEN KONTINENT

Bis zum Ende der 1850er-Jahre hatten sich die Kolonien New South Wales, Victoria und South Australia sehr gut entwickelt. Dennoch oder gerade deshalb hielten reiche Farmer und Kaufleute Ausschau nach weiteren Ländereien und neuen Überlandwegen.

Die Siedler im Süden wollten außerdem deutlich machen, dass ihre Kolonie allen anderen überlegen war. Um diesen Anspruch zu festigen, finanzierten sie eine Expedition, die eine Landverbindung zwischen Süd- und Nordküste suchen sollte. Unglücklicherweise wurde daraus ein Wettlauf, der den Entdeckern ein unnötig hohes Risiko einbrachte.

Bis 1860 war Victoria zur reichsten Kolonie geworden. Der Gouverneur und andere bedeutende Männer waren entschlossen, die Führung in ganz Australien zu übernehmen. Die Verwaltung der Kolonie, wissenschaftliche Gesellschaften und reiche Privatleute brachten eine ungeheure Summe zusammen, um eine transaustralische Expedition zu finanzieren. Zum Leiter wurde Robert Burke ernannt.

DIE EXPEDITION VON BURKE UND WILLS

Burke, ein gebürtiger Ire, war 1853 nach Australien ausgewandert. Als man ihn zum Leiter der Expedition bestimmte, war er Polizeichef eines Landesbezirks. Dennoch war er nicht von menschlichen Fehlern frei: Er neigte zu Temperamentsausbrüchen und unüberlegten Entscheidungen und verirrte sich häufig in der offenen Landschaft – selbst in dem Distrikt, der ihm unterstand.

Die bestens ausgerüstete Expedition bestand aus 18 Männern und verließ Melbourne im August 1860. Insgesamt hatten sie eine Ausrüstung von 21 Tonnen – neben 24 Kamelen auch 28 Pferde. Aber es dauerte nicht lange, bis es zu Schwierigkeiten kam. Burke, sein Stellvertreter und der mitreisende Arzt gerieten in Streit darüber, wie mit den Kamelen umzugehen sei. Da man sich nicht einigen konnte, verließen die beiden Letzteren die Expedition und ein junger englischer Landvermesser namens William Wills wurde Burkes Stellvertreter.

Das meiste, was wir heute über das Schicksal der Expedition wissen, gründet sich auf Wills' Tagebücher. Seinen detaillierten Berichten lässt sich entnehmen, dass er ein besseres Urteilsvermögen hatte als Burke, aber leider nicht die nötige Durchsetzungskraft besaß, um sich in heiklen Situationen gegenüber Burke durchzusetzen.

Schon bald führte Burke einen kleinen Stoßtrupp zum Cooper Creek, hatte aber der Nachhut, die mit den Versorgungsgütern und wichtigen Ausrüstungsgegenständen langsam hinterher kam, keine klaren Instruktionen hinterlassen, weshalb sich die beiden Gruppen vollständig verloren.

Am Cooper Creek splittete er die Restgruppe noch einmal. Ein Teil sollte hier auf die Nachhut warten, während er selbst mit Wills, Charlie Gray und John King einen raschen Vorstoß zur Nordküste machen wollte. Sie nahmen Vorräte für drei Monate mit – brauchten aber letztlich vier Monate für den Treck. Obendrein bekamen sie, als sie endlich am Golf von Carpentaria ankamen, das Meer nicht einmal zu Gesicht.

Nach 57 Tagen hartem Marsch gerieten die Männer in Mangrovensümpfe, die ein Weiterkommen unmöglich machten; dabei waren sie nur wenige Meilen von der Küste entfernt. Dennoch konnten sie behaupten, den Kontinent durchquert zu

Rechts: Aufbruch zu einer Expedition ins Landesinnere, die Robert Burke und William Wills in den 1860er-Jahren unternahmen.

haben, denn die Brackwasser des Mangrovensumpfs stiegen und fielen mit Ebbe und Flut.

Burke hatte es eilig, zum Cooper Creek zurückzukommen und befahl Eilmärsche in direkter Richtung, anstatt den längeren Flussläufen zu folgen. So hatten er und seine Kamele weniger Nahrung und Wasser als sie an den Wasserläufen gehabt hätten.

Obwohl sie nacheinander die beiden letzten Kamele und auch das einzige verbliebene Pferd schlachteten, reichte die Nahrung nicht aus. Einer der Männer, Charlie Gray, starb an Entkräftung. Burke und die anderen beiden waren ebenfalls geschwächt und benötigten einen ganzen Tag, um den Toten zu begraben.

Diese Verzögerung sollte sich als fatal erweisen: Die drei Männer schafften es zwar zurück zum Lager am Cooper Creek, doch die dort verbliebene Gruppe hatte die Hoffnung auf eine Rückkehr von Burke inzwischen aufgegeben und war wieder abgerückt. Als sie mit letzter Kraft eine zurückgelassene Vorratskiste öffneten, fanden sie darin eine Notiz, die nur Stunden zuvor am selben Tag geschrieben worden war.

Burke entschied, dass er, Wills und John King nicht dem eigenen Team folgen, sondern einen anderen, vermeintlich kürzeren Weg nehmen sollten. Ehe sie aufbrachen, vernichteten sie auf Burkes Anweisung alle Spuren ihres Aufenthalts, denn er wollte nicht, dass die Aborigines irgendetwas zu plündern fänden.

Die drei Männer waren so erschöpft, dass sie nicht mehr als sechs bis acht Kilometer am Tag schafften. Schließlich wurden sie von Aborigines gefunden und mit Nahrung versorgt. Die Fremden zeigten den Männern, wie man aus bestimmten Pflanzensamen mithilfe von Steinen eine Art Mehl mahlen konnte. Das allein half ihnen zu überleben.

Inzwischen war vom abgezogenen Trupp doch noch einmal eine Abteilung zum Cooper Creek zurückgekehrt, da sie aber keine Zeichen von Burke fand, zog sie wieder ab. Auch Wills schleppte sich danach noch einmal zum Cooper Creek, fand aber keine Anzeichen dafür, dass eine Entsorgungstruppe da gewesen war.

Als man in Melbourne erfuhr, dass Burke mit drei Männern verschollen war, begann eine groß angelegte Suchaktion. Von Melbourne, Adelaide, Rockhampton in Queensland und von der Nordküste aus machten sich Trupps auf den Weg. Ein paar Monate später fand die Gruppe aus Melbourne den zum Skelett abgemagerten King; Burke und Wills waren inzwischen verhungert. Man brachte die sterblichen Überreste der beiden nach Melbourne und gab ihnen ein Heldenbegräbnis.

STUARTS KONTINENTALÜBERQUERUNG

Leiter der zweiten transkontinentalen Expedition war John McDouall Stuart, der zwar seine eigene Gesundheit bei seinen Exkursionen bleibend schädigte, aber nie einen einzigen Mann verlor, obwohl er in sehr viel unwirtlichere Landstriche vorstieß, als Burke und Wills sie durchquert hatten.

Als ausgebildeter Landvermesser konnte Stuart auf eine jahrelange Erfahrung als Reisender in Australien zurückblicken, ehe er den ersten Versuch unternahm, den Kontinent von Adelaide aus zu überqueren. Er hatte bereits an Sturts Expedition von 1844 bis 1846 teilgenommen und in den späten 1850er-Jahren Ländereien am Spencer-Golf und westlich des Eyresees erschlossen. Vor allem aber wusste Stuart, dass ein guter Entdecker seine Grenzen kennen muss. Sein erster Versuch, Australien zu Pferd zu überqueren, begann im März 1860. Er zog es vor, mit leichtem Gepäck und nur zwei Begleitern zu reisen.

Bis zum April hatten die Männer die Macdonnell Range überquert und einen Berg im Landesinnern erreicht, den Stuart seinem verehrten Vorgänger zu Ehren Central Mount Sturt nannte (später wurde er nach Stuart selbst benannt). Die Männer drangen noch etwa 350 km weiter Richtung Norden vor, wurden aber in der Nähe eines kleinen Flusses

Links: Völlig geschwächt durch Wasser- und Nahrungsmangel erreichten Burke, Wills und King im April 1861 das Basislager am Cooper Creek. Erst wenige Stunden zuvor hatten die anderen das Lager verlassen; nur King überlebte.

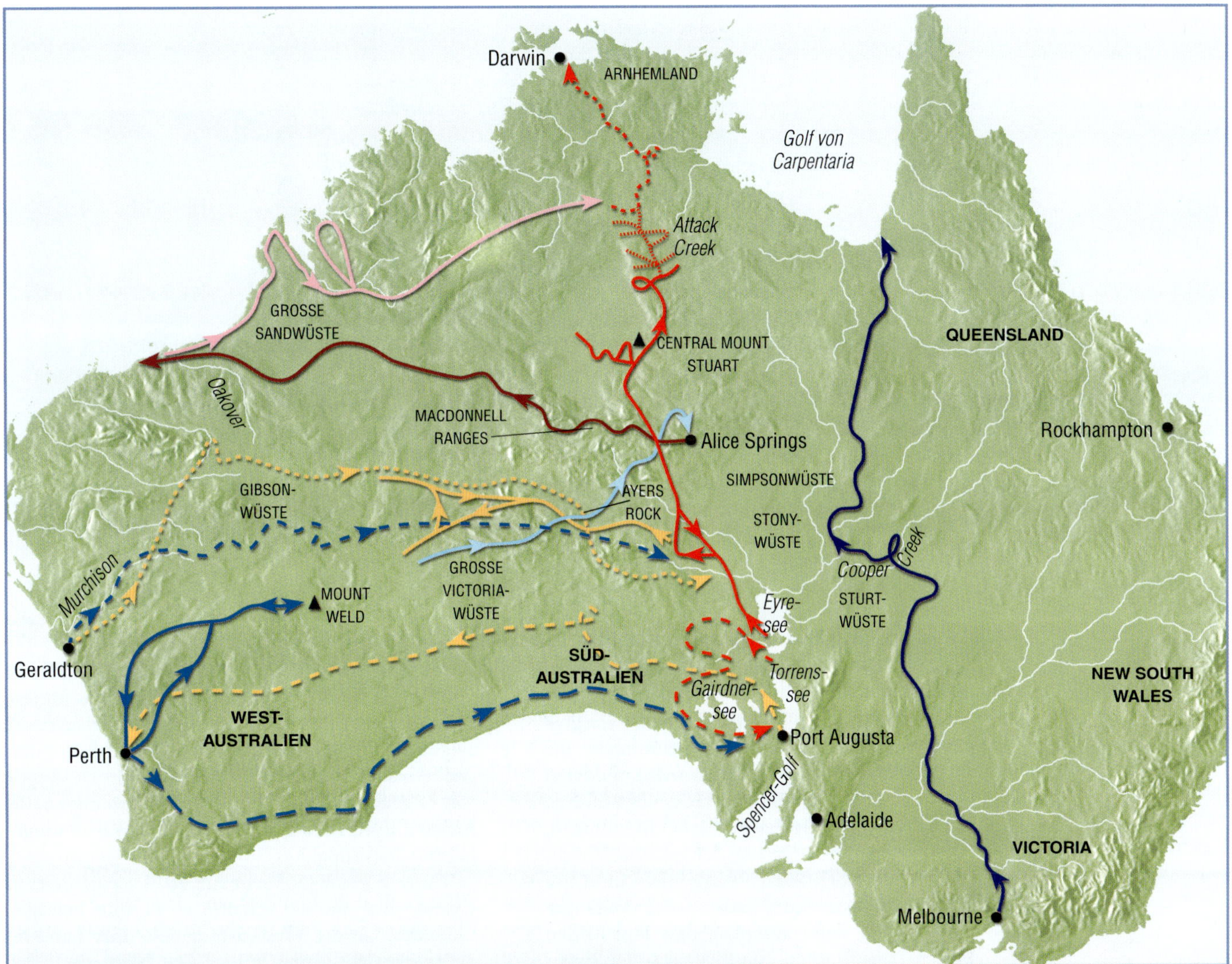

Entdecker des späten 19. Jahrhunderts

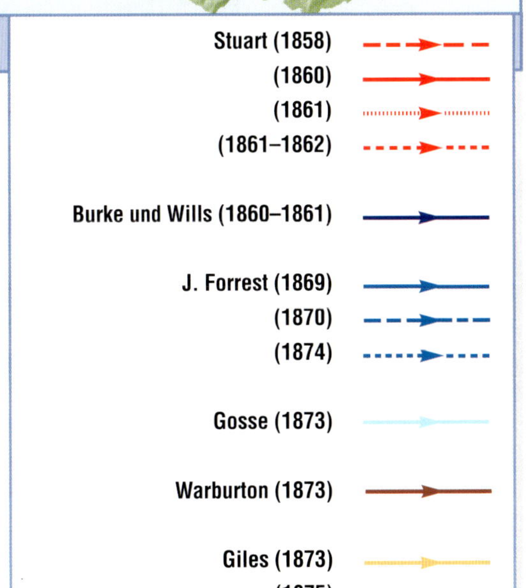

Oben: Die Routen der Expeditionen, die Mitte des 19. Jahrhunderts das australische Binnenland erforschten. Viele Entdecker kamen dabei ums Leben, da fast alle Routen durch riesige heiße Trockengebiete führten.

von Aborigines unfreundlich bedrängt, weshalb sie den Fluss Attack Creek nannten. Da sie kaum noch Nahrungsvorräte besaßen, entschied sich Stuart für die Rückkehr.

Doch Stuart war nicht entmutigt. 1861 machte er sich mit einer größeren Expedition erneut auf den Weg und kam zügig bis zum Attack Creek voran. Von hier aus unternahm er mehrere Versuche, einen Weg zur Küste zu finden, doch immer wieder versperrte dichtes, undurchdringliches Gestrüpp den Weg. Trotz aller Anstrengungen kam die Expedition nicht nennenswert voran.

Im Oktober 1861 setzte Stuart zu einem dritten Versuch an und endlich gelang es ihm und seinen Männern, den letzten Abschnitt der Badlands zu überwinden. Dahinter fanden sie eine leicht zu überquerende Grasebene und erreichten die Küste nahe dem heutigen Darwin.

Trotz der ausgezeichneten Führung hatte der Treck doch eine ungeheure Strapaze dargestellt. Nach dem 3200 km langen Rückweg nach Adelaide war Stuart fast blind und körperlich sehr angeschlagen. Doch er hatte eine beachtliche Leistung voll-

NEUSEELAND

Neuseeland war die letzte große Landmasse mit mildem Klima, die von Menschen besiedelt wurde. Im 10. Jahrhundert kamen Polynesier auf dem Seeweg und besiedelten die Inseln – sie waren also bewohnt, als im 17. und 18. Jahrhundert die ersten Europäer kamen. Auch wäre es falsch zu behaupten, Europäer hätten die Inseln erforscht. Alle Europäer, die ins Innere der Inseln vorstießen, hatten Maori, wie sich die Einheimischen auch heute noch nennen, als Führer dabei.

Die einzigen Stellen, die die Maori wahrscheinlich nicht selbst bereits erforscht hatten, waren die Gipfel der höchsten Berge, denn Berge waren für sie heilig.

Den besten Beweis dafür, dass die Maori das Land sehr genau kannten, lieferte ein Häuptling, der James Cook eine erstaunlich genaue Karte von der Nordinsel zeichnete, als dieser 1769 in Neuseeland landete. Später folgten die Europäer den schon etablierten Handelsrouten der Maori, die das Land kreuz und quer überzogen. Viele Maori waren in der Lage, die typischen Landschaftszeichen an einer Handelsroute in der richtigen Reihenfolge auswendig herzusagen, weil sie sich von eigenen Reisen her daran erinnerten.

Vor 1814 lebten nur sehr wenige Europäer auf Neuseeland – Robbenjäger, Walfänger und Händler. Damals wie heute nennen die Maori die Europäer *pakeha* (weiße Leute).

MISSIONARE AUF NEUSEELAND

Da die Maori ein kriegerisches Volk waren, hofften christliche Missionare, sie von ihren gewalttätigen Sitten und Bräuchen abbringen zu können. Ziel dieser Missionare war es, das Christentum bis in den letzten Winkel Neuseelands zu tragen.

Der erste Missionar, der in Neuseeland ankam, war Samuel Marsden. Er war in der Kolonie New South Wales Pfarrer gewesen und hatte sich dort eine ansehnliche Farm erwirtschaftet. 1814 gründete er bei der Islandsbai die erste Missionsstation auf der Nordinsel.

Marsden wollte die Maori nicht nur zum rechten Glauben führen, sondern wollte ihnen auch die europäische Art des Ackerbaus, europäische Technologie und europäisches Geschäftswesen beibringen. Da er davon überzeugt war, dass die europäische Kultur eine besonders gute Basis für die Weiterverbreitung des Christentums sei, achtete er darauf, dass die von ihm entsandten Missionare praktisch begabt waren. Sie hatten immer ihre Familien dabei und auch Zimmerleute und andere Handwerker wurden mitgeschickt, sodass die Missionen sich selbst versorgende Betriebe waren, die den Maori die angebliche Überlegenheit der Methoden der *pakeha* anschaulich vor Augen führen sollten.

Oben: Der englische Missionar Samuel Marsden wird von Würdenträgern der Maori auf der Nordinsel Neuseelands begrüßt.

Marsden selbst übersiedelte nicht nach Neuseeland, unternahm aber zwischen 1814 und 1839 sieben Besuche und reiste dabei ins Landesinnere. Er predigte den Maori und pries das Land für seine Ackerböden, Wälder und anderen ökonomischen Qualitäten.

Marsden wollte den Maori gern vertrauen, doch nach seinem ersten Besuch gestand er seinen Vorgesetzten, dass er nicht wenige Bedenken gehegt hatte, denn immerhin hatte er sich in einem Land aufgehalten, dessen Bewohner gelegentlich Kannibalismus betrieben.

Zwei weitere Missionare, Henry Williams und sein Bruder William, reisten in den 1830er- und 1840er-Jahren kreuz und quer über die Nordinsel. Henry Williams unternahm von 1839 bis 1840 eine bemerkenswerte Reise, die ihn von Otaki am Südende der Insel nach Auckland an der Plentybai an der Nordostküste führte.

Einen Teil der Reise absolvierte er im Kanu; dabei musste auf dem Wanganui gegen den Strom gepaddelt und so manche steile Klippe erklommen werden.

William Williams unternahm viele Missionsreisen entlang der Ostküste, vor allem zur Hawkebai und zum Ostkap. Als er älter wurde, fand er das Reisen zunehmend beschwerlich und beklagte sich bei seinem Bischof (George Selwyn war der erste Bischof Neuseelands), dass eine Reise durch seinen Sprengel einen Marsch von 650 km bedeute, doch Bischof Selwyn, selbst ein großer Reisender, nahm keine Notiz davon.

Die Erforschung Neuseelands

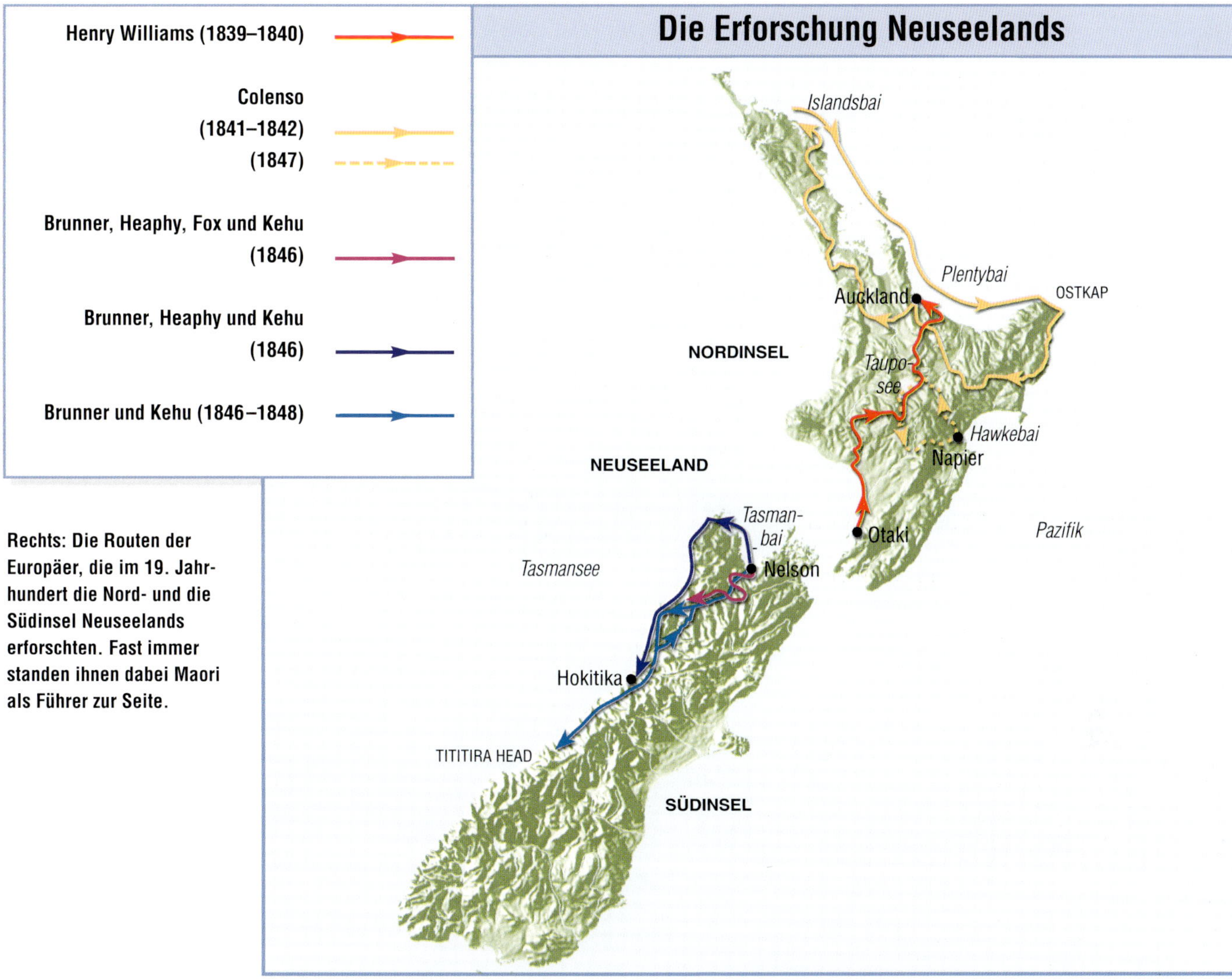

Rechts: Die Routen der Europäer, die im 19. Jahrhundert die Nord- und die Südinsel Neuseelands erforschten. Fast immer standen ihnen dabei Maori als Führer zur Seite.

Rechts: Die Islandsbai an der Nordinsel. Hier gründete Samuel Marsden 1814 die erste christliche Missionsstation Neuseelands.

Die Maori Neuseelands

Die Maori kamen etwa 900 n. Chr. in Kanus von Polynesien zu den Inseln, die sie *Aotearoa* – Land der langen weißen Wolke – nannten. Um 1800 lebten rund 150 000 Maori in Neuseeland, die meisten auf der Nordinsel, wo sie Dörfer und kleine Festungen anlegten und als Bauern Knollen und Gemüse anbauten. Die Bewohner der unwirtlicheren Südinsel blieben Sammler und Jäger. Da die Maori untereinander kriegerische Auseinandersetzungen austrugen, waren sie, als die Europäer kamen, geschulte Krieger. Sie setzten sich erfolgreich gegen die Eindringlinge zur Wehr, trieben aber auch Handel mit ihnen. Durch eingeschleppte Krankheiten waren die Maori bis zu Beginn des 19. Jahrhunderts fast ausgestorben. Inzwischen hat sich die Maoripopulation jedoch wieder erholt.

Rechts: Ein Maori mit typischer Tatauierung im Gesicht.

Die Aufgaben der Missionare erschöpften sich nicht in der Bekehrung der Maori, sie mussten auch in die Sprache der Maori übersetzte Bibeln und Gebetbücher drucken lassen und verteilen. Einer der Drucker, der mit dieser Arbeit befasst war, William Colenso, war auch ein erfolgreicher Entdecker. Der überzeugte Christ, der seines Berufs wegen nach Neuseeland geschickt wurde, widmete sich in seiner Freizeit der Botanik und Zoologie und ging diesen Interessen intensiv bei seinen Reisen über Land nach.

Bei einer Ost-West-Überquerung der Nordinsel in den Jahren 1841 bis 1842 sammelte Colenso Proben von 600 neuen Arten von Pflanzen und Insekten. Seine Tagebücher sind voll mit detaillierten Beschreibungen der neuseeländischen Flora, aber er berichtet auch über seine Zusammenstöße mit den Maori und die physischen Strapazen, denen ein Reisender seiner Tage ausgesetzt war.

ERFORSCHUNG DER SÜDINSEL

Auf der weniger dicht besiedelten Südinsel bestand die Entdeckung durch die Europäer eigentlich nur in einer schrittweisen Ausdehnung der Küstensiedlungen – ohne die Pionierreisen, die in anderen kolonisierten Ländern üblich waren. Lediglich in den Norden und Nordwesten stießen größere Expeditionen vor. Der führende Entdecker war ein Mann namens Thomas Brunner, der bei all seinen wichtigen Reisen von einem ortskundigen Maori namens Kehu begleitet wurde.

Brunner arbeitete als Landvermesser im Gebiet von Nelson an der Nordküste der Südinsel für die New Zealand Company. Seine erste Expedition mit Kehu unternahm er 1846. Ein weiterer Landvermesser namens Charles Heaphy und William Fox, ein Angestellter der Company, der später erstes Staatsoberhaupt Neuseelands werden sollte, begleiteten ihn. Bei dieser vergleichsweise einfachen Entdeckungsreise kamen sie zum Rotoroasee südlich des Buller River.

Im selben Jahr reiste die Gruppe ohne Fox von Nelson aus nach Westen und dann an der Küste entlang nach Hokitika. Es war eine ziemlich ungemütliche Reise, denn auf der Südhalbkugel herrschte von März bis August Winter. Die drei Männer litten erheblich unter der Kälte.

Im Dezember 1846 machte sich Brunner erneut von Nelson aus Richtung Süden auf. Diesmal hatte er außer Kehu einen weiteren Maori namens Pikewate dabei, außerdem die Frauen der beiden Maori. Da Brunners Kontobücher erhalten sind, wissen wir, dass die Ausrüstung einschließlich Kleidung und Lebensmittel für alle fünf umgerechnet weniger als 200 Dollar kostete. Erst Mitte 1848 galt die Reise als abgeschlossen, und erst dann bekamen die beiden Maori ihr Geld ausgezahlt.

Es war eine ziemlich strapaziöse Exkursion. Alle fünf ernährten sich unterwegs größtenteils wie Wildbeuter und Jäger – von Wurzeln, Knollen, Früchten, Fischen, Muscheln, gejagten Tieren und Vögeln. Als sich einmal nichts fand und sie großen Hunger litten, schlachtete Brunner seinen Hund. Das Wetter war entsetzlich – es regnete fast ununterbrochen –, und im Winter 1847 mussten sie einige Monate an einem Platz verweilen, weil Schnee und Eis die Weiterreise unmöglich machten. Trotz dieser Widrigkeiten war Brunner erst zur Umkehr bereit, als er sich bei einem Sturz von einem Felsen nahe Tititira Head schwer verletzte.

Dieser Ausgang der Reise deprimierte Brunner. In seinem Reisebericht vermerkt er deshalb, dass es »nichts an der Westküste gibt, das die Mühen der Erkundung lohnend macht«.

6. Kapitel

ARABIEN UND DER OSTEN

Schon in der Antike wanderten Menschen über weite Strecken in den Osten, um Handel zu treiben. Im Mittelalter reisten Kreuzfahrer nach Palästina, um das Heilige Land von den Moslems zurückzuerobern. Im 13. Jahrhundert unternahm der Venezianer Marco Polo mit seinem Vater und seinem Onkel eine Reise nach China, wo er 17 Jahre blieb. Spätere Entdecker unterschiedlichster Nationalitäten suchten vor allem Zugang zu neuen Handelsbeziehungen. Im 19. Jahrhundert gingen viele englische Entdecker nach Asien. Sie riskierten dort ihr Leben, um Frankreich daran zu hindern, ebenfalls territoriale Ansprüche auf Indien zu erheben.

Unten: Himalajagipfel in Nepal. Das höchste und mächtigste Gebirge der Erde war zu allen Zeiten eine Herausforderung für die Menschen. Im 19. Jahrhundert spezialisierten sich britische Soldaten auf die Erkundung solch extremer Gebiete, um französische Ansprüche zu behindern.

FRÜHE ARABISCHE ENTDECKER

Das 7. Jahrhundert stellte eine große Wende in der Weltgeschichte dar. In Arabien hatte der Prophet Mohammed die Menschen für eine neue Religion – den Islam – gewonnen, und bald brachen ganze Armeen seiner Anhänger auf, um von der arabischen Halbinsel aus den neuen Glauben in Nordafrika und in Kleinasien zu verbreiten.

Das Byzantinische Reich (Ostrom) verlor seine Provinzen in Ägypten und in der Levante. Der christliche Westen sah sich durch die Gegenwart der Muslime im Mittelmeerraum bedroht. Die islamische Welt jedoch gedieh zu einer außerordentlichen Blüte, und zwi-schen Südspanien und Indien entwickelte sich eine arabisch-islamisch geprägte Kultur.

Unten: Die goldenen Kuppeln der großen Moschee von Bagdad im heutigen Irak, das zwischen 800 und 1258 das Zentrum der islamischen Welt und Gelehrsamkeit war.

Die politische Einheit unter den Kalifen von Damaskus und Bagdad war nur kurzlebig, doch die gemeinsame Religion schweißte die Menschen zusammen – auch deshalb, weil das Heilige Buch der Muslime – der Koran – in Arabisch geschrieben war und folglich alle Anhänger der neuen Religion mit dieser Sprache einigermaßen vertraut waren. Da dies ideale Voraussetzungen für weitreichende Reisen und Handelsbeziehungen waren, reisten die Araber nicht nur mit ihren Kamelkarawanen über Land, sondern entwickelten sich auch zu unerschrockenen Seefahrern.

ARABISCHE REISELITERATUR

Die Araber liebten Reiseberichte, und wie ihre christlichen Zeitgenossen lasen sie gern fantastische und ungewöhnliche Geschichten. In den frühen Berichten arabischer Reisender mischten sich deshalb Tatsachen und Fiktionen, und häufig findet man auch starke Übertreibungen in den Texten.

Einer der ersten arabischen Entdecker war Suleyman der Händler. Um 851 schrieb er ein Buch über seine Reisen, die ihn vom Persischen Golf nach Indien, Sumatra und schließlich nach Kanton in China führten. Suleymans Bericht enthielt nützliche Informationen über Handelsgepflogenheiten und Schiffsrouten, doch ein Jahrhundert später legte Adu Said einen neuen Bericht vor, der neue Fakten, aber auch neue Fiktionen enthielt.

Ibn Fadhlan, ein Reisender des 10. Jahrhunderts, scheint ein besonnener Beobachter gewesen zu sein. Über ihn selbst ist wenig bekannt, doch war er wohl eine einflussreiche Persönlichkeit am Hof in Bagdad, denn der Kalif betraute ihn mit einer wichtigen Mission. Im Jahr 921 reiste Ibn Fadhlan mit einer Karawane in das Königreich der Bulgaren, die das Gebiet am Mittellauf der Wolga unter ihrer Kontrolle hatten.

Zu dieser Zeit hatten die Wolgabulgaren ihr Nomadenleben aufgegeben und sich zum Islam bekehrt; ihre heidnischen Sitten behielten sie jedoch bei. Ibn Fadhlan hatte den Auftrag, die Verbindungen zwischen Kalifat und Bulgaren zu stärken und auf eine strengere Einhaltung moslemischer Regeln zu drängen. Er berichtete, dass die bulgarischen Frauen nicht bereit waren, ihre Gesichter zu verschleiern. Auch erschienen ihm die Sitten der Waräger – der Wikinger –, die um Kiew ein erstes Russisches Reich gegründet hatten, äußerst roh. Sie waren noch immer Heiden, und ihre unmoralischen Bräuche waren dem streng gläubigen Moslem ein Gräuel. Dennoch berichtete Ibn Fadhlan sehr ausführlich von dem, was er gesehen und gehört hatte, etwa, dass es bei den Warägern üblich sei, beim Tod eines Oberhauptes Menschenopfer darzubringen. Die Regionen jenseits der islami-

Arabische Segelschiffe

Wenn von arabischen Segelschiffen die Rede ist, denkt man meistens an die Dau (auch Dhau), obwohl der Begriff eigentlich nur die typischen Segelschiffe bezeichnet, die man an der arabischen und der ostafrikanischen Küste einsetzte. Diese Schiffe haben zwei Masten mit Trapezsegel.

Alte arabische Schiffe hatten dagegen oft nur einen Mast, der in einem Stück aus einem Baumstamm gehauen war. Zudem waren sie mit einem dreieckigen Lateinsegel getakelt. Anstelle von Eisennägeln wurden Löcher in Planken und Spanten gebohrt, durch die dann Seile aus Kokosfasern gezogen wurden, die das im Durchschnitt etwa 20 m lange Schiff zusammenhielten. Zur Konservierung wurden die Seile mit Pflanzenöl getränkt; der Rumpf wurde mit einer wasserdichten Mischung aus Kautschuk und Kalk kalfatert.

Arabische Schiffe wie die kleinen Felucken sieht man noch heute auf dem Nil in Ägypten.

Links: Die mittelalterliche Miniatur zeigt ein arabisches Schiff mit dreieckigem Lateinsegel.

schen Welt schienen so weitläufig zu sein, dass selbst der unerschrockenste Reisende nicht an ihr Ende kommen konnte.

Zu Ibn Fadhlans Zeitgenossen gehörten drei weitere bedeutende Reisende, al-Masudi, al-Muqadassi und Ibn Hawkal (auch Haukal).

Von dem umfangreichen Werk al-Masudis ist leider nur wenig erhalten geblieben, darunter ein Buch, das unter dem Titel *Meadows of Gold and Mines of Gems* (Goldene Wiesen und Edelsteinminen) 1841 erstmals aus dem Arabischen ins Englische übersetzt wurde. Dass so viele seiner Aufzeichnungen verloren gingen, ist deshalb so beklagenswert, weil al-Masudi weit über die islamische Welt hinaus nach Indien, China und Ostafrika reiste und sehr präzise Berichte abgeliefert hatte.

Al-Muqadassi und Ibn Hawkal schrieben hauptsächlich Berichte über die islamische Welt. Der Händler al-Muqadassi starb um das Jahr 1000. Sein Interesse hatte vor allem dem Bau und der Entwicklung von Städten gegolten. Der Geograph und Kartograph Ibn Hawkal unternahm zwischen 943

Links: Syrische Händler reisen zusammen zum Warenumschlagplatz in Hormus, dessen günstige Lage am Eingang des Persischen Golfs Händler aus allen Himmelsrichtungen anzog.

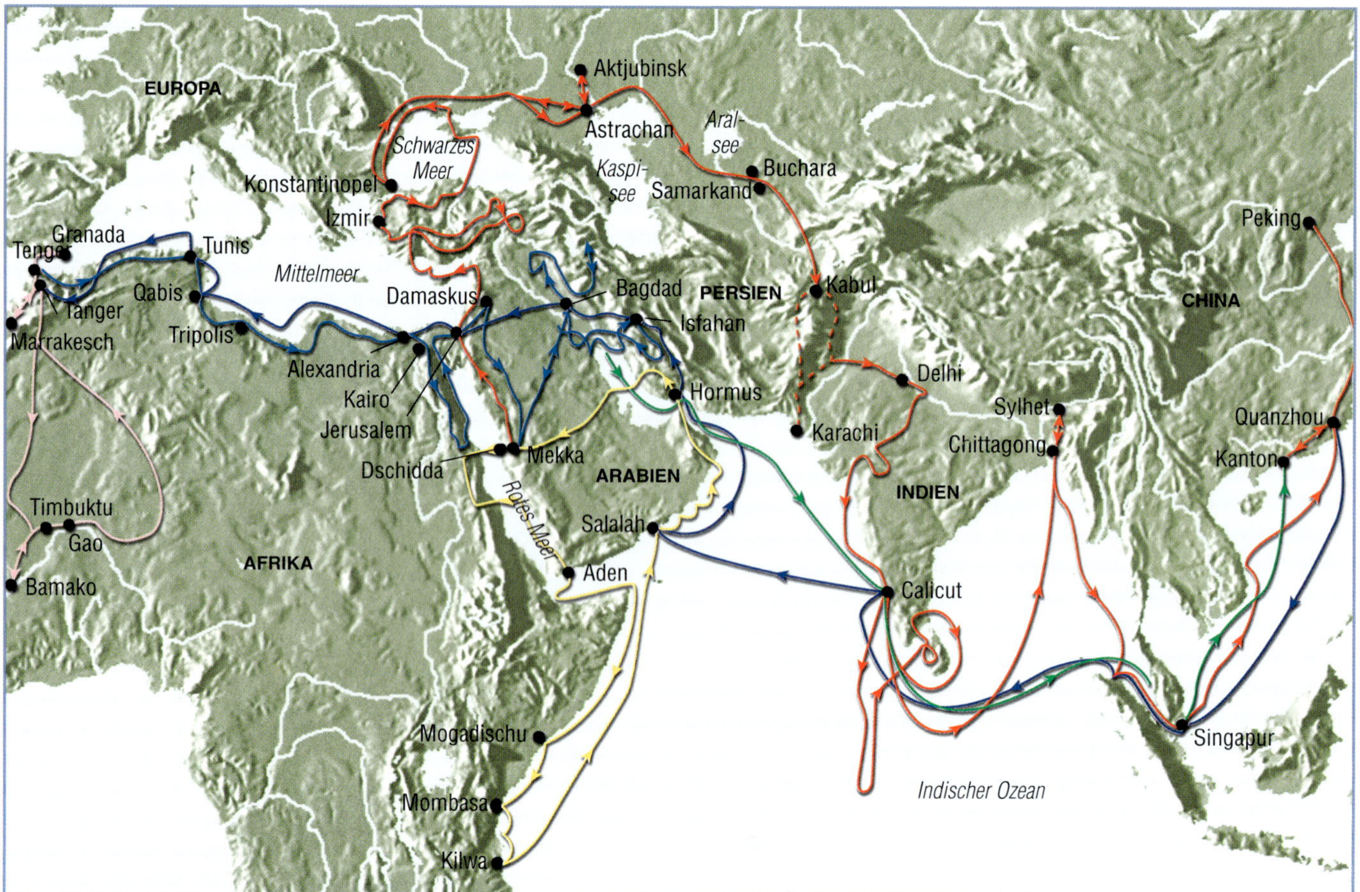

Reiserouten von Suleyman und Ibn Battuta

Oben: Die Routen der beiden großen arabischen Reisenden, Suleyman der Händler und Ibn Battuta. Der aus Fes in Marokko stammende Ibn Battuta unternahm wohl die längsten Reisen, die bis zu seiner Zeit ein Mensch unternommen hatte, auch wenn manche Historiker bezweifeln, dass er wirklich alle Orte und Länder, die er beschreibt, selbst besucht hat.

und 977 zahlreiche Reisen. Er war der erste moslemische Reiseschriftsteller, der mit einer Karawane vom Atlas aus durch die Sahara nach Westafrika reiste und dort das Königreich Gana mit seiner Hauptstadt Kumbi Saleh besuchte. Gana lag zwischen den auseinander laufenden Bögen von Senegal und Niger. Da es über reiche Goldschätze verfügte, trieb es regen Handel mit den Arabern. Durch den Handel war auch die islamische Religion bis hierher vorgedrungen; die ganze herrschende Oberschicht des Reiches war islamisiert.

Ibn Hawkal reiste auch nach Sizilien, das im 9. Jahrhundert unter arabische Herrschaft gefallen war. Als er die Stadt Palermo besuchte, soll es dort mehr als 300 Moscheen gegeben haben. Zwischen 1061 und 1090 wurde Sizilien von den christianisierten Normannen (Wikingern) erobert. Da sie in religiösen Dingen sehr tolerant waren, erlebte die arabische Kultur unter Roger II. eine Hochblüte.

AL-IDRISIS *KITAB RUJAR*

Ganz oben in der Gunst des Normannenkönigs stand Abu Abdullah Muhammad al-Idrisi, der um 1100 in Ceuta in Nordafrika geboren wurde. Er hatte an der Universität von Cordoba in Spanien studiert, war dann weit gereist und ging schließlich an den Hof Rogers II. von Sizilien. Um die Bitte des Königs zu erfüllen – einen Weltatlas mit Erläuterungen zu erstellen –, studierte er Texte altgriechischer und arabischer Autoren und verarbeitete seine eigenen Erlebnisse wie auch Berichte von Reisenden, die Roger II. ausgeschickt hatte. Was er schließlich vorlegte, war eine Art Himmelsglobus und eine Scheibe mit einem Bild der Erde, das der damaligen Vorstellung entsprach. Außerdem lieferte er eine Weltkarte in 70 Blättern und nannte sie »Die Gärten der Bildung und der Trost der Seele«, doch bekannt wurde es unter dem prosaischen Titel *Kitab Rujar* (Rogers Buch).

Al-Idrisis Werk repräsentierte den Gipfel arabischer Geographie. Doch brachte die islamische Welt nach ihm noch weitere bedeutende Reisende hervor. Der Impuls, auf Wanderschaft zu gehen,

Ein Lexikon der Länder

Yaqut al Hamawi (1179–1229) wurde in der heutigen Türkei als Sohn griechischer Eltern geboren und durch unglückliche Umstände nach Bagdad in die Sklaverei verkauft. Sein Besitzer, ein reicher Kaufmann, ließ ihn ausbilden, um ihn als Buchhalter zu beschäftigen und schenkte ihm schließlich die Freiheit. Yaqut verdingte sich als Kopist, während er durch die Länder des Ostens wanderte. Dabei wäre er einmal fast von Wegelagerern erschlagen worden.

Später verfasste er ein geographisches Meisterwerk, *Kitab mu'jam al-buldan,* ein alphabetisch geordnetes Lexikon der bekannten Länder der Erde. Er vollendete die mit Fakten gespickte Enzyklopädie im Jahr 1228. Yaqut war einer der bedeutendsten Geographen der islamischen Welt, dessen Leistungen lediglich von al-Idrisi übertroffen wurden.

Rechts: Der Sklavenmarkt von Bagdad, wo Yaqut al Hamawi verkauft wurde.

wurde von der Religion der Moslems selbst gegeben, denn jeder Gläubige sollte mindestens einmal im Leben die Pilgerreise nach Mekka machen. Einer dieser Pilger war Ibn Jubayr. Er wurde 1145 in Valencia im damals maurischen Spanien geboren und hatte bis 1183 als Beamter in Granada gearbeitet. Mit 38 Jahren begab er sich auf die Reise nach Mekka.

Mit dem Schiff überquerte er das Mittelmeer, reiste dann auf dem Nil bis Assuan und anschließend nach Osten bis zur Küste des Roten Meeres, wo er mit dem Schiff nach Dschidda übersetzte und endlich in Mekka ankam. Sein Bericht über diese Reise beschreibt die klassische Pilgerreise, aber auch praktische Fragen, wie beispielsweise den richtigen Umgang mit den moslemischen und christlichen Zöllnern, denen man auf der Reise begegnete.

Für den Rückweg wählte Ibn Jubayr die Route über den Irak, Syrien und Sizilien und kam 1185 wieder in Spanien an. Zwischen 1189 und 1191 sowie 1217 zog es ihn wieder in den Osten. Auf seiner letzten Reise erkrankte er jedoch und starb in Alexandria.

EIN HERAUSRAGENDER REISENDER

Der bedeutendste aller Pilgerreisenden – vielleicht einer der größten Reisenden überhaupt – war Muhammad ibn Abdullah ibn Battuta. Der 1304 in Tanger im heutigen Marokko als Sohn einer wohlhabenden Berberfamilie geborene Ibn Battuta hatte Rechtswissenschaft studiert und sollte, um Allahs Segen für den Beruf zu erflehen, auf Wunsch des Vaters schon früh die Pilgerreise machen. Mit 21 Jahren brach Ibn Battuta auf, um auf der Route des Ibn Jubayr nach Mekka zu reisen, doch kriegerische Verwicklungen machten die Überfahrt über das Rote Meer unmöglich. Er musste zurück zum Sinai und über Palästina und Syrien reisen, was er zum Anlass nahm, das auch den Moslems heilige Jerusalem zu besuchen. Nachdem er sich durch den Aufenthalt in Mekka und Medina den Titel eines Hadschi (Mekkapilgers) erworben hatte und darüber hinaus seinen Beruf abgeschlossen hatte, konnte er sich überall in der moslemischen Welt bewegen und seinen Unterhalt verdienen. Statt von Mekka aus die Heimreise anzutreten, reiste er deshalb quer über die arabische Halbinsel nach Bagdad und dann weiter nach Norden bis Täbris, wo er umkehrte und nach Mekka zurückreiste. Von dort aus brach er 1328 zu einer Reise entlang der arabisch besetzten ostafrikanischen Küste auf.

DIE LÄNGSTE REISE

Von Kilwa kam Ibn Battuta erneut nach Mekka und machte sich im Jahr 1330 auf die längste all seiner Reisen. Er wollte nach Indien, da er aber keine Schiffspassage bekommen konnte, wählte er den Landweg durch die heutige Türkei zum Schwarzen Meer. Nach einer stürmischen Überfahrt landete er im heutigen Feodosija. Hier kam Ibn Battuta mit dem Christentum in Berührung und war froh, als er die damals griechische und gerade zum Bischofssitz erhobene Stadt an der Ostküste der Krim verlassen konnte. Ibn Battuta reiste anschließend in das Reich der Mongolen und wurde an den diver-

Unten: Mekka, die heilige Stadt der Muslime an der Westküste der arabischen Halbinsel. Seit dem 7. Jahrhundert ist jeder Moslem gehalten, mindestens einmal in seinem Leben die Pilgerreise zu den heiligen Städten zu machen. Aus allen Teilen der islamischen Welt kommen regelmäßig große Pilgergruppen in die Stadt.

Rechts: Eine alte Miniatur zeigt Moslems auf der Pilgerreise. Etwa so wird es ausgesehen haben, als sich Ibn Batutta im 14. Jahrhundert auf seine Reisen durch die islamische Welt begab.

sen Fürstenhöfen freundlich empfangen, denn auch bis hierher hatte sich der Islam ausgebreitet. Er reiste zunächst nach Konstantinopel, wo er eine Audienz beim Kaiser erhielt, und machte sich dann auf zu den sagenhaften Städten Buchara und Samarkand. Beide waren zwar kurz zuvor von den Mongolen gestürmt und zerstört worden, doch Samarkand erschien dem Reisenden noch immer »eine der schönsten Städte der Welt«.

In Delhi angelangt, war Ibn Battuta acht Jahre lang als Richter für den dortigen Sultan tätig, der ihn eines Tages bat, als sein Abgesandter nach China zu reisen. Die Route führte Ibn Battuta an der Küste Indiens abwärts zu den Malediven, dann über Ceylon an der Ostküste entlang zur Gangesmündung. Von dort ging es per Schiff nach China weiter und dann auf dem Landweg bis zum heutigen Peking (Beijing). Bevor Ibn Battuta Anfang 1349 nach Marokko zurückkehrte, machte er noch einen Abstecher nach Granada in Spanien.

1352 brach er zu einer erneuten Reise auf, um das ebenfalls islamisierte Westafrika zu besuchen. Mit einer Kamelkarawane überquerte er die Sahara und besuchte die Städte Timbuktu, Agades, Gao und das für seinen sagenhaften Goldreichtum bekannte Königreich Mali.

Insgesamt hatte Ibn Battuta 120 000 km zurückgelegt, ehe er 1353 wieder in Marokko ankam. Er verfasste einen sehr präzisen und sachlichen Augenzeugenbericht über die Welt des 14. Jahrhunderts zwischen China und Timbuktu.

Leo Africanus

Der arabische Reisende, der eigentlich al-Hassan ibn Mohammed al-Wazzan hieß und um 1490 in Granada geboren wurde, hatte eine besonders bizarre Geschichte. Er bereiste die Länder südlich der Sahara, darunter das im Niedergang begriffene Königreich Mali und die Stadt Timbuktu. 1517 fiel er Seeräubern in die Hände, die ihn dem damaligen Papst, Leo X., als Sklaven schenkten. In Rom trat al-Hassan zum Christentum über und erhielt seinen neuen Namen: Leo Africanus. Später wechselte er dann wieder zum Islam. Seine *Beschreibung Afrikas von 1526* war lange Jahre eine der wichtigsten Informationsquellen über den Sudan, wie man damals das gesamte Westafrika südlich der Sahara nannte.

MITTELALTERLICHE ENTDECKER IM OSTEN

Nach dem Zusammenbruch des Römischen Reiches fiel das westliche Europa für einige Jahrhunderte in einen chaotischen Zustand. Langsam bildeten sich neue Staaten wie Frankreich und England, die zusammen mit einer neuen, mächtigen Institution – dem Heiligen Römischen Reich – heranwuchsen. Doch zunächst lagen die römischen Städte in Schutt und Asche und die Straßen, einst der Stolz der Römer, verfielen. Die kaum noch miteinander in Verbindung stehenden Stadtgemeinden waren auf die Landwirtschaft in ihrer unmittelbaren Umgebung angewiesen.

Im 7. Jahrhundert hatten die Araber ein leichtes Spiel, in diese zerrüttete Welt einzubrechen und die noch bestehenden Handelsrouten in den Nahen Osten und nach Nordafrika zu okkupieren. Die Araber, die schon vor Paris standen, konnten von den Franken zurückgedrängt werden, und sowohl die Wikinger als auch die Madjaren (Ungarn) traten zum Christentum über. Doch Europa blieb verarmt und stand unter dem Druck seiner mächtigen islamischen Nachbarn. In diesen düsteren Jahrhunderten drängte es nur wenige Menschen, ihre Dörfer und Städte zu verlassen.

PILGERREISENDE

Wie im Islam war auch im Christentum die religiöse Verehrung von heiligen Stätten ein wichtiges Motiv für weite Reisen. So machten angelsächsische Edelleute im 8. Jahrhundert Reisen nach Rom, wo sich angeblich die Gräber der Apostel Petrus und Paulus befanden. Ab dem 11. Jahrhundert pilgerten Europäer zum Grab des Apostels Jakobus in Santiago di Compostela in Spanien. Viele Pilger folgten dabei gut markierten Wegen, etwa von Frankreich aus. Nur wenige allerdings wagten sich in das Heilige Land (Palästina), das in den Händen der moslemischen Araber war. Das änderte sich, als Papst Urban II. 1095 die Christenheit zum Ersten Kreuzzug (1096–1099) aufrief und zur Rückeroberung Jerusalems ein christliches europäisches Heer aufbrach. Danach gab es regelmäßige Pilgerfahrten ins Heilige Land.

Die Handelswege in den Nahen Osten blieben offen, selbst nachdem die Moslems Palästina zurückerobert hatten. Im 12. und 13. Jahrhundert erlebte Europa sogar eine ausgesprochene Blüte, denn es profitierte sehr von den Kontakten mit den Moslems, die ihnen zu dieser Zeit in jeder Beziehung überlegen waren. Ihnen ist es zu danken, dass das Gedankengut der alten Welt überhaupt überlebte.

Über die Kontakte mit den Arabern kam Europa wieder mit den Schriften der alten Griechen in Kontakt und das arabische Wissen über Astronomie, Mathematik und andere Naturwissenschaften regte auch in Europa eine neue Gelehrsamkeit an.

Links: Kreuzfahrer machen sich auf zum Heiligen Land. 1095 hatte Papst Urban II. zum Ersten Kreuzzug aufgerufen, der das heilige Jerusalem aus der Hand der moslemischen Araber für das Christentum zurückerobern sollte. Jerusalem wurde eingenommen, doch Saladin, der Sultan von Ägypten, gewann es 1187 zurück.

Leider blieben die geographischen Werke der Araber weitgehend unbekannt und auch zwei andere Autoren des 12. Jahrhunderts, Benjamin ben Jona aus Tudela in Spanien und Petahiah von Regensburg, wurden zunächst nicht zur Kenntnis genommen, denn sie waren Juden und wurden als solche im christlichen Abendland nicht geschätzt. So schrieben sie ihre Reiseberichte auch in Hebräisch, denn sie waren für andere Juden, nicht aber für die

Links: Benjamin ben Jona aus Tudela in Spanien auf einer seiner Reisen in den Mittleren Osten. Ben Jona berichtete ausführlich über das Leben der jüdischen Gemeinden des Mittelalters.

Oben: Mongolen (links) im Kampf mit den Rittern des Deutschen Ordens, ein während der Kreuzzüge im Heiligen Land entstandener geistlicher Ritterorden. Unter der Herrschaft der Khane hatten die Mongolen erst den islamischen Kalifen von Bagdad gestürzt und griffen dann die Europäer an.

Christen gedacht. Unterwegs fanden sie Unterstützung in den jüdischen Gemeinden, die sie überall auf dem Weg von den Christenländern zu den Moslems fanden.

Benjamin ben Jona wurde in Tudela im nordspanischen Königreich Navarra geboren. Zwischen 1159 und 1173 reiste er durch Frankreich, Italien, Griechenland, Zypern und Rhodos und besuchte das kurzfristig von den Kreuzfahrern beherrschte Jerusalem. Dann reiste er nach Bagdad und Persien, ehe er über den Jemen, Ägypten und Sizilien nach Spanien zurückkehrte. Sein Anliegen war es, alles über die jüdischen Gemeinden in den Ländern zu erfahren, die er besuchte.

DER GROSSE KHAN

1192 war es dem jungen, begabten Mongolen Temudschin gelungen, alle mongolischen Stämme unter seiner Herrschaft zu vereinigen. Bis 1206 hatte er mit seinen berittenen mongolischen Horden alle tartarischen, mongolischen und türkischen Völker unterworfen, die ihn nun zum »Höchsten Herrscher« – zum Dschingis Khan – ausriefen. Nacheinander brachte Dschingis Khan weitere Gebiete unter seine Herrschaft. Schließlich reichte sein Mongolenreich vom Schwarzen Meer bis zum Pazifik und vom Ural und Sibirien bis zum Persischen Golf und zum Himalaja.

Da er im Mongolenherrscher einen guten Verbündeten gegen die Moslems sah, schickte Papst Innozenz IV. 1245 den Franziskanermönch Giovanni del Piano Carpini als Botschafter zu ihm. Als der Mönch zum Hof des gerade gekrönten, noch minderjährigen Güyük Khan nach Karakoram kam, musste er zu seiner großen Überraschung feststellen, dass sich in der europäischen Heimat als Ketzer verfolgte Christen der Glaubensgemeinschaft der Nestorianer hier des Schutzes des Khans erfreuten und überhaupt im Reich des Khans sehr große religiöse Toleranz herrschte. Für die Ideen des Papstes war Güyük jedenfalls nicht zu gewinnen. 1247 musste Piano Carpini unverrichteter Dinge nach Rom zurückkehren, doch er verfasste einen Bericht, in dem Europäer sich über die Sitten und Bräuche der Mongolen informieren konnten, etwa, dass sie in runden Häusern lebten, die mit Filzmatten gedeckt waren (Jurten), dass sie Kleider aus Leder trugen und eine Vorliebe für gegorene Stutenmilch hatten. Der Bericht eines anderen Franziskaners, des Flamen Wilhelm von Rubruk, der 1253 im Auftrag König Louis IX. zu den Mongolen reiste, gilt ebenfalls als wichtiges Dokument jener Zeit. Obwohl er vom französischen König geschickt war und sogar Briefe des Monarchen an den Khan im Gepäck hatte, war er ursprünglich als Missionar zu den Mongolen gegangen.

Im Mai 1253 verließ er mit einem Begleiter Konstantinopel, reiste über das Schwarze Meer zur Krim und landete schließlich im Lager des Großkhans Monkha, der als Sohn einer nestorianischen Prinzessin über die Religion des Franziskaners gut informiert war.

Trotzdem stand er persönlich dem Schamanismus seiner Ahnen näher. Der Khan lud Wilhelm von Rubruk zusammen mit Vertretern anderer Religionen – darunter Moslems, Nestorianer und buddhistische Mönche, die der Fransziskaner als »Atheisten« bezeichnete – am 31. Mai 1254 im Palast von Karakoram zu einem religiösen Streitgespräch, über das Willhelm in seinem später verfassten Buch berichtet.

DIE BRÜDER POLO

Um 1260 kamen die aus Venedig stammenden Brüder Maffeo und Niccolò Polo über das Schwarze Meer und die Krim zur Wolga, wo sie ein Jahr lang Handel trieben. Als sie heimkehren wollten, mussten sie wegen Kriegshandlungen einen großen Umweg machen und saßen dann drei Jahre in Buchara fest. Als ein mongolischer Botschafter durch die Stadt kam, überzeugte er sie, dass der große Khan sie gerne empfangen würde, und so reisten sie noch weiter als Piano Carpini und Wilhelm von Rubruk: bis ins heutige Peking, wo sie 1266 ankamen.

Der hier inzwischen regierende Kubilai Khan empfing sie sehr gastfreundlich in seiner neuen Hauptstadt, von deren Größe, Pracht und Reichtum die Venezianer sehr beeindruckt waren. Ihre Berichte darüber sollten die Fantasie der Europäer noch Jahrhunderte später beflügeln.

Als die Brüder nach Venedig zurückkehrten, waren sie mit Pässen ausgestattet, die ihnen eine sichere Reise durch das Mongolenreich garantierten. Außerdem hatten sie einen Brief an den Papst dabei, in dem Kubilai um »100 Gelehrte, erfahren in den sieben Künsten« bat.

MARCO POLO REIST NACH CHINA

1269 kamen die Brüder Polo nach Venedig zurück. 1271 machten sie sich erneut auf den Weg nach China und nahmen diesmal Niccolòs 17-jährigen Sohn Marco mit. Durch Armenien, Persien und Afghanistan, über den Pamir und dann weiter über die Seidenstraße reisten sie nach China, wo sie Kubilai Khan herzlich empfing. Da ihn der begabte

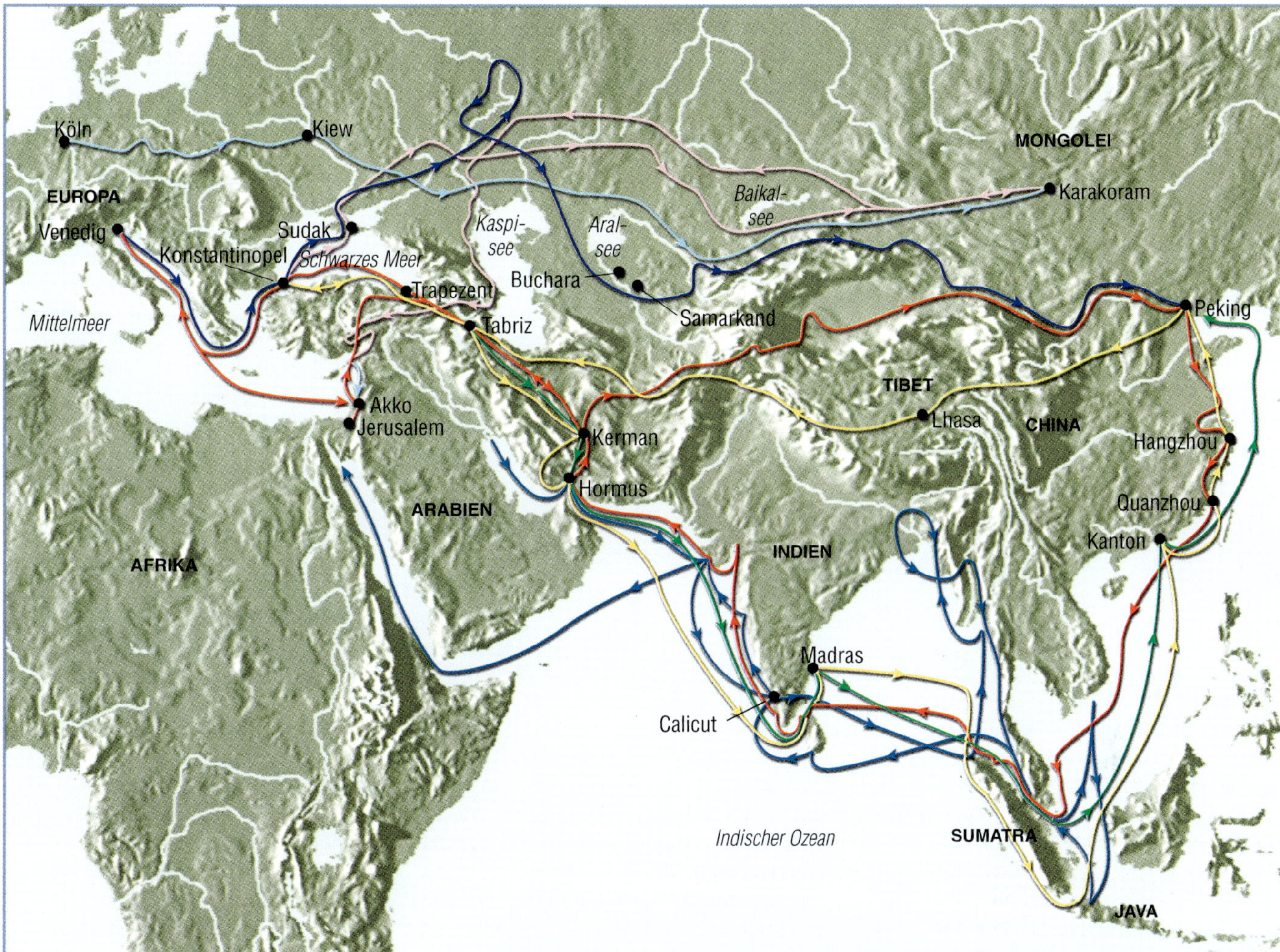

Giovanni del Piano Carpini
(1245–1247)

Wilhelm von Rubruk
(1253–1255)

Maffeo und Niccolò Polo
Hinreise
(1260–1266)

Marco Polo
(1271–1295)

Giovanni da Montecorvino
Hinreise
(1289–1294)

Odorico da Pordenone
(1318–1330)

Niccolò dei Conti
(1419–1444)

Asienreisende des Mittelalters

junge Marco beeindruckte, nahm er ihn als Beamten in seinen Dienst und schickte ihn mit besonderen Aufträgen durch ganz China, nach Birma und Indien.

Fast 20 Jahre blieb Marco Polo in den Diensten Kubilai Khans und wurde sogar zum Statthalter der Provinz Kiang-nan ernannt. Allerdings darf man seinem späteren Bericht entnehmen, dass er sich nicht in die fremde Kultur integrierte. Er lebte wie in einer Theaterwelt, in der alles anders, vor allem prächtiger, größer, schöner und reicher war als in Europa. An keiner Stelle seines Berichtes spricht er jedoch von persönlichen Beziehungen zu den Menschen, gar von Freundschaft. Viele Historiker vermuten sogar, dass er trotz des langen Aufenthalts nie Chinesisch gelernt hat.

MARCO POLO, »IL MILLIONE«

Als Marco Polo gerade nach Venedig zurückgekehrt war, geriet er im Krieg gegen die mit Venedig rivalisierende Stadt Genua in Gefangenschaft der Genuesen. Im Kerker diktierte er einem Mitgefangenen seine Erinnerungen an das ferne Land.

Das Buch war eine Sensation und wurde bald in viele Sprachen übersetzt, auch ins Deutsche. Da

Oben: Routen, die europäische Reisende des Mittelalters nahmen, um nach Asien zu reisen. Antriebskräfte waren der Handel und die Religion, denn man verfolgte nicht nur ökonomische Interessen, sondern wollte auch missionieren und das Christentum verbreiten.

Rechts: Diese Miniatur aus dem späten 14. Jahrhundert zeigt die Abreise der Polos aus Venedig 1271. Erst 1295 kehrte Marco Polo aus China zurück, wo er 17 Jahre lang im Dienst des Khans gestanden hatte.

man glaubte, Marco Polo habe bei allem maßlos übertrieben und die unmöglichsten Dinge erfunden, gab man ihm den Spitznamen » il Millione«.

Tatsächlich berichtete Polo über die damals nur vage bekannte Welt zwischen Sansibar bis Cipangu (Japan). Er erzählte von Dingen, die in Europa für undenkbar gehalten wurden, etwa, dass man in China schwarze Steine verbrenne (Kohle), um die Häuser zu heizen. Noch weit bis in die Zeit der großen Entdeckungsfahrten im 15. und 16. Jahrhundert hatte seine Niederschrift große Bedeutung für die Menschen.

So übertrieben oder auch falsch der eine oder andere Bericht des Marco Polo sein mochte, so stellt seine Reise doch für das europäische Mittelalter eine herausragende Leistung dar.

Die Reisen des Maffeo, Niccolò und Marco Polo wären allerdings vor dem Aufstieg des mongolischen Großreichs nicht möglich gewesen. Zu viele unsichere Kleinstaaten hätten durchwandert werden müssen. Als die Mongolen zu ihrer Eroberung ansetzten, überrannten sie viele Völker und rotteten ganze Städte samt ihrer Bevölkerung aus. Doch als sie ihre Macht gefestigt hatten, herrschte große Toleranz in ihrem Herrschaftsgebiet. Dieser Friede und die mit ihm verbundene Sicherheit machte Reisen, wie sie die Polos unternahmen, erst möglich.

Viele Händler, Missionare, Pilger und auch nicht wenige in Europa ihres Glaubens wegen Verfolgte mögen in der Zeit des »Mongolischen Friedens« auf der Seidenstraße gereist sein, aber leider wissen wir nur von wenigen.

Einer von diesen war der italienische Ordensbruder Giovanni da Montecorvino, der 1294 in das heutige Peking an den Hof des Khans kam. Er fand den Herrscher zwar gealtert, aber nach wie vor tolerant vor. Während in Europa bereits die päpstliche Inquisition griff, gestattete ihm der Khan, in Peking eine Kathedrale zu bauen. 1307 wurde Giovanni da Montecorvino der erste Erzbischof der Stadt, aber er sollte sich nicht lange dort halten. Nach dem Tod Kubilai Khans im Jahr 1294 war dessen Sohn Timur auf den Thron gekommen, und unter ihm begann die mongolische Herrschaft zu verfallen. Der »Mongolische Frieden«, der es möglich gemacht hatte zu reisen, ohne ständig an Zollstellen Abgaben zahlen und ohne sich ständig vor Wegelagerern und Räubern fürchten zu müssen, ging zu Ende.

Einem italienischen Ordensbruder, Odorico da Pordenone, gelang in den 1320er-Jahren noch einmal die Reise nach China. 1318 verließ er Konstantinopel und kehrte zwölf Jahre später zurück. Der kluge und aufmerksame Beobachter berichtete später von Details wie der chinesischen Sitte, den Mädchen die Füße zu binden oder sich extrem lange Fingernägel wachsen zu lassen, was als Statussymbol galt.

NICCOLÒ DEI CONTI

Im frühen 15. Jahrhundert verbrachte der venezianische Kaufmann Niccolò dei Conti 25 Jahre mit Reisen in Asien. Er besuchte Indien, Südostasien, Sumatra und Java. Einmal war er gezwungen, zum Islam zu konvertieren.

Bei seiner Rückkehr beichtete er Papst Eugen IV., dass er, um sein Leben zu retten, sein Christentum habe verleugnen müssen. Der verständnisvolle Papst verlangte nur, dass Niccolò die ganze Geschichte seiner Wanderungen dem päpstlichen Sekretär Poggio Bracciolini zu Protokoll gebe. Dieser Bericht wurde später unter dem Titel *Historiae de Varietate Fortunae* veröffentlicht.

EUROPÄISCHE EXPEDITIONEN IN DEN FERNEN OSTEN

Unten: Die Wolga in Russland. Anthony Jenkinson, der 1557 eine Expedition nach Asien unternahm, kam zunächst nach Moskau. Dann segelte er auf der Wolga bis zum Kaspisee und erreichte 1558 die alte moslemische Handelsstadt Buchara.

Mitte des 16. Jahrhunderts waren viele englische Kaufleute und Händler daran interessiert, eine Handelsroute nach Asien zu finden, und zwar zur See über das Nordpolarmeer. Verschiedene Seefahrer suchten nach einer Nordwest- bzw. Nordostpassage, doch Erfolg hatte keiner.

Dem Seefahrer Richard Chancellor war es Mitte der 1550er-Jahre gelungen, mit Russland in Handelsbeziehungen zu treten, aber eigentlich ging es den Kaufleuten um den Handel mit China. Da es einen Seeweg über den Pol im 16. Jahrhundert nicht gab, wollte man es über Land versuchen und beauftragte einen Bevollmächtigten, der sich im Mittleren Osten auskannte – den Kaufmann Anthony Jenkinson.

JENKINSON GEHT NACH MOSKAU

Bei einer seiner früheren Reisen war Jenkinson in Aleppo in Syrien mit dem Herrscher des Osmanischen Reiches – Suleyman II., dem Prächtigen – zusammengetroffen, der ihm einige Handelsprivilegien eingeräumt hatte.

Damit ausgestattet, machte sich Jenkinson 1557 auf den Weg nach Asien und kam nach Moskau. Hier traf er den Zaren, der ihm ein Empfehlungsschreiben ausstellte, mit dem er im Frühjahr 1558 zusammen mit einem Dolmetscher und zwei weiteren Engländern auf der Wolga bis Astrachan reiste. Von dort setzten sie über den Kaspisee und schlossen sich dann einer Karawane an, die nach Turkistan in Zentralasien reiste.

Im Dezember 1558 erreichten die Männer Buchara, wo Jenkinson eine Audienz beim Khan erhielt. Der Khan war fasziniert von den englischen und russischen Bräuchen sowie von den Feuerwaffen, die Jenkinson mitgebracht hatte, doch über Jenkinsons Wunsch, nach China weiterzureisen war er betrübt. Der Handel mit dem Fernen Osten hatte sich verringert, seit ein mongolischer Prinz die Kontrolle über das Gebiet westlich des Hoanghos (Gelber Fluss) ausübte. Als das Frühjahr einsetzte, gab Jenkinson seinen Plan auf und reiste nach Moskau zurück.

Den erwartungsvollen Kaufleuten in England trug Jenkinson nun eine Idee für ein neues Projekt vor. Wenn der Handel mit China nicht einzufädeln war, warum dann nicht Handelsbeziehungen zu Persien knüpfen? 1561 machte er sich wieder auf

Rechts: Der türkische Sultan Suleyman II., der Prächtige. Er räumte dem Reisenden Anthony Jenkinson in Aleppo in Syrien einige Handelsprivilegien ein.

den Weg, segelte nach Russland, überwinterte in Moskau und reiste dann auf der Wolga bis zum Kaspisee und nach Dagestan, das damals unter persischer Kontrolle stand. Der Gouverneur, Abdullah Khan, hieß den englischen Besucher willkommen und gab ihm eine Eskorte mit, die ihn zum Hof des persischen Schahs begleitete.

Jenkinson hatte Briefe von Königin Elizabeth I. in lateinischer, italienischer und hebräischer Sprache bei sich, die dem Schah ein Handelsangebot mit England machten. Doch der Perser verstand keine dieser Sprachen, vor allem aber wollte er keine christlichen Händler in einem moslemischen Land. Obgleich Abdullah Khan dem Engländer Handelsprivilegien eingeräumt hatte, war sein Vorstoß beim Schah erfolglos.

NEWBERYS EXPEDITION

Nach dem Tod von Abdullah Khan verloren die Engländer das Interesse am Überlandhandel mit Dagestan (nur die Handelsrouten über das Mittelmeer in den Nahen Osten behielten sie bei). Welche Schwierigkeiten der direkte Handel mit Asien mit sich bringen konnte, zeigt die Geschichte von John Newbery.

Schon 1581 hatte Newbery eine rasche Reise durch den Mittleren Osten gemacht. Sein Bericht ermutigte Investoren, eine größere Expedition zu finanzieren, die sich 1583 unter Newberys Leitung auf den Weg machte. Doch venezianische Kaufleute, die die Konkurrenz fürchteten, ließen Newbery und seine Leute festnehmen und in der portugiesischen Handelsfestung Hormus am Persischen Golf einkerkern. Für die Verhandlung wurden die Engländer dann nach Goa an der indischen Westküste gebracht. Dort wurden sie freigesprochen und konnten ihren Weg nach Agra an den Hof des Moguls fortsetzen, der sie freundlich empfing. Newbery machte sich nun auf den Heimweg, um in England Bericht zu erstatten, doch er ging dabei verschollen. Ein Überlebender der Expedition, Ralph Fitch, setzte die Reise in den Osten fort. Er besuchte den Fuß des Himalajas, reiste durch das Gangestal nach Kalkutta und von dort bis Birma und Malakka. 1591 kam er nach England zurück, nachdem er mehr als acht Jahre unterwegs gewesen war.

DIE REISENDEN JESUITEN

Europäische Händler sind nicht nach China vorgedrungen, aber religiöse Eiferer waren umso erfolgreicher. Vor allem durch die fanatische Entschlossenheit der Jesuiten, den katholischen Glauben zu verbreiten, wurde der Orden zur Quelle für wichtige Sponsoren weltweiter Handelswege. Während die Händler nach Möglichkeit per Schiff gereist waren, durchquerten die Jesuiten Zentralasien zu Fuß. Ihre Augenzeugenberichte von dem, was sie

Die Provinz Macau

Die kleine Provinz Macau, die an der Südküste Chinas westlich von Hongkong liegt, besteht aus einer felsigen Halbinsel und den vorgelagerten Inseln Taipa und Coloane. Die Portugiesen, die als erste Europäer im 14. Jahrhundert per Schiff nach Asien kamen, errichteten hier einen Handelsposten, doch erst 1557 erlaubte ihnen der chinesische Kaiser, sich hier niederzulassen und eine Kolonie zu errichten. Von hier aus brachten portugiesische Kaufleute in China eingekaufte Seide und Porzellan nach Japan und zu den spanischen Händlern in Manila. Bis 1974 blieb Macau portugiesische Kolonie.

Rechts: Die portugiesische Kolonie Macau an der Südküste Chinas.

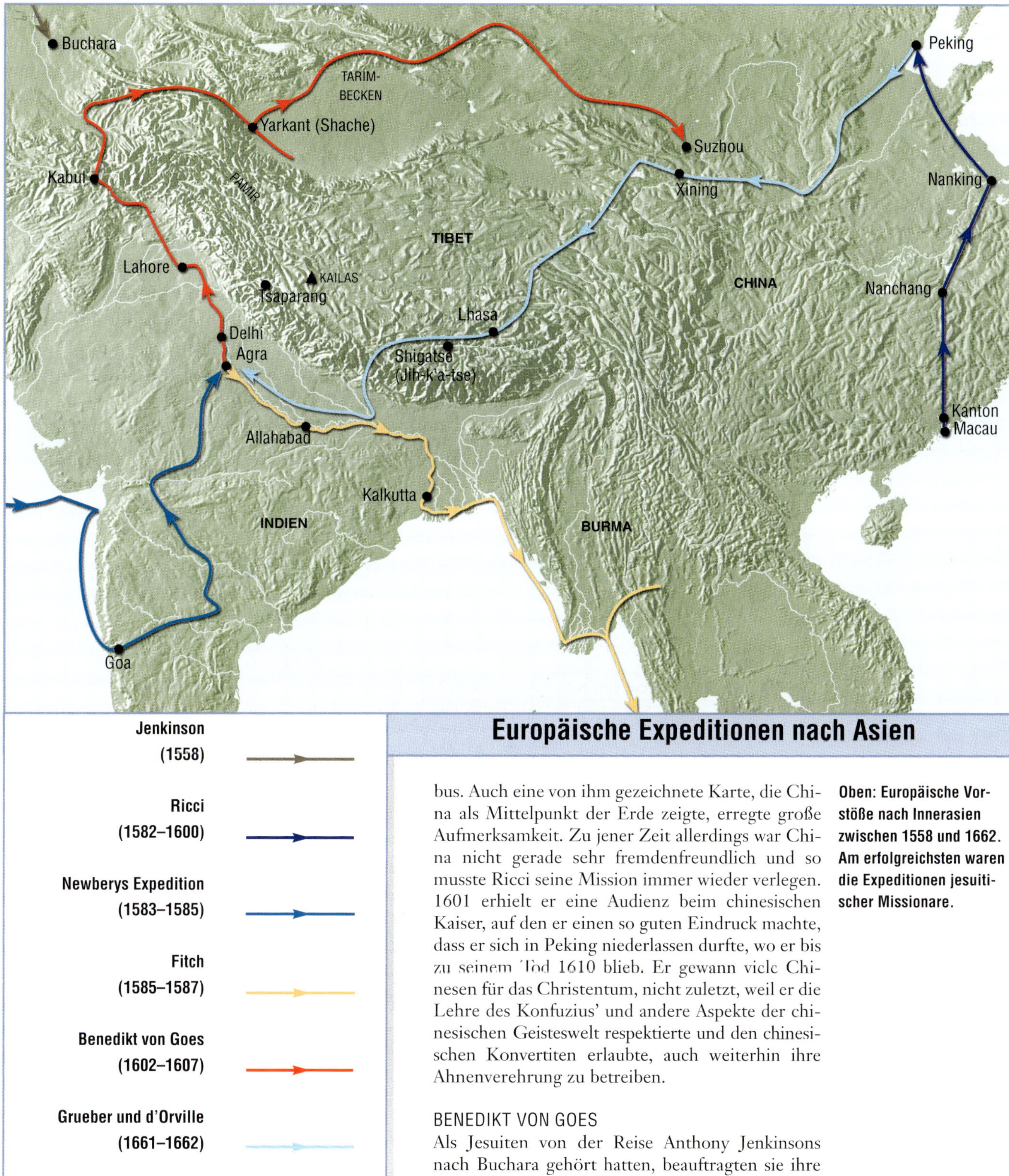

Europäische Expeditionen nach Asien

Oben: Europäische Vorstöße nach Innerasien zwischen 1558 und 1662. Am erfolgreichsten waren die Expeditionen jesuitischer Missionare.

unterwegs sahen, gelten als profunde Bausteine für das geographische Wissen der Europäer.

Der italienische Jesuit Matteo Ricci ging 1582 nach China und errichtete nahe Kanton eine Missionsstation. Gebildete Chinesen hatten Interesse an seinen Uhren, seinen Musikinstrumenten, seinen mathematischen Instrumenten und seinem Globus. Auch eine von ihm gezeichnete Karte, die China als Mittelpunkt der Erde zeigte, erregte große Aufmerksamkeit. Zu jener Zeit allerdings war China nicht gerade sehr fremdenfreundlich und so musste Ricci seine Mission immer wieder verlegen. 1601 erhielt er eine Audienz beim chinesischen Kaiser, auf den er einen so guten Eindruck machte, dass er sich in Peking niederlassen durfte, wo er bis zu seinem Tod 1610 blieb. Er gewann viele Chinesen für das Christentum, nicht zuletzt, weil er die Lehre des Konfuzius' und andere Aspekte der chinesischen Geisteswelt respektierte und den chinesischen Konvertiten erlaubte, auch weiterhin ihre Ahnenverehrung zu betreiben.

BENEDIKT VON GOES

Als Jesuiten von der Reise Anthony Jenkinsons nach Buchara gehört hatten, beauftragten sie ihre Vertreter in Indien, die Reiseroute nach China zu erkunden. Der von den Azoren stammende Benedikt von Goes wurde mit dieser Aufgabe betraut. Goes verließ Agra in Indien Ende 1602 und reiste über Lahore und Kabul weiter nach Norden, wo er die Höhenzüge des Pamirs überquerte. Hier wollte er nördlich des Himalajas auf der Seidenstraße weiterreisen, doch die chinesischen Zollbeamten waren misstrauisch und verwehrten ihm die Weiter-

Oben: Der flämische Ordensbruder Benedikt von Goes wurde 1603 auf seiner Reise von Indien nach China von Wegelagerern angegriffen. Er hatte sich einer Karawane angeschlossen, die den gefährlichen Weg durch Afghanistan über den Hindukusch und durch das Wüstengebiet des Taklas Makan nahm.

reise nach Osten; er durfte lediglich einen Abstecher zur tibetischen Grenze unternehmen.

Als er 1604 zurückkam, traf er andere Beamte an und diesmal erhielt er die Erlaubnis, sich einer Karawane anzuschließen, die nach Suzhou (heute Jiuquan) reiste. Von dort schickte er Ricci eine Nachricht nach Peking, um von seinen Problemen zu berichten. Ricci entsandte einen zum Katholizismus konvertierten Chinesen nach Suzhou, aber als dieser im März 1607 ankam, erfuhr er, dass Goes inzwischen verstorben war.

In den 1620er-Jahren hörten die in Indien stationierten Jesuiten Gerüchte, dass in Tibet Christen lebten. Antonio de Andrade, Ordensvorsteher in Agra, wollte der Sache nachgehen und schloss sich Anfang 1642 einer Gruppe von hinduistischen Pilgern an, die nach Lahore wollten. Nach einer schwierigen Reise durch die verschneiten Berge des Himalajas kam Andrade nach Tsaparang (heute Tse-pu-lung) in Tibet. Der dortige König empfing ihn freundlich und erlaubte ihm die Abreise nur unter der Bedingung, dass der Jesuit versprach, im nächsten Jahr wiederzukommen.

JESUITEN IN TIBET

Andrade kam zurück und eröffnete eine katholische Mission in Tsaparang. Zum Dank wurde er zum Ordensvorsteher von Goa ernannt, doch das Projekt in Tibet erwies sich als kurzlebig: Sein königlicher Schutzherr wurde durch eine Revolution gestürzt und die schon gebaute Kirche zerstört.

Während Andrade in Tsaparang weilte, hörte er von einem weiteren Königreich im Himalaja. Zwei weitere Jesuiten, Estevão Cacella und João Cabral, wurden ins Gebirge geschickt. Sie errichteten im Januar 1628 eine Mission in Shigatse (Jih-k'a-tse), einem großen buddhistischen Zentrum in Tibet. Auch diese Mission bestand nicht lange. Cacella starb im April 1630 und Cabral wurde nach Indien zurückberufen. Bis 1635 waren beide Missionen in Tibet wieder verlassen.

Auch wenn die Versuche in Tibet gescheitert waren, wusste man in der Jesuitenmission in Peking doch nun, dass es möglich war, Indien über Land zu erreichen. Im April 1661 machten sich Johann Grueber und Albert d'Orville von Peking aus mit Nachrichten für den Jesuitengeneral in Rom auf den Weg. Sie erreichten die tibetische Grenze bei Xining und kamen dann in ein Gebiet, das den europäischen Geographen völlig unbekannt war. Im Oktober 1661 erreichten sie die Stadt Lhasa.

Die Männer schlossen sich einer Karawane an, die Richtung Süden nach Nepal reiste und gingen dann nach Agra, das sie im März 1662 erreichten. D'Orville, dessen Gesundheit durch die Reise stark gelitten hatte, starb in Agra. Grueber setzte die Reise fort und kam im Februar 1664 nach Rom.

Rechts: Das buddhistische Kloster Taktsang im kleinen Himalaja-Königreich Bhutan. Die Jesuiten Estevão Cacella und João Cabral reisten 1662 auf ihrer Expedition nach Tibet durch Bhutan.

ENTDECKER IN SIBIRIEN

Oben: Ein Rentierjäger vom Volk der Jakuten, das 1632 unter die Herrschaft der Russen fiel.

Zu Beginn des 16. Jahrhunderts war das Russische Reich noch vergleichsweise klein. Der Ural, ein Gebirgszug, der sich von der Karasee im Norden bis nach Kasachstan im Süden erstreckte, bildete seine Ostgrenze. Dahinter schlossen sich die endlosen Weiten Sibiriens an, in denen Turkvölker und wilde Wölfe lebten. 1480 hatte Iwan III., der in Moskau residierte, über die Mongolen gesiegt, deren letzter Khan 1502 auf der Krim umkam. Nachdem so die Herrschaft der Goldenen Horde beendet war, nahm der christliche Iwan den Titel Zar (Kaiser) an und wurde zum Herrscher des russischen Großreichs, das sich als Nachfolger des oströmisch-byzantinischen Reiches sah. Iwans Enkel, der berüchtigte Iwan IV., der Schreckliche, eroberte ab 1552 weitere Gebiete, zunächst das Khanat Kasan, dann Astrachan. 1582 begann er mit der Unterwerfung ganz Sibiriens. Mitgliedern der Familie Stroganow, die schon seit dem 14. Jahrhundert Eisenwerke und Salinen im Ural besaßen, verlieh der Zar nun die Macht über große Landstriche, die bis an das Tartarenkhanat Sibir reichten. Der Handel mit Salz und Pelzen lockte zu Überfällen, weshalb sich die Stroganows mit dem Kosakenkrieger Timofejewitsch Jermak zusammentaten, der Sibiren vom Ural bis zum Irtysch eroberte, doch 1584 bei den Kämpfen mit den Tartaren fiel. Die Familie Stroganow erhielt Handelsprivilegien in Sibirien und besaß dort mehr als 100 Städte.

RUSSLAND RÜCKT IN SIBIRIEN EIN

Russland hatte deshalb großes Interesse an Sibirien, weil es dort wertvolle Handelsgüter gab. Diese zu vermarkten, bedurfte es einer genauen Planung. Zunächst wurden Handelsrouten entlang der sibirischen Flüsse eröffnet und durch Forts an strategisch wichtigen Punkten gesichert. Die sibirischen Turkvölker, mit denen die Russen nun in Berührung kamen, befanden sich auf einem technologisch niedrigen Stand und konnten leicht dazu gezwungen werden, Tribut zu zahlen. Zwei Volksgruppen, die auf einem höheren Kulturniveau standen, waren weniger leicht zu unterwerfen.

Mit den Jakuten, die im Lenabecken lebten, kamen die russischen Entdecker erstmals 1620 in Kontakt. Die Pelze, die sie von ihnen einhandelten, waren von hervorragender Qualität.

Sibirien

Das 10 460 000 km² große Gebiet (zwischen Ural im Westen und Beringmeer im Osten, zwischen nördlichem Eismeer und den Gebirgen an der Grenze zur Mongolei und China) gliedert sich in die drei Landschaftsgürtel Tundra, Taiga und Steppe. Die Tundra, eine baumlose Landschaft, in der nur Moose und Flechten gedeihen, ist extrem kalt und unwirtlich. Temperaturen von – 40°C sind im Winter nicht selten, doch findet man hier Bodenschätze. Die dichten Nadelwälder der Taiga mit ihren Nutzholzreserven und vielen Pelztieren nehmen den breitesten Raum ein. Einst waren sie die vor allem genutzten Produkte Sibiriens, heute werden vornehmlich Bodenschätze in Sibirien gewonnen, darunter auch Erdgas und Erdöl. Die Flüsse Sibiriens sind, soweit eisfrei und schiffbar, wichtige Verkehrswege.

Links: Der Ob in Westsibirien ist im Winter zugefroren.

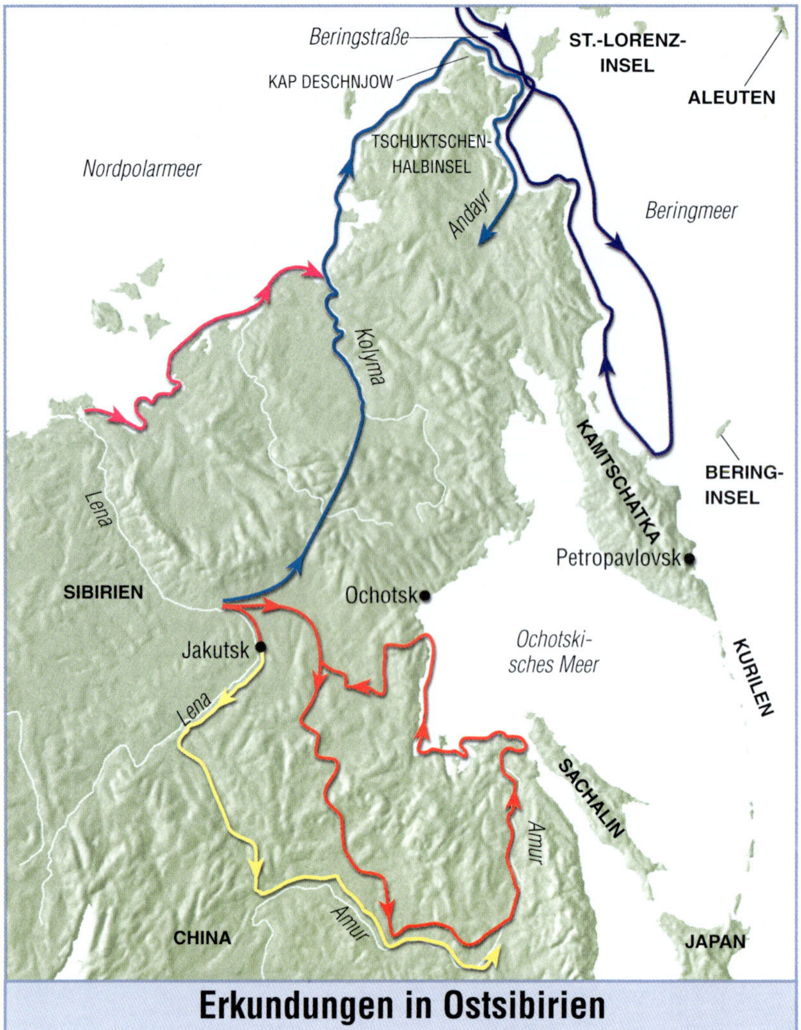

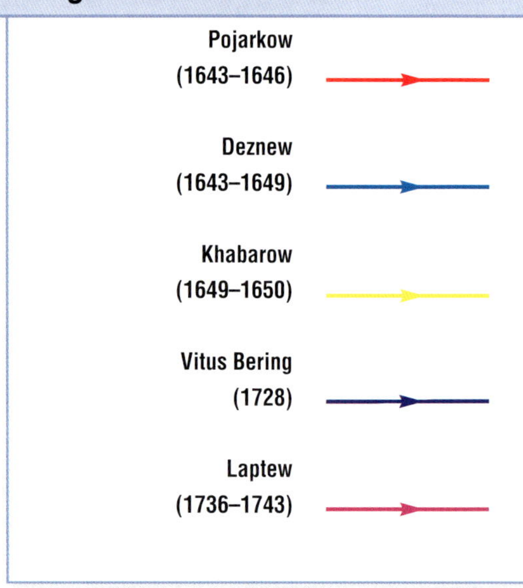

Oben: Die Routen, die russische Expeditionen im 17. und 18. Jahrhundert nach Ostsibirien nahmen.

1632 führte Pjotr Beketow eine Armee zur Lena und bezwang die Jakuten. Im heutigen Jakutsk ließ er ein Fort bauen und rückte dann weiter gegen das Volk der Tungusen vor, das er ebenfalls unterwarf. Ein Handelsposten in Batalsk, im Land der Tungusen, war Ausgangspunkt für eine Reise in den Osten, die 1639 ein Gruppe von 20 Männern unter der Führung von Iwan Moskwitin unternahm. Er führte die Gruppe zum Ulya und dann den Fluss abwärts bis zur Mündung in das Ochotskische Meer. Es waren die ersten Russen, die auf einer Überlandreise bis zum Pazifik vorstießen.

Unterwegs erfuhr Moskwitin, dass es einen weiteren, ostwärts durch Sibirien zum Pazifik führenden Fluss geben solle – den Schilka oder »Schwarzen Drachen«.

DIE SUCHE NACH DEM »SCHWARZEN DRACHEN«

1643 machte sich der Kosake Wassily Pojarkow von Jakutsk aus auf die Suche. Mit einer kleinen Gruppe von Männern folgte er zunächst der Lena Richtung Norden und wandte sich dann nach Süden zum Amur. Die Brutalität der Kosaken löste Widerstand unter den Einheimischen aus, die sich so heftig zur Wehr setzten, dass Pojarkow die Hälfte seiner Männer verlor. Den Schilka fand er nicht, doch sammelte er wichtige Informationen.

Infolge einer weiteren Expedition, die Jerofej Khabarow 1649 unternahm, wäre es fast zum Krieg mit China gekommen, denn die Russen und die Bewohner der Amurregion bekämpften sich heftig. Die Bewohner der Amurregion standen unter dem Schutz der Chinesen, denen sie tributpflichtig waren. Im April 1652 konnte Khabarow mithilfe seiner Kosaken einen chinesischen Angriff abwehren, gab dann aber vorsichtshalber das am Amur gegründete Fort auf. Der brüchige Frieden zwischen Russen und Chinesen wurde erst 1689 gefestigt, als die beiden Großreiche einen Friedensvertrag unterzeichneten.

Da es keine Rivalen gab, konnten die Russen die Eroberung Sibiriens in der zweiten Hälfte des 17. Jahrhunderts fortsetzen. Mikhail Stadukhin, Fjodor Popow und Semjon Deznew erforschten das Gebiet um den Kolyma und den Anadyr. Deznew segelte 1648 durch die Beringstraße, wie sie später genannt werden sollte. Doch die Neuigkeit, dass Asien und Amerika nur durch eine schmale Meeresstraße voneinander getrennt sind, wurde nicht bekannt. Durch Wladimir Atlasow festigten die Russen im letzten Jahrzehnt des 17. Jahrhunderts ihre Kontrolle über das Gebiet.

DIE REISEN DES VITUS BERING

Der selbst zum Schiffsbauingenieur ausgebildete Zar Peter I., der Große, war sehr an der Frage interessiert, ob zwischen Sibirien und Alaska eine Landbrücke bestehe, denn das würde neue Handelsrouten nach China und Indien eröffnen. 1725 beauftragte er den dänischen Seefahrer Vitus Bering mit einer Expedition. Bering reiste über Land zur Halbinsel Kamtschatka, wo er ein Schiff bauen ließ. Da die gesamte Ausrüstung und Verpflegung über den Ural und durch Sibirien transportiert werden mussten, dauerte es bis 1728, ehe die Expedition aufbrechen konnte. Berings Schiff, die *St. Gabriel*, segelte von der Ostküste der Halbinsel Kamtschatka nordwärts in die Meeresstraße, die heute nach Bering benannt ist. Im August sichtete er die Sankt-Lorenz-Insel und bemerkte, dass die

Küste Asiens von hier nach Nordwesten verläuft, woraus er schloss, dass zwischen Asien und Nordamerika ein Meer liege. Da der Winter vor der Tür stand, kehrte Bering zur Halbinsel Kamtschatka zurück, ehe das Packeis sein Schiff festsetzen konnte. Im kommenden Frühjahr segelte Bering erneut nach Norden, doch ungünstige Winde zwangen ihn zur Umkehr. Er umsegelte Kamtschatka, kreuzte das Ochotskische Meer und kehrte nach Sibirien zurück.

DIE GROSSE EXPEDITION IN DEN NORDEN

Berings Bericht führte dazu, dass eine weitere große Expedition zur sibirischen Küste geschickt wurde. Nun sollte die ganze arktische Küste zwischen Nowaja Semlja und der Tschuktschenhalbinsel erforscht werden, und da auch die Flora und Fauna der Region von Interesse war, begleitete der Naturforscher John Gmelin die Expedition. Mehrere aufeinander folgende Expeditionen umschifften zunächst die Halbinsel Jamal und erforschten dann die Mündungsgebiete des Obs und des Jenisseis. Dann umrundeten sie die Tajmyr-Halbinsel.

Dimitri Laptew erforschte zwischen 1736 und 1743 das Gebiet zwischen Lenamündung und der etwa 1000 km weiter östlich gelegenen Kolymamündung. Der Seeoffizier Iwan Bakhow kam von 1760 bis 1762 nochmals in das Gebiet, starb aber an Skorbut, während seine Expedition an der Flussmündung überwinterte. Während die einen im Westen tätig waren, segelten drei Schiffe unter dem Kommando von Martin Spanberg von der Halbinsel Kamtschatka aus Richtung Süden, um die Gewässer um die Kurilen zu kartographieren. Zwei Schiffe kamen bis zur japanischen Insel Honshu.

Auch Bering war an der großen Nordexpedition beteiligt. 1741 segelte er mit zwei Schiffen vom heutigen Petropavlovsk aus Richtung Nordosten auf der Suche nach einer Möglichkeit, Nordamerika zu erreichen. Kaum waren die Schiffe ausgelaufen, wurden sie in einem Sturm getrennt.

Links: Walrosse sonnen sich am Strand der Tschuktschenhalbinsel. Es war das Walrosselfenbein, das Forscher wie Semjon Deschnjow, nach dem die äußerste Nordspitze der Halb- insel benannt ist, um 1650 in diese Gegend lockte.

Bering nahm Kurs auf die Aleuten und sichtete Ende Juli den Mount St. Elias in Alaska. Nebel vereitelte den Versuch, nach Nordwesten zu segeln. Also setzte Bering südlichen Kurs und folgte der Kette der Aleuten, doch böige Westwinde machten das Vorankommen schwierig. Bald litt Berings Mannschaft an Skorbut und es war kaum noch möglich, das Schiff zu manövrieren.

Im November erlitt Bering östlich der Halbinsel Kamtschatka an einer bisher unbekannten Insel Schiffbruch, und so waren sie gezwungen, hier zu überwintern. Dennoch starb ein Drittel der 77 Männer, darunter Bering selbst, an Skorbut. Aus den Wrackteilen des Schiffs bauten die Überlebenden im beginnenden Frühjahr unter der Leitung des Naturkundlers Georg Steller ein neues Schiff, mit dem sie 1742 nach Petropavlovsk zurückkehrten. Die Insel wurde Bering zu Ehren nach ihm benannt. Das andere Schiff der Beringexpedition erreichte unter dem Kommando von Alexej Chirikow Alaska. Doch als Chirikow zwei bemannte Boote an Land schickte, die die Gegend erkunden sollten, verschwanden Boote und Männer spurlos. Chirikow segelte nach Kamtschatka zurück, wo er im Jahr 1741 ankam.

Links: Der Tod von Vitus Bering. Als Schiffbrüchige mussten er und seine Männer auf einer Insel östlich der Halbinsel Kamtschatka im Jahr 1641 überwintern. Dabei starben Bering und viele seiner Männer an Skorbut.

ABENTEURER IM FERNEN OSTEN

Nach dem Ende der Napoleonischen Kriege 1815 wurde den Briten rasch klar, dass Russland zu einem ernst zu nehmenden Rivalen heranwuchs, der ebenso wie die Briten ein Auge auf Indien warf. Um dem entgegenzuwirken, brauchte Großbritannien bessere Informationen über die Geographie des Gebietes zwischen Persischem Golf und Indien. Also machten sich ein paar unerschrockene Briten auf, diese Gebiete genauer zu erforschen.

Hyder Hearsey war für diese Aufgabe besonders geeignet, denn sein Vater war Engländer, seine Mutter aber Inderin. Als junger Mann diente er in der britisch-indischen Armee, stieg in den Rang eines Offiziers auf und nahm an einem Projekt teil, das sich seit 1802 der wissenschaftlichen Kartographierung des indischen Subkontinents widmete. 1808 unternahm er seine erste Expedition in den Himalaja in das Gebiet nördlich von Delhi und östlich von Dehra Dun. Die Rückreise führte ihn an der Westgrenze Nepals entlang.

Links: Der britische Entdecker Charles Christie, der seinem Land durch ausgedehnte Reisen unschätzbare Informationen über verschiedene asiatische Länder lieferte.

PFERDEHÄNDLER

Charles Christie und Henry Pottinger waren ebenfalls Soldaten. Sie hatten einen ähnlichen Auftrag, als sie sich von Karachi aus auf den Weg machten, um Belutschistan zu erforschen. Da sie in geheimer Mission unterwegs waren, verkleideten sie sich als einheimische Pferdehändler, um möglichst ungehindert reisen zu können. Als sie Nushki im heutigen Pakistan erreicht hatten, trennten sich die »Pferdehändler«. Christie reiste weiter Richtung Norden, durchquerte die Wüste Dasht-i-Margo in Südafghanistan und kam bis Herat im Nordwesten des Landes. Dann reiste er nach Persien (dem heutigen Iran), durchquerte das Land und traf in Isfahan wieder mit Pottinger zusammen.

Pottinger selbst war inzwischen durch den Südosten des heutigen Irans gereist. In Bushehr am Ostufer des Persischen Golfs wandte er sich nach Norden Richtung Isfahan, um dort Christie zu treffen. Gemeinsam reisten sie nun nach Teheran und dann weiter nach Qazvin, wo sie sich wieder trennten. Christie begab sich nach Tabriz (Täbris) in der damals persischen Provinz Aserbaidschan und dann nach Baku am Kaspisee. Pottinger war über Bagdad den Euphrat abwärts nach Basra am Persischen Golf gereist. Die höchst akkuraten geographischen Angaben, die sie nach ihrer Reise machen konnten, halfen, die Karten, die man von diesen Regionen hatte, erheblich zu korrigieren.

Vier Jahre nach seiner ersten Expedition machte sich Hyder Hearsey erneut auf den Weg, dies-

Das »Große Spiel«

Anfang des 19. Jahrhunderts fürchteten die Briten, die weite Teile Indiens unter ihrer Kontrolle hatten, Frankreich könne sich unter Napoleon mit dem russischen Zarenreich und mit Persien (heute Iran) verbünden, um die Briten aus Indien zu vertreiben. Um das zu verhindern, war eine genaue Kenntnis der Länder, besonders ihrer Geographie, nötig. Aber die einheimische Bevölkerung, darunter Moslems, Hindus und Buddhisten, waren den Christen gegenüber mehr als misstrauisch. Um sich in der fremden Umgebung relativ ungehindert bewegen zu können, mussten sich die Entdecker, oft Soldaten, als Einheimische verkleiden, deren Sitten und Bräuche annehmen oder nachahmen. Vor allem aber mussten sie auch die Sprachen lernen und so sprechen können, dass sie nicht gleich beim ersten Wort als Engländer enttarnt wurden. Dieses Versteckspiel nannten die Engländer das »Große Spiel«, denn es war eine Art Roulette, bei dem so mancher britische Soldat sein Leben gelassen hat.

Links: Reisrouten von Entdeckern und Abenteurern, die im 19. Jahrhundert verschiedene Regionen Zentralasiens besuchten.

mal zusammen mit William Moorcroft, einem jungen britischen Offizier. Ziel dieser Expedition von 1812 war es, die Quelle des Ganges zu finden. Sie folgten dem Ramganga, einem Nebenfluss, aufwärts bis Dehra Dun. Um sich vor Entdeckung zu schützen, gaben sie sich als Hindupilger aus. So gelang es ihnen, über den Nitipass nach Tibet zu kommen.

Dem nördlichen Fuß des Himalajas folgend kamen sie zum Manasarowarsee (heute Ma-fanhu), mussten aber feststellen, dass er nicht – wie von vielen angenommen – die Quelle des Ganges ist, sondern eines Nebenflusses des Indus. Während sie über Nepal zurückreisten, wurde ihre Verkleidung entdeckt. Sie kamen eine Zeit lang ins Gefängnis, kehrten aber schließlich nach Delhi zurück.

PFERDEVERSTAND

Hearseys Begleiter Moorcroft war bei der Armee Tierarzt und hatte zuvor als Pferdezüchter für die Ostindische Kompanie gearbeitet. Sein Interesse für Pferde machte ihn zum Entdecker, denn er war davon überzeugt, die Pferde der britischen Kavallerie durch Kreuzung mit den robusteren Rassen der zentralasiatischen Steppen verbessern zu können. 1819 machte er sich als Handelsvertreter der Ostindischen Kompanie auf, die damals noch unabhängigen Länder im Norden Indiens zu besuchen. Er kam nach Leh in Ladakh, wo es ihm gelang, diplomatische Beziehungen und Handelsverbindungen zu knüpfen. Doch der Ostindischen Kompanie hatte es zu lange gedauert: Da man mehr als zwei Jahre nichts von Moorcroft gehört hatte, strich ihm die Kompanie 1822 die Bezüge.

Aber Moorcroft verfolgte sein Ziel weiter. Er bemühte sich um eine Erlaubnis, nach Westchina einreisen zu dürfen, erhielt sie aber nicht. So machte er sich nach Peschawar in Pakistan auf, überquerte den Khaiberpass und reiste nach Kabul. Er besuchte Buchara auf einem Weg, den seit 2000 Jahren kein Europäer mehr benutzt hatte. Somit war er der erste Europäer der Neuzeit, der von Indien nach Buchara reiste.

Seit mehr als fünf Jahren war Moorcroft nun schon unterwegs, und noch immer trieb ihn der Wunsch, brauchbare Zuchtpferde zu finden. Im August 1825 verließ er Buchara. Nahe der afghanischen Grenze wurde er von Banditen festgenom-

Rechts: Der Schotte Alexander Burnes, der wie viele andere Entdecker seine Reisen als Einheimischer verkleidet unternahm.

men und starb später in Gefangenschaft. Ein weiterer Soldat, der sich als verkleideter Abenteurer auf den Weg machte, war der Schotte Alexander Burnes. Auch der sehr sprachbegabte Burnes arbeitete für die Ostindische Kompanie und entwickelte bald großes Interesse an der Geographie Zentralasiens.

Seine erste Expedition unternahm Burnes 1831; er folgte dem Indus aufwärts nach Nordpakistan. Im darauf folgenden Jahr verkleidete er sich als afghanischer Bergbewohner, überquerte den Hindukusch, besuchte die Städte Kabul und Balkh und wandte sich dann nordwärts, um nach Buchara zu reisen. Von hier begab er sich zum Kaspisee, dann über Teheran zur Stadt Bushehr am Persischen Golf. Per Schiff reiste er von dort nach England. Als britischer Botschafter kehrte er einige Jahre später nach Kabul zurück, wo er 1841 einem Attentat zum Opfer fiel.

Unten: Britische Soldaten geraten im 19. Jahrhundert an einem Pass in den afghanischen Bergen in einen Hinterhalt. Felsige, schluchtenreiche Hochgebirgsländer machten die Erforschung Zentralasiens zu einem riskanten Unternehmen.

EIN SPRACHGENIE

Einer der berühmtesten Entdecker in der Mitte des 19. Jahrhunderts war Sir Richard Burton. Der 1821 geborene Burton war kurze Zeit als Leutnant bei der britisch-ostindischen Armee tätig und unternahm zwischen 1842 und 1849 mehrere Expeditionen, um die Sitten und Sprachen der Region zu studieren. Er lernte nicht weniger als 29 Sprachen und elf Dialekte, darunter Arabisch, Persisch, Hindustani und Afghani.

1853 gelang es ihm als erstem Europäer, als Moslem verkleidet, unter dem Namen Scheich Abdullah unentdeckt die Pilgerreise nach Mekka zu machen; ein lebensgefährliches Unternehmen, denn man hätte ihn erschlagen, wenn man ihm auf die Schliche gekommen wäre.

Unterdessen unternahmen zwei französische Missionare des Ordens der Lazaristen, Evarist Huc und Joseph Gabet, ausgedehnte Forschungsreisen in China. 1844 reisten sie in Heishui in Nordchina ab, begaben sich Richtung Süden in die Mongolei und dann nach Tibet. Als buddhistische Mönche verkleidet, schlossen sie sich einer großen chinesischen Karawane an und erreichten Anfang 1846 Lhasa. Später lieferten sie in einem Buch einen anschaulichen Bericht über ihre Abenteuer, wobei sie sich selbst als große Helden darstellten.

Welche Gefahren sie auch immer durchlebt haben mochten – sie waren wohl kaum größer als die Risiken, denen sich der englische Künstler Thomas Atkinson aussetzte. Er lebte in St. Petersburg in Russland, wo er Malerei lehrte. Aber er wollte Skizzen in der wilden Natur machen und unternahm 1848 eine erste kleine Exkursion in den Osten.

Im Jahr darauf reisten er und seine Frau Lucy durch Zentralasien und besuchten Regionen, die bis heute selten von Westeuropäern besucht werden. Mit Pferdeschlitten überquerten sie den Ural, reisten quer durch Westsibirien bis zum Altaigebirge, überwanden auch das und erreichten die Grenze zur Mongolei, wo sie von den dortigen Kalmücken freundlich aufgenommen wurden. Auf Kamelen reisten sie über die kirgisische Steppe und kamen schließlich zur Stadt Kopal nahe der chinesischen Grenze. In Kopal gebar Lucy ein Kind. Als es zum Reisen alt genug war, begab sich die kleine Familie nach Barnaul am Fuß des Altais zurück, wo sie im Dezember 1849 ankamen.

1850 machten sich die Atkinsons abermals auf die Reise, diesmal nach Irkutsk am Baikalsee, wo sie drei Jahre blieben. Von hier aus unternahm Atkinson immer wieder kleinere Exkursionen mit dem Skizzenblock. Als die Atkinsons 1853 wieder nach St. Petersburg kamen, hatten sie insgesamt etwa 64 000 km zurückgelegt.

GEFÄHRLICHE JAHRE IN ASIEN

Oben: Der britische Naturkundler Alfred Wallace, der sowohl in Südamerika als auch in Asien ausgedehnte Forschungsreisen unternahm und dabei Tausende von Artenproben sammelte.

In der zweiten Hälfte des 19. Jahrhunderts stand Zentralasien im Mittelpunkt des Interesses der Entdecker. Manche von ihnen waren Wissenschaftler, die Karten fertigen sowie die Pflanzen- und Tierwelt studieren wollten. Historiker und Archäologen interessierten sich für die alten Kulturen und Handelsrouten dieser Gebiete.

Nicht wenige dieser Wissenschaftler kombinierten ihr Interesse mit politischen Motiven, indem sie für die britische oder russische Regierung spionierten, die beide ihre Einflussbereiche in Zentralasien vergrößern wollten.

Aber auch andere europäische Länder wollten gern ein Stück vom zentralasiatischen Kuchen mitbekommen. So unternahmen französische Forscher mit der Unterstützung ihrer Regierung Erkundungsreisen nach Indochina, wo die Franzosen ihren politischen und wirtschaftlichen Einfluss stärken wollten.

Eine der herausragenden Gestalten unter den Entdeckern war der angesehene Naturwissenschaftler Alfred Wallace, der in den Jahren zwischen 1848 und 1852 bereits das Amazonasbecken in Brasilien erforscht und im brasilianischen Dschungel viele Schmetterlinge und andere Insekten gesammelt hatte. Aufgrund der genauen Untersuchung dieser Insekten hatte er eine neue Theorie zur Entwicklung der Arten aufgestellt. Auf dem Heimweg nach Großbritannien war das Schiff, mit dem er unterwegs war, in Brand geraten und gesunken. Wallace selbst wurde gerettet, doch seine Artenproben und seine Notizen waren verloren gegangen. Da er in einem anderen Erdteil einen neuen Anfang machen wollte, begab er sich 1854 auf eine acht Jahre dauernde Reise durch Malaysia und Indonesien. Hier sammelte er auf einer Reisestrecke von etwa 22 000 km mehr als 127 000 Artenproben.

Unterwegs schrieb Wallace einen Artikel über seine Entdeckungen und Schlussfolgerungen und schickte ihn an einen anderen bekannten Naturwissenschaftler – Charles Darwin. Darwin antwortete Wallace umgehend und voller Begeisterung, dass er bei seiner Arbeit zu ganz ähnlichen Schlussfolgerungen gekommen sei. 1858 publizierten die beiden Wissenschaftler zusammen ihre Forschungsergebnisse, die heute unter der Bezeichnung Evolutionstheorie bekannt sind.

Die »Große Trigonometrische Vermessung«

Die *Great Trigonometrical Survey* (Große Trigonometrische Vermessung) war ein 1802 von den Briten begonnenes Projekt, um sehr genaue Karten von Indien zu erstellen. Grundlage der Messungen war die Trigonometrie (Dreiecksmessung), d. h., es wurden jeweils zwei Punkte in der Landschaft und die exakte Länge der direkten Verbindung zwischen ihnen bestimmt. Der Gesamtmessung lagen zwei Basislinien zugrunde. Eine verlief bei Bangalor, die andere bei Madras, die durch astronomische Beobachtungen berechnet worden waren. Die exakte Distanz zwischen den einzelnen Punkten wurde mit einer 11 km langen Kette gemessen, die bei immer gleicher Temperatur stramm gehalten werden musste. Nicht nur sie, auch die anderen Geräte waren schwer und schwierig zu transportieren.

Rechts: Der Mount Everest in Nepal war im 19. Jahrhundert eine der größten Herausforderungen für die Vermesser.

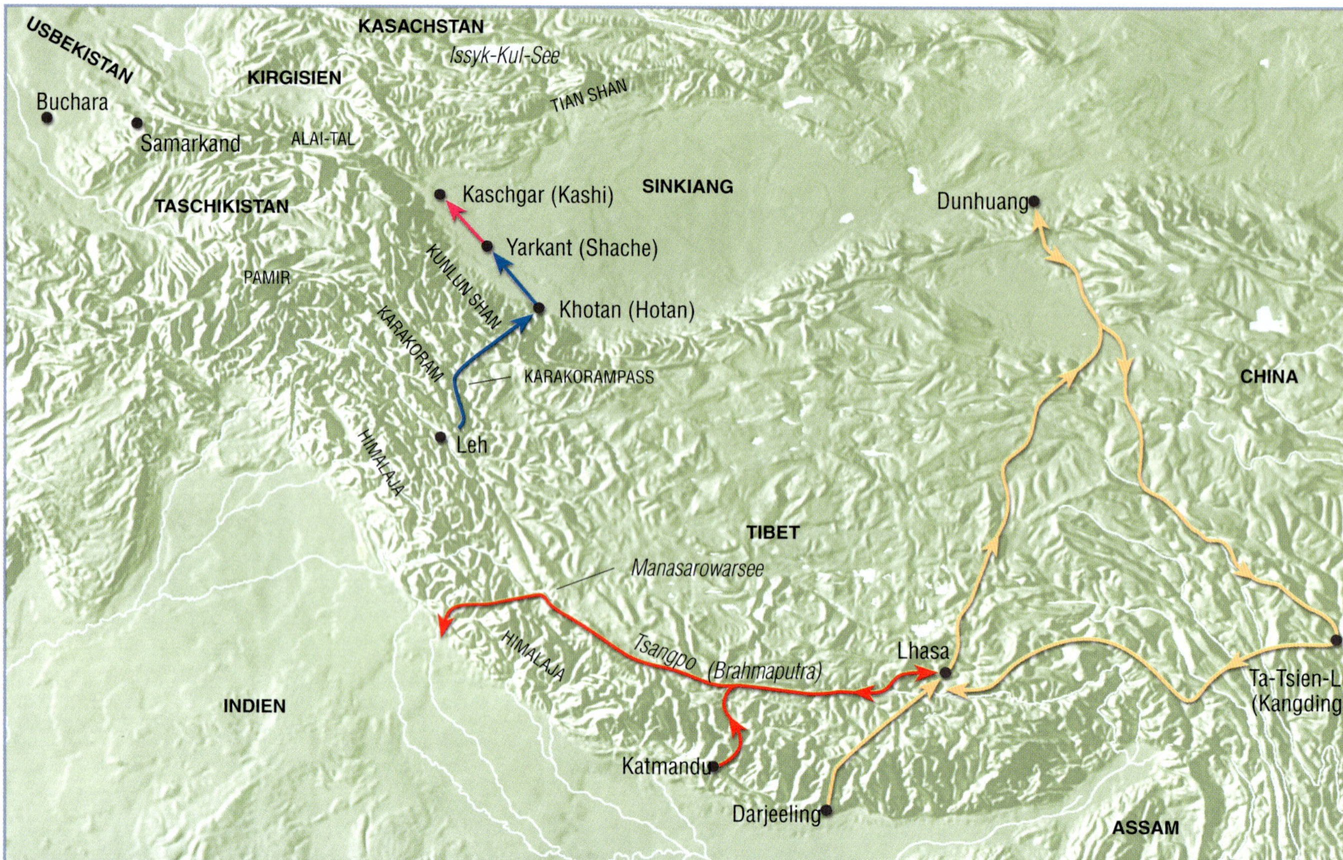

Entdeckungen in Zentralasien

Expedition	
Brüder Schlagintweit (1856–1857)	blau
Adolf Schlagintweit (1857)	rot-rosa
Nain Singh (1865–1866)	rot
Kishen Singh (1878–1882)	gelb

Oben: Erkundungsreisen in Mittelasien in der zweiten Hälfte des 19. Jahrhunderts. Weite Gebiete im und um den Himalaja waren den Europäern der schlechten Zugänglichkeit wegen unbekannt. Briten und Russen entsandten von den Regierungen finanzierte Expeditionen, die aber oft auch Spionage betrieben.

DREI DEUTSCHE BRÜDER

Die drei deutschen Brüder Hermann, Robert und Adolf Schlagintweit waren begeisterte Bergsteiger. Sie gingen nach Indien und verdingten sich bei der Britisch-Ostindischen Kompanie als Landvermesser. Zunächst arbeiteten sie im schon gut bekannten Kaschmir und am Fuß des Himalajas, wo sie unter anderem die Schwankungen im Magnetfeld der Erde untersuchten. 1856 machte sich das Trio auf eigene Faust Richtung Norden auf den Weg. Die Männer verkleideten sich als Wollhändler und begaben sich in die Provinz Sinkiang (Xinjiang) in China. Dafür überquerten sie den 6000 m hohen Karakorampass und den Kunlun Shan und erreichten die alte Stadt Khotan (heute Hotan). Es war eine sehr beschwerliche Reise, der die Hälfte ihrer Pferde zum Opfer fielen. Hermann und Robert reisten noch mit bis Yarkant (heute Shache) und machten sich dann auf den Heimweg. Adolf reiste weiter bis Kaschgar (heute Kashi), wo er 1857 von Banditen überfallen und getötet wurde.

RUSSISCHER IMPERIALISMUS

Einer der Gründe für die ausgeprägte Fremdenfeindlichkeit der chinesischen Lokalfürsten war ihr Wissen um die Gefahr, die das Britische Empire und das Russische Reich für sie bedeuteten. In den 1830er-Jahren hatte Russland das heutige Kasachstan unter seine Kontrolle gebracht und kurz darauf ein Gebiet annektiert, das damals Turkistan genannt wurde und die heutigen Gebiete von Kirgisien, Usbekistan, Tadschikistan und Turkmenistan umfasste.

Peter Semenow war ein führender russischer Geograph und machte in Asien viele Entdeckungen. Seine wichtigste Expedition führte er von 1856 bis 1857 durch, als er Gletscher und Berge um den Issyk-Kul, einem Hochgebirgssee in Kirgisien, und in den Bergen des Tian Shan kartographierte. 1857 bestieg er den 6995 m hohen Khan Tengri. Später wurde er führendes Mitglied der Russischen Geographischen Gesellschaft und half in dieser Eigenschaft vielen anderen Forschern in Zentralasien. Ebenfalls sehr angesehene russische Entdecker waren Alexei Pawlowitsch Fedtschenko und seine Frau Olga Alexandrowna Fedtschenko, eine Botanikerin, die mehr als 1800 neue Pflanzenarten entdeckte und bestimmte. Alexei Fedtschenko war der erste Russe, der eine exakte Karte vom Alaigebirge (Alajski hrebet) nördlich des Pamirs vorlegte. Seine Liebe zu den Bergen sollte für Fedtschenko tödlich enden, denn 1873 kam er bei einem Bergunfall am Mont Blanc ums Leben.

Trotz der Bergketten des Pamirs und des Tian Shans war es für die Russen einfacher, Turkistan vom Westen und Norden her zu erforschen, als es für die Briten von Süden aus war, denn die Höhenzüge des Himalajas und des Karakorams waren noch schwerer zu überwinden. Außerdem sah sich der Forscher, der den Himalaja bezwungen hatte, mit der tibetischen Obrigkeit konfrontiert, die Fremde aus dem Land fernhalten wollte. Deshalb drangen die ersten von den Briten finanzierten Forscher heimlich in diese Gebiete vor.

»WEISE MÄNNER« IN VERKLEIDUNG

In den frühen 1860er-Jahren hatte die von den Briten durchgeführte *Great Trigonometrical Survey* (siehe Kasten S. 167) die südlichen Ausläufer des Himalajas erreicht. Da zur Bewältigung der Aufgabe große Teams von Landvermessern mit schwer transportierbaren Geräten nötig waren, konnte die Vermessung ohne die Unterstützung der Lokalfürsten nicht voranschreiten. Da diese aber oft nicht zu bekommen war, kam der Offizier T. G. Montgomerie auf die Idee, Einheimische als Landvermesser auszubilden, und sie als *pundits* (weise Männer) verkleidet die Arbeit mehr oder weniger heimlich durchführen zu lassen.

Die *pundits* bedienten sich der einfachsten Mittel. So zählten sie beispielsweise ihre Schritte auf einem bestimmten Weg und benutzten dabei die Perlen buddhistischer Gebetsketten als Gedächtnisstütze. Notizen und kleine Instrumente wie Kompasse versteckten sie in buddhistischen Gebetsmühlen. Da Wasser in großer Höhe bei niedrigeren Temperaturen kocht, trugen die *pundits* in Pilgerstäben versteckte Thermometer bei sich. Anhand der Temperatur, bei der das Wasser kochte, konnten sie ablesen, in welcher Höhe sie sich befanden. Alle Männer waren körperlich gut durchtrainiert und hatten Tricks gelernt, Informationen lange auswendig zu behalten.

Natürlich legten sich die *pundits* auch einheimische Decknamen zu. Einer der Ersten, Nain Singh, operierte unter dem Namen »Number 1« (obwohl er nicht der erste der *pundits* war). 1865 nahm er seine Arbeit in Katmandu auf, arbeitete sich durch Ladakh bis zur tibetischen Hauptstadt Lhasa vor. Dann reiste er ins Gebiet des Brahmaputras und fand dessen Quelle in der Nähe des Manasarowarsees (Ma-fan-hu). Nach 18 Monaten Reisetätigkeit kehrte er nach Indien zurück. Die ganzen 2000 km seiner Fußwanderung hatte er in 2,5 Millionen mitgezählten Schritten ausgemessen.

Der Erfolgreichste unter den *pundits* war ein Mann, der sich Kishen Singh oder »A. K.« nannte. Seine 4800 km lange Tour begann er 1878 in Indien, von wo er sich nach Lhasa begab und dann nach Norden bis Dunhuang (einst die Stadt, an der die Seidenstraße nach China hineinführte). Von dort kehrte er auf einem anderen Weg nach Lhasa zurück.

Da Singh unterwegs von Banditen ausgeraubt wurde, musste er zwischendurch als Hirte arbeiten, um Geld für die Weiterreise zu verdienen. Mehrmals wurde er als Spion verdächtigt und immer wieder inhaftiert. Einmal verbrachte er sieben Monate in einem Dorfgefängnis, ehe ihm die Flucht gelang.

Links: Ein Flusstal in Kaschmir, einem heute zwischen Indien und Pakistan umstrittenen Gebiet. Hier studierten die deutschen Brüder Schlagintweit Schwankungen im Magnetfeld der Erde.

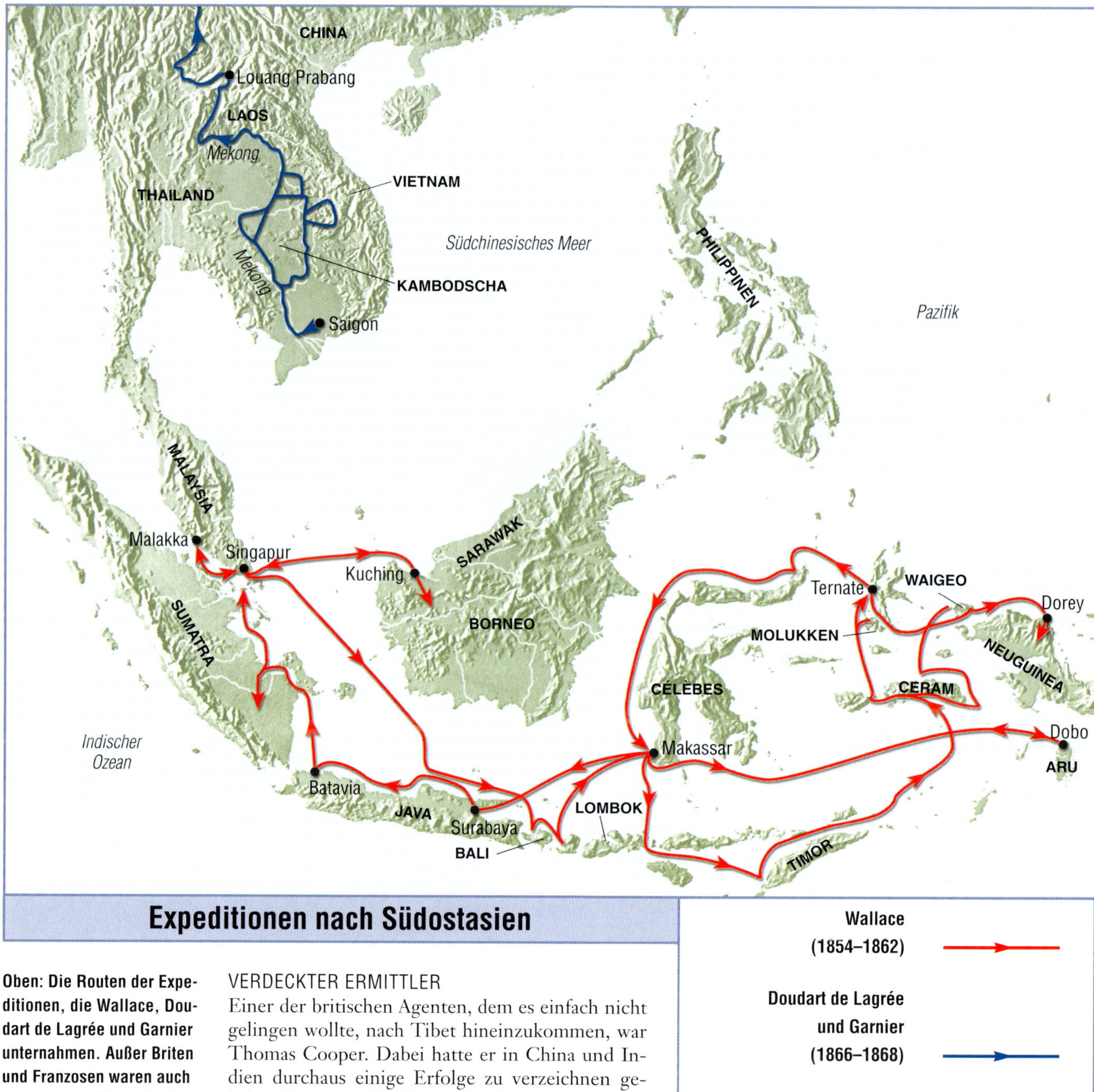

Expeditionen nach Südostasien

Oben: Die Routen der Expeditionen, die Wallace, Doudart de Lagrée und Garnier unternahmen. Außer Briten und Franzosen waren auch andere europäische Nationen daran interessiert, sich hier Territorien zu sichern, denn die Region ist reich an Bodenschätzen.

VERDECKTER ERMITTLER

Einer der britischen Agenten, dem es einfach nicht gelingen wollte, nach Tibet hineinzukommen, war Thomas Cooper. Dabei hatte er in China und Indien durchaus einige Erfolge zu verzeichnen gehabt. Nachdem die Einreisebeschränkungen nach China 1860 gelockert worden waren, hatte er zu den ersten Europäern gehört, die ins Land reisten. 1868 versuchte er von Shanghai aus nach Tibet zu kommen. Die tibetischen Behörden kamen ihm jedoch auf die Schliche, und auf dem Rückweg nach Shanghai wurde er von Chinesen verhaftet, die ihn verdächtigten, in eine lokale Rebellion verwickelt zu sein.

Trotz dieser Probleme gelang es Cooper, eine Menge Daten über die Geographie Südchinas zu sammeln, vor allem über den Verlauf des Jangtsekiangs. Als Cooper 1869 wieder nach Tibet wollte, wurde er jedoch an der Grenze erkannt und zurückgewiesen. Er verbrachte den Rest seines Lebens als britischer Kolonialoffizier in Indien und Birma.

EIN UNGAR IN PERSIEN

Armin Vambéry war Ungar, hegte aber ein leidenschaftliches Interesse für die türkische und die mit ihm verwandten Sprachen. Während der 1850er-Jahre arbeitete er im diplomatischen Dienst in Konstantinopel (heute Istanbul), ehe er an die türkische Botschaft in Teheran in Persien (heute Iran) versetzt wurde. Eine seiner Exkursionen war eine zehnmonatige Reise, zu der eine Überquerung des Kaspisees bei stürmischem Wetter ebenso gehörte wie ein Gewaltritt auf dem Kamel durch die Halbwüste Karakum zur alten Stadt Buchara und nach Samarkand. Auch Vambéry reiste als Einheimischer verkleidet. Dennoch wurde auch er als Spion verhaftet und beinahe hingerichtet.

In Indochina, heute das Gebiet der Länder Vietnam, Laos und Kambodscha, hatten sich die Franzosen festgesetzt. Hier führten sie auch die meisten ihrer Erkundungsreisen durch. Seit 1857 brachte Frankreich, das schon länger hier im Raum vertreten war, Vietnam unter seine Kontrolle. All diese ehemals unabhängigen Länder waren bis 1880 als Kolonien fest in französischer Hand (mit Ausnahme Thailands, das niemals Kolonie war).

Links: Auch der Ungar Armin Vambéry, der weite Teile Persiens (heute Iran) erforschte, reiste in der typischen Kleidung der Einheimischen, um sich so vor Entdeckung zu schützen.

REISE AUF DEM MEKONG

Ernest-Marc-Louis de Gonzague Doudart de Lagrée hatte einen Posten inne, der zu seinem pompösen Namen passte. Ursprünglich Offizier der französischen Marine, war er seit 1863 französischer Gesandter am Hof des Königs Norodom I. von Kambodscha, der ein Protektoratsabkommen mit Frankreich unterzeichnet hatte. Bei seinen vielen Reisen im Land besuchte er auch das alte Angkor Wat mit seinen Tempelbauten aus der Zeit des Khmerreiches. Darüber hinaus erkundete er auch den Lauf des Mekongs.

Doudart de Lagrée war also ausgesprochen qualifiziert für die Rolle des Leiters der großen Expedition, die 1866 den Mekong erforschen und feststellen sollte, ob dieser mit Dampfschiffen befahrbar war. Denn dann hätte man eine gute Handelsroute nach China eröffnen können.

Insgesamt waren 22 Entdecker an dem Projekt beteiligt, außerdem französische Soldaten, einheimische Führer und Träger. Wegen der riesigen Ausrüstung kam die Expedition nur langsam voran, außerdem litten bald viele Teilnehmer an Tropenkrankheiten.

Zunächst beschäftigte man sich mit den Ruinen von Angkor Wat, die nun erstmals wissenschaftlich untersucht wurden, dann wandte man sich dem Mekong zu. Sehr schnell stellte sich heraus, dass er nicht schiffbar war. Bei einer früheren Reise hatte Doudart de Lagrée bereits die Wasserfälle und Stromschnellen bemerkt, doch als die Expedition in eine Region hinter der heutigen Grenze zwischen Laos und Kambodscha kam, entdeckte sie ein unüberwindliches Hindernis: die Khongfälle. Die Forschungsarbeit in der Gegend wurde fortgesetzt, obwohl die Expeditionsmitglieder unter den tropischen Plagen – Hitze, Feuchtigkeit, Stechmücken und Blutegel – sehr zu leiden hatten.

Leider konnte Doudart de Lagrée seine Arbeit nicht vollenden, er erkrankte an einem tropischen Fieber und starb im März 1868 in China. Sein Stellvertreter, Marie-Joseph-François Garnier, übernahm die Leitung der Expedition. Auch Garnier hatte als Soldat Indochinaerfahrung gesammelt und wusste, dass ein großes Team im Dschungel kaum vorankommen kann; schon vorher hatte er erfolgreich mit nur ein oder zwei Begleitern kleine Einzelexkursionen unternommen. Als er jetzt die Leitung übernahm, setzte er die Expedition den Mekong aufwärts bis nach China hinein fort, wo er auch Teile des Jangtsekiangs kartographierte. Insgesamt wurden von dieser 6400 km langen Reise 5000 km auf Karten festgehalten.

Unten: Die Khongfälle des Mekongs in Laos. Diese und andere Fälle sowie Stromschnellen machten es unmöglich, den Fluss als Verkehrsweg für Dampfschiffe nach China zu nutzen.

TIBET UND CHINA

Bis 1870 hatten die europäischen Entdecker ein grobes Bild von den Ländern und Menschen Zentralasiens, aber noch immer waren zahlreiche Gebiete gänzlich unerforscht und Vieles war in den Schleier des Geheimnisvollen gehüllt.

In den schwer zugänglichen Gebirgsländern lagen die höchsten Berge der Erde und die Quellen der längsten Flüsse Indiens und Chinas – eine große Herausforderung für mutige Entdecker.

Das größte Rätsel war das buddhistische Tibet, das von einem Dalai Lama genannten Stellvertreter Buddhas auf Erden regiert wurde und allen Fremden strikt den Zutritt verweigerte. Außerdem gab es zwischen Großbritannien und Russland einen Wettkampf um die politische Vorherrschaft in Zentralasien – genügend Gründe also, um Entdecker auf den Weg zu schicken.

NACH TIBET

Der große russische Entdecker Nikolai Michailowitsch Przewalski sollte zum Wegbereiter werden. Er leitete vier große Expeditionen, die insgesamt 32 000 km zurücklegten, und machte Entdeckungen auf den Gebieten der Geographie, der Botanik und der Zoologie. Besonders hier lag seine Stärke, denn er entdeckte eine neue Kamelart und ein kleines Wildpferd, das nach ihm benannte Przewalskipferd. Ausgangspunkt seiner ersten Reise war Irkutsk, das er 1870 verließ. 1872 kam er in Peking an. Von dort machte er sich auf den Weg nach Tibet und schaffte es bis zum Hochland von Tibet, ehe ihn das extrem harte Winterwetter zwang, eine Pause einzulegen. Im darauf folgenden Frühjahr setzte er die Expedition fort, und es gelang ihm den Koko Nor (heute Quinghai-hu) zu kartographieren. 1876 machte er sich von Yining an der Westgrenze der Provinz Sinkiang aus auf, um das Tarimbecken zu erforschen. Bei seiner dritten Expedition wollte er dann die tibetische Hauptstadt Lhasa erreichen.

Obwohl es schon 1661 einem Europäer gelungen war, bis nach Lhasa vorzudringen, umgab die Stadt noch immer die Aura des Mysteriösen, denn europäischen Besuchern war es strikt verboten, die als heilig erachtete Stadt zu betreten. Gerade das forderte Przewalski heraus. 1879 brach er am Zajsansee im Osten von Kasachstan auf und reiste Richtung Süden durch Sinkiang. Er überquerte die Bergkette des Altun Shan sowie die sumpfige Taidam-Tiefebene und kam dann zum Hochland von Tibet. 250 km vor Lhasa wurde er von der tibetischen Obrigkeit zur Rückkehr aufgefordert.

Lhasa, die verbotene Stadt

Der Name der tibetischen Hauptstadt Lhasa bedeutet übersetzt »Sitz der Götter«. Die 3700 m hoch gelegene Stadt gilt als heiliges Zentrum des tibetischen Buddhismus. Der religiöse und zugleich politische Führer der Tibeter, der als Stellvertreter Buddhas auf Erden geltende Dalai Lama, residierte in dieser Stadt, die deshalb allen Fremden den Zutritt verweigerte. Da das Land und erst recht die Stadt schwer zu erreichen waren, übten beide starke Anziehungskraft auf Reisende aus. Doch erst nachdem die Briten den Tibetern 1904 einen Vertrag aufgezwungen hatten, gelang es gelegentlich auch Fremden, in die Stadt zu kommen. 1950 wurde Tibet von den Chinesen besetzt. Seit 1965 ist es autonome Region der Volksrepublik und heißt Xizang. Der jetzige Dalai Lama lebt außerhalb Tibets im Exil. Die Religion und Kultur der Tibeter wird von den Chinesen noch immer stark unterdrückt.

Rechts: Gebetsfahnen flattern vor dem mächtige Palast in der tibetischen Hauptstadt Lhasa.

Oben: Ein See in Tibet. Das ferne Land, das die Tibeter selbst Bod ran-skyon-ljon nennen, übte im 19. Jahrhundert eine magnetische Anziehungskraft auf europäische Entdecker aus.

Noch einmal nahm Przewalski einen Anlauf. 1883 reiste er in Ulan Bator, der Hauptstadt der Mongolei, ab. Von hier aus nahm er den Weg durch die Wüste Gobi und erreichte das Tarimbecken in Sinkiang und den Issyk-Kul-See. Hier vermaß er zunächst einen Teil der Kunlunkette, ehe er seinen Weg fortsetzte.

AUF DEM KAMEL DURCH DIE WÜSTE GOBI

Das britische Gegenstück zu Przewalski war Ney Elias, der trotz seiner großen Leistungen ziemlich unbekannt blieb. Doch er war ein bescheidener Mann, der um sich und seine Entdeckungen kein Aufheben machte. 1872 machte sich Elias von Kalgan (heute Zhangjiakou) nahe Peking aus auf den Weg, die Wüste Gobi zu durchqueren. Da er sich entschlossen hatte, im Winter zu reisen, wurde es eine schwierige Tour. Einmal kam er in die Wirren eines lokalen Aufstands, dann lief ihm der Dolmetscher mit dem größten Teil der Nahrungsmittel davon. Nach mehr als 3200 km erreichte Elias endlich russisches Territorium und reiste nun mit Pferdeschlitten durch das im Winter besonders kalte Sibirien. Als er Moskau erreichte, nahm er den Zug, um nach England zurückzureisen.

Seine aus politischer Sicht wichtigste Reise unternahm Elias 1885. Der in Diensten der britischen Regierung stehende Elias wurde in jenem Jahr nach Nordpakistan entsandt, um sich über den Stand der russischen Expansion in diesem Gebiet zu informieren. Im Zuge dieser Reise gelang die erste Überquerung des Pamirs durch einen Briten. Dabei entdeckte und kartographierte er den 7546 m hohen Muztagh. Etwa um diese Zeit begannen Briten und Russen zusammenzuarbeiten. 1890 gründeten sie eine Kommission, die gemeinsam den Pamir erforschen und die Grenzen der Einflussbereiche festlegen sollte. Elias schlug vor, dass zwischen Russland und Großbritannien ein Landstreifen erreichtet werden solte, und zwar der Wakhankorridor in Afghanistan.

Links: Der russische Entdecker Nikolai Michailowitsch Przewalski führte im 19. Jahrhundert mehrere Expeditionen in Zentralasien durch. Auch er hatte das Ziel, die tibetische Hauptstadt Lhasa zu besuchen, wurde aber nicht hineingelassen.

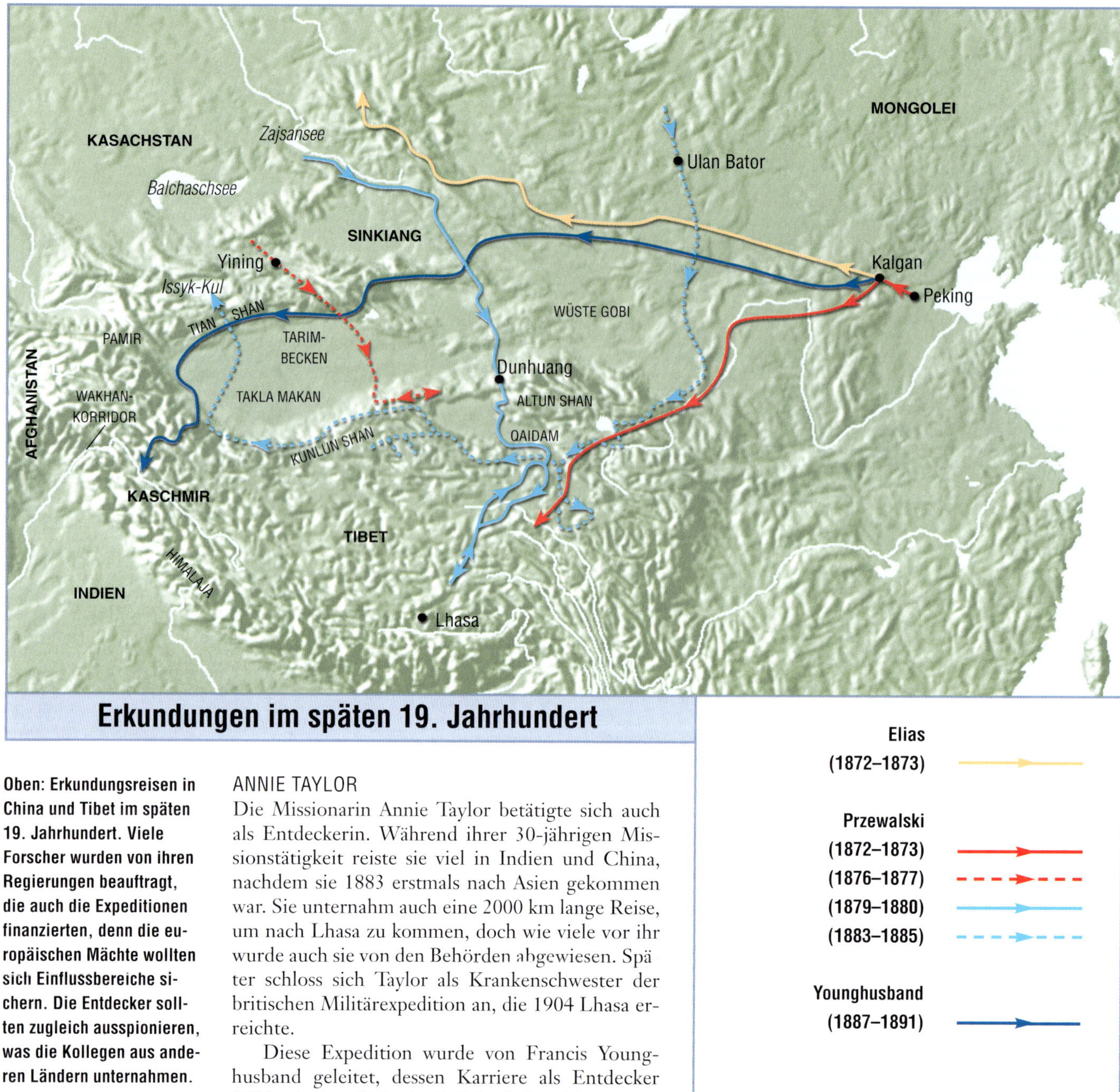

Oben: Erkundungsreisen in China und Tibet im späten 19. Jahrhundert. Viele Forscher wurden von ihren Regierungen beauftragt, die auch die Expeditionen finanzierten, denn die europäischen Mächte wollten sich Einflussbereiche sichern. Die Entdecker sollten zugleich ausspionieren, was die Kollegen aus anderen Ländern unternahmen.

ANNIE TAYLOR

Die Missionarin Annie Taylor betätigte sich auch als Entdeckerin. Während ihrer 30-jährigen Missionstätigkeit reiste sie viel in Indien und China, nachdem sie 1883 erstmals nach Asien gekommen war. Sie unternahm auch eine 2000 km lange Reise, um nach Lhasa zu kommen, doch wie viele vor ihr wurde auch sie von den Behörden abgewiesen. Später schloss sich Taylor als Krankenschwester der britischen Militärexpedition an, die 1904 Lhasa erreichte.

Diese Expedition wurde von Francis Younghusband geleitet, dessen Karriere als Entdecker 1886 mit einer Reise in die Mandschurei begonnen hatte. 1887 kam er in Peking an und entschloss sich, auf dem Landweg nach Indien zurückzukehren. Sein Weg führte ihn durch die Wüste Gobi und dann nach Süden über die Tian-Shan-Bergkette zum Himalaja.

Die Überquerung des Muztaghpasses war ein Albtraum. Younghusband und seine Männer mussten ihre Turbane abnehmen und aus den Stoffbahnen Seile drehen, um Menschen und Tiere damit zu sichern, aber trotz aller Widrigkeiten schafften sie den Übergang.

Younghusband unternahm auch einige Exkursionen in den Pamir, um Karten zu erstellen und ein Auge auf die russischen Forscher zu haben, die der gleichen Tätigkeit von ihrer Seite aus nachgingen. 1891 wurde er von einer russischen Gruppe sogar kurze Zeit gefangen genommen.

EINE MILITÄREXPEDITION NACH LHASA

Die Briten sahen in Tibet, das sich Russland zuzuneigen schien, eine Bedrohung für Indien. Um allen Eventualitäten vorzubeugen, unternahmen sie eine Militärexpedition, die im Grunde einer kriegerischen Invasion gleichkam. Das Unternehmen begann im Dezember 1903. Wegen des Winterwetters kamen die Briten nur langsam voran, aber letztlich hatten die Tibeter den britischen Waffen nichts entgegenzusetzen. Im April 1904 rückte Younghusband in Lhasa ein, handelte einen Vertrag mit dem Dalai Lama aus (der dann allerdings in die Mongolei floh und dort bis 1911 im Exil blieb) und eilte nach Indien zurück.

Russland und Großbritannien waren nicht die einzigen europäischen Mächte, die ihren Einfluss in Asien stärken wollten. Frankreich hatte seine Kontrolle über Indochina in den 1860er-Jahren erweitert, und solange der Prozess noch im Gange war, blieben auch die Entdecker an vorderster Front. Um 1860 etablierte sich Jean Dupuis als Waffenhändler in Hankow (eine der drei Städte, die heute die »Dreistadt« Wuhan bilden) am Jangtsekiang und suchte bald nach Möglichkeiten, bessere Handelsrouten nach Süden zum Meer zu finden. 1868 traf er mit der französischen Mekongexpedition zusammen, die von Vietnam kommend nach China vorstieß. Da diese Expedition schon herausgefunden hatte, dass der Mekong sich nicht als Handelsstraße eignete, versuchte Dupuis nun sein Glück auf dem Roten Fluss. 1871 reiste er auf ihm abwärts bis zum Golf von Tonkin. Obwohl die Vietnamesen heftigen Widerstand leisteten, erzwang er die Passage. Dies war Teil des Versuches, sich Territorien in Nordvietnam anzueignen. Letztlich gelang es nicht, denn François Garnier, Leiter der Mekongexpedition, und Teilhaber von Dupuis, wurden ermordet.

BAU EINER TELEGRAPHENLINIE

In Südvietnam begann Auguste-Jean-Marie Pavie eine etwas friedlichere Karriere. Pavie, ein ehemaliger Seemann, hatte seit 1868 bei der französischen Telegraphengesellschaft in Südvietnam (damals Kotschinchina) gearbeitet. 1879 bekam er die Oberaufsicht über die Errichtung der ersten Telegraphenlinie zwischen Bangkok und Phnom Penh übertragen. Zwischen 1881 und 1895 bereiste Pavie eine Strecke von mehr als 28 000 km und kartographierte dabei ein 650 000 km² großes Gelände.

Obwohl Großbritannien und Russland in den 1890er-Jahren ihre Rivalitätskämpfe in Zentralasien beilegten, bedeutete das kein Ende der Erforschung der Region; lediglich der Schwerpunkt der Forschung verlagerte sich nun ganz auf geographische und vor allem auch historische Fragen. Der deutsche Forscher Wilhelm Filchner reiste zwischen 1900 und 1905 im Pamir, in Tibet und in Sinkiang und erneut in den 1920er- und 1930er-Jahren, wobei er Untersuchungen zum Magnetfeld der Erde durchführte.

Der Franzose Charles Bonin rekonstruierte 1899 ein großes Teilstück des Verlaufs der alten Seidenstraße zwischen China und Samarkand. Dabei traf er mit einem der bedeutendsten Asienforscher zusammen, dem Schweden Sven Hedin. Die von Hedin in 40 Jahren Forschungsarbeit erbrachte Leistung ist enorm: Er war der erste Europäer, der zwei großen Flüssen Asiens, dem Indus und dem Brahmaputra, bis zu den Quellen in Tibet folgte. Er erstellte die ersten akkuraten Karten vom unwirtlichen Gebiet der Takla Makan im Tarimbecken und der Wüste Gobi. Zu seinen historischen Entdeckungen gehört ein großer archäologischer Fund: die verlorene Stadt Loulan Yiji.

Mit 20 Jahren hatte Hedin in Baku am Kaspisee eine Arbeit gefunden. Er lernte die lokalen Sprachen und bekam Lust am Reisen. 1890 begab er sich von Teheran aus auf seine erste Expedition. Er besuchte die sagenhaften Städte Taschkent und Samarkand und überquerte den Pamir.

Als er 1895 mit vier weiteren Männern die Takla Makan durchquerte, eine Wüste im Tarimbecken, verschätzte sich Hedin in der für sich, seine Leute, seine Kamele und Schafe benötigten Wassermenge – was beinahe in einer Katastrophe endete. Als das Wasser aufgebraucht war, versuchten die Männer Schafsblut zu trinken, aber es erwies sich als zu dickflüssig. Hedin und einer seiner Kameraden, Kasim, trennten sich von den anderen, um Wasser zu suchen, doch dabei gingen ihnen die Kamele durch. Als Hedin in der Ferne grüne Vegetation sichtete, keimte Hoffnung auf. Kasim brach zwar unterwegs zusammen, aber Hedin schaffte es zur Wasserstelle und konnte auch Kasim versorgen. Auch ein dritter von der Gruppe konnte sich retten, aber die letzten beiden wurden nie wieder gesehen.

Unten: Der schwedische Entdecker Sven Hedin auf einem Kamel, wie es meist für die Expeditionen als Reit- und Lasttier verwendet wurde. Auch er war von der Hoffnung getrieben, in Regionen vorzustoßen, in die noch kein Europäer seinen Fuß gesetzt hatte. In der Takla Makan sollte ihm dieses Ziel 1895 fast zum Verhängnis werden.

Ein paar Monate nach diesem Erlebnis war Hedin schon wieder unterwegs. 1896 durchquerte er China und erforschte unterwegs Teile von Nordtibet und der Wüste Gobi.

1901 versuchte er als buddhistischer Mönch verkleidet nach Lhasa zu kommen, aber er wurde entdeckt und abgewiesen. Von 1906 bis 1908 war er abermals in Tibet und kartographierte einen großen Teil des Transhimalajas.

Nach dem Ersten Weltkrieg setzte Hedin seine Forschungsreisen in China fort und suchte unter anderem nach guten Landepisten für eine geplante Flugzeuglinie. Das Projekt wurde jedoch bald darauf eingestellt. Von 1928 bis 1935 war Hedin damit beschäftigt, den Verlauf der alten Seidenstraße zu rekonstruieren und in spezielle Karten zu verzeichnen. Mehr als 50 Bücher wurden auf der Grundlage seiner Forschungen verfasst – ein wichtiger Beitrag zum Wissen der westlichen Welt über diese Region.

ARABIEN UND MITTLERER OSTEN

Rechts: Diese kolossalen Sandsteinstatuen stehen am Felsentempel von Abu Simbel, den Pharao Ramses II. im 13. Jahrhundert v. Chr. erbauen ließ. Johann Burckhardt entdeckte die Anlage 1813. Durch die Wasser des Assuanstaudamms gefährdet, wurde die ganze Tempelanlage in den 1960er-Jahren zerlegt und 64 m oberhalb des ursprünglichen Standorts 180 m landeinwärts wieder aufgebaut.

Die Region, die sich zwischen dem Osten des Mittelmeers und der Grenze zu Pakistan und Indien erstreckt, wird oft als Mittlerer Osten bezeichnet. Es ist ein Gebiet voller Wüsten und trockener Hochplateaus, doch dazwischen gibt es auch fruchtbare Teile, die im Frühjahr von Flüssen bewässert werden. Die überwiegende Mehrzahl der Menschen, die hier leben, sind Moslems.

Zwischen dem 15. und frühen 20. Jahrhundert gehörten diese Gebiete zum Osmanischen (Türkischen) Reich. Im Osten erholte sich Persien (heute Iran) von der Invasion der Mongolen unter Timur Leng, die von Norden her eingebrochen waren.

1453 hatten die Türken Konstantinopel eingenommen, und das christliche Europa begann seinen Traum zu begraben, Jerusalem je wieder von den Moslems zurückgewinnen zu können. Außerdem hatte die Entdeckung des Seewegs nach Indien zur Unabhängigkeit von der Seidenstraße geführt.

Dennoch blieb der östliche Mittelmeerraum für die Europäer interessant, denn hier lagen nicht nur die heiligsten Orte der Christenheit (wie auch der Juden und Moslems), es hatte sich in Europa auch eine vage Erinnerung daran erhalten, dass in dieser Region Kulturen geblüht hatten, die viel älter waren als die europäischen.

DIE BRÜDER SHERLEY

Nur wenige Europäer begaben sich vor 1800 als Entdecker in den Mittleren Osten. Einer dieser wenigen war der Engländer Anthony Sherley, der 1598 den Earl of Essex überredete, ihn und seinen Bruder Robert nach Persien an den Hof von Schah Abbas dem Großen zu entsenden. Die Brüder segelten über das Mittelmeer und kamen 1599 in der syrischen Stadt Aleppo an. Dann wanderten sie nach Osten zum Euphrat und zur alten Stadt Babylon und von dort weiter nach Isfahan. Der Schah nahm die Männer freundlich auf und stellte Robert in seine Dienste, da er als Artillerist die persische Armee reorganisieren konnte.

Anthony hatte weniger Glück. Sein Patron, der Earl von Essex, war in Ungnade gefallen, und Kö-

Mekka – die Heilige Stadt

Mekka liegt etwa 65 km östlich von Dschidda, der Hafenstadt am Roten Meer. Der Geburtsort des Propheten war schon vor dessen Geburt um 570 ein wichtiger Wallfahrtsort der wandernden Beduinen. Durch Mohammed wurde sie zur Heiligen Stadt und wichtigster Wallfahrtsort des Islams, der heute von mindestens einer Million Pilgern jährlich besucht wird.

Im Mittelpunkt der Stadt steht die große Moschee mit der heiligen Kaaba, ein würfelförmiges Gebäude, das mit einem kostbaren bestickten schwarzen Tuch verhüllt ist.

Die Kaaba birgt den heiligen Schwarzen Stein, der bereits vorislamischer Überlieferung nach Abraham vom Erzengel Gabriel überreicht wurde. Außerdem finden sich in Mekka der Brunnen Semsem mit dem heiligen Wasser und andere verehrte Stätten.

Ungläubigen (Nichtmoslems) ist das Betreten der heiligen Bezirke strengstens verboten. Zu den Europäern, die es durch Verkleidung, perfekte Nachahmung der Sitten und Bräuche sowie Erlernen der fremden Sprache dennoch gelungen ist, gehört Sir Richard Burton.

nigin Elizabeth I. verbannte Anthony Sherley auf Lebenszeit aus England. So verbrachte er den Rest seines Lebens mit Wanderungen durch Europa und hinterließ eine lange Beschreibung seiner Reise nach Persien.

Das größte Hindernis für westliche Erkundungsreisen in den Mittleren Osten war die osmanische Regierung, denn sie weigerte sich, Reiseerlaubnis zu erteilen oder Reisende, die dennoch kamen, zu schützen. Mekka, Medina und andere heilige islamische Städte waren den Ungläubigen verboten. Wer sie dennoch betrat, konnte hingerichtet werden. Den türkischen Reisenden Celebi Eviliya betrafen diese Beschränkungen natürlich nicht. Als Verwandter des Großwesirs Melek Achmed Pascha genoss er die Gunst von Sultan Murad IV. Deshalb konnte er den größten Teil seines Lebens damit verbringen, das gesamte Osmanische Reich zu durchreisen.

EINE WISSENSCHAFTLICHE EXPEDITION

Der dänische König finanzierte die erste wissenschaftliche Expedition in den Mittleren Osten. Sechs Männer machten sich 1761 von Ägypten aus auf den Weg, doch nur einer, der Deutsche Carsten Niebuhr, sollte das Unternehmen überleben. Die Expeditionsroute verlief nach Osten über Persien, zurück in den Süden nach Arabien und in den Jemen und bewegte sich nahe der üblichen Handelsstraßen. Nach seiner Rückkehr veröffentlichte Niebuhr 1767 einen umfassenden Bericht über die sehr genauen Beobachtungen, die er und seine Begleiter unterwegs gemacht hatten.

Links: Der Schweizer Entdecker Johann Burckhardt – als Araber verkleidet. Nachdem er vor zwei gelehrten Arabern eine religiöse Prüfung abgelegt hatte, wurde er als Moslem anerkannt und durfte die heilige Stadt Mekka besuchen.

Das späte 18. Jahrhundert war der Beginn einer Epoche, die man Romantik nennt. Europäische Künstler, besonders Schriftsteller, begannen sich für den Mittleren Osten zu interessieren, sahen und beschrieben ihn aber in einer idealisierten, romantischen Weise, die wiederum die Fantasie der Leser beflügelte. Als das Reisen einfacher wurde, suchten begüterte Menschen dem eintönigen Alltag in der Heimat zu entfliehen, indem sie Reisen in das exotische Arabien unternahmen.

Links: Die Wüste der Halbinsel Sinai, die Charles Doughty, als Araber verkleidet, 1874 durchwanderte.

Die Rub al-Khali, »das leere Viertel«

Die Große Arabische Wüste, die Rub al-Khali, liegt im Südosten Saudi-Arabiens und nimmt eine Fläche von etwa 650 000 km^2 zwischen Oman und Jemen ein. Da sie eine der trockensten und unzugänglichsten Wüsten der Erde ist, die nur über sehr wenige Oasen verfügt, wird sie auch »das leere Viertel« genannt. Es ist die größte zusammenhängende Sandfläche der Erde mit bis zu 300 m hohen Dünen.

Die jeweiligen Anordnungen und Wanderungen der Dünen lassen Rückschlüsse auf vorherrschende Windrichtungen und Windstärken zu. Zu den Europäern, die sich in diese Wüste wagten, gehören Harry Philby und Wilfried Thesiger. Bis heute ist die Rub al-Khali ein kaum erforschtes Gebiet.

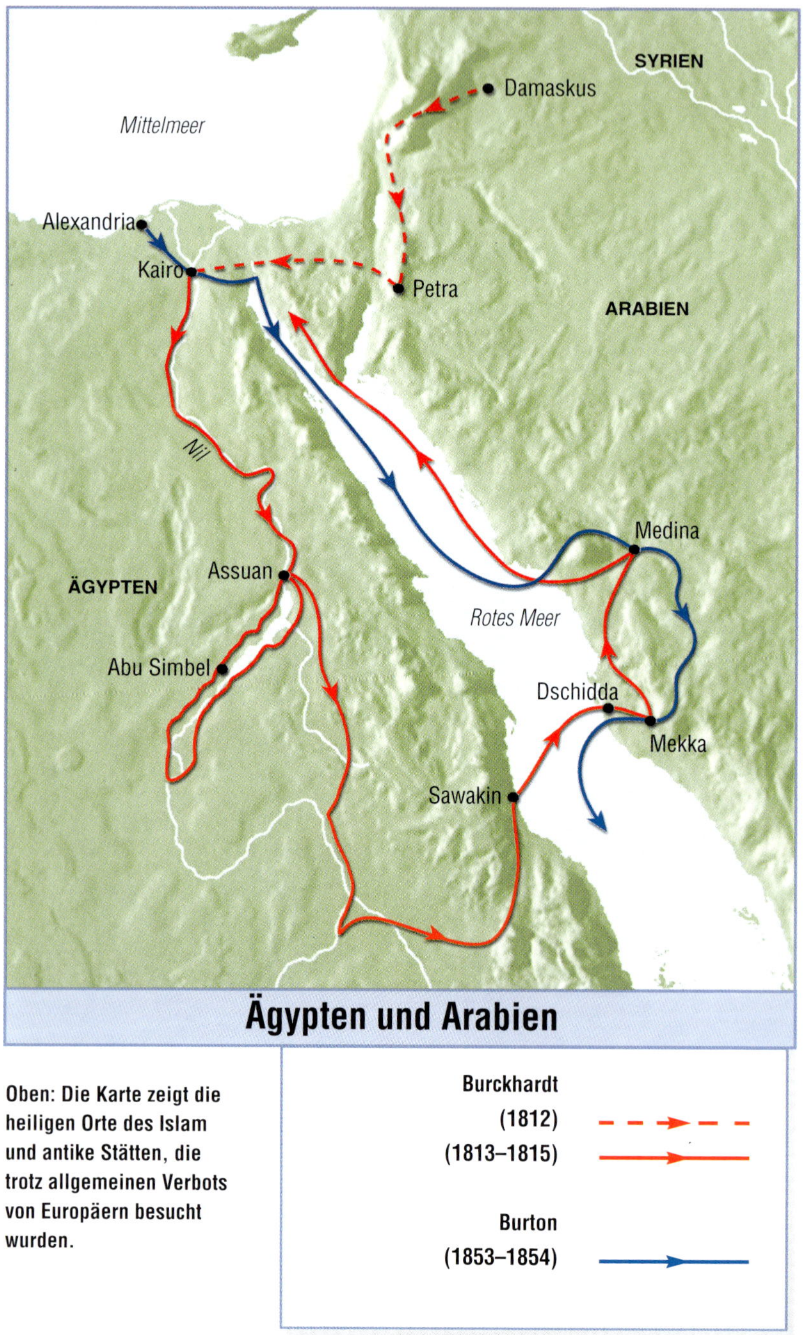

Oben: Die Karte zeigt die heiligen Orte des Islam und antike Stätten, die trotz allgemeinen Verbots von Europäern besucht wurden.

Der erste dieser Romantiker, der zugleich auch wissenschaftliche Interessen verfolgte, war der Schweizer Johann Burckhardt. 1806 ging er nach London, um Medizin zu studieren. Von Reiseleidenschaft gepackt, konnte er die gerade gegründete London African Association dazu bewegen, ihm eine Expedition nach Afrika zu finanzieren. Zur Vorbereitung verbrachte er zwei Jahre in Syrien, um sich mit dem Islam vertraut zu machen. 1809 begab sich Burckhardt von Malta aus, als Araber verkleidet, nach Aleppo in Syrien und von dort nach Damaskus, wo er blieb, um Arabisch zu lernen. Als Türke verkleidet, besuchte er Palmyra und Baalbek. 1812 reiste er auf der Suche nach dem Grab des Aaron (Bruder von Moses) Richtung Süden und entdeckte die alte Felsenstadt Petra. Mit gut versteckten Notizbüchern voller wertvoller Skizzen und Notate kam er nach Kairo.

Von hier aus machte er sich auf, seine Verpflichtungen gegenüber seinen Londoner Sponsoren zu erfüllen. Er reiste durch das Niltal bis tief nach Nubien, wandte sich dann Richtung Osten zur Küste des Roten Meeres, wo der dramatischste Teil der Reise begann. Nachdem er im Sommer 1814 in Dschidda gelandet war, gewann er das Vertrauen des dortigen Gouverneurs und durfte die heiligen Orte Mekka und Medina und den Berg Arafat besuchen. Von Fieber geplagt, schleppte er sich nach Kairo zurück. Durch Krankheit geschwächt, verbrachte er seine letzten Jahre damit, sehr genaue und informative Berichte über die Städte zu schreiben, die er besucht hatte. 1817 starb er in Kairo, wo man ihn mit einem muslimischen Begräbnis ehrte. Burckhardt war der Prototyp der späteren Entdecker: Indem er über die Geschichte und Kultur der Region und ihrer Bewohner Fakten sammelte, leistete er gleichzeitig verdeckte Spionagearbeit für die britische Regierung.

Burckhardts unmittelbare Nachfolger in der Region waren beide Militärs. 1819 wurde Captain George Sadlier in diplomatischer Mission von Indien aus losgeschickt, um Kontakt mit dem ägyptischen Kronprinz Ibrahim Ali aufzunehmen, der sich in Arabien aufhielt. Doch der Prinz war nicht zu fassen. Jedes Mal, wenn Sadlier an einem Ort ankam, war der Prinz gerade abgereist. Zum Schluss hatte Sadlier ganz Arabien von Ost nach West durchquert.

1830 erhielt James Wellstead von der britischen Marine den Auftrag, Landvermessungen an der arabischen Küste vorzunehmen. Im Zuge seiner Arbeit machte er viele historische und geographische Entdeckungen und wurde zum Mitglied der Royal Society in London ernannt.

SIR RICHARD BURTON

Ein weiterer »romantischer« Reisender war Sir Richard Burton, dem es 1853 gelang, ohne Erlaubnis die heilige Stadt Mekka zu besuchen. Möglich war ihm das, weil er alle ortsüblichen Sprachen und Dialekte perfekt beherrschte. Später trat Burton in den diplomatischen Dienst der Briten und wurde 1869 britischer Konsul in Damaskus. Er reiste viel im ganzen Osten und in Afrika und schrieb mehr als 30 Bücher über seine Reisen.

Wie Burton war auch William Palgrave an der arabischen Kultur sehr interessiert. Nachdem er erst als Soldat, dann als katholischer Missionar in Indien tätig gewesen war, ging er in den Libanon, um dort für eine christliche Gemeinde zu arbeiten. Doch als die Christen ausgewiesen wurden, musste er 1860 nach Frankreich fliehen. Dort fasste er den Entschluss, als Missionar durch Arabien zu reisen. Die französische Regierung, die Informationen über die Region brauchte, finanzierte seine Expedition. Zwischen 1862 und 1863 durchquerte Palgrave Arabien – als arabischer Arzt verkleidet – von Petra bis zum Persischen Golf. Später veröffentlichte er einen Bericht über diese Reise, der zum internationalen Bestseller wurde.

Oben: Die englische Reisende und Politikerin Gertrude Bell 1922 beim Picknick mit dem irakischen König Faisal.

DOUGHTYS VERKLEIDUNG

Zu den Reisenden zählte auch Charles Doughty, der an der Cambridge University in England Geologie studiert hatte. 1874 kam er nach Akkon in Palästina, reiste, als Syrier verkleidet, durch das Heilige Land, durch Syrien und den Sinai. Da ihm von den Türken die Reise nach Mekka untersagt wurde, schloss sich Doughty einer moslemischen Pilgerkarawane an. Unterwegs entfernte er sich von der Karawane und drang auf eigene Faust in die Wüste vor. Ohne seine Verkleidung lebte er ein Jahr lang bei den nomadischen Beduinen und erforschte die Verläufe des Wadi al-Hamds und des Wadi el-Rummas. Als er 1878 nach England zurückkehrte, schrieb er *Travels in Arabia Deserta*, eines der berühmtesten Bücher, das je über diesen Teil der Welt geschrieben wurde.

Auch Wilfried Blunt war an den Arabern, besonders den Beduinen, interessiert. Außerdem hegten er und seine Frau Anne eine große Leidenschaft für Pferde. Von 1878 bis 1879 waren sie auf der Suche nach Rassepferden in den Wüstengebieten im Norden des heutigen Iraks unterwegs. Als Kämpfer für die Sache der Araber war Blunt sowohl ein Gegner der Türkenherrschaft als auch der britischen Politik im Nahen Osten und in Afrika.

Ebenfalls in die Politik verwickelt war die Entdeckerin Gertrude Bell, die Tochter eines englischen Industriellen. 1892 reiste sie nach Persien und lernte Farsi (das moderne Persisch), 1899 ging sie nach Damaskus, um auch Arabisch zu lernen.

Von 1910 bis 1911 begab Bell sich durch die syrische Wüste in den Irak und zwei Jahre später nach Ha'il in der Arabischen Wüste. Nach ihrer Rückkehr nach Damaskus leistete sie freiwilligen Kriegsdienst für die Araber. Auch nach dem Krieg blieb Bell im Mittleren Osten und wurde eine

Die antike Stadt Petra

Zwischen dem Toten Meer und dem Golf von Akaba im heutigen Jordanien liegt in einer schroffen Landschaft aus roten Sandsteinfelsen die antike Stadt Petra.

Der bereits in der Steinzeit besiedelte Ort wurde im 4. Jahrhundert v. Chr. zur Hauptstadt des Reiches der Nabatäer, einem arabischen Volk, das zu einer mächtigen Handelsmacht aufstieg. Bis auf einen einzigen frei stehenden Tempel waren alle Gebäude der Stadt – Tempel, öffentliche Gebäude, Privathäuser und Grabanlagen – direkt aus dem roten Sandstein gehauen.

Die geschützt in einem Talkessel liegende Stadt, zu der nur eine natürliche Felsbresche Zugang gewährt, war in Vergessenheit geraten. Erst 1812 wurde sie von Johann Burckhardt wieder entdeckt.

Rechts: Die Felsenstadt Petra im heutigen Jordanien.

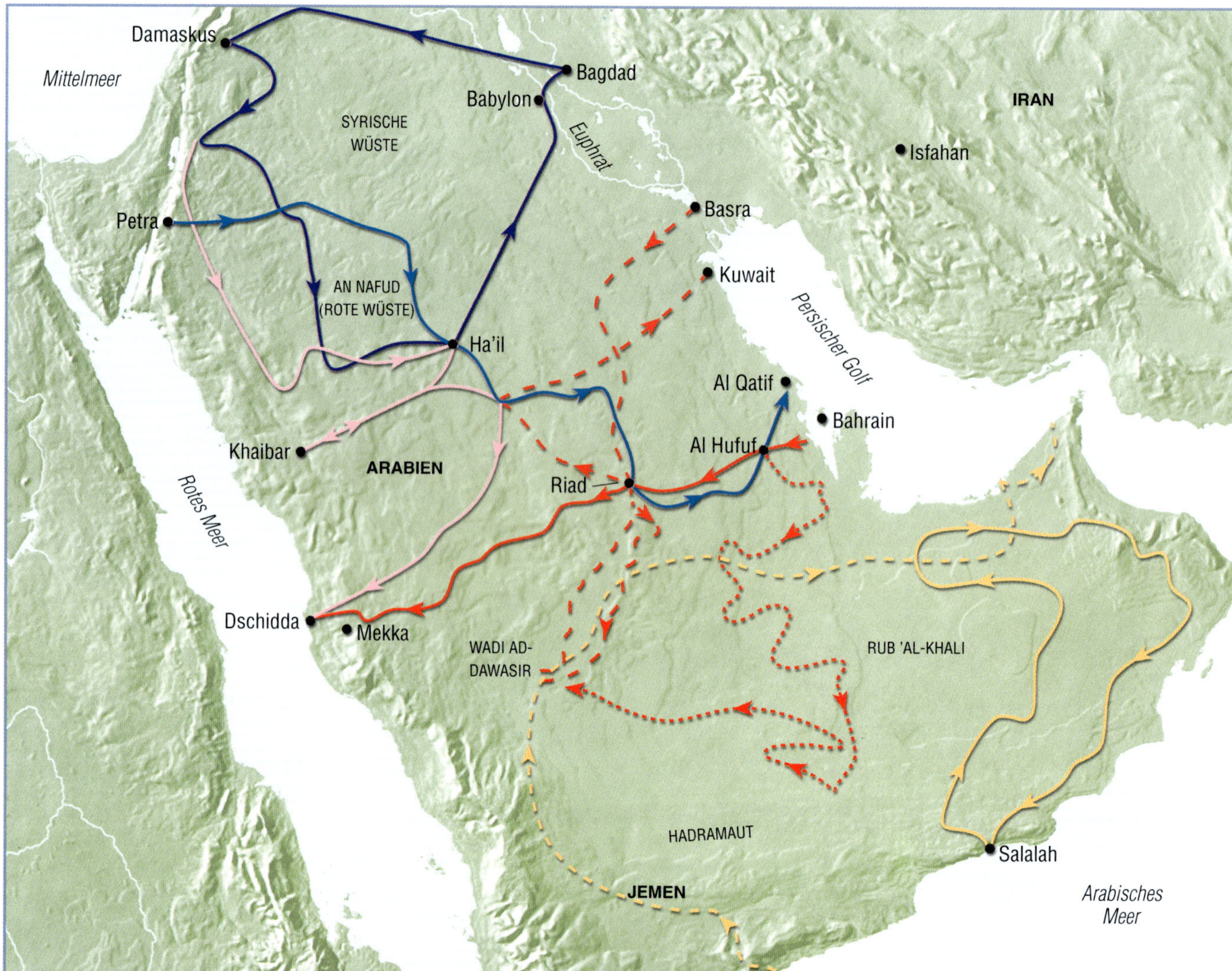

Europäische Expeditionen in Arabien

Palgrave (1862–1863)
Doughty (1876–1878)
Bell (1910–1911)
Philby (1917) (1918) (1932)
Thesiger (1946–1947) (1947–1948)

Oben: Reiserouten europäischer Entdecker in Arabien. Das Gebiet übte große Anziehungskraft auf Europäer aus, die den rigiden Normen der westlichen Welt entfliehen wollten.

führende Persönlichkeit in der Politik. Kollegen nannten sie »die ungekrönte Königin des Iraks«.

Harry Philby, der Vater des britischen Doppelagenten Kim Philby, war einer von Bells Bewunderern. Er kam erstmals 1910 nach Arabien und trat sogleich zum Islam über. 1917 reiste er von Bahrein am Persischen Golf über Riad nach Dschidda am Roten Meer. Im folgenden Jahr ging es von Basra am Nordende des Golfs erneut nach Riad und dann weiter zum Wadi ad-Dawasir und zurück über Riad nach Kuwait. 1932 durchquerte Philby weite Teile des gefürchteten »leeren Viertels« – der Großen Wüste im Süden.

Die letzten der so genannten romantischen Entdecker waren Freya Stark und Wilfried Thesiger. Stark begann ihre Wüstenreisen 1927 und stieg später in die ägyptische Politik ein. Sie schrieb viele Bücher über Kultur und Landschaft der Region, die sie mit eigenen Fotografien bebilderte. Thesiger war von der Großen Arabischen Wüste fasziniert. Zweimal durchquerte er in den 1940er-Jahren die Rub al-Khali auf der Suche nach einer Welt, die von der Zivilisation verschont geblieben war.

7. Kapitel

AFRIKA

Lange wies die Karte Afrikas große weiße Flecken auf, und die Erkundung dieser unbekannten Gebiete verlangte den Männern und Frauen, die sich auf die Reise in den fernen Kontinent aufmachten, viel Mut und Durchhaltevermögen ab. Die Entdecker hatten es mit Wüsten, Regenwäldern, trockenen Steppen und gewaltigen Strömen mit gefährlichen Stromschnellen und imposanten Wasserfällen zu tun. Das Klima begünstigte Krankheiten, denen viele Entdecker erlagen. Zudem verhielten sich manche Einheimische den Fremden gegenüber feindlich und einige Forscher wurden getötet. Es war nicht einfach, durch riesige unbekannte Gebiete zu reisen. Um sich nicht zu verirren, folgten die Forscher oft den Flussläufen, die sie letztlich zur Küste zurückführten.

Unten: Der Kongo (Zaire), der zweitlängste Strom Afrikas. 1483 kam der portugiesische Seefahrer Diogo Cão bis zur Mündung des Stroms, den er 160 km weit landeinwärts erforschte.

FRÜHE ENTDECKER IN AFRIKA

Bis zum 15. Jahrhundert war Afrika den Europäern weitgehend unbekannt. Araber und Berber jedoch unternahmen im Mittelalter die gefährliche Reise durch die Sahara auf der Suche nach Gold und Sklaven. Arabische Seefahrer gründeten Niederlassungen an der Ostküste Afrikas. Mit Beginn des 15. Jahrhunderts setzte die große Zeit der Entdeckungen ein. Vor allem die Portugiesen unternahmen Seereisen, denn sie wollten versuchen, über das Meer nach Indien zu kommen, wo es teure, begehrte Waren wie Gewürze und Seide gab.

HEINRICH DER SEEFAHRER

Die Zeit der portugiesischen Entdeckungen begann 1415, als König Johann I. von Portugal die reiche marokkanische Hafenstadt Ceuta einnahm, die direkt gegenüber von Gibraltar lag und zum Reich der arabischen Almoraviden gehörte. Seinen Sohn Heinrich ließ der König als Gouverneur in der Stadt zurück.

In Ceuta hörte Prinz Heinrich von Handelsstraßen, die quer über Afrika verliefen und auf denen vor allem Gold transportiert wurde. Angeblich kam es aus einem in Ostafrika liegenden christlichen Königreich, das von einem König und Priester namens Johannes regiert wurde.

1418 entsandte Heinrich die erste von vielen Expeditionen, die ihm schließlich den Beinamen »der Seefahrer« einbrachten, obwohl er selbst niemals zur See fuhr. Die beiden entsandten Seefahrer João Gonçalves Zarco und Tristão Vaz Teixeira kamen im Sturm vom Kurs ab und landeten auf der zur Madeiragruppe gehörenden Insel Porto Santo vor der afrikanischen Küste.

1419 wurde Prinz Heinrich Gouverneur der portugiesischen Provinz Algarve und eröffnete in seiner Residenzstadt Sagres eine Seefahrerakademie. Während der 1420er-Jahre arbeiteten sich von Heinrich finanziell unterstützte Seefahrer von der Westküste Afrikas bis zum Kap Bojador südlich der Kanaren voran. Diese Expeditionen waren gefährliche Abenteuer, denn sie wurden mit kleinen Segelschiffen durchgeführt, die für den Küstenhandel geeignet waren. Heinrich wusste, dass man für Reisen auf dem offenen Meer größere Schiffe brauchte, die den Stürmen auf See standhalten konnten und dennoch leicht zu manövrieren waren. Eine neue Art von Schiffen wurde gebaut – die

Unten: Die Insel Madeira vor der Westküste Afrikas. Die erste portugiesische Expedition, die Heinrich der Seefahrer aussandte, entdeckte die Inselgruppe per Zufall, nachdem sie durch einen Sturm hierher verschlagen wurde.

Heinrich der Seefahrer

Der 1394 geborene Sohn des portugiesischen Königs Johann I. und der Engländerin Philippa von Lancaster war ein tief religiöser Mann, der zum Großmeister des Christusordens ernannt wurde. Die Legende vom christlichen Königreich des Priesterkönigs Johannes, das in Indien oder Afrika liegen sollte, beschäftigte ihn sehr. Sowohl nach diesem Königreich als auch nach einem Seeweg nach Indien um Afrika ließ er suchen. Da er viele See-Expeditionen finanziert und in Sagres auch eine Akademie eingerichtet hatte, wo Seefahrer, Geographen, Karthographen, Astronomen und Schiffsbauer ihre Erfahrungen miteinander austauschen konnten, nannte man den Prinzen Dom Henrique el Navegador – Heinrich den Seefahrer. Als der Prinz 1460 starb, war die Küste bis zum Golf von Guinea erforscht.

Oben: Prinz Heinrich von Portugal studiert umgeben von Gelehrten und Kapitänen eine neu erstellte Karte. Da ständig neue Entdeckungen gemacht wurden, mussten die Karten immer aktualisiert werden.

Karavelle, die erstmals in einer Urkunde von 1441 erwähnt wird. Ein Prototyp dieser neuen Schiffsart wurde wohl schon 1434 von Gil Eannes verwendet, dem es gelang, das gefährliche Riff vor dem Kap Bojador zu umsegeln und bis zum Nördlichen Wendekreis (Wendekreis des Krebses) bei 23° 27' nördlicher Breite vorzustoßen.

Hier sahen die Entdecker Menschen, deren Haut so dunkelbraun war, dass man sie schwarz nannte. 1441 brachte eine der Karavellen Goldstaub und mehrere schwarze Menschen mit, die auf dem Sklavenmarkt verkauft wurden. Spätere Expeditionen unter Dinís Dias und Nuño Tristão erreichten den Senegal und umrundeten das Kap Verde, den westlichsten Punkt Afrikas.

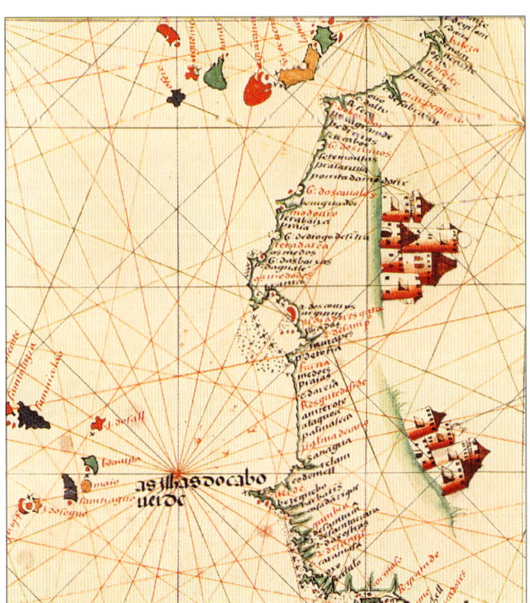

Rechts: Eine portugiesische Karte von 1514 zeigt die westafrikanische Küste bis zum Kap Verde. Obwohl man die Küste gut kannte, wusste man kaum etwas über das Landesinnere.

Um die ersten Entdeckungen durchzuführen, hatte Prinz Heinrich Knappen engagiert – mutige junge Burschen vom Land, die viel Abenteuerlust, aber wenig Bildung mitbrachten. Einer dieser jungen Männer, João Fernades, war 1445 bei Kap Branco gestrandet und verbrachte dort einige Monate, ehe er gerettet wurde. Schon 1428 hatte Heinrichs Bruder Pedro von einer langen Europareise ein Exemplar der Reiseberichte des Marco Polos mit seinen faszinierenden Informationen über China und den Fernen Osten mitgebracht. Mehr und mehr war Heinrich nun daran interessiert, einen Seeweg in diese Länder zu finden.

ALVISE CA DA MOSTO

1454 stellte sich der venezianische Kaufmann Alvise Ca da Mosto am Hof von Heinrich vor. Seine Motive waren kommerzieller Art: Er wollte Profit machen und deshalb nach Afrika reisen. Während seiner Expeditionen machte er Notizen über die Länder und Reiche, durch die er kam, und über die Sitten und Bräuche der Menschen, die er traf.

Heinrich beauftragte Ca da Mosto, die Küste in Hinblick auf mögliche Handelskontakte zu erforschen und Handelsbeziehungen mit den Einheimischen zu knüpfen. Dafür stattete er den Venezianer mit einem Schiff und einer Mannschaft aus. 1455 segelte dieser Richtung Süden los, kam bis zur Mündung des Senegals und entschloss sich, landeinwärts zu segeln. Er kam etwa 100 km weit und wurde vom dort regierenden Fürsten freundlich als Gast empfangen. Dann ging es weiter zum Gambia. Auch hier reiste er auf dem Fluss landeinwärts und schrieb später über die Tiere, die er gesehen hatte. Diesmal wurde er allerdings nicht so freundlich begrüßt und musste sich rasch wieder auf das offene Meer zurückziehen.

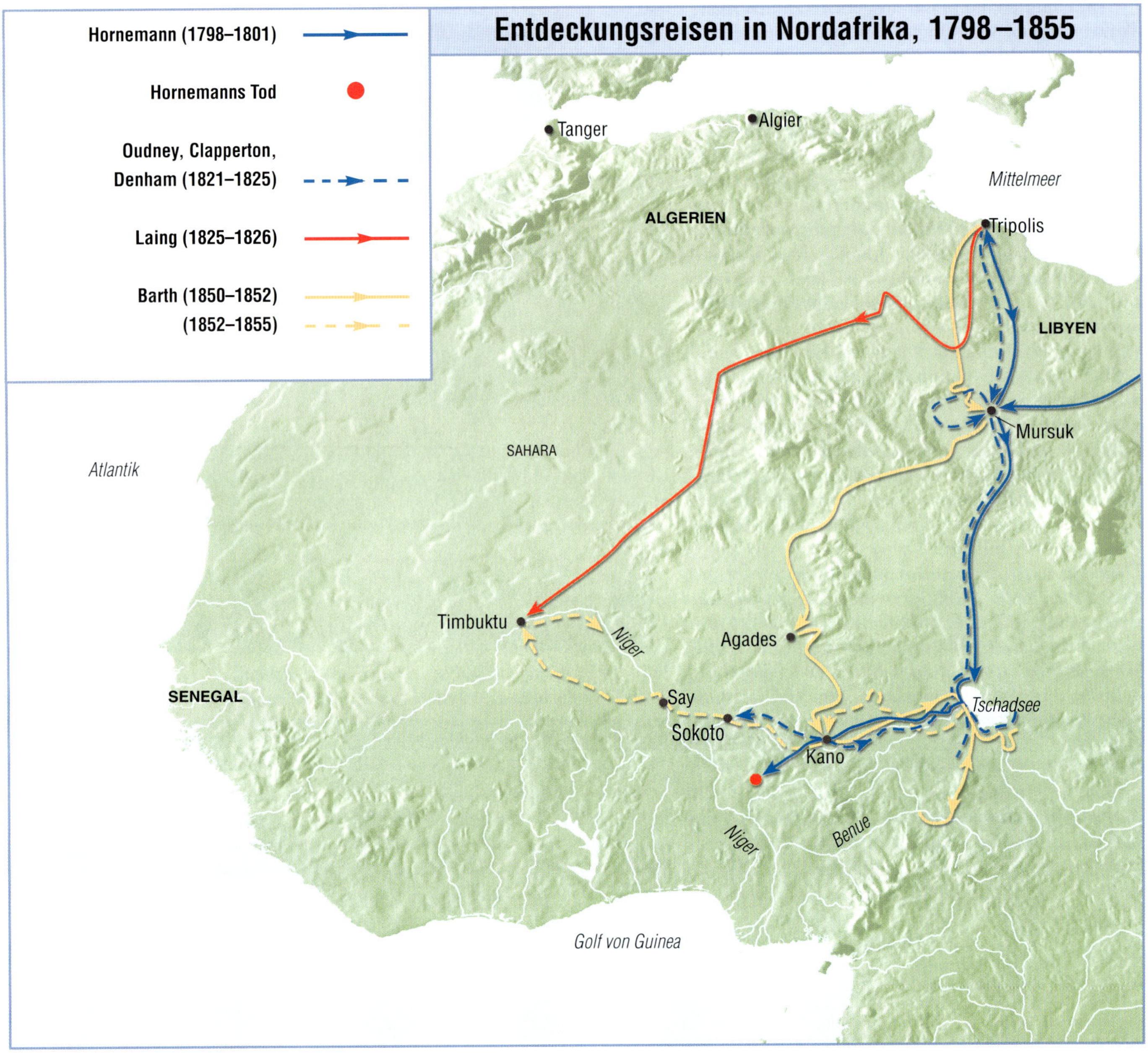

Oben: Reiserouten europäischer Expeditionen, die im späten 18. und frühen 19. Jahrhundert die Sahara durchquerten.

westlich der alten Route gelegenen Strecke die Sahara durchquerte. Als Richardson im März 1851 an einem tropischen Fieber starb, übernahm Barth die Leitung. Systematisch erforschten er und Overweg das Gebiet um den Tschadsee, kartographierten die sich verändernde Uferlinie des Sees und machten Aufzeichnungen über die Völker und Kulturen der Region.

Im September 1852 starb auch Overweg an Fieber, und Barth reiste allein weiter. Vom Tschadsee nach Westen ziehend, kam er nach Kano und Sokoto und erreichte bei Say den Niger. Er hielt sich südlich des Nigerbogens und reiste nach Timbuktu, das er mit der Erlaubnis des regierenden Scheichs El-Bakay betreten durfte.

Auf dem Niger fuhr Barth von Timbuktu nach Say zurück. Inzwischen hatte der erst 24-jährige Eduard Vogel die Stelle des verstorbenen Overwegs eingenommen und erkundete die Region südlich des Tschadsees. Ihm erging es wie Laing: Er missachtete örtliche Sitten und Gepflogenheiten und wurde in Wadai erschlagen. Nach sechs Jahren kehrte Barth allein nach London zurück, um der dortigen Afrikanischen Gesellschaft Bericht zu erstatten. Seine Reiseberichte, die zwischen 1857 und 1858 in fünf Bänden unter dem Titel *Reisen und Entdeckungen in Nord- und Central-Afrika in den Jahren 1849 bis 1855* herausgegeben wurden, waren ein Kompendium, das jeden Aspekt von der Geographie und Geologie über Botanik und Zoologie bis zur Geschichte, Völkerkunde und Linguistik berücksichtigte.

FRANZÖSISCHE FORSCHUNG IN AFRIKA

Als die Franzosen merkten, dass der arabische Einfluss an der Mittelmeerküste schwächer wurde, marschierten sie 1830 in Algier ein. Bis 1848 hatten sie ganz Algerien unter ihre Kontrolle gebracht und zu einem Teil Frankreichs erklärt. Von nun an sollte sich das Gesicht der Erkundung Afrikas durch die europäischen Mächte verändern, denn nun ging es vorrangig um politische und wirtschaftliche Ziele. Französische Forscher drangen vom Mittelmeer in die Sahara und vom Senegal her nach Westen ins Binnenland vor.

1857 kam ein erst 17-jähriger Franzose, Henri Duveyrier, von Algier aus in die Sahara und freundete sich mit den Tuareg an, einem nomadisch lebenden Berbervolk, deren Sprache er studieren wollte. 1859 kam Duveyrier erneut nach Afrika und reiste mit einer Tuaregkarawane nach Südalgerien.

Der erfolgreichste Entdecker in französischen Diensten war allerdings ein Deutscher: Gerhard Rohlfs. 1855 war er als Arzt in die französische Fremdenlegion gegangen, hatte an Feldzügen in Nordafrika teilgenommen und dabei perfekt Arabisch gelernt. Ab 1861 betätigte er sich als Reisender und Entdecker. Seine erste Erkundung, zu der er 1862 aufbrach, führte ihn über den Atlas nach Süden, doch der Versuch, die Sahara zu durchqueren misslang. 1865 versuchte er es erneut, erreichte den Tschadsee und von dort aus den Benuë, den er bis zur Einmündung in den Niger und dann abwärts bis zum Atlantik segelte.

Rohlfs kehrte noch mehrmals nach Nordafrika zurück, um die nördlichen und östlichen Grenzen der libyschen Wüste zu erforschen. 1878 unternahm er eine Expedition über die Sahara zum Tschadsee und zum Niger, musste aber an der Oase Kufra aufgeben.

1880 reiste der Wissenschaftler Oskar Lenz von Marokko nach Timbuktu. Die Expedition führte nicht durch neues Gebiet, doch war Lenz der Erste, der gründliche geologische Untersuchungen vornahm und viele Charakteristika der Sahara beschrieb.

DER OSTRAND DER SAHARA

Außer Vogel und Rohlfs hatten sich bisher kaum Forscher für den Ostrand der Sahara, das Gebiet des Übergangs der Wüste ins Niltal, interessiert. In den 1860er-Jahren hatten einige Forscher den Bahr al Ghazal besucht und waren in das Gebiet zwischen Nil und Kongobecken vorgedrungen. Doch die Verbindung zwischen diesen beiden Gebieten und der östlichen Sahara wurde erst in den 1870er-Jahren von Gustav Nachtigal hergestellt.

Nachtigal war wie Barth und Lenz ein wissenschaftlicher Forscher. Bei seiner ersten Reise durch die Sahara im Jahr 1869 erforschte er das Tibesti-

Links: Der Niger, auf den sich im 19. Jahrhundert viele Forschungsreisen konzentrierten.

Unten: Der französische Forscher Jean-Baptiste Marchand mit seinen afrikanischen Trägern. Marchand unternahm eine Expedition, die vom Kongo zum Nil führte.

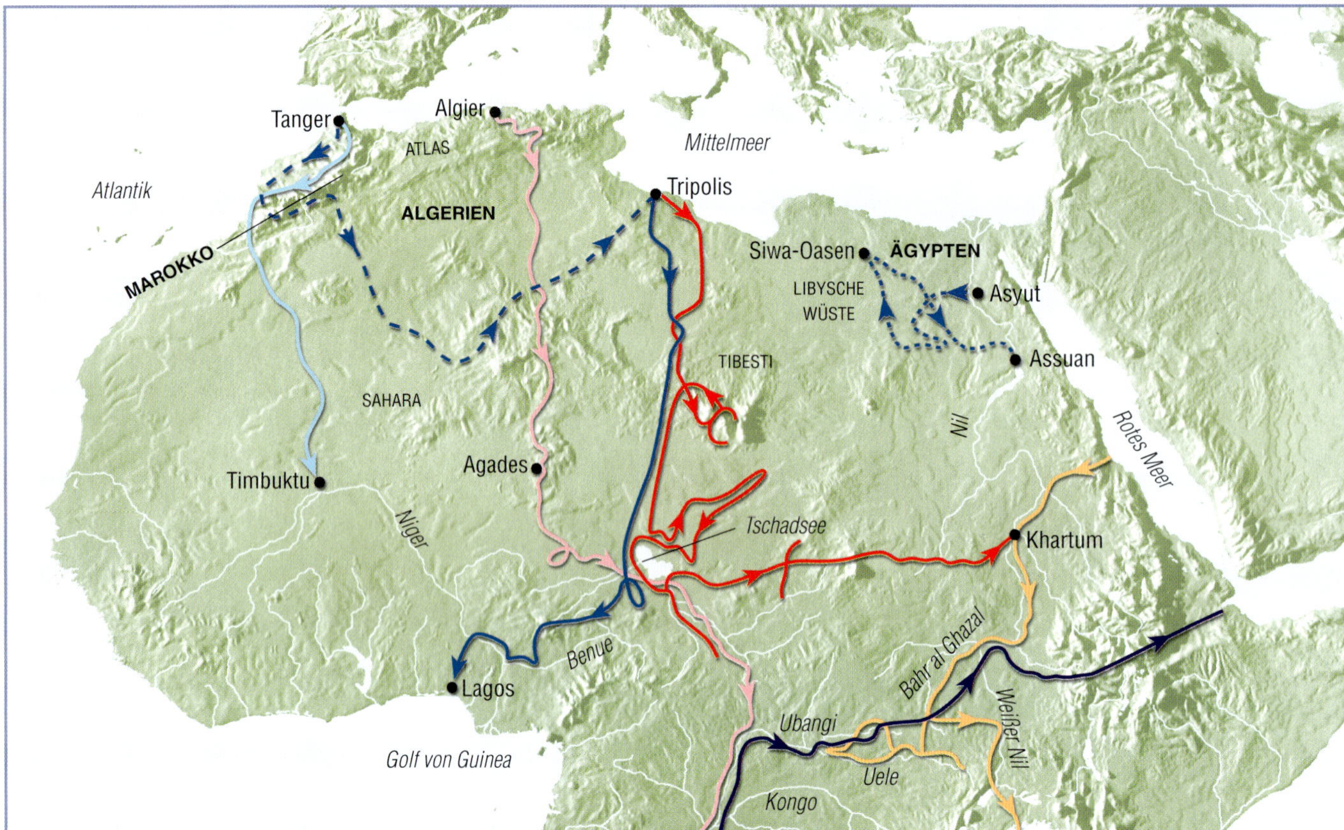

Entdeckungsreisen in Nordafrika, 1862–1901

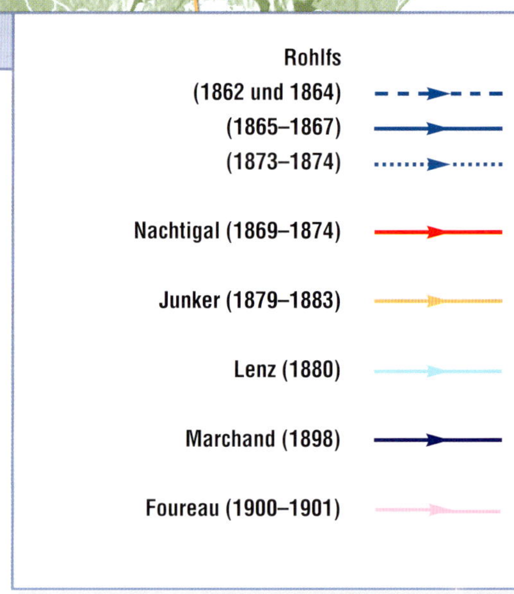

Oben: Reiserouten europäischer Expeditionen, die im mittleren bis späten 19. Jahrhundert die Sahara durchquerten. In dieser Zeit war die Erforschung bereits eindeutig mit dem Ziel verknüpft, politischen Einfluss zu gewinnen und die Länder zu kolonisieren.

gebirge im Norden des heutigen Staates Tschad. Es gelang ihm auch, vom Tschadsee aus zum Nil vorzudringen. Zudem unternahm er Exkursionen vom Tschadsee Richtung Süden bis zum Uele, den sein deutscher Kollege, der Botaniker Georg Schweinfurth, ein paar Jahre zuvor entdeckt hatte. Als Nachtigal 1875 nach Deutschland zurückkehrte, hatte er fast sechs Jahre in Afrika zugebracht.

Nachtigals Forschungen über die Wasserscheide des Kongos wurde in den frühen 1880er-Jahren von Wilhelm Junker vervollständigt, der erstmals nachweisen konnte, dass der Uele zum Flusssystem des Kongos gehört, und nicht, wie Nachtigal vermutet hatte, mit dem Niger in Verbindung steht.

MILITÄRISCHE OKKUPATION

Da die Franzosen den Bau einer Eisenbahnlinie von Nordafrika über die Sahara zum Niger und weiter planten, wurde Paul Flatters 1880 als Landvermesser losgeschickt. Doch er und zwei andere Entdecker wurden von Einheimischen ermordet. Daraufhin entsandten die Franzosen Truppen als Begleitschutz ihrer Landvermesser und bald war das ganze Gebiet militärisch besetzt.

Die Expedition, die die französische Kontrolle über die größten Teile des Gebiets zwischen Mittelmeer und Kongobecken sicherte, wurde von Fernand Foureau geleitet. Schon 1898 war Jean-Baptiste Marchand vom Kongo aus in nordöstlicher Richtung quer über den Kontinent zur Küste oberhalb des Horns von Afrika gelangt. Nun machte sich im Jahr 1900 Foureau mit massiver militärischer Begleitung von Algier aus auf den Weg Richtung Süden, zunächst zum Tschadsee, wo er mit anderen Expeditionen, die vom Niger und vom Kongo kamen, zusammentraf. Von hier aus marschierte Foureau weiter Richtung Süden bis zum Kongo. Die Erforschung dieses Teils des afrikanischen Kontinents kostete einen hohen Preis. Viele Forscher erlagen Krankheiten oder wurden von Einheimischen ermordet. Die Einheimischen wiederum verloren ihre Unabhängigkeit und Selbstbestimmung, als die Erforschung sich zur Eroberung und Kolonisierung wandelte.

PIONIERE IN SÜDAFRIKA

Die dünn besiedelte Spitze Südafrikas mit ihrem angenehmen Klima und ihren fruchtbaren Grasländern wurde erstmals im 17. Jahrhundert von Europäern besiedelt. Kurz nachdem die Niederländer begonnen hatten, den Portugiesen im Handel mit den Gewürzinseln den Rang abzulaufen, hatten sie die Holländisch Ostindische Kompanie gegründet, die 1652 auch einen Handelsposten in Kapstadt errichtete. Bald entwickelte sich um diesen Posten eine blühende Siedlung der Buren (niederländisch für »Bauern«). Im 18. Jahrhundert kamen Botaniker, die eifrig die Flora Südafrikas mit der des Mittelmeerraums verglichen.

Die ersten Buren blieben in der Nähe der Küste. 1736 aber wagte sich eine Expedition ins Binnenland und traf erstmals auf Mitglieder eines Bantuvolkes aus Zentralafrika, das gerade nach Süden vorstieß und dadurch seinerseits die ansässigen Buschleute, Hottentotten und Xhosa verdrängte.

1752 führte der Bure August Beutler eine kleine Gruppe von Siedlern in östlicher Richtung an der Südküste entlang ins Binnenland und kam mit wertvollen geographischen Informationen zurück. Bis 1800 waren dann andere bis zum Oranje und zur Grenze der Kalahari vorgedrungen. Schon während des Krieges gegen Napoleon hatten die Briten das Kap besetzt, das sie sich 1815 per Vertrag endgültig sicherten. Nun kamen englische und schottische Missionare ins Land und wiederum Naturkundler, darunter William Burchell.

Von seinen Reisen in Südafrika, die Burchell zwischen 1811 und 1815 unternahm, brachte er zahlreiche Illustrationen von der afrikanischen Landschaft, ihrer Flora und Fauna und ihren Menschen mit. Doch es war der Missionar John Campbell, der sich am weitesten ins Land wagte. 1813 nahm er den Lauf des Oranjes auf, 1819 reiste er an der Kalahari entlang zur Quelle des Limpopo.

DER GROSSE TRECK

Es dauerte nicht lang, bis es zwischen Buren und Briten zu Schwierigkeiten kam. Da die Buren auf dem Standpunkt beharrten, die von ihnen betriebene Sklavenhaltung sei durch die Bibel gerechtfertigt, wollten sie sich der Aufhebung der Sklaverei durch die Briten (1834) nicht beugen. Sie zogen es vor, die britische Kapprovinz zu verlassen. 1836 waren rund 4000 Buren mit Ochsenwagen unterwegs zum Oranje. Unter Führung von fünf Männern, darunter Piet Retief, ließen sich die Vortrecker im Gebiet zwischen Oranje und Limpopo nieder. Die Hauptgruppe der Vortrecker zog nach Natal; eine andere große Gruppe zog weiter nach Norden über den Vaal in den Transvaal.

Eine Vorhut der Nataltrecker unter der Leitung von Retief traf in Natal auf Zulukrieger des Häuptlings Dingane, eines Nachfolgers des berühmten Tschakas. Die Zulu griffen Retief und seine Leute an und töteten sie. 1838 nahmen die Buren blutige Rache. 470 mit Feuerwaffen ausgerüstete Männer unter der Führung von Andries Pretorius bildeten eine Wagenburg, in der sie sich verschanzten und mit ihren Feuerwaffen auf den Angriff der Zulu warteten. Die Zulu rückten mit einer Armee von 12 000 Kriegern an, die nur mit ihren Speeren und Rundschilden bewaffnet waren

Links: Der britische Reisende und Missionar John Campbell, der zwischen 1812 und 1821 Teile der Kalahari und mehrere große afrikanische Flüsse, darunter den Oranje, den Vaal und den Limpopo erforschte.

Unten: Natal in Südafrika. Hier ließen sich die Buren nieder, die sich wegen Unstimmigkeiten mit den herrschenden Briten 1833 auf den Großen Treck gemacht hatten.

und sich der Wagenburg zu Fuß auf Wurfweite der Speere nähern mussten. Die Buren brauchten nur zu warten, bis sie nahe genug waren, und konnten sie dann aus der Deckung heraus erschießen. Nachdem etwa 3000 Zulu gefallen waren, ergab sich der Rest. Nach diesem Massaker am Blood River ließen sich die Buren mit dem Einverständnis der Briten in Natal als Siedler nieder.

Die Beziehungen zwischen den Briten und einem anderen afrikanischen Bantuvolk, den Matabele (Ndebele), waren etwas friedlicher, was dem schottischen Missionar Robert Moffat zu verdanken ist, der 1817 von der Londoner Missionsgesellschaft nach Südafrika geschickt worden war. Zunächst reiste Moffat von Kapstadt durch das Wüstengebiet der Namib in ein Gebiet, das von kleinen Buschmanngruppen bewohnt war. Bald entschied er, dass es effektiver sei, die Missionsarbeit woanders zu leisten. 1821 gründete er mit seiner Frau eine Missionsstation in Kuruman an der Grenze zum Matabeleland und knüpfte freundschaftliche Beziehungen zu Mzilikazi, dem König der Matabele. Dieser gewährte Moffat Schutz, soweit sein Einfluss in seinem Land reichte. Von dieser relativen Sicherheit profitierend, konnte Moffat im Gebiet nördlich des Vaals reisen. Er erforschte das weit verzweigte Wassernetz des Oranjes, was die schon von Campbell geleistete Arbeit ergänzte. 1841 schloss sich Moffat in Kuruman ein weiterer Schotte an: David Livingstone. Als Kind armer Eltern arbeitete er schon mit zehn Jahren in einer Baumwollspinnerei, hatte es aber trotzdem geschafft, später Medizin und Theologie zu studieren. Er kam nach Afrika, erfüllt von dem Wunsch, das Wort Gottes zu predigen und die Sklaverei zu bekämpfen. Doch die Routine der Missionarstätigkeit genügte ihm nicht. Er wollte nicht in Kuruman bleiben und die Konvertiten belehren, sondern wollte Entdecker werden. Zunächst aber heiratete er 1844 Moffats Tochter Mary.

Unten: Erkundungsreisen in das Innere Südafrikas im 19. Jahrhundert. Missionare, von denen einige zu berühmten Entdeckern wurden, unternahmen die ersten Expeditionen.

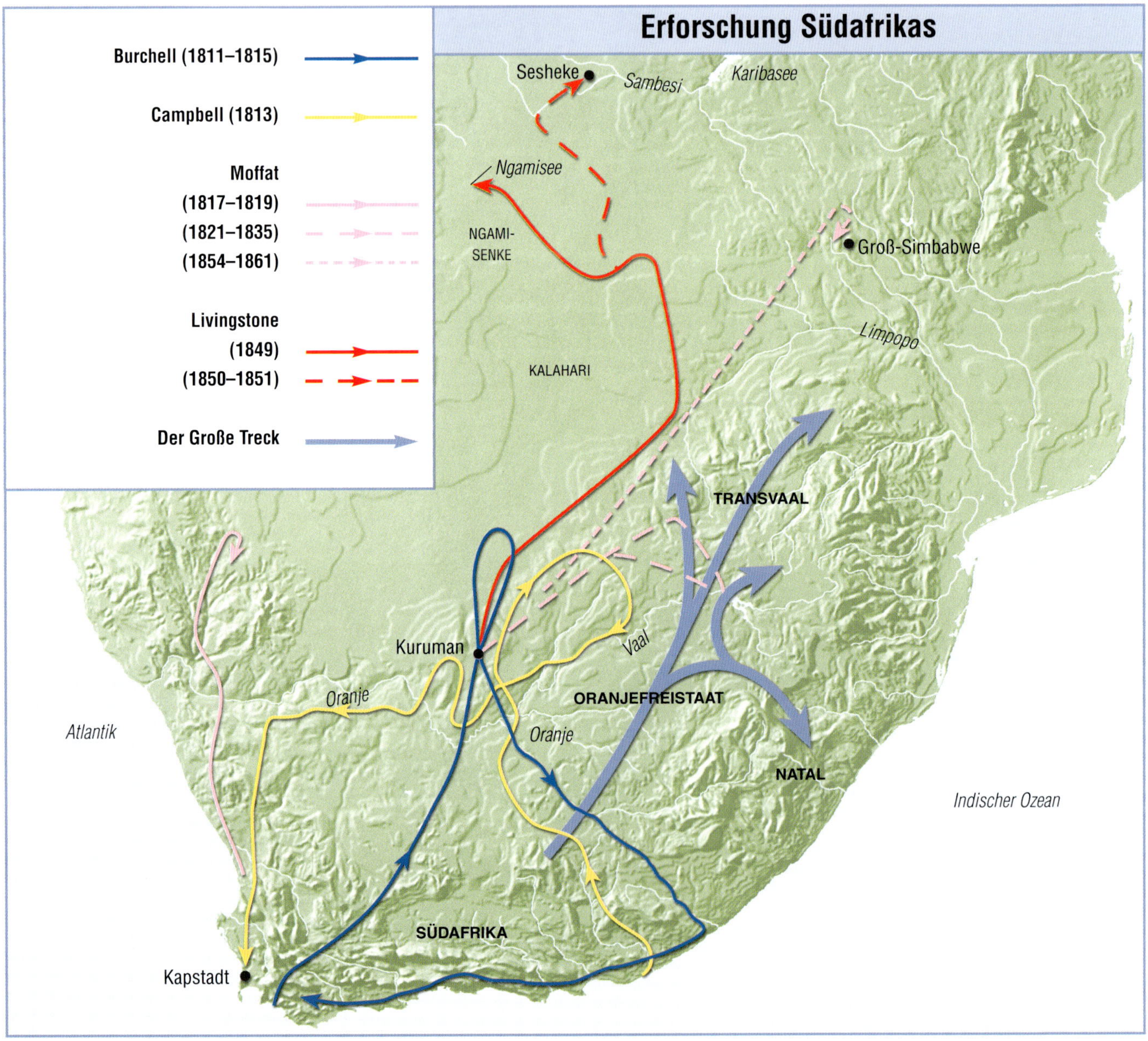

Mary Livingstone

Mary Livingstone war das älteste Kind des Missionars Robert Moffat und seiner Frau Mary. Die Tochter wurde 1821 in einer abgelegenen Missionsstation in Südafrika geboren, wohin die Eltern als Methodistenmissionare im Jahr zuvor von Manchester in England aus gekommen waren. 1844 heiratete die junge Mary Moffat den ebenfalls als Missionar tätigen David Livingstone. Sechs Jahre später unternahm sie mit ihrem Mann und ihren drei kleinen Kindern eine Expedition durch die Kalahari, bei der die Familie gegen Krokodile, Skorpione und Tsetsefliegen kämpfen musste. Kurz nach der Rückkehr gebar Mary ein weiteres Kind, das bald darauf starb. Als sie im darauf folgenden Jahr wieder auf Reisen waren, kam unterwegs ein weiteres Kind zur Welt. Mit den Kindern reiste Mary nach Kapstadt und von dort nach England.1858 kehrte sie nach Afrika zurück, um ihren Mann auf einer seiner Reisen auf dem Sambesi zu begleiten. Im April 1862 ging sie an Bord des Schiffes, das sie zum Treffpunkt bringen sollte, doch sie erkrankte an einem tropischen Fieber und starb wenige Wochen später.

Rechts: Mary Livingstone, eine mutige Reisende mit Pioniergeist, war eine der ersten Europäerinnen, die sich in das Innere Südafrikas wagten.

1849 überredete Livingstone zwei reiche Großwildjäger, ihm eine Expedition durch die östliche Kalahari zum Ngamisee zu finanzieren und ihn dabei zu begleiten. 1850 begab sich Livingstone auf eine zweite Reise. Diesmal wollte er das Oberhaupt der Makalolo am Zusammenfluss von Chobe und Sambesi treffen. Der erste Versuch schlug fehl, doch er versuchte es 1851 erneut. Diesmal hatte er Frau und Kinder dabei. Sie trafen das Stammesoberhaupt und erreichten den mächtigen Sambesi bei Sesheke. Livingstone hatte jetzt ein klares Bild von Zentralafrika. In den kommenden Jahren sollte er sich tief in das Herz des Schwarzen Kontinents begeben und sich einen Namen als großer Entdecker machen.

TREFFEN MIT DEN MATABELE

In der Zwischenzeit leitete Moffat in Kuruman seine Mission. Abends übersetzte er die Bibel in die Bantusprache Tswana. Obwohl er fast 60 Jahre alt war, wollte er Mzilikazi noch einmal treffen und unternahm zwei Reisen in die Region jenseits des Limpopos, wohin die Matabele inzwischen von den Buren verdrängt worden waren. Als er Mzilikazi 1854 traf, übergab er dem König ein Paket mit Papieren für Livingstone, der gerade weiter nördlich den Sambesi erforschte. Die Matabele reichten das Paket an die Makalolo weiter und ein Jahr später hielt es Livingstone in Händen.

1850 war der Hobbywissenschaftler Francis Galton im Südwesten gelandet. Zusammen mit seinem Assistenten Charles Anderson wollte auch er durch die Kalahari zum Ngamisee reisen. Da ihnen die Einheimischen den Weg versperrten, begaben sie sich nach Norden in die Etoschapfanne im Owamboland, doch auch hier wurden sie zum Rückzug gezwungen.

Galton kehrte nach England zurück, aber Anderson blieb im Norden und schaffte es Ende 1854 bis zum Ngamisee. Drei Jahre später erreichte er den Okawango (Cubango) in der Nähe der heutigen Grenze zu Angola.

DIE KARTE SÜDAFRIKAS ENTSTEHT

Bis 1860 bekam die Karte Südafrikas ein Gesicht. Die Geographen kannten die wichtigsten Landschaftsmerkmale und die Europäer merkten sich Gebiete vor, die sie mit Beschlag belegen wollten. Die Briten hatten bereits die Kontrolle über die Kapprovinz und Natal, die Buren über Transvaal und den Oranje-Freistaat im Landesinnern.

Deutsche Missionare und Wissenschaftler tummelten sich im heutigen Namibia, wo die Kolonie Deutsch-Südwest entstand. Die Portugiesen hatten nördlich davon Besitzungen in Angola und an der Ostküste in Mosambik.

Unten: Die von David Livingstone geführte Expedition erreicht 1849 den Ngamisee.

DIE ROMANTIK DES NILS

Oben: Der Nil in Ägypten. Die Quelle des längsten Flusses der Erde zu finden, war ein wichtiges Ziel vieler europäischer Entdecker in Afrika.

Der Nil ist der längste Fluss der Erde. Vom Viktoriasee, einer der Quellen des Nils, bis zur Mündung ins Mittelmeer bei Alexandria legt er mehr als 6500 km zurück und ist damit rund 300 km länger als der Amazonas. Schon im Altertum gab es viele Legenden über die Quelle des Nils. Im Mittelalter reisten arabische Reisende auf dem Fluss bis tief in den heutigen Sudan hinein auf der vergeblichen Suche nach der Quelle. Im 19. Jahrhundert wurde die Suche nach der Nilquelle zur Obsession der europäischen Entdecker.

DER TANASEE UND DER BLAUE NIL

Zwischen dem Südende des Roten Meeres und dem Niltal liegt Äthiopien. Schon seit dem frühen 4. Jahrhundert war das dortige Königreich mit der Hauptstadt Aksum christlich. Im Mittelalter vermutete man in Europa, dass sich hier das sagenhafte Reich des Priesterkönigs Johannes befände. In den 1480er-Jahren kam erstmals ein Europäer, der Portugiese Pero da Covilha, in diese Region. Ab 1550 kamen Jesuiten in das Königreich des Negus, um den hiesigen monophysitischen Christen das ihrer Meinung nach wahre – katholische – Christentum zu predigen. Einer dieser Jesuiten war Pedro Paez. Er kam 1603, blieb viele Jahre und unternahm auch Entdeckungsreisen. Bei einer dieser Unternehmungen fand er den Tanasee und die Quelle eines Flusses, der sich vom äthiopischen Hochland aus nach Khartum schlängelt, wo er sich mit dem Weißen Nil vereinigt.

Die von Paez gemachte Entdeckung wurde zehn Jahre später von einem anderen portugiesischen Jesuiten, Jerónimo Lobo, bestätigt. Nach vielen Abenteuern, die er in Indien und Äthiopien bestanden hatte, kehrte er 1636 nach Portugal zurück, denn der 1632 auf den Thron gekommene Negus hatte die Jesuiten seines Landes verwiesen.

1769 kam der Schotte James Bruce von Kairo aus nach Äthiopien, um das Land zu erforschen. Er fand die Tisisatfälle am Südende des Tanasees und weiter oben die Quelle dieses Flusses.

Als Bruce 1773 nach London zurückkehrte, empfing ihn ein Sturm der Entrüstung. In seinem Reisebericht hatte er sich abfällig über die Portugiesen geäußert, die vor ihm in Äthiopien gewesen waren. Zu seinem Entsetzen ergriffen aber nun viele Partei für die Portugiesen und bezichtigten Bruce der Fälschung. Tatsächlich hatte er nicht, wie er behauptet hatte, die Quelle des Nils gefunden, wohl aber die Quelle des Blauen Nils (Bahr el Azraq), eines wichtigen Nebenflusses des Nils. Damit war Bruce der eigentlichen Nilquelle aber nicht näher gekommen als die Jesuiten. Doch sein Bericht, reich illustriert von seinem italienischen Kollegen Luigi Balugani, war eine Fundgrube von Informationen über das Gebiet.

DIE SUCHE NACH DEN GROSSEN SEEN

Nach der Kontroverse, die durch Bruce ausgelöst worden war, erlosch das Interesse am Nil kurzfristig. Als es wieder aufblühte, kam die Initiative aus einer völlig neuen Richtung.

In den 1840er-Jahren hatte die Church Missionary Society, eine englische Missionsgesellschaft, an der Ostküste Afrikas nahe Sansibar einen Außenposten errichtet. Da hier viele arabische Händler tätig waren, hörten von ihnen die Missionare, dass es im Landesinnern gewaltige Seen gebe. Unterstützt von einem Swahili sprechenden einheimischen Führer, machten sich die deutschen Missionare Johann Krapf und Johann Rebmann auf die Suche nach den Seen.

1848 war Rebmann der erste Weiße, der die schneebedeckte Spitze des Kilimandscharos erblickte, und Krapf war der Erste, der den Mount Kenia sah. Die Berichte, in denen die Männer die von Eis und Schnee bedeckten Gipfel beschrieben, schickten sie an die Londoner Royal Geographical Society (RGS), wo sie großes Aufsehen erregten.

1853 kam Sir Richard Burton in Kairo mit Krapf zusammen und war sehr beeindruckt vom Bericht des Missionars. Burton schlug der RGS in London vor, von der Ostküste aus eine gründlichere Erkundung vorzunehmen. Die RGS erkannte, dass Burtons Plan auch von strategischem Interesse war, und erteilte ihm den Auftrag, den großen See in Ostafrika zu suchen. Danach, so lautete Burtons Auftrag, solle er sich nach Norden wenden und die Bergkette erforschen, die in damaligen Karten eingetragen war und als Quellgebiet des Nils galt. Während er auf die Antwort der RGS wartete, unternahm Burton zusammen mit drei Offizieren aus der britisch-indischen Armee einen Abstecher nach Somalia, doch wurde die Gruppe von Einheimischen angegriffen. Einer der jungen Offiziere wurde getötet, Burton und ein zweiter Offizier, John Hanning Speke, konnten sich mit knapper Not retten.

EINE UNGLÜCKLICHE VERBINDUNG

Nach dieser Feuertaufe entschied sich Burton für Speke als Begleiter auf der Suche nach dem großen See. Doch es dauerte nicht lang, bis die beiden entdeckten, dass sie nicht viel gemeinhatten. Burton war ein poetisch veranlagter Intellektueller mit Sinn für exotische Kulturen. Spekes Leidenschaft war die Jagd. Anfang 1857 kamen Burton und Speke in Ostafrika an. Obwohl Rebmann ihm davon abgeraten hatte, entschloss sich Burton, auf der arabischen Karawanenroute zur Handelsstadt Tabora zu reisen. Burton kannte und liebte die Araber. Er sprach fließend Arabisch und genoss ihr Ansehen und ihre Freundschaft. Mit den Afrikanern hatte Burton dagegen weniger Glück. Er und Speke heuerten 100 afrikanische Träger an und verließen die Küste bei Bagamoyo im Juni. Die beiden Männer brauchten mehr als vier Monate, bis sie im 800 km nordwestlich gelegenen Tabora ankamen. Viele Träger waren ihnen davongelaufen, und in Tabora weigerten sich die restlichen weiterzumarschieren. Burton und Speke litten inzwischen beide an Malaria.

Mit Hilfe des arabischen Karawanenführers Sidi Bombay gelang es Burton in Tabora, seine Karawane neu zu organisieren und die Reise fortzusetzen. Am 13. Februar 1858 stand er am Ufer des Tanganjikasees. Konnte es möglich sein, dass sich hier die Quelle des Nils befand?

In einem Einbaum begannen Burton und Speke das Nordende des Sees zu erforschen, doch die Männer, die das Boot paddelten, weigerten sich, durch die Nordspitze zu fahren. Da Burton zu krank war, um selbst zu paddeln, kehrten sie zum Ufer zurück und machten mit der Karawane den Weg zurück nach Tabora. Da Burton noch immer an Fieber und einer geschwürigen Zunge litt, machte sich Speke am 10. Juli allein auf nach Norden, denn er hatte von einem anderen großen See gehört. Zwei Wochen später kam er mit der Nachricht zurück, er habe tatsächlich einen riesigen See gefunden, den er zu Ehren der britischen Königin Viktoriasee genannt habe.

Nun begann ein Streit zwischen den beiden Entdeckern. Burton meinte, der Tanganjikasee sei der Ursprung des Nils, Speke meinte, es sei der von ihm »entdeckte« Viktoriasee, denn der Tanganjikasee entwässere nach Süden und nicht nach Norden. Heftig streitend reisten die beiden zur Küste zurück.

Anfang 1859 erreichten die Männer Sansibar. Burton war zu krank, um weiter zu reisen, und so kehrte Speke ohne ihn nach England zurück. Burton kam zwei Wochen später nach und musste feststellen, dass Speke der RGS bereits seine Version des Reiseverlaufs und der Ergebnisse präsentiert hatte. Die nächste Expedition, so entschied die RGS daraufhin, sollte von Speke geleitet werden; Burton sollte daran nicht teilnehmen.

Burton hatte allen Grund verärgert zu sein, denn es war vorher abgesprochen worden, dass die beiden Forscher ihre Ergebnisse gemeinsam vortragen würden – eine Abmachung, die Speke gebrochen hatte. Während Burton moralisch also im Recht war, hatte er sich geographisch gesehen ins Unrecht gesetzt, denn wie Speke vermutete, fließt der Nil, hier Viktorianil genannt, aus dem Viktoriasee nach Norden. Der Tanganjikasee hingegen entwässert am Westufer über den Lukuga zum Lualaba, wie der Kongo hier heißt.

SPEKE UND GRANT

Die neue Expedition unter Speke sollte prüfen, ob die Theorie über den Viktoriasee stimmte. Spekes Begleiter war diesmal James Grant, ein ehemaliger

Unten: Der Brite John Hanning Speke. Richard Burton wählte ihn 1857als Begleiter für seine Expedition zur Suche nach der Nilquelle, doch die beiden waren charakterlich so verschieden, dass sie sich hoffnungslos zerstritten.

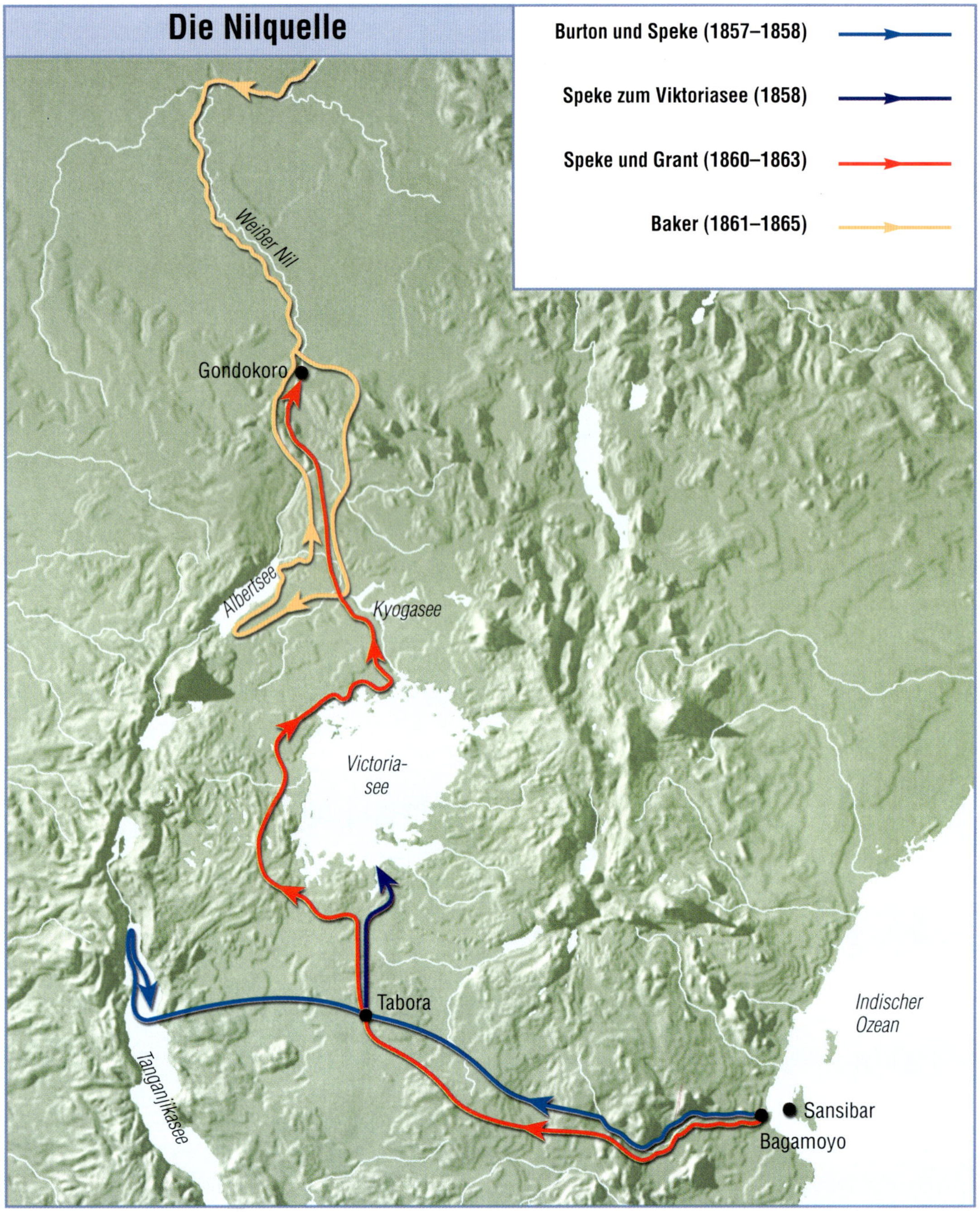

Links: Die Routen der Expeditionen, die sich auf die Suche nach der Quelle des Nils machten. Speke hielt den Viktoriasee für die Quelle, doch er nahm sich 1863 nicht die Zeit, seine Annahme genau zu überprüfen.

Armeeoffizier. 1860 machten sich die beiden Männer von der Küste aus Richtung Tabora auf den Weg. Die Beziehungen zu den einheimischen Stämmen und den arabischen Händlern waren diesmal schlecht: Beide begegneten den Europäern mit Misstrauen, und so schlug der erste Versuch, den Viktoriasee zu erreichen, schief.

Beim zweiten Anlauf konnten sie den See an der Westküste umrunden. Speke ließ Grant als Geisel bei einem lokalen Stammesfürsten zurück und kam zum Nordufer des Sees. Im Juli 1862, nach fast zwei Jahren im Busch, erreichte er den Punkt, wo der Viktorianil austritt und zum Kyogasee fließt. Er kehrte zurück, um Grant auszulösen, dann machten sich die beiden hastig auf den Weg nach Gondokoro, wo sie mit dem Elfenbeinjäger John Petherick verabredet waren, der von Norden her auf dem Nil anreisen sollte.

Statt Petherick trafen sie einen weiteren Entdecker, Samuel Baker, der ebenfalls die Nilquelle suchte. Speke und Grant reisten auf dem Nil weiter, während Baker und seine Frau Florence ihre Erkundungen im Landesinneren fortsetzten.

Triumphierend kamen Speke und Grant nach England zurück, doch ihre Freude währte nur kurz. Sie konnten nicht beweisen, dass der Viktoriasee die Quelle des Nils war, denn sie hatten den Flussverlauf zwischen See und Gondokoro nur unzureichend dokumentiert. Die Bakers hatten indessen einen weiteren See, den Albertsee, in der Nähe des Viktoriasees entdeckt, was die Sache verkomplizierte. Zudem bestand Burton weiterhin auf seiner

Florence Baker (1841–1918)

Florence von Sass wurde 1841 in Transsylvanien zu einer Zeit geboren, als Südosteuropa noch unter der Herrschaft der osmanischen Türken stand. Der reiche Engländer Samuel Baker sah die schlanke, blonde Frau 1860 auf einem osmanischen Sklavenmarkt. Er kaufte und heiratete sie, und zusammen begaben sie sich auf Forschungsreisen nach Afrika. Florence war die ideale Ergänzung ihres impulsiven Gatten. 1862 rettete sie ihn aus den Händen eines wütenden Mobs, als er meinte, sich mit Gewalt durchsetzen zu können. Zwei Jahre später konnte ihr Mann sich revanchieren, als Florence schwer an Malaria erkrankte, und Baker sie gesund pflegte. So lebte sie bis zum damals hohen Alter von 77 Jahren.

Rechts: Florence und Samuel Baker hoch zu Kamel in Afrika.

Version. 1864 wurde eine Konferenz einberufen, die über den Fall diskutieren sollte. Den Vorsitz hatte David Livingstone. Am Tag vor der Zusammenkunft kam Speke jedoch durch einen Unfall mit der Schusswaffe ums Leben – viele meinten, er habe sich erschossen. Baker hielt sich noch in Afrika auf, erkundete die Gegend um den Albertsee und fand einen eindrucksvollen Wasserfall, den er nach dem damaligen Präsidenten der RGS Murchison-Fall nannte. Erst als er im Mai 1865 wieder nach Khartum kam, erfuhr er vom Tod Spekes. Die Quelle des Nils blieb weitere zehn Jahre ein ungelöstes Rätsel, bis Henry Stanley und Charles Chaille-Long die letzten Details fanden.

Baker kehrte 1869 zum Nil zurück. Diesmal hatte seine Erkundung zugleich einen politischen Zweck. Der Khedive Ismail von Ägypten war von den Briten unter Druck gesetzt worden, dem Sklavenhandel am oberen Nil ein Ende zu bereiten. Führer der Militärexpedition der Truppen des Khedive sollte Baker sein. Bakers Expedition war die größte, die je in Afrika ausrückte. Doch den erhofften Durchbruch zum Albertsee schaffte er nicht. Die Revolte des Mahdis von 1881 bis 1884 machte auch seinen militärischen Erfolg wieder zunichte.

EMIN PASCHA

Eines der Opfer der Revolte des Mahdis war der deutsche Botaniker Eduard Schnitzer. 1875 war er nach Khartum gekommen, zum Islam übergetreten und nannte sich Emin Pascha. Von den Briten 1878 zum Gouverneur von Equatoria, der Provinz um den Viktoriasee, ernannt, erforschte er das Gebiet zwischen dem Albertsee und dem Einzugsbereich des Kongos. Als die Anhänger des Mahdis 1885 Khartum einnahm, saß Emin Pascha in der Klemme. 1887 machte sich Henry Stanley auf, ihn zu retten und in die Zivilisation zurückzubringen. Doch scheint Emin über diese Art Rettung – zumal durch den sehr pompös auftretenden, mit Sklaven-

Links: Captain James Grant, der John Speke 1860 auf der Expedition begleitete, die nach der Quelle des Nils suchte. Das Bild zeigt die typische Expedition mit afrikanischen Trägern und berittenen Forschern.

Unten: Eine Skizze von Emin Pascha Schnitzer zeigt die Krokodiljagd auf einem afrikanischen Fluss.

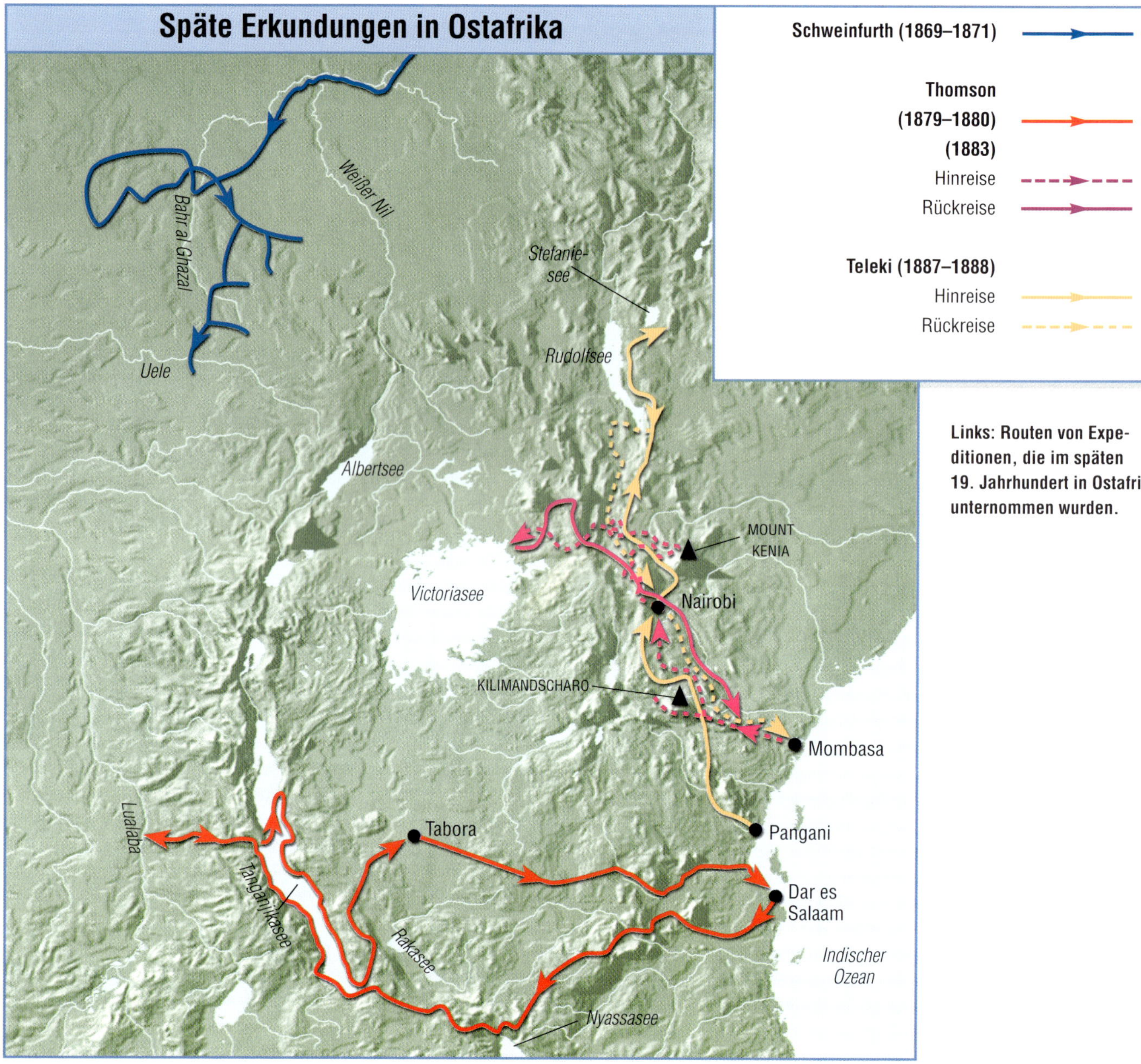

Links: Routen von Expeditionen, die im späten 19. Jahrhundert in Ostafrika unternommen wurden.

händlern kooperierenden Amerikaner Stanley – nicht begeistert gewesen zu sein. Dennoch kehrte er mit Stanley zur Ostküste zurück, wo er 1890 in die Dienste der deutschen Kolonialregierung trat. Bald machte er sich wieder Richtung Kongo auf Entdeckungsfahrt, kam dort aber im Oktober 1892 unter ungeklärten Umständen ums Leben.

In dieser Zeit politischer Wirren war auch der deutsche Forscher Georg Schweinfurth von Khartum aus unterwegs. Er verließ den Nil und erforschte die Sumpfländer des Bahr al Ghazal bis zum Uele.

MÄCHTIGER ALS SCHIESSPULVER

Erst 1879 kehrten Entdecker in das Gebiet zurück, in dem Rebmann und Krapf in den 1840er-Jahren geforscht hatten. Der Erste war der erst 20-jährige schottische Geologe Joseph Thomson. Sein Karawanenführer Chuma, der einige Jahre zuvor ein treuer Begleiter David Livingstones gewesen war, unterstützte ihn auf der Reise. Als Führer einer RGS-Expedition begab sich Thomson 1879 von der Ostküste aus zum Njassasee und von dort zum Tanganjikasee. Von hier aus machte er einen Vorstoß zum Lualaba (Kongo) und kehrte dann nach Tabora zurück. Die Expedition hatte einen großen wissenschaftlichen Erfolg, noch mehr jedoch zeigte sich hier der große Wert menschlichen Umgangs mit den Einheimischen.

1883 erforschte Thomson das Hochland von Kenia. 1884 folgten ihm Harry Johnston, der die Kilimandscharo-Expedition leitete (die das Gebiet um den Berg erforschte), und der ungarische Graf Samuel Teleki. Dieser hatte mit seiner Expedition von 1887 große Erfolge zu verzeichnen – etwa die Entdeckung des Rudolfsees (heute Turkanasee) im Norden des heutigen Kenias und des Stefaniesees (heute Chew Bahir) im Südwesten Äthiopiens.

WESTAFRIKA

Oben: Flusskrokodile wie dieses gehörten zu den Gefahren, denen die europäischen Entdecker in Westafrika ausgesetzt waren.

Als 1788 in Großbritannien die African Association gegründet wurde, bestand eine ungewöhnliche Situation: Obwohl es schon 300 Jahre her war, seit die Portugiesen an der westafrikanischen Küste entlang gesegelt, dort Handelsposten errichtet und sogar intensive Beziehungen mit dem Königreich Bakongo aufgenommen hatten, war das Innere des Kontinents von Europäern völlig unerforscht geblieben.

Solange sich die Aufmerksamkeit ganz auf den Fernen Osten und Amerika konzentrierte, bestand kaum Interesse an Afrika, das quasi nur als Zwischenhandelsposten auf dem Weg zu reicheren Quellen diente. Neben den Portugiesen hatten allerdings auch die Holländer, Engländer und Franzosen ein paar Faktoreien an der Küste. Denn was man vornehmlich aus Afrika wollte waren Sklaven.

DIE PROBLEME DER ENTDECKER

Reisen ins Innere Afrikas waren sehr gefährlich, vor allem von der Westküste aus. Viele europäische Entdecker wurden ermordet, starben an Krankheiten oder stießen auf unüberwindliche geographische Hindernisse und mussten umkehren. Nur wenige erreichten das gesteckte Ziel.

Die den Sklavenhandel beherrschenden Araber machten sich Rivalitäten unter den afrikanischen Völkern zu Nutze, indem sie ein Volk gegen das andere aufhetzten, damit sie sich gegenseitig versklavten. So herrschte allgemeine Unsicherheit. Freund und Feind waren kaum zu unterscheiden; jeder Fremde bedeutete eine potentielle Gefahr.

Unter diesen Umständen eine Expedition zu organisieren, war nicht einfach. Da manche Entdecker nur mit leichtem Gepäck sowie einem einheimischen Führer und Dolmetscher reisten, erschienen sie den Einheimischen weniger gefährlich. Wenn sie jedoch in Schwierigkeiten gerieten, waren sie auf sich allein gestellt.

Mit der Zeit wurden die Expeditionen immer größer. Mehrere berittene und gut bewaffnete Weiße führten Kolonnen von 100 und mehr zu Fuß gehenden schwarzafrikanischen Trägern. Wenn sie in das Hoheitsgebiet eines neuen Stammesfürsten kamen, mussten sie das Recht, das Gebiet zu durch-

Der Sklavenhandel in Afrika

Der europäische Handel mit Sklaven aus Afrika begann im 16. Jahrhundert. Es war der so genannte Dreieckshandel: Für billige Waren aus Europa (Eisenbarren, Glasperlen, Schnaps, buntes Baumwolltuch) wurden an der afrikanischen Küste bei afrikanischen und arabischen Händlern Menschen eingetauscht. Auf Schiffen in den Unterdecks angekettet, wurden sie nach Nordamerika, in die Karibik und nach Brasilien gebracht, wo sie auf den Plantagen arbeiten mussten. Die Sklavenhändler kauften für den Erlös Produkte, die man in Europa begehrte, vor allem Zucker, Tabak und Baumwolle. Mitte des 19. Jahrhunderts wurde auf Drängen der Briten der Sklavenhandel – nicht die Sklaverei selbst – verboten, doch nicht alle Mächte hielten sich daran.

Rechts: Die Insel Goreé vor der Küste Senegals war ein berüchtigter Sklavensammelplatz.

Ein paar Fragen bezüglich des Nigers waren noch offen, und so wurden in den 1820er-Jahren erneut Expeditionen entsandt – sowohl von Norden her über die Sahara als auch von der Atlantikküste aus. Hugh Clapperton näherte sich dem Niger auf beiden Wegen. Mit Denham und Oudney war er 1823 über die Sahara zum Tschadsee gereist. 1825 machte er sich mit Richard Lander und ein paar weiteren Begleitern von der Beninküste aus auf den Weg ins Landesinnere.

Innerhalb weniger Wochen waren alle an Fieber erkrankt, nur Clapperton, Lander und ihr einheimischer Führer überlebten. Die Männer überquerten den Niger bei Bussa, wo Park umgekommen war, und erreichten schließlich Sokoto. Hier erlag Clapperton der Ruhr. Lander quälte sich allein zur Küste zurück.

Trotz allem begab sich Lander 1830 auf eine zweite Afrikareise, diesmal zusammen mit seinem Bruder John. Auch die Brüder erreichten den Niger bei Bussa und konnten nach schwierigen Verhandlungen mit verfeindeten lokalen Fürsten mit dem Boot den Fluss abwärts reisen und bestätigen, dass er in mehreren Armen in die Bucht von Benin mündet.

WO IST TIMBUKTU?

Inzwischen hatte die Französische Geographische Gesellschaft einen Preis von 10 000 Francs für denjenigen Forscher ausgesetzt, der die sagenhafte Stadt Timbuktu erreichen und über sie berichten könne. Der junge französische Entdecker René-Auguste Caillié war entschlossen, den Preis zu gewinnen. Caillié, der Sohn eines Dorfbäckers, hatte mit 17 Jahren sein Elternhaus verlassen, hatte sich als Schiffsjunge verdungen und sich dann einer britischen Expedition angeschlossen, die nach Mungo Park suchen sollte. Später hatte er einige Jahre als Plantagenaufseher in der britischen Kolonie Sierra Leone gearbeitet. Als er von dem Preis erfuhr, kam er auf die Idee, sich allein und als Moslem verkleidet auf den Weg zu machen.

Im März 1827 schloss sich Caillié in St. Louis in Guinea einer arabischen Karawane an und kam mit ihr nach Timbuktu, wo er sich unentdeckt zwei Wochen lang aufhielt. Über die Sahara kam er nach Tanger und schließlich nach Paris. Er bekam das Preisgeld, doch manche zweifelten, ob er wirklich in Timbuktu war, denn seine Berichte deckten sich nicht mit dem, was man in Europa erwartet hatte.

Der Brite William Baikie machte sich 1854 von der Küste aus auf, um Heinrich Barth am Tschadsee zu treffen. Er verpasste Barth, segelte aber etwa 500 km weit auf dem Benuë und bestätigte Barths Beobachtungen über den Fluss. Die Briten verleibten sich das Gebiet am Niger als Protektorat ein und weiteten es später zur Kolonie Nigeria aus. Fast für den gesamten Rest des Jahrhunderts aber waren es vor allem Franzosen, die weiter in Westafrika forschten.

Der französische Entdecker Louis-Gustav Binger erforschte von 1887 bis 1889 sehr gründlich das Gebiet zwischen dem Niger und dem Schwarzen Volta und zerschlug viele der Fantasievorstellungen, die man über dieses Territorium hatte. 1892 vermaß er die Grenze zwischen der britischen Goldküste (heute Ghana) und der französischen Elfenbeinküste, um eine klare Grenzlinie zwischen den beiden Ländern festzulegen, die inzwischen Kolonien von England und Frankreich waren.

Dass solche Grenzen quer durch Territorien verliefen, die von einem Volk bewohnt waren (sowohl in Ghana als auch in der Elfenbeinküste leben Ewe), kümmerte die Kolonialherren nicht, auch nicht, dass miteinander verfeindete Völker innerhalb der Grenzen einer Kolonie zusammengefasst wurden (Nigeria ist mit mehr als 200 Völkern und ebenso vielen Sprachen das volk- und sprachenreichste Land Afrikas).

Westafrika galt nun als im Wesentlichen erforscht, obgleich die Landkarte noch viele weiße Flecken aufwies.

Mary Kingsley

Die Engländerin Mary Kingsley gehörte zu einer Generation von Entdeckern, die aus rein wissenschaftlichem Interesse reisten. Als junge Frau hatte sie sich um ihre kranken Eltern gekümmert. Nach deren Tod ergriff sie die Gelegenheit, ihre wissenschaftliche Neugier auf möglichst abenteuerliche Weise zu befriedigen.

1893 reiste sie nach Westafrika, um dort die Tierwelt und die Menschen oder, wie sie sagte, »Fisch und Fetisch« zu studieren. Sie reiste in Kanus, wanderte durch die Regenwälder, erklomm den 3600 m hohen Kamerunberg und kam bis ins heutige Angola. Bei ihrer Rückkehr kämpfte sie engagiert, aber letztlich doch vergeblich gegen das Kolonialsystem der Briten.

Unten: Mitglieder zweier moslemischer Volksgruppen, denen die Entdecker auf ihren Reisen zum Niger begegneten. Links ein Tuareg aus der Sahara mit typisch dunklem Turban und Gesichtsschleier. Rechts ein Haussa aus dem Gebiet zwischen Niger und Tschadsee, ebenfalls mit Turban und Gesichtsschleier, aber einem bunten Obergewand.

ZENTRALAFRIKA

Der letzte Teil Afrikas, den es noch zu erkunden galt, waren der Regenwald und die Hochländer Zentralafrikas. Bereits der Portugiese Diogo Cão hatte sich 1483 auf dem Kongo ein Stück weit in das Landesinnere getraut und mit den sehr freundlichen Einheimischen Kontakt aufgenommen. Er war mitten in das gewaltige Königreich Bakongo geraten, dessen König, der Mani-Kongo, über viele Vasallenstaaten gebot. Den Fremden gegenüber interessiert und aufgeschlossen, ließ sich König Nzinga Nkuwu taufen; sein Sohn und späterer Nachfolger Mvemba bekam sogar den Namen Affonso. Affonsos Sohn Henrique studierte in Lissabon Theologie, hielt 1513 vor Papst Leo X. einen Vortrag in lateinischer Sprache und kehrte 1521 als katholischer Bischof in seine Heimat zurück, starb aber bereits 1530.

In Bakongo sowie auf São Tomé vor der Küste des heutigen Gabuns hatten sich Portugiesen niedergelassen und betrieben von dort aus schwunghaften Sklavenhandel mit Menschen, die sie aus Bakongo entführten. Dadurch kam es zu großen Wirren und schließlich zu kriegerischen Auseinandersetzungen, bei denen die schlechter gerüsteten Afrikaner den Kürzeren zogen. 1571 wurde das südlich von Bakongo gelegene Angola portugiesische Kolonie. Doch das Interesse der Portugiesen an der Erkundung des Landes war gering.

Erst Mitte des 19. Jahrhunderts, als die Technologie in Form von Dampfschiffen den Entdeckern zur Hilfe kam, stieg die Entdeckerlust wieder. Nun war es möglich, große Flüsse wie den Kongo oder den Sambesi mit Dampfschiffen zu befahren. Stieß man auf Wasserfälle, überwand man das Gebiet über Land mit kleineren, zerlegbaren Schiffen und setzte dann die Fahrt auf dem Fluss fort.

Trotz der Hilfe des technischen Fortschritts stellte Zentralafrika aber immer noch eine besondere Herausforderung dar. Wer hier forschen wollte, brauchte Mut, Ausdauer und Scharfsinn.

EIN MISSIONAR WIRD ENTDECKER

Ein Mann, der die erforderlichen Eigenschaften besaß, war Dr. David Livingstone. Als Missionar war er 1841 nach Südafrika gekommen, hatte aber während seiner zehnjährigen Missionstätigkeit nur wenige Menschen bekehren können. Stattdessen hatte er sich als talentierter Entdecker erwiesen, der bereits von Südafrika aus bis Sesheke am Sambesi vorgestoßen war.

Hierher kehrte er 1853 zurück, reiste dann auf dem Sambesi aufwärts ins Kongobecken und von dort über Land bis zur Küste nach Luanda, wo er krank und erschöpft ankam.

Obwohl er sich bis September 1854 erholt hatte und sich auf die Rückreise machte, sollte es fast ein Jahr dauern, bis er wieder in Sesheke war. Von hier aus reiste er nun in östlicher Richtung auf dem Sambesi und stand am 17. November 1855 vor dem mächtigsten Wasserfall der Erde, der auf einer Strecke von fast 2 km zwischen 75 m im Westen und 119 m im Osten in die Tiefe stürzt. Zu Ehren der britischen Königin nannte er das Naturschauspiel Viktoriafälle. Livingstone reiste weiter zur Ostküste, die er bei Quelimane erreichte. Damit hatte er den Kontinent von West nach Ost überquert, vielleicht nicht als erster Europäer, doch sicher als der Erste, auf dem die Augen der Weltöffentlichkeit ruhten.

Die britische Regierung ernannte Livingstone zum Konsul von Zentralafrika und stellte ihm ein kleines Dampfschiff zur Verfügung, mit dem er weitere Reisen unternehmen sollte. Im Sommer 1858 befuhr er mit diesem Schiff den Sambesi in der Absicht, zu den Viktoriafällen zu gelangen, doch auf einem Seitenarm versperrte ein weiterer Wasserfall das Weiterkommen und Livingstone musste umkehren. Nun reiste er auf dem Shire weiter, stieß aber auch hier bald auf Katarakte.

Oben: Die atemberaubenden Viktoriafälle am Sambesi, die David Livingstone im November 1855 als erster Europäer sah.

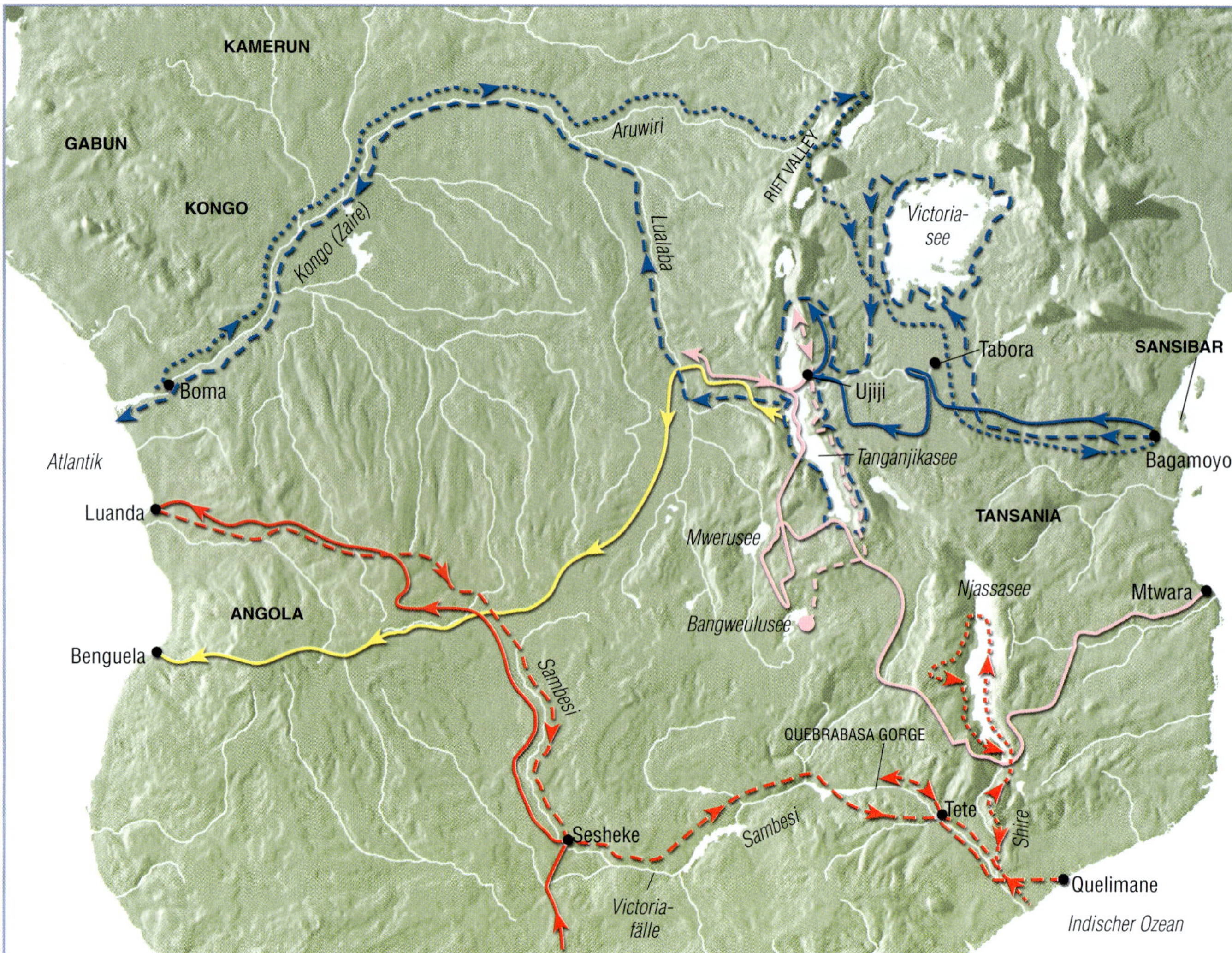

Erkundungen in Zentralafrika

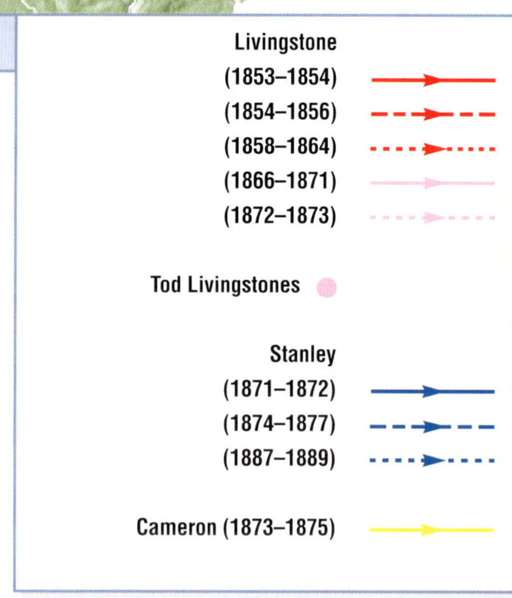

Oben: Die Routen der Expeditionen, die David Livingstone, Henry Stanley und Verney Cameron in Zentralafrika unternahmen. Sowohl Livingstone als auch Stanley überquerten den Kontinent, hatten aber gegensätzliche Führungsstile.

1859 kehrte Livingstone zum Shire zurück, fuhr mit dem Schiff, so weit es ging und reiste dann zu Fuß weiter. Im September erreichte er den Njassasee, der etwas kürzer ist als der Tanganjikasee.

Diese Entdeckungen waren von mehr als nur lokaler Bedeutung. Sie lieferten Sir Roderick Murchinson, dem Präsidenten der RGS, die Bestätigung für seine Theorien über die Struktur des afrikanischen Kontinents.

STREIT MIT EINEM KÜNSTLER

Livingstone war ein arroganter, impulsiver Mann, der häufig mit den Mitgliedern seiner Expeditionen stritt, besonders mit dem Künstler Thomas Baines. Solche Streitigkeiten zwischen Entdeckern kamen häufig vor; vielleicht waren sie eine Folge des häufig grassierenden Fiebers. Meist wurden solche Meinungsverschiedenheiten rasch beigelegt, doch der Streit zwischen Baines und Livingstone eskalierte, und Baines wurde ungerechtfertigter Weise von Livingstone entlassen.

1864 kehrte Livingstone nach England zurück, doch 1866 machte er sich abermals nach Afrika auf, diesmal um die Nilquelle suchen. Livingstone war ein entschiedener Gegner des Sklavenhandels, doch die Gegend, in die er jetzt reiste, war ganz in den Händen eines arabischen Sklaven- und Elfenbeinhändlers namens Muhammed bin Hamid, besser bekannt als Tippu Tip. Livingston musste sich dem Schutz dieses berüchtigten und gefürchteten Mannes unterstellen.

Der Beginn der Reise war viel versprechend. Livingstone »entdeckte« den Mweru- und den Bangweulusee westlich des Njassasees und reiste dann nach Ujiji am Tanganjikasee. Die Träger verließen ihn jedoch, der Versorgungsnachschub aus Sansibar blieb aus und bald litt Livingstone schwer an Fieber.

Anfang 1871 wollte er einen letzten Versuch unternehmen, die Nilquelle zu finden. Er setzte zum Westufer des Tanganjikasees über und folgte dem Lukuga zum Lualaba, den er für eine mögliche Quelle des Nils hielt. Als sich das als falsch herausstellte, kehrte er nach Ujiji zurück, wo er überfallen und seiner Habe beraubt wurde. Verzweifelt schickte er Hilferufe nach Sansibar – ohne zu wissen, ob sie dort je ankommen würden.

WO IST LIVINGSTONE?

Dass man von Livingstone nichts mehr hörte, beunruhigte die Welt. Schon im Oktober 1869 zitierte der Herausgeber des *New York Herald* seinen fähigsten Reporter zu sich und gab ihm den knappen Auftrag: »Finden Sie Livingstone!«

Der Reporter war ein junger Mann namens Henry Morton Stanley. In Wales geboren, hatte er als Junge auf einem Schiff angeheuert und war allein nach New Orleans gekommen. Nach einigen Jahren begann er, dort als Reporter für den *New York Herald* zu arbeiten. Mit den Geldern dieses erfolgreichen Zeitungshauses im Rücken konnte Stanley, als er Anfang 1871 in Sansibar ankam, eine Expedition von 200 Mann ausrüsten. Ende Oktober 1871 erreichte er Ujiji. Als Livingstone die Nachricht erhielt, ein weißer Mann sei in die Stadt gekommen, verließ er seine Hütte, um dem Ankömmling entgegenzugehen. Stanley soll ihn mit den inzwischen sprichwörtlich gewordenen Worten »Dr. Livingstone, I presume?« (Dr. Livingstone, vermute ich?) begrüßt haben.

Livingstone war bald wieder soweit genesen, dass er mit Stanley zum Nordende des Tanganjikasees reisen konnten, wo die Männer feststellten, dass der Ruzizi zwar in den See fließt, aber nicht mehr aus ihm hinaus und er damit nicht die gesuchte Nilquelle sein konnte. Stanley wollte Livingstone zur Küste zurückbringen, doch dieser fühlte sich wieder kräftig genug, seine Arbeit zu Ende zu führen und die Nilquelle zu finden. So reiste Stanley allein nach Sansibar zurück, während Livingstone wieder zum Bangweulusee aufbrach. Doch er hatte seine Kräfte überschätzt. Am 1. Mai 1873 starb er dort an Fieber.

Livingstones afrikanische Gefährten – Susi und Chuma –, die ihn seit Jahren begleitet hatten, ließen den Leichnam balsamieren und transportieren ihn dann fast 2000 km weit bis zur Küste. Unterwegs trafen sie in Tabora einen anderen schottischen Forscher – Verney Cameron.

Auch er hatte nach Livingstone gesucht und wollte nun das Werk des von ihm verehrten Forschers fortsetzen. Begleitet vom arabischen Karawanenführer Sidi Bombay, der schon Richard Burton begleitet hatte, reiste Cameron zunächst nach Ujiji, von wo aus er das Südende des Tanganjikasees erforschte. Dann begab er sich zur Westküste des Sees und zum Lualaba.

Mit Unterstützung Tippu Tips konnte er im August 1874 westwärts nach Katanga reisen und kam schließlich im November 1875 bei Benguela an der Atlantikküste an. Er hatte somit den Kontinent von Ost nach West überquert.

Stanley verfolgte inzwischen eigene Pläne. Im November 1874 führte er eine riesige Expedition

Links: Der schottische Arzt und Missionar David Livingstone, der 1840 als Missionar nach Afrika kam.

Unten: Eine Zeichnung von Livingstones kleinem Dampfschiff *Ma Robert*, mit dem er 1858 auf dem Sambesi fuhr.

Oben: Eine idealisierte Darstellung des berühmten Zusammentreffens zwischen David Livingstone und Henry Morton Stanley im Oktober 1871 bei Ujiji.

Unten: Der todkranke Livingstone wird in einer Art Hängematte von seinen treuen Begleitern getragen. Er starb am 1. Mai 1873 am Bangweulusee.

von Bagamoyo an der Ostküste ins Inland. Stanley war ein skrupelloser Expeditionsführer und viele seiner Träger starben auf den anstrengenden Märschen. 1875 umrundete er mit seiner Expedition den Viktoriasee, marschierte dann weiter zum Tanganjikasee bis zum Ausfluss des Lukugas zum Lualaba, dem er dann als dem Kongo bis zur Küste folgte. Am 9. August 1877 erreichte er nach 999 Tagen Boma an der Atlantikküste. Zwei Jahre nach Cameron war auch ihm eine Ost-West-Überquerung Afrikas gelungen. Zu dieser Zeit drangen Franzosen, Deutsche und Portugiesen von der Westküste her ins Landesinnere vor, inzwischen schon mit der klaren Absicht, Kolonialgebiete zu erwerben. Paul du Chaillu, Sohn eines französischen Kaufmanns, der sich in Gabun niedergelassen hatte, erforschte in den 1850er-Jahren den Regenwald. Ihm gebührt die zweifelhafte Ehre, den ersten Gorilla erschossen zu haben, den er sich dann ausstopfen ließ. Zwischen 1875 und 1877 erforschte Pierre de Brazza den Ogowe.

POLITISCHE MACHTSPIELE

Bald wurde klar, dass die europäischen Nationen Afrika unter sich aufzuteilen begannen. Allen voran Frankreich, das weite Teile Westafrikas besaß, und Großbritannien, das sich im Osten von Ägypten bis zum Kap Gebiete angeeignet hatte. Portugal besaß Angola und Mosambik und auch Deutschland sicherte sich Gebiete in West-, Süd- und Ostafrika. Als eines der letzten europäischen Länder gründete Belgien unter dem greisen König Leopold II. 1879 eine Gesellschaft zur Ausbeutung der Rohstoffquellen des Kongobeckens und engagierte keinen geringeren als Henry Morton Stanley, seine Ansprüche in Afrika durchzusetzen. Zwischen 1879 und 1884 errichtete Stanley überall am Kongo Handelsposten. Lokalen Widerstand bekämpfte er mit Waffengewalt oder Bestechung.

Um das Gerangel um Afrika friedlich zu regeln, wurde 1884 in Berlin die Kongokonferenz abgehalten, bei der Leopold II. seinen Anspruch auf den Kongo (in etwa der heutige Staat Zaire) bestätigt bekam. Dadurch wurde er quasi Privatbesitzer eines Kolonialreiches, das – auf die Fläche Europas übertragen – von Dänemark bis Süditalien und von Frankreich bis Ostpolen reichte.

Der belgische König ließ sein Gebiet genau erforschen und fand – unter anderem durch den Geologen Jules Cornet Bodenschatzvorkommen (vor allem Kupfer, Kobalt und Mangan) im Gebiet zwischen Kasai und Tanganjikasee.

8. Kapitel

DIE POLKAPPEN

Die Polargebiete waren die letzten unerforschten Regionen, die ihre Geheimnisse preisgeben mussten. Die ersten Entdecker, die sich in die Arktis wagten, waren Seeleute, die über den Nordpol einen Weg von Europa in den Osten suchten. Später ging es vor allem darum, die Eiswüsten des Nord- und Südpols zu bezwingen, um ein Abenteuer zu bestehen und Ruhm zu erringen. Die Geschichten dieser Forscher sind ein Zeugnis dafür, mit welcher Entschlossenheit sie sich den extremsten Entbehrungen in der großen Kälte aussetzten, denn es drohten Blizzards, Hunger, Erschöpfung und Tod. Die Leistungen von legendären Männern wie Amundsen, Shackleton und Scott sind jedoch nicht nur Heldengeschichten, sie lieferten auch wertvolle geographische und wissenschaftliche Daten.

Unten: Ein Blick auf die Randzone der Antarktis. Die aus Eis und Felsen bestehende Kappe über dem Südpol umfasst einschließlich des Schelfeisgürtels ein Areal von knapp 14 Millionen km^2.

ROSS, PARRY UND FRANKLIN

Oben: Sir John Ross, der 1818 eine Expedition leitete, die die Nordwestpassage finden sollte.

Mit Beginn des 19. Jahrhunderts war die Suche nach der Nordwestpassage – dem kürzesten Weg vom Atlantik in den Pazifik – schon seit mehr als 200 Jahren im Gange. Man wollte einen Seeweg finden, auf dem Schiffe durch den Nordatlantik in den Pazifik segeln konnten, um so rasch und sicher wie möglich zu den Gewürzinseln Ostasiens zu gelangen. Vor allem die Briten waren an einer solchen Route interessiert, denn die Südrouten waren in den Händen anderer Mächte. Die Portugiesen hatten den Seeweg um die Südspitze Afrikas – um das Kap der Guten Hoffnung – entdeckt und verteidigten ihn hartnäckig; die Spanier benutzten die Route um die Südspitze Südamerikas – um Kap Hoorn.

Als die britische Regierung 1744 für die Entdeckung der Nordwestpassage einen Preis von 20 000 Pfund aussetzte, war es nur um die Auffindung einer Handelsroute in den Pazifik gegangen. Im 19. Jahrhundert kam ein weiterer Grund hinzu: Die Russen hatten sich in Alaska niedergelassen, und die Briten fürchteten, die Russen könnten ihre Macht in der Arktis ausbauen.

Eine Nordwestpassage in britischer Hand wäre deshalb ideal, um den russischen Einfluss zu begrenzen.

1818 bekam der schottische Seeoffizier John Ross das Kommando über eine britische Seeexpedition zur Suche der Nordwestpassage. Mit der *Isabella* kam er etwa 80 km weit in den Lancastersund nördlich der Baffininsel. Dort sah er Wolken und aus dem Wasser aufsteigende Nebel vor sich. Er hielt sie für Berge, die den Weg blockierten. Doch der Rest der Besatzung, darunter auch sein Stellvertreter William Parry, und sein junger Neffe James Ross, war anderer Meinung.

Obwohl die anderen überzeugt waren, freie Fahrt zu haben, befahl Ross die Umkehr nach England. In London bekam Ross deshalb harsche Kritik zu hören.

Die Admiralität ernannte William Parry zum Kommandanten der nächsten Tour, die 1819 begann. Eine Landtruppe sollte die Nordküste Amerikas erforschen und Parry sollte per Schiff die Nordwestpassage finden. Der junge Offizier James Ross nahm ebenfalls an der Expedition teil. Die Leitung der Landexpedition hatte John Franklin, ein Schiffsoffizier und erfahrener Entdecker.

Parry sollte herausfinden, ob der Lancastersund wirklich, wie Ross behauptet hatte, durch Berge blockiert ist. Seine zwei Schiffe, die *Hecla* und die *Griper*, segelten durch den Lancastersund – wie viele erwartet hatten – und von dort durch die nun entdeckte Barrowstraße.

Auf der Weiterfahrt sichtete Parry eine Insel, die er Melville nannte. Hier hielt der einsetzende Winter die Besatzung gefangen.

ÜBERWINTERN IM POLARKREIS

Im Frühjahr 1820 ließ Parry ein paar Männer einen Landgang machen, auf dem sie verschiedene Tiere entdeckten, darunter Wölfe, Füchse und Rentiere. Bis auf 400 km näherte sich Parry der Beaufortsee, die den westlichen Ausgang der Nordwestpassage bildet. Doch südlich driftendes Packeis machte in diesem Jahr die weitere Erkundung unmöglich. Bei seiner Rückkehr erhielt Parry einen mit 5000 Pfund dotierten Preis der britischen Regierung.

1821 fuhr Parry abermals in die Arktis, diesmal in die Hudsonbai, denn er wollte eine südliche Einfahrt in den Prince Regent Inlet suchen. Im Winter schickte er wieder Landgänger aus; diesmal fanden sie das Skelett eines Wals, das auf einer Felsklippe 30 m über dem Meeresspiegel lag.

Im Juli 1822 setzte Parry die Suche nach der südlichen Einfahrt in den Prince Regent Inlet fort und entdeckte eine Meeresstraße, die er nach seinen Schiffen *Fury* und *Hecla* nannte. Die Expedition verbrachte einen zweiten Winter im Eis, und die Mannschaft knüpfte freundschaftliche Beziehungen zu den Inuit, deren Lebensgewohnheiten Parry genau studierte.

Wie sich herausstellte, führte die von Parry entdeckte Wasserstraße tatsächlich zum Prince Regent

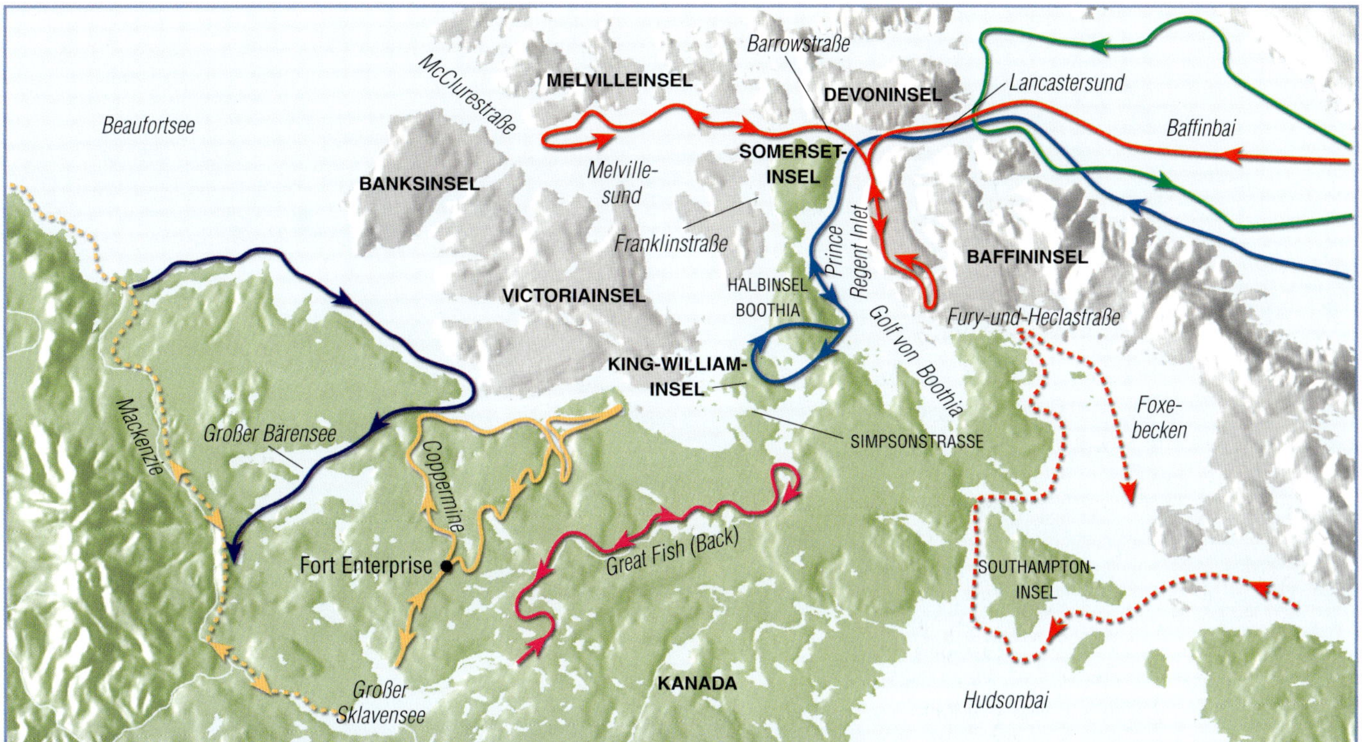

Die Suche nach der Nordwestpassage, 1818–1834

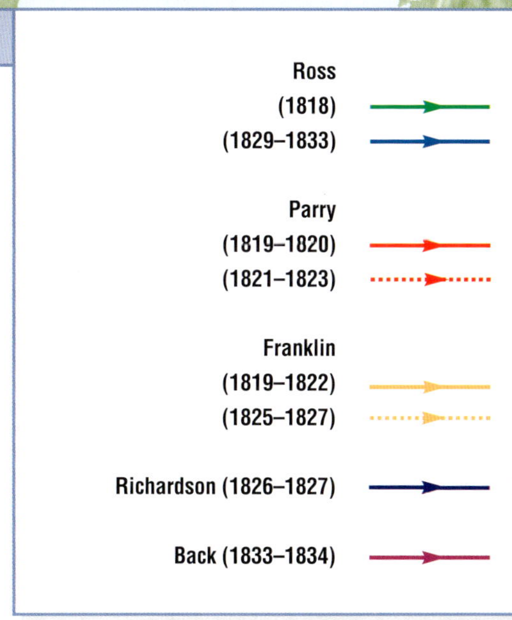

Oben: Die Routen der Entdecker, die Anfang des 19. Jahrhunderts im eisigen Gewirr der Inseln und Wasserstraßen der Polarregion eine Durchfahrt zum Pazifik suchten.

Inlet, doch da sie durch Eis versperrt war, bot sie sich nicht als Durchfahrt an.

1824 leitete Parry erneut eine Expedition auf der Suche nach einer praktikablen Durchfahrt, doch diesmal segelte er an der kanadischen Küste entlang. Nachdem er den Golf von Boothia und die Somerset genannte Insel erforscht hatte, blieb die *Fury* im Packeis stecken und musste aufgegeben werden. 1825 kehrte Parry nach England zurück.

ROSS KEHRT IN DIE ARKTIS ZURÜCK

1829 kam auch Ross wieder in die Arktis, doch er musste seine Expedition selbst finanzieren, weil er das Vertrauen anderer Geldgeber verloren hatte. Zum ersten Mal in der Geschichte der Erforschung der Arktis wurde ein Dampfschiff eingesetzt. Sein Raddampfer – die *Victory* – hatte zuvor als Fährschiff im Ärmelkanal gedient. Obwohl man hoffte, mit Dampfkraft das Eis überwinden zu können, erwies sich die *Victory* als unzuverlässiges und anfälliges Schiff.

Diesmal entdeckte Ross die Boothia-Halbinsel – die er zur nördlichsten Spitze des nordamerikanischen Festlands erklärte – und die King-William-Insel. James Ross, der seinen Onkel abermals begleitete, war zugleich dessen Stellvertreter auf der *Victory*.

Als die Besatzung im Packeis eingeschlossen wurde, musste sie drei Winter auf der Halbinsel ausharren. Während des dritten Winters fanden die Männer das Wrack der *Fury* und überlebten, weil sie noch Nahrung in den Vorratsräumen fanden und aus dem Schiffsholz eine Schutzhütte bauen konnten.

Da das Schiff hoffnungslos festgefroren war, unternahm John Ross diverse Landexkursionen. 1830 überquerte er die Boothia-Halbinsel; bei einem anderen Ausflug im folgenden Jahr lokalisierte er den magnetischen Nordpol, der damals an der Westküste der Boothia-Halbinsel lag. Außerdem studierte er die Lebensweise der Inuit jener Gegend, vor allem ihre winterharte Kleidung und ihre Schlitten.

Als John Ross und seine Leute endlich realisierten, dass sie das Schiff nie wieder aus dem Eis befreien konnten, marschierten sie zu Fuß zum Lancastersund, wo sie nach einigen Tagen von einem zufällig vorbeikommenden Walfänger gerettet wurden.

FRANKLINS ARKTISEXPEDITION

Den größten Namen bei der Suche nach der Nordwestpassage hat sich Sir John Franklin gemacht – ein britischer Schiffsoffizier, der schon seinen Cousin Matthew Flinders bei dessen Australienumsegelung begleitet hatte.

Franklins Abenteuer in der Arktis begann 1818 mit dem Versuch, von Spitzbergen durch das Nordpolarmeer zur Beringstraße zu segeln. Die Schiffe blieben jedoch im Eis stecken und nur mit knapper Not konnte die Expedition nach England zurückkehren.

1819 begleitete Franklin als Leiter der Landexpedition Parry auf dessen kombinierter Entdeckungsfahrt. Nach der Ankunft in Nordamerika folgte Franklin der Route der Pelzhändler zum Großen Sklavensee.

Von dort machte er sich im Sommer 1821 auf, um per Kanu den Coppermine, den Kupferminenfluss, zu erforschen. Als Führer hatte er Männer vom Stamm der Copper-Eskimo dabei; bei einer der Handelsstationen hatte er Träger engagiert.

In der Hoffnung, mit Parry zusammenzutreffen, machte sich die Gruppe in östlicher Richtung auf den Weg, doch Parrys Schiffe steckten im Eis fest. Da auch Franklins Kanus großen Schaden erlitten hatten, ließ er sie zurück.

Da die Nahrung inzwischen knapp wurde, entschied Franklin, dass er nicht länger warten könne, bis Parry oder James Ross mit einem der Schiffe kämen, und machte sich mit seinen Leuten zu Fuß zum Basislager Fort Enterprise auf. Auf diesem Rückmarsch kam fast die Hälfte der 20 Männer ums Leben.

In seiner Begleitung hatte Franklin einen Offizier namens George Back. Als die Expedition fast keine Nahrungsmittel mehr hatte, war es dem Mut und der Entschlusskraft Backs zu danken, dass die restlichen Männer überlebten, denn in weniger als acht Wochen marschierte er allein die 1900 km

Links: John Franklin, der auf der Suche nach der Nordwestpassage mehrere Expeditionen in die Arktis leitete.

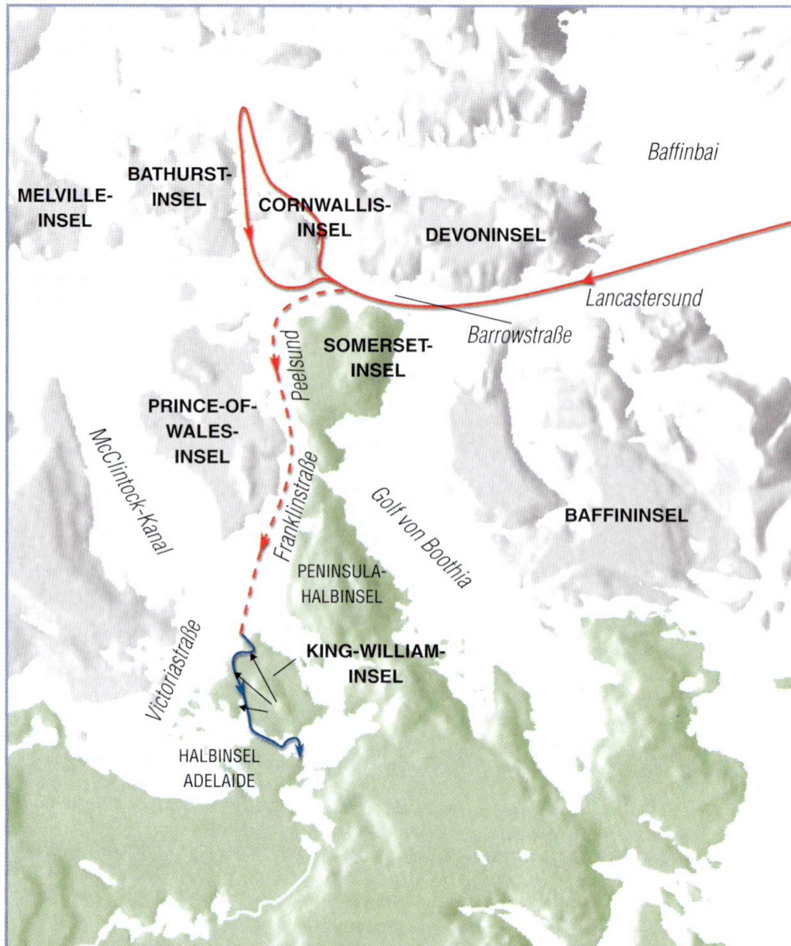

Das Schicksal der Franklin–Expedition

Oben: Die Route der Expedition Franklins von 1845, die zuletzt von einem Walfänger an der Nordspitze der Baffininsel gesichtet wurde. Jahre später wurde auf der King-William-Insel ein Kanister mit Notizen gefunden, die Aufklärung über das Schicksal der Expedition gaben.

Bekannte Route der Expedition (1845)

Mögliche Route (1846–1848)

Route nach Verlassen der Schiffe

① Die Franklin-Expedition erreicht 77° Nord.

② Die Expedition überwintert von 1845 bis 1846 auf der Insel Beechey, an der Südwestspitze der Insel Devon.

③ 12. September 1846: Bei der Fahrt durch den McClintock-Kanal werden die Schiffe vom Eis eingeschlossen.

④ 22. April 1848: Überlebende verlassen die noch immer eingeschlossenen Schiffe.

⑤ Fundort eines Rettungsfloßes auf einem Schlitten.

⑥ Fundorte von Gräbern und Skeletten.

⑦ Die letzten Expeditionsmitglieder sterben an Hunger und Skorbut.

lange Route zum Großen Sklavensee, um dort bei den Einheimischen Nahrungsmittel zu besorgen. Er selbst ernährte sich unterwegs von Flechten, einem paar Lederhosen und einem alten Schuh.

DIE ROLLE GEORGE BACKS

Bei Franklins zweiter Expedition von 1825 bis 1827 war es die Aufgabe des inzwischen beförderten Backs, die Beziehungen zu den Inuit zu pflegen. Erneut reiste Franklin über Land, begleitet von Seeleuten der britischen Marine. Im Juni 1826 fuhr er mit Back auf dem Mackenzie zur Beaufortsee, wo sich die Expedition in zwei Gruppen teilte.

Die eine Gruppe unter John Richardson wandte sich in Richtung Osten, während Franklin und Back nach Westen gingen. Sie wollten zum Icy-Kap an der Nordküste Alaskas.

Inzwischen ließ Edward Belcher zwei Boote von seinem Schiff *Blossom* vom Nordpazifik aus losfahren, um die Männer am Icy-Kap zu treffen. Dieses Kommando unter Frederick Beechey kam bis auf etwa 230 km an Franklin heran, dann wurde das Eis dermaßen dicht, dass Beechey nach Süden beidrehen musste.

Außergewöhnlich harte Bedingungen an der Nordküste hatten auch Franklins Gruppe behindert. Vom Mackenzie aus kam sie nur etwa 600 km weit nach Westen. Als sie die von ihnen so benannte Prudhoebai erreicht hatten, mussten auch sie umkehren. Doch es war Franklin gelungen, einen großen Teil der arktischen Küste und des kanadischen Binnenlandes zu kartographieren.

Back, der aufgrund seiner hervorragenden Leistungen zum Kapitän befördert wurde, bekam 1833 das Kommando über eine eigene Expedition, die den verschollenen John Ross und seinen Neffen suchen sollte.

Links: James Ross, Neffe von Sir James Ross. Bei der Expedition, die sein Onkel 1829 in der Arktis durchführte, war er stellvertretender Kommandant der *Victory*, die drei Winter lang im Eis eingeschlossen blieb.

Am Großen Sklavensee errichtete Back sein Basislager und überwinterte dort. Als er erfuhr, dass Ross gerettet und nach England zurückgekehrt sei, entschloss er sich, die Gegend um den Großen Sklavensee zu erkunden. Dabei entdeckte er den Great Fish River, der später nach ihm Back River benannt wurde, und folgte ihm fast 900 km weit bis zur Mündung in die Simpsonstraße.

1836 leitete Back eine weitere Expedition, die von der Hudsonbai aus nach Norden segelte, um die Nordwestpassage zu finden. Sein Schiff, die *Terror*, streifte die Insel Southampton, wurde aber

Unten: 1829 geriet John Ross mit seinem Schiff in der Nähe der Halbinsel Boothia ins Packeis und blieb drei Jahre lang gefangen. Die Inuit, die in dieser Gegend lebten, versorgten die Forscher mit Lebensmitteln.

Unten: **Bei seiner Expedition von 1845 versuchte Franklin mit seinen Schiffen *Terror* und *Erebus* einen Weg durch die eisigen Polargewässer zu finden. Ein Künstler der Zeit versuchte, einen Eindruck von der Polarlandschaft zu geben.**

bis zum Frühjahr 1837 vom Eis eingeschlossen. Dabei wurde die *Terror* so schwer beschädigt, dass die Heimfahrt zu einem riskanten Unternehmen wurde. Schließlich musste Back das Schiff an der Küste Irlands auf Grund setzen.

1845 erhielt Franklin das Kommando über zwei Schiffe, die *Terror* und die *Erebus*, mit denen er durch die kanadische Arktis zur Beringstraße segeln sollte. Im Mai 1845 verließen die Schiffe den Hafen von London. Ende Juli wurden sie von einem schottischen Walfänger westlich von Grönland an der Nordspitze der Baffininsel zum letzten Mal gesichtet.

Die hohe Wahrscheinlichkeit, dass die Schiffe vom Eis eingeschlossen wurden und man folglich viele Monate lang keine Nachricht bekam, führte dazu, dass sich zunächst niemand beunruhigte. Doch als man nach drei Jahren noch immer nichts von Franklin gehört hatte, wurden sowohl See- als auch Landexpeditionen auf der Suche nach ihm ausgeschickt.

Während der kommenden zwölf Jahre waren insgesamt 39 Expeditionen unterwegs, doch erst 1859 sollte sich Franklins Schicksal aufklären.

LETZTE NACHRICHT VON FRANKLIN

Notizen, die man in einem Kanister auf der King-William-Insel fand, war zu entnehmen, dass die Schiffe Ende 1846 vom Eis eingeschlossen wurden und Franklin im Juni 1847 eines natürlichen Todes gestorben war.

Die Notizen besagten auch, dass die Schiffe durch den Lancastersund nach Westen gesegelt waren, aber dann in der Barrowstraße durch Packeis an der Weiterfahrt gehindert worden waren. Also waren sie nordwärts um die Insel Cornwallis gefahren, bevor sie wieder südlich durch den Peelsund und die Franklinstraße segelten.

Den Aufzeichnungen konnte man auch entnehmen, dass Franklin sowohl von Norden als auch von Osten in die Viktoriastraße gesegelt war; hier also schien sich die Nordwestpassage zu befinden. (Der Erste, der die volle Durchfahrt durch die Passage schaffte, war der Ire Robert McClure, der zu den vielen gehörte, die nach Franklin suchten.)

Wahrscheinlich war Franklin letztlich ein Kartenfehler zum Verhängnis geworden. Er hatte sich wohl auf die 1829 nach der John-Ross-Expedition gefertigte Karte verlassen, die aufgrund von Aussagen seines Neffen James das Gebiet im Süden und Osten als Halbinsel ohne Durchfahrt, nicht als Insel zeigt.

Nachdem Franklin gestorben war, hatte sein Stellvertreter Francis Crozier das Kommando übernommen. Er hatte die Arktis erstmals zusammen mit Parry auf dessen Expedition von 1821 besucht und war dann erneut mit Parrys dritter Expedition in die Polarregion gekommen.

Bei Franklins letzter Reise war Crozier Kommandant der *Terror* gewesen, bis die Schiffe im Eis stecken blieben. Bis zum April 1848 waren bereits 23 Mitglieder der Expedition an Skorbut und Hunger gestorben. Crozier erkannte jetzt, dass es sinnlos war, bei den im Eis eingeschlossenen Schiffen auszuharren.

Die Überlebenden machten sich zu Fuß auf den Weg zum Fort Resolution, einem Posten der Hudson's Bay Company an der Mündung des Back River. Sie überquerten das Eis und erreichten das Land bei Point Victory, doch danach starben auch sie an Hunger und Skorbut.

DIE SUCHE NACH FRANKLIN

1848, als der Entdecker Sir John Franklin bereits drei Jahre lang verschollen war, entschied man sich endlich, nach ihm zu suchen. Das lange Zögern hat seinen Grund in der Tatsache, dass Franklin Vorräte für drei Jahre mit auf seine Expedition genommen und vor seiner Abreise selbst angeordnet hatte, erst nach zwei Jahren Funkstille nach ihm zu suchen.

Die erste Suchexpedition sollte James Ross leiten, doch in dieser Entscheidung lag eine doppelte Ironie: Nach seiner letzten Expedition hatte Ross geheiratet und wollte nie wieder zur See fahren. Doch als man ihm die Leitung der Expedition antrug, revidierte er seine Meinung. Zudem hatte wohl Franklin ein Fehler auf der Karte von der King-William-Insel in seine desolate Situation gebracht, doch diese Karte war aufgrund der Angaben von James Ross gefertigt worden.

Die Suchexpedition von Ross fuhr durch den Lancastersund zur Insel Somerset, wo sie den Winter 1848 verbrachte. Über Land schwärmten Suchtrupps aus. Einer fuhr am Peelsund entlang, in dem Franklins Schiffe im Eis steckten. Doch Mangel an Nahrungsmitteln zwangen diesen Trupp, dem Ross selbst angehörte, zur Umkehr.

Wären sie nur 100 km weiter gekommen, hätten sie die Wracks der *Erebus* und der *Terror* jedoch finden können.

DIE SUCHE WIRD VERSTÄRKT

Die britische Regierung erhielt nun finanzielle Unterstützung von Privatleuten und verstärkte die Suche nach Franklin. Zwischen 1848 und 1849 machte Sir Henry Kellett drei Reisen durch den Nordpazifik zur Arktis, ohne eine Spur von Franklin zu finden. Auch 1850 nahm er an einer Expedition unter Horatio Austin und Erasmus Ommaney teil, die im April mit vier Schiffen – der *Assistance*, der *Resolute*, der *Pioneer* und der *Intrepid* – aufbrach und im September 1851 ergebnislos zurückkehrte.

Zwei Monate vor dieser großen Expedition war eine kleinere Expedition aufgebrochen – zwei Schiffe, die *Enterprise* unter dem Kommando von Richard Collinson und die *Investigator* unter Robert McClure. Die Männer wollten die Suche vom Westen aus angehen, da sie es für möglich hielten, dass Franklin die Nordwestpassage gefunden und durchsegelt hatte. Auf der Reise dorthin wurden die Schiffe bei Kap Hoorn in einem Sturm getrennt; McClure kam zuerst in der Arktis an, denn Collinson blieb in der Beringstraße im Eis stecken.

Als das Eis ihn wieder frei ließ, segelte Collinson zur Arktis und verbrachte den Winter 1852/1853 auf der Insel Victoria. Hier fand sich der erste greifbare Hinweis auf das Schicksal Franklins, denn einheimische Inuit übergaben Collinson Stücke von etwas, das vielleicht der Hilfsmotor von einem von Franklins Schiffen war. Leider sprach keiner von seinen Leuten die Sprache der Inuit, und von diesen verstand keiner Englisch. So konnte Collinson sie nicht genauer befragen. Den Winter 1853/1854 verbrachte er an der Nordküste Alaskas, dann kehrte er nach England zurück.

DIE NORDWESTPASSAGE IST GEFUNDEN!

Am 26. Oktober 1850 sichtete McClure die Insel Melville und den äußersten westlichen Punkt, den William Parry 1819 erreicht hatte. Er erkannte, dass er die so lange gesuchte Nordwestpassage gefunden hatte.

Im Frühjahr 1851 segelte McClure entgegen dem Uhrzeigersinn um die Insel Banks und entdeckte dabei den offenen Kanal an der Nordküste, der heute nach ihm McClurestraße benannt ist. Auch er wurde hier vom Eis gefangen gehalten. Anfang 1853 ließ er sein Schiff zurück und reiste mit Schlitten zur Insel Melville, in der Hoffnung, dort auf ein Schiff zu treffen, das über den Lancastersund in die Arktis fuhr.

Inzwischen hatte eine weitere Expedition unter der Führung von Edward Belcher 1852 London verlassen. Es war die letzte und größte der Suchexpeditionen, denn nun suchte man nicht nur Franklin, sondern auch Collinson und McClure. Belcher leitete eine Flotte von fünf Schiffen; vier davon hatten schon die Austin-Ommaney-Expedition mitgemacht.

Nun kam noch Belchers eigenes Schiff hinzu – die *Assistance*. Kapitän der *Intrepid* war Francis McClintock. Die Flotte segelte Richtung Norden und drang nördlich der Baffininsel durch den Lancastersund in die arktische Inselwelt ein.

Oben: Robert McClures Schiff, die *Investigator*, ist im Packeis gefangen. Nachdem das Schiff drei Jahre lang nicht frei gekommen war, ließ McClure es 1853 zurück und brachte seine Mannschaft auf Schlitten in Sicherheit. Unterwegs traf er mit den Schlitten von Francis McClintock zusammen, der als Angehöriger der Expedition von Edward Belcher eine Exkursion unternommen hatte.

Oben: Moschusochsen auf der Insel Devon, die 1850 von der Expedition unter Edwin de Haven erreicht wurde.

nichts über Franklin heraus, doch bei einer mit dem Schlitten unternommenen Expedition fand Bellot die schmale Straße zwischen der Insel Somerset und der Halbinsel Boothia, die heute nach ihm benannt ist.

AMERIKA WIRD TÄTIG

Zwei amerikanische Expeditionen, die beide von dem New Yorker Schiffseigner Henry Grinnell finanziert wurden, beteiligten sich nun an der Suche. Die erste Expedition stand unter der Leitung von Edwin de Haven und machte sich im Mai 1850 auf den Weg. Fast das ganze nächste Jahr verbrachte sie im Packeis westlich von Grönland. Dennoch konnte de Haven ein paar Exkursionen unternehmen lassen. Den von ihm erforschten Nordteil der Insel Devon nannte er nach dem Sponsor der Expedition Grinnell-Land.

Der Expeditionsarzt, ein Mann namens Elisha Kent Kane, war zugleich auch der Chronist der Expedition; sein Bericht brachte ihm große Beachtung als Arktisforscher ein. Von Grinnell finanziell unterstützt, konnte er 1853 eine zweite Forschungsreise durchführen. Mit einem kleinen Schiff, der *Advance*, und einem Team von nur 16 Männern machte er sich auf den Weg. Er wollte nach Franklin suchen, vor allem aber wollte er wissen, wie weit sich Grönland nach Norden erstreckt.

Von Franklin entdeckte man keine Spur, doch über die Gezeiten und das Verhalten der arktischen Gletscher wurden wichtige wissenschaftliche Informationen gesammelt. Auch der Humboldtgletscher auf Grönland, der größte bekannte Gletscher, wurde entdeckt. Einem über Land reisenden Team gelang es, bis 80°10' nördlicher Breite vorzudringen – damals ein Rekord für eine Annäherung an den Pol vom Westen her.

Da die *Advance* ab August 1854 im Packeis festsaß, entschloss sich Kane, sie im Frühjahr 1855 aufzugeben und über Land an der Küste entlang zu dänischen Siedlungen im Süden zu marschieren. 83 Tage waren die Männer unterwegs und legten rund 2000 km zurück, bis sie nach Upernavik kamen. Hier wurden sie von einem Schiff der US-Marine aufgenommen. Die erste brauchbare Nachricht über Franklin lieferte John Rae, ein schottischer Arzt und erfahrener Arktisreisender. Seit 1846 hatte er in britischen Diensten und auf eigene Faust Arktisforschung betrieben. 1849 war er als Vermesser und Kartograph an der Victoriastraße tätig, die die Insel Victoria von der King-William-Insel trennt, und hatte sich dabei unwissentlich bis auf etwa 160 km den im Eis eingeschlossenen Schiffen Franklins genähert.

1853 kam Rea erneut in diese Region und entdeckte die Wasserstraße vor der Südwestküste der Halbinsel Boothia, die später nach ihm benannt wurde. Er stellte auch fest, dass die King-William-Insel keine Fortsetzung des Festlands ist. Auf dieser Expedition traf Rae im April 1854 an der Pellybai an der Ostküste der Halbinsel Boothia einen Inuit, der ihm erzählte, es sei ein Gruppe von weißen Männern gesehen worden, die auf der King-William-Insel nach Süden marschierten. Sie seien alle nacheinander an Hunger und Kälte gestorben. Im Besitz eines anderen Inuit fand Rae einige Stücke Tafelsilber, die mit den Initialen Franklins graviert waren, sowie einen Orden, der Franklin für seine Verdienste als Forscher verliehen worden war.

Als Rae mit diesen Nachrichten nach England zurückkehrte, bekam er die 10 000 Pfund, die vor Jahren ausgesetzt worden waren. Der Admiralität schien eine weitere Suche nun nicht mehr nötig. Als Raes Bericht durchblicken ließ, dass die letzten Mitglieder von Franklins Expedition in ihrem verzweifelten Versuch zu überleben, ihre verstorbenen Kameraden verzehrt hatten, kam es zu einem Skandal. Rae wurde beschuldigt, nicht wirklich nachgeforscht, sondern bloß Gerüchten geglaubt zu haben.

LADY FRANKLINS LETZTER VERSUCH

Unter denen, die mit Raes Bericht unzufrieden waren, befand sich auch Lady Franklin. Sie entschied, dass die Suche fortgesetzt werden solle, wiederum auf ihre Kosten. Sie wandte sich an Francis McClintock, charterte für ihn die *Fox* und schickte die Expedition 1857 auf den Weg.

Zunächst segelte die *Fox* nach Grönland, wo McClintock Inuitführer und Schlittenhunde an Bord nahm. Da Rae gesagt hatte, die gesichteten Männer seien in Richtung Back River unterwegs gewesen, begab sich McClintock ebenfalls in diese Gegend. Obwohl er zunächst in der Baffinbai acht Monate im Eis festsaß, gelang es ihm, durch den Lancastersund zu segeln und auf der Insel Beechey ein Denkmal für Franklin zu errichten.

1857 kam er zur King-William-Insel und fand dort einen Schlitten und die gefrorenen Überreste einiger weißer Männer. An den erhaltenen Uniformfetzen erkannte er, dass es sich um britische Seeleute handelte. Eine zum Back River entsandte kleine Expedition entdeckte einen künstlich aufgeschichteten Steinhügel, in dem sich in einem Kanister ein paar Schriftstücke fanden, darunter das Logbuch der Expedition, das bis zum 24. April 1848 geführt worden war. In einem Brief von Lieutenant Gore konnte man vom Tod Franklins lesen. Als McClintock nach England zurückkam, bekamen er und Lady Franklin die Goldmedaille der Royal Geographical Society verliehen.

Lady Jane Franklin

Lady Jane Franklin, geborene Jane Griffin, heiratete Sir John Franklin im November 1828. Sie war selbst schon gereist und begleitete nun ihren Ehemann nach Tasmanien, wo er sechs Jahre lang einen Posten als Kolonialoffizier bekleidete.

Von Tasmanien aus reiste sie nach Australien und Neuseeland. Nachdem ihr Mann 1848 in der Arktis verschollen war, organisierte sie mehrere Suchexpeditionen, setzte aber ihre eigene Reisetätigkeit fort und besuchte Japan und den amerikanischen Westen.

Für ihren Einsatz bei der Finanzierung von Arktisexpeditionen wurde ihr 1857 als erster Frau die Goldmedaille der Royal Geographical Society verliehen.

SPUREN VON MARTIN FROBISHER

1860 ließ der amerikanische Verleger Charles Hall durch eine öffentliche Ausschreibung einen Walfänger ausstatten und auf die Suche nach Franklin schicken. Durch einen Zufall fand dieser jedoch die Überreste des seit dem 16. Jahrhunderts verschollenen Martin Frobisher. 1864 ließ Hall eine weitere Expedition ausfahren, um mehr Informationen über das Schicksal von Franklins Mannschaft einzuholen.

Die letzte Reise zu diesem Zweck unternahm von 1878 bis 1880 der US-Lieutenant Frederick Schwatka. Die Expedition entdeckte bei der King-Williams-Insel Wrackteile und Gräber der Verunglückten. Die Suche nach Franklin hatte am Ende das erbracht, was der verschollene Arktisforscher als sein Ziel betrachtet hatte – die Entdeckung der Nordwestpassage. Das Wissen über Land und Gewässer der Arktis hatte sich durch die Suchexpeditionen enorm vergrößert, auch hatte man neue Überlebenstechniken kennen gelernt.

Links: Männer unter dem Kommando von Francis McClintock öffnen mit Spitzhacken einen künstlich aufgeschichteten Steinhügel, den die letzten Überlebenden der Franklin-Expedition errichtet hatten. Es fanden sich wichtige Schriftstücke darin.

DAS GEHEIMNIS DER ARKTIS

Ende des 19. Jahrhunderts waren die öden, eisigen Weiten der Arktis noch immer so gut wie unberührt. Während Nordamerika bereits von einem Schienennetz überzogen war und auf allen großen Flüssen der Erde Dampfschiffe fuhren, waren die mit Eis bedeckten Inseln und Gewässer der Nordpolarregion nach wie vor unerforscht.

Seit Jahrhunderten waren Pelzjäger und Walfänger von Nordamerika, Asien und Europa aus bis an die Ränder des Polarkreises vorgedrungen. Man hatte auch nach der so genannten Nordwestpassage gesucht, doch die erfolglose Suche nach diesem Seeweg in den Fernen Osten über die Polarregion hatte nur Menschenleben und Schiffe gekostet.

DAS OFFENE NORDPOLARMEER

Auch wenn es Ende der 1860er-Jahre noch keine Karten von der Arktis gab, stellte der deutsche Wissenschaftler und Kartograph August Petermann damals die Theorie auf, dass es wegen des aufheizenden Effekts des Golfstroms – eines warmen Meeresstroms, der vom Golf von Mexiko nach Nordwesteuropa fließt – um den Nordpol ein eisfreies offenes Meer geben müsse.

Auf eigene Kosten ließ Petermann ein kleines Schiff ausrüsten, das unter dem Kommando des erfahrenen Seemanns Karl Koldewey stand. Im Mai 1858 fuhr das Schiff auf der Suche nach diesem offenen Meer los. Obwohl es im September zurückkehren musste, beflügelte die Expedition den Enthusiasmus der Deutschen, sich an der Erforschung der Arktis zu beteiligen.

Es folgte eine ganze Reihe von Expeditionen, darunter eine unter der Leitung von Koldewey und eine andere unter der Leitung der österreichischen Offiziere Julius von Payer und Karl Weyprecht. Petermanns Theorie vom offenen Polarmeer erwies sich als falsch, doch konnten weite Teile Grönlands kartographiert werden. Payer entdeckte eine Inselgruppe nördlich von Russland, die er zu Ehren seines Kaisers Franz-Joseph-Land nannte. Fälschlicherweise hielt er die Inseln für einen Teil einer großen polaren Landmasse.

Ein anderer Polarforscher, der Amerikaner Charles Hall, machte sich 1860 auf die Suche nach der verschollenen Franklin-Expedition. Mit dem Geld reicher Financiers begab er sich im Mai mit einem Walfänger auf Fahrt.

Die mit Eisschollen bedeckten Wasser des Nordatlantiks. Seit Jahrhunderten fragten sich Seeleute, wie es hinter diesen eisigen Gewässern im fernen Norden aussehen mochte.

Oben: Die *Alert*, eines der Schiffe, mit denen George Nares 1875 lossegelte, um zum Nordpol zu kommen. Die Expedition kam näher an den Pol heran als alle Vorgänger, musste aber wegen unüberwindlicher Eismassen vor dem Ziel umkehren.

Unten: Die Zeichnung des britischen Offiziers George Lyon zeigt Inuit beim Bau eines Iglus. Lyon, der 1822 William Parry auf seiner Expedition begleitet hatte, lebte zehn Monate lang bei den Inuit. Sein lebhafter Bericht gab einen faszinierenden Einblick in das entbehrungsreiche Leben dieser Menschen.

LEBEN MIT DEN INUIT

Obwohl Franklin seit über 15 Jahren verschollen war, hoffte Hall, dass einige seiner Leute vielleicht überlebt hatten, indem sie die Lebensweise der Inuit annahmen. Aus diesem Grund mischte er sich zwei Jahre lang unter die Einheimischen der Baffininsel, trug ihre Pelz- und Lederkleidung, wohnte in Iglus, aß rohes Robbenfleisch und lernte mit Schlitten und Hunden über das Eis zu reisen. Hall erkannte als Erster, dass man den Nordpol nur erreichen konnte, wenn man diese Lebensweise annahm. Entsprechend vehement setzte er sich dafür ein, dass alle Polarforscher ein Leben wie die Inuit führten.

Bei seiner ersten Reise fand Hall keine Spur von der Franklin-Expedition, jedoch Überreste von derjenigen, die Martin Frobisher im 16. Jahrhundert unternommen hatte. Als Hall nach Amerika zurückkehrte, brachte er eine Inuitfamilie mit. Er hielt Vorträge und sammelte Gelder für eine weitere Reise. Da inzwischen der Amerikanische Bürgerkrieg ausgebrochen war, bot Hall an, ein Schiff der Unionisten zu leiten, doch sein Vorschlag wurde abgelehnt. Bis zum Juli 1864 hatte er bei Walfangfirmen und Zeitungen genügend Geld aufgetrieben, um auf einem Walfänger zur Hudsonbai zurückkehren zu können. Fünf Jahre lebte er nun bei den Inuit. Die Bewohner der Halbinsel Boothia erzählten ihm, wie die letzten Überlebenden der Franklin-Expedition dort verhungert seien, und zeigten ihm Silberbestecke, die sie bei den gefrorenen Leichen gefunden hatten.

Mit diesen Informationen und Beweisstücken kehrte Hall als Held nach Amerika zurück. Mit Regierungsgeldern und einem kleinen Schiff, der *Polaris*, ausgestattet, segelte er 1871 in die Arktis. Obwohl er den Nordpol nicht erreichte, kam er mithilfe seiner Inuitfreunde und seinem Können als Schlittenführer bis 82°11' nördlicher Breite – weiter als jeder andere vor ihm. Er erkundete die Ostküste von Ellesmere, eine abgelegene Insel vor der Küste Grönlands, die Ausgangsbasis vieler späterer Polarexpeditionen werden sollte.

Obwohl Hall auf dieser Reise an Herzversagen starb und die *Polaris* auf der Rückreise Schiffbruch erlitt, konnten sich wenige Überlebende auf einer Eisscholle 2000 km weit bis Labrador treiben lassen, wo sie gerettet wurden.

EINE BRITISCHE EXPEDITION

1875, vier Jahre nach Halls Tod, brach eine britische Arktisexpedition mit zwei Schiffen – der *Alert* und der *Discovery* – zum Pol auf. Das Kommando hatte George Nares, der bei der Belcher-Expedition zur Suche nach Franklin von 1852 bis 1854 eines der Schiffe geführt hatte. Danach hatte er die Welt in einem Dampfschiff umrundet und die Ozeane studiert. Als versierter Seemann und Navigator brachte er die Schiffe durch das Eismeer bis zur Westküste Grönlands und bis zum Rand des gefrorenen Nordpolarmeers.

Von der Küste aus begab sich Nares mit ein paar Hunden und frischem Moschusochsenfleisch auf den Weg, ohne die Überlebenstechniken zu beachten, die Hall den Inuit abgeschaut und den Forschern empfohlen hatte. Die Männer zogen ihre

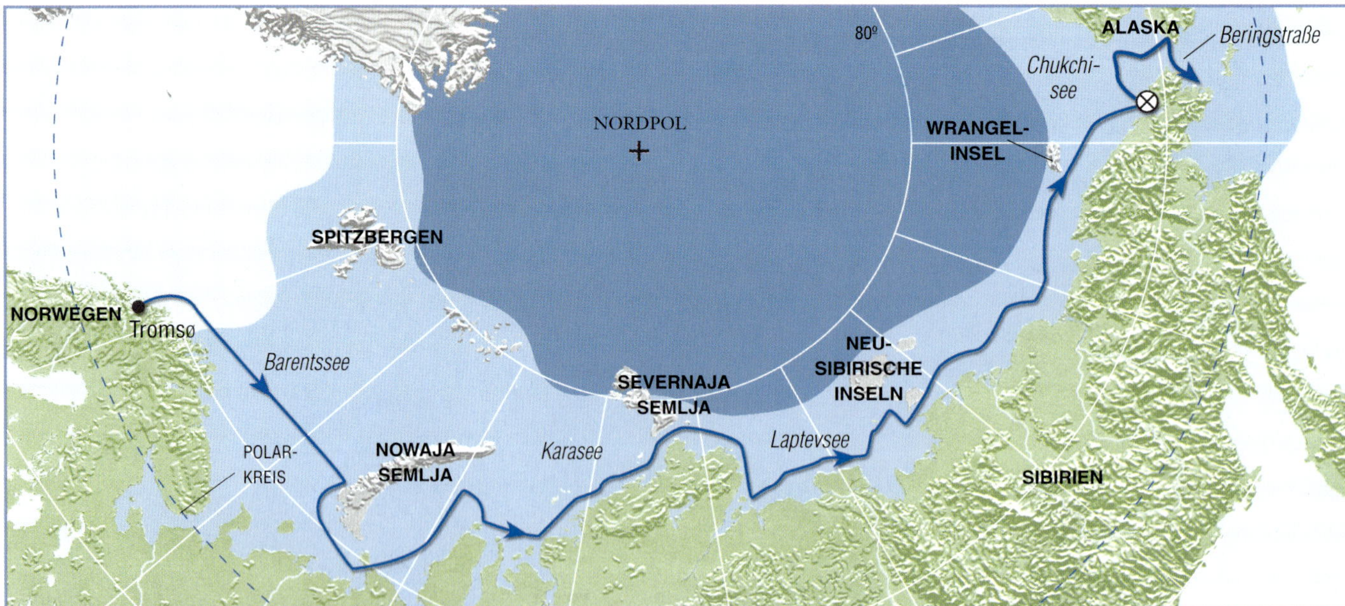

Nordenskjöld und die Nordostpassage

Oben: Die Route der von Nordenskjöld entdeckten Nordostpassage, die ihn vom Atlantik zum Pazifik brachte.

Unten: George Nares mit Mitgliedern seiner britischen Arktisexpedition von 1875. Die Männer litten schwer unter Skorbut und Erfrierungen. Mehrere Männer verloren Finger und Zehen.

Schlitten selbst, und obwohl die erste Gruppe bis zum Norden von Ellesmere kam, litten die Expeditionsteilnehmer an Erschöpfung und Skorbut und mussten umkehren. Eine zweite Gruppe kam näher zum Pol als jede andere Expedition zuvor. Im Sommer 1876 schaffte es eine dritte Gruppe nochmals 77 km weiter, obwohl auch diese Männer schwer an Skorbut litten. Obwohl diese letzte traditionelle britische Marineexpedition schlecht organisiert und unzureichend ausgerüstet war, hatte sie Großes erreicht. Beide Schiffe kehrten 1876 sicher zurück und die Forscher hatten grundlegende Erkenntnisse gewonnen. So war bewiesen worden, dass Grönland eine Insel ist, und auch die Vermutung, dass das Nordpolarmeer keine offene Wasserfläche zur Durchfahrt mit dem Schiff bot, hatte sich bestätigt.

Die Karte der südwestlichen Polarregion begann konkrete Formen anzunehmen. Schweden, das eine große Forschertradition hatte, spielte dabei eine wichtige Rolle. Unter den schwedischen Entdeckern war Baron Nils Nordenskjöld, der 1858 einen ersten Vorstoß nach Spitzbergen machte. Während der nächsten zwei Jahrzehnte erforschte Nordenskjöld Grönland und unternahm auch einen Versuch, den Pol zu erreichen.

DIE NORDOSTPASSAGE

Als Wissenschaftler machte Nordenskjöld viele wertvolle Beobachtungen. Sein größter Beitrag war aber die Entdeckung der Nordostpassage – des Seewegs von Norwegen an der Nordküste Russlands, die schon von russischen Forscher kartographiert war, entlang zur Beringstraße. In Tromsø in Norwegen legte Nordenskjöld mit seinem Schiff, der *Vega*, im Juli 1878 ab und hatte bis September fast die Beringstraße zwischen Alaska und Ostsibirien erreicht. Der nördliche Seeweg vom Atlantik in den Pazifik war gefunden, doch die *Vega* fror im Eis ein und die Expedition musste in Sibirien überwintern. Als das Eis sie im Juli 1879 endlich wieder freigab, konnte die *Vega* mit Erfolg in den Pazifik einlaufen: Nordenskjöld hatte bewiesen, dass es eine befahrbare Nordostpassage gab.

Im Sommer 1879, gerade als Nordenskjöld in den Pazifik einfuhr, machte sich von San Francisco aus eine amerikanische Nordpolarexpedition auf den Weg. Die *Jeannette* mit 33 Mann Besatzung stand unter dem Kommando von George De Long. Er wollte ursprünglich mit Nordenskjöld zusammentreffen, doch sein Schiff wurde im September nördlich der Insel Wrangel vom Eis eingeschlossen. 18 Monate lang driftete es mit dem Eis, ehe es zermalmt wurde und im Oktober 1881 sank. Mit Walfängerbooten und Schlitten kam die Besatzung über das teilweise gefrorene Meer nach Sibirien. De Long und viele Männer kamen dabei um, doch sein Logbuch wurde gerettet. Seine genaue Beschreibung der Eisdrift verhalf späteren Entdeckern zu einem besseren Verständnis des Polarmeers.

WER WIRD ERSTER?

Während der 1880er-Jahre fand ein Wettlauf zum Pol statt, und die entscheidende Frage war, wer ihn als Erster erreichen würde. 1882 kam der Amerikaner Adolphus Greely bis 83°24' nördlicher Breite und schlug damit den bisher von Nares gehaltenen Rekord. Greely wiederum wurde 1895 vom Norweger Fridtjof Nansen geschlagen, einem Zoologe und begeisterten Inuitforscher.

Nansen gehörte zu den großen Arktisforschern. Er hatte Grönland auf Skiern überquert und war fasziniert von der großen Weite der Polarlandschaft. Als er hörte, dass De Longs Schiff, die *Jeannette*, vom Eis eingeschlossen fast 1000 km weit gedriftet war, tüftelte er einen gewagten Plan aus. Er wollte ein Schiff bauen lassen, das dem Eisdruck standhalten konnte, und damit so weit wie möglich in das Polarmeer segeln, um sich dann möglichst nahe an den Pol treiben zu lassen. Obwohl viele den Plan ablehnten, fand Nansen Geldgeber und ließ das Schiff, die *Fram*, bauen. Mit seinen drei Segelmasten und dem 70 cm starken Schiffskörper aus Eiche, Pechkiefer und Grünholz (der stärksten Druck aushalten konnte und vom sich schließenden Eis über die Wasserlinie gedrückt wurde) sah die *Fram* wie eine schwimmende Badewanne aus. Ein Dreizylindermotor, der zusätzlich zur Takelage eingesetzt werden konnte, verlieh dem Schiff eine Spitzengeschwindigkeit von sieben Knoten.

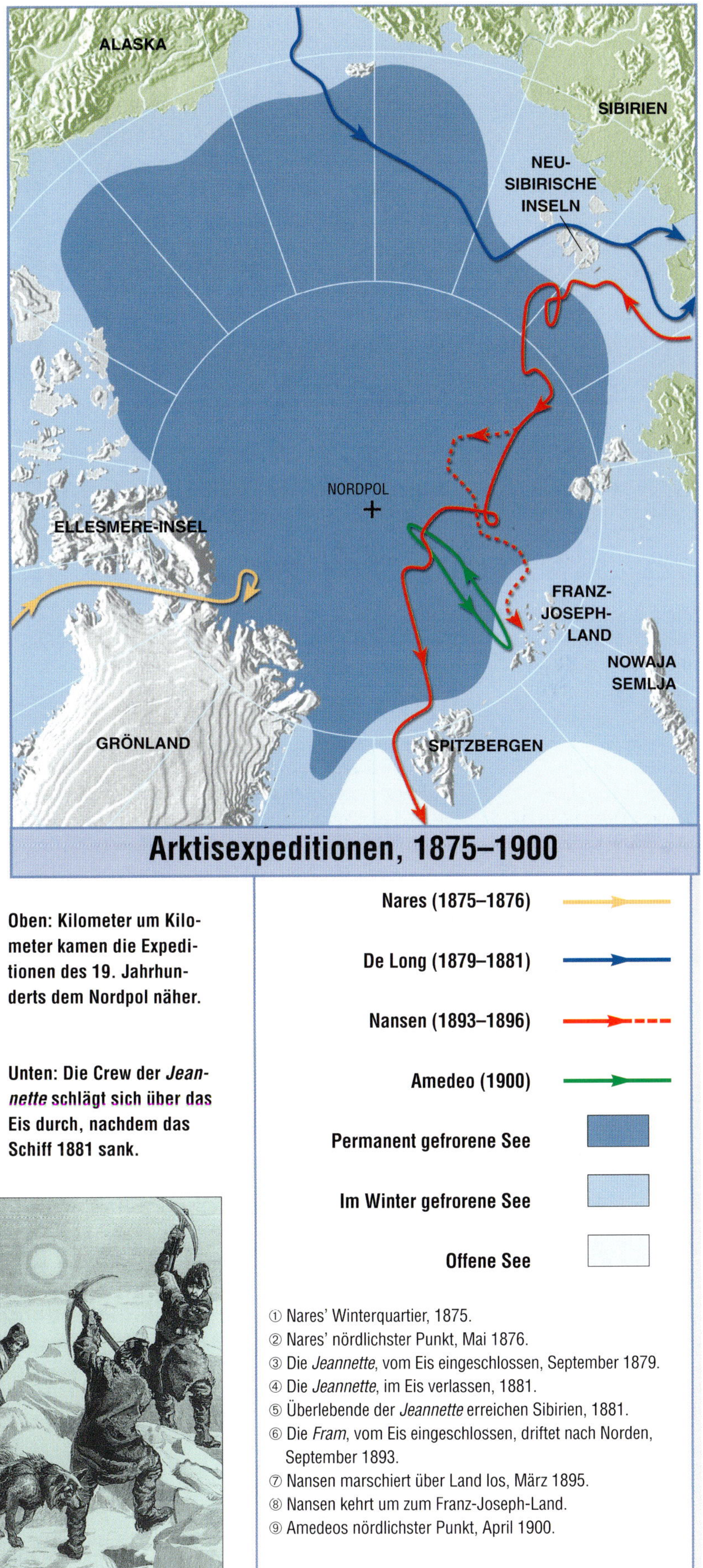

Oben: Kilometer um Kilometer kamen die Expeditionen des 19. Jahrhunderts dem Nordpol näher.

Unten: Die Crew der *Jeannette* schlägt sich über das Eis durch, nachdem das Schiff 1881 sank.

Die Fähigkeiten der Inuit

Um in der Kälte überleben zu können, mussten sich die Arktisforscher des 19. Jahrhunderts die Lebensweise der Inuit aneignen, die bereits seit vielen Jahrhunderten in den Polargebieten lebten. Die Inuit essen das rohe Fleisch von Fischen, Robben und Walen. Im Sommer leben sie in Zelten aus Tierfellen (siehe Bild), im Winter bauen sie Iglus aus Schneequadern. Aus Karibuleder fertigen sie Kleider mit so wenig Nähten wie möglich, damit der Wind keine Angriffsfläche hat (ein Riss in der Kleidung kann in einem Schneesturm tödliche Folgen haben). Die Inuit können mit den Huskys (den Schlittenhunden) umgehen, kennen das schwierige Gelände und konnten den Forschern damals aus dem Gedächtnis genaue Karten des Geländes aufzeichnen.

Im Juni 1893 lief die *Fram* vom Hafen in Oslo aus und im September war sie fest vom Eis eingeschlossen. Nun driftete sie ein Jahr lang langsam gen Norden. Nansen war die Drift jedoch zu langsam. Im März 1895 verließ er das Schiff zusammen mit dem Heizer Frederik Johansen. Mit drei Hundeschlitten machten die beiden sich zum Nordpol auf. Die *Fram*, die er den Händen von Otto Sverdrup überlassen hatte, driftete auf Spitzbergen zu, ehe das Eis sie wieder freigab. Obwohl das Schiff nicht in die Richtung gedriftet war, die Nansen erwartet hatte, war das Experiment doch eine beachtliche Leistung, bei der es gelang, die Tiefe des Nordpolarmeeres auszuloten.

Nach einer dreiwöchigen Schlittenreise über das Eis erreichten Nansen und Johansen 86°14' nördliche Breite – erneut ein Rekord. Aber da das Packeis ein Weiterkommen nicht zuließ, mussten auch sie 385 km vor dem Pol umkehren. Da sie nicht hoffen konnten, das Schiff wiederzufinden, begannen sie ihre Rückkehr über Land. Im Juli 1895 erreichten die Männer Franz-Joseph-Land, wo sie sich vom Fleisch erlegter Eisbären und Walrosse ernährten. Fast ein Jahr später trafen sie mit dem britischen Entdecker Frederick Jackson zusammen, der als Vermesser in der Gegend tätig war. Jackson hatte dieses Treffen vorausgesehen und einen dünnen, großen, blonden Mann erwartet. Es dauerte deshalb einige Zeit, ehe er in dem von der Fettnahrung dickbäuchigen Mann mit dem ölgeschwärzten Haar und den verdreckten Pelzlumpen Fridtjof Nansen erkannte. Vier Jahre später, im Jahr 1900, kam eine italienische Expedition unter Luigi Amedeo mit Hundeschlitten bis zur neuen Rekordbreite von 86°34'. 1906 stellte der Amerikaner Robert Peary nochmals einen neuen Rekord auf. Hoch aufgetürmte Eismassen zwangen jedoch auch ihn knapp vor dem Ziel zur Umkehr.

Die *Fram* kehrt nach ihrer legendären Jungfernfahrt in den norwegischen Hafen Tromsø zurück. 1910 sollte Roald Amundsen mit ihrer Hilfe den Südpol bezwingen.

DIE BEZWINGUNG DES NORDENS

Unten: Wie Zwerge wirken Menschen, Schlitten und Hunde vor der gewaltigen Wand aus Eis und Schnee, die sich vor ihnen auftürmt. Solche Hindernisse machten die Reise zum Nordpol extrem schwierig.

Die Nachricht von Fridtjof Nansens Reise mit der *Fram* löste in seiner Heimat Norwegen einen Expeditionsboom aus. Nansen selbst war erschöpft, doch sein Schiff war gut in Schuss und sein Kapitän Otto Sverdrup brannte darauf, noch einmal in die Arktis zu fahren.

Sverdrup war ein erfahrener Entdecker, dessen Leistungen im Schatten seines berühmteren Landsmannes leider etwas verblassen. 1888 hatte er zusammen mit Nansen Grönland auf Skiern überquert. Er hatte 1893 die *Fram* geführt, nachdem Nansen sich über Land zum Pol aufgemacht hatte. Zwei Jahre später übernahm er erneut das Kommando über die *Fram*, als die norwegische Regierung eine Expedition nach Nordgrönland finanzierte. Zwischen 1898 und 1902 erforschte Sverdrup die Wildtiere der Arktis und kartographierte weite Gebiete. Eine neu entdeckte Inselgruppe wurde nach ihm und der Westen von Ellesmere nach dem norwegischen Monarchen König-Oskar-Land benannt.

Inzwischen hatte sich der Norweger Roald Amundsen erfolgreich zum Entdecker ausgebildet. In Deutschland hatte er den Erdmagnetismus studiert, ein Segelschiff zu steuern gelernt und auch an Robbenjagden teilgenommen. Den belgischen Entdecker Adrien de Gerlache de Gomery hatte er auf dessen Arktisexpedition von 1897 begleitet und dabei das Kommando über das im Eis eingeschlossene Schiff *Belgica* gehabt, dessen Mannschaft er vor Skorbut und Hunger rettete, weil auch er sich die Überlebensstrategien der Inuit angeeignet hatte.

Nun rüstete Amundsen ein kleines norwegisches Fischerboot aus, die *Gjoa*, denn er wollte der Erste sein, der die Nordwestpassage in einem Zug durchquerte. Auf dem Weg blieb er mehrmals im Eis stecken und nutzte die Zeit, um den äußersten Norden Kanadas zu erforschen. Er und Sverdrup trugen dazu bei, dass nun weite, bisher nicht kartographierte Gebiete aufgenommen werden konnten. Schließlich gelang es Amundsen, die *Gjoa* durch die Passage zu segeln. Im Oktober 1906 kam er in San Francisco an, wo er der Stadt sein Schiff stiftete. 1908 kaufte er die *Fram*, denn er wollte wieder in die Arktis und das Schiff zum Pol driften lassen. Als er hörte, dass ein US-amerikanischer

Forscher inzwischen den Nordpol erreicht hatte, gab er diesen Plan jedoch auf.

Tatsächlich erhoben jedoch zwei Amerikaner Anspruch darauf, den Pol erreicht zu haben.

PEARY IN DER ARKTIS

Pearys Abenteuer begann 1886, als der damals 30-Jährige Grönland zu durchqueren versuchte. Obwohl es ihm misslang, suchte er unbeirrt Geldgeber, die ihm weitere Expeditionen finanzierten. Als er hörte, dass Sverdrup 1888 in die Arktis aufbrechen wollte, war er überzeugt davon, dass auch der Norweger zum Pol wolle (tatsächlich war Sverdrup nur an wissenschaftlicher Forschung interessiert). Also verdoppelte Peary seine Anstrengungen und kam in verschiedenen Anläufen immer näher zum Pol. 1891 war er als Führer einer Gruppe der Philadelphia Academy of Natural Sciences erneut in Grönland. Unterwegs brach er sich jedoch ein Bein und musste von Dr. Frederick Albert Cook, dem Schiffsarzt des Expeditionsschiffes, der *Kite*, behandelt werden. In diesem Winter machte auch Peary sich mit den Lebensgewohnheiten der Inuit vertraut.

1898 gründete ein reicher New Yorker Anwalt den Peary Arctic Club, um Pearys Nordpolunternehmen zu finanzieren. 1904 hatte der Club das Geld zusammen, um Peary das Dampfschiff *Theodore Roosevelt* zu kaufen, das als Eisbrecher konstruiert war. Als das Schiff 1905 unter Kapitän Bob Bartlett losfuhr, war Peary bereits 50 Jahre alt und hatte durch Erfrierungen bereits acht Zehen verloren. Er besaß jedoch große Erfahrung mit der Arktis und war von seinen Fähigkeiten überzeugt.

Nachdem er mit seiner Gruppe das Schiff verlassen hatte, mussten etwa 650 km Meereis überwunden werden. Dieses Eis bildet keine glatte Fläche, sondern eine instabile Masse, in der durch Druck riesige Eiswände aufgeschoben werden können. Schnee wird zu hohen Dünen aufgeweht und manchmal bricht die Eisdecke sogar und unüberbrückbare Wasserflächen tun sich auf. Blizzards können tagelang ohne Unterbrechung über die Eisfläche rasen. Trotz dieser widrigen Bedinungen muss ununterbrochen die genaue Position des Schiffes bestimmt werden.

Peary kannte all diese Unwägbarkeiten und verließ sich ganz auf die Erfahrung der Inuit. Als er im Juli 1906 zum Pol aufbrach, hatte er eine handverlesene Gruppe von Männern bei sich, zu der auch sein Diener Matthew Henson gehörte. Hen-

Links: Robert Peary, der behauptete, am 6. April 1909 den Nordpol erreicht zu haben. Vorausgesetzt, seine Behauptung stimmt, so verdankt er seinen Erfolg den Überlebenstechniken der Inuit.

Unten: Die Route, die Roald Amundsen nahm, als er mit seinem norwegischen Fischerboot *Gjoa* durch die eisigen arktischen Gewässer vom Atlantik in den Pazifik fuhr, wobei er zweimal überwintern musste.

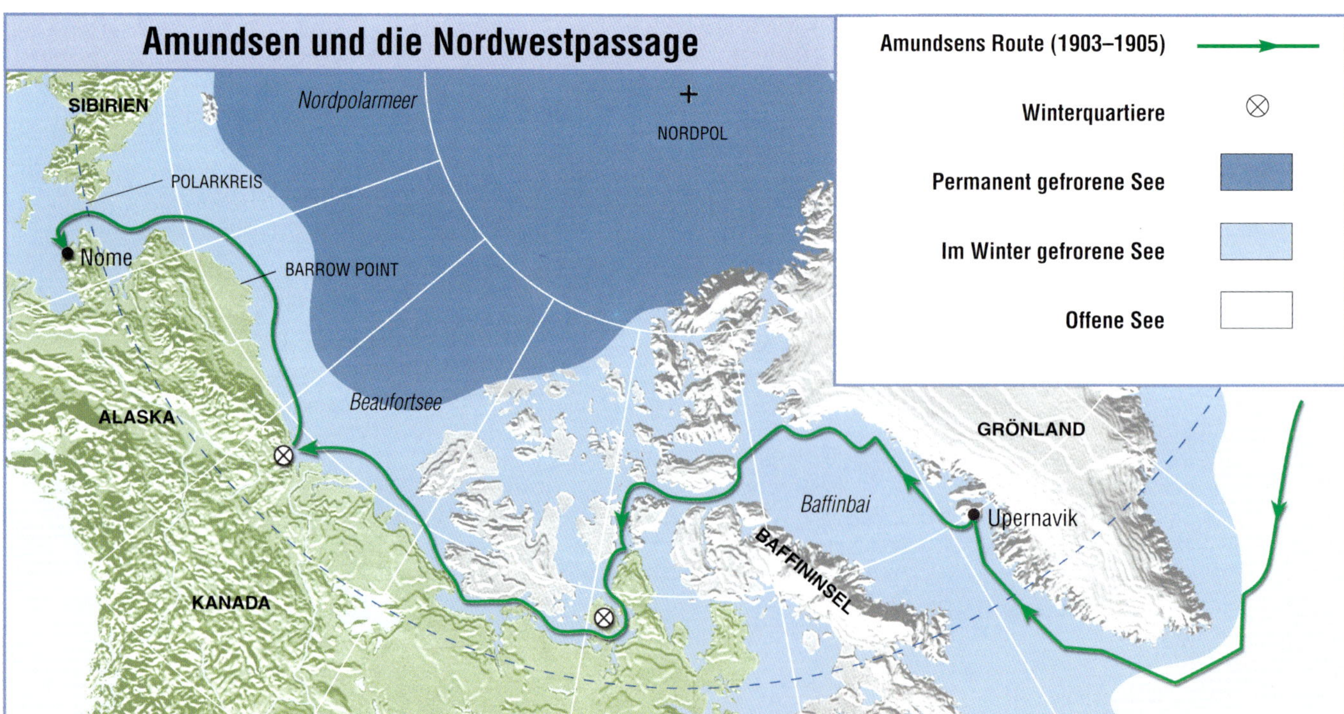

War Robert Peary am Pol?

Bis heute weiß niemand genau, ob Robert Peary den Nordpol wirklich erreicht hat. An seinen Reisen in die Arktis, seinen planerischen Fähigkeiten, seinem Mut, seiner physischen Kraft und seiner stahlharten Entschlossenheit herrschen keine Zweifel. Doch viele Fragen sind offen geblieben, und nicht wenige internationale Wissenschaftler glauben, dass Peary die Welt mit der Behauptung, den Pol erreicht zu haben, belogen hat.

Peary selbst wusste, dass er 1909 seine letzte Chance hatte: Er war 53 Jahre alt und durch die fehlenden Zehen und andere Verletzungen gehbehindert. Ein weiterer Misserfolg hätte die Geldgeber, die seine bisherigen Reisen finanziert hatten, abspringen lassen.

Die geringschätzige Art, mit der er Erfolge anderer abtat, war allgemein bekannt. Als er Bartlett 250 km vor dem Ziel zum Schiff zurückschickte, entledigte er sich des einzigen Mannes, der seinen Erfolg – oder Misserfolg – hätte bezeugen können. Doch er nahm nur Henson und vier Inuit auf das letzte Teilstück mit. Alle Fünf konnten zwar die Navigationsinstrumente ablesen, aber die nötigen Berechnungen konnte nur Peary anstellen.

Selbst wenn sie bezeugt hätten, dass der Pol erreicht wurde, hätte ihr Wort 1909 nichts gegolten, denn sie waren keine Weißen.

In seinem Tagebuch beteuert Peary, die letzten 240 km in fünf Tagen geschafft zu haben, was extrem schnell wäre. Am 6. April, dem Tag, an dem der Pol angeblich erreicht war, durfte Henson – zum ersten Mal – die Daten der Instrumente nicht notieren. Die Tagebuchseiten des 7. und 8. April sind leer. Die Seite, auf dem das gefeierte »The Pole at last!!« geschrieben steht, ist ein undatiertes, loses Blatt aus einem anderen Papier.

Oben: Peary und sein Team am Nordpol.

Auch viele andere Fragen, die Route und Navigation betreffen, blieben unbeantwortet. Obwohl Peary Cooks Behauptung, den Pol vor ihm erreicht zu haben, heftig attackierte, hängt über seiner eigenen Version der Ereignisse ein ebenso großer Schatten des Zweifels.

son, ein Nachkomme afrikanischer Sklaven, stammte aus Maryland und hatte schon als 12-Jähriger auf einem Schiff angeheuert. Seit 1887 stand er in Pearys Diensten und war inzwischen ein Experte im Umgang mit dem Hundeschlitten. Peary stellte ein Team aus Inuit zusammen, das die Hunde versorgen (Peary hatte mehr als 100 Hunde dabei), die Iglus bauen (in denen sich angenehme Wärme entwickelt) und aus Walross- und Robbenfellen die vor Kälte und Wind schützende Kleidung herstellen sollte. Vorauskommandos errichteten Lager und Depots auf dem Weg zum Pol und setzten Markierungssteine, sodass die Hauptgruppe bei schönem Wetter keine Zeit verlor.

BRILLANTE PLANUNG, SCHLECHTES WETTER

Das Wetter allerdings machte die vorzügliche Planung zunichte. Temperaturen von minus 51° C verlangsamten das Vorankommen, doch Peary näherte sich dem Pol bis auf 320 km. Als er zur *Theodore Roosevelt* zurückkehrte, hatte das Schiff im Packeis jedoch so schweren Schaden erlitten, dass die Expedition nach New York zurückkehren und das Schiff reparieren lassen musste.

Der Peary Arctic Club kam für die Kosten auf und ermöglichte Peary, sich im Juli 1908 mit Henson, Bartlett und drei anderen auf dem Weg zum Pol zu machen. Frederick Cook war nicht dabei, da er im Juli 1907 seine eigene Expedition in die Polarregion unternommen hatte. In Grönland heuerte Peary 50 Inuit mit 250 Hunden an. Im Februar 1909 machte sich die Expedition auf den Weg und war im April nur noch 240 km vom Ziel entfernt.

An diesem Punkt kam die Frage auf, wer zum Zielteam gehören solle. Bisher hatte Peary Bartlett an seiner Seite gehabt (schon 1905 hatte er ihm versprochen, er würde zu den Männern des Zielteams gehören), doch nun befahl er ihm, zum Schiff zurückzukehren. Nur von Henson und vier Inuit begleitet machte er sich auf zum Pol.

Seinen eigenen Angaben zufolge erreichte Peary den Pol am 6. April 1909 und beanspruchte die gesamte Region für den Präsidenten der Vereinigten Staaten. Er stellte mehrere Flaggen auf,

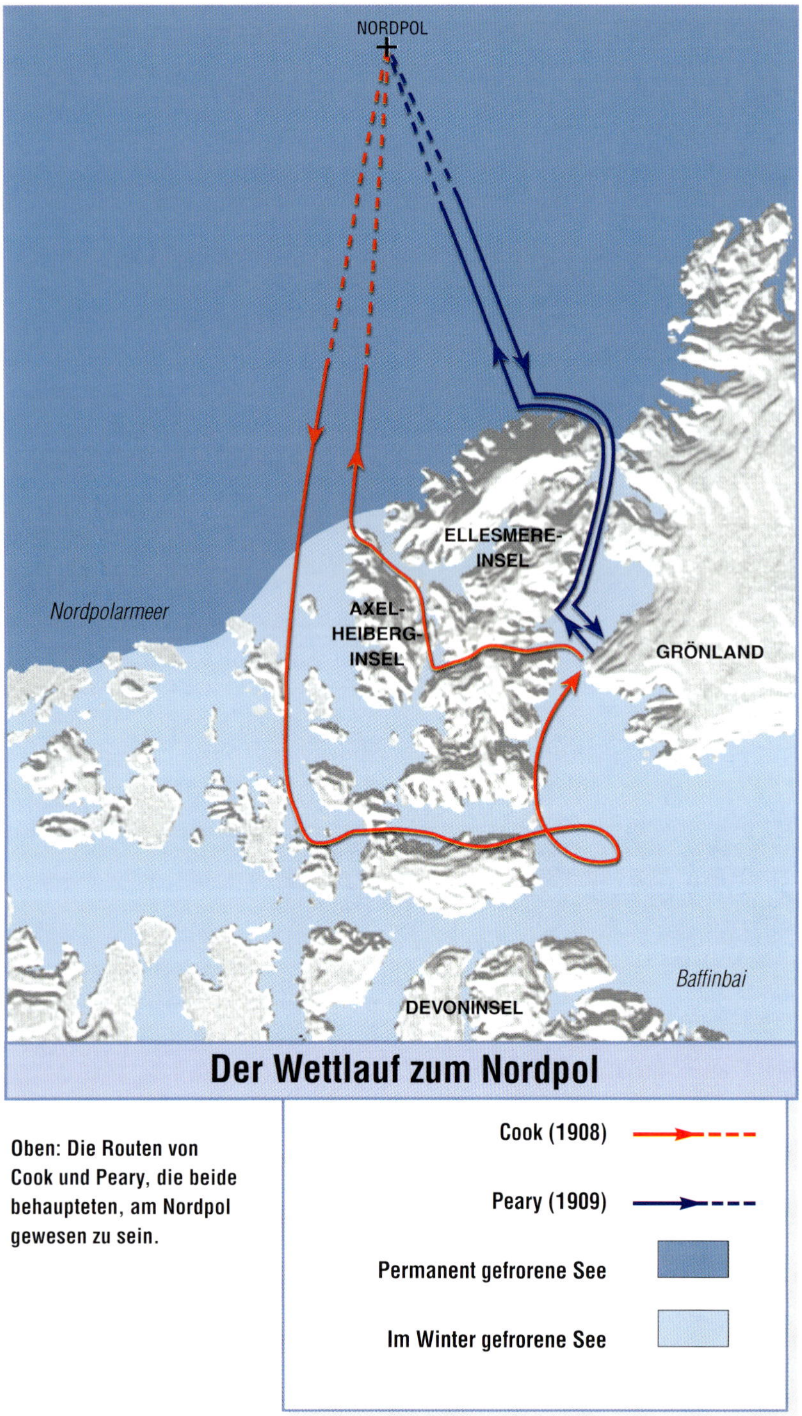

Oben: Die Routen von Cook und Peary, die beide behaupteten, am Nordpol gewesen zu sein.

darunter die der USA. Anschließend deponierte er eine Metallkapsel unter anderem mit der Beglaubigung des Peary Arctic Clubs und einem Reisebericht.

Erschöpft kehrte Peary mit seinen Begleitern zur *Theodore Roosevelt* zurück und erhielt dort eine niederschmetternde Nachricht: Frederick Cook war fünf Tage zuvor zum Schiff gekommen und hatte behauptet, den Nordpol schon am 21. April 1908 erreicht zu haben – ein ganzes Jahr eher als Peary. Cook hatte nach diesem Treffen ein Schiff nach Dänemark genommen und die Siegeslorbeeren für sich beansprucht, ehe Peary der Welt seinen Triumph verkünden konnte. Peary bezeichnete Cook als Scharlatan und kämpfte fortan mit allen Mitteln um seinen Anspruch. Da Cooks wissenschaftliche Aufzeichnungen jedoch verloren gegangen waren, hatte er nichts in der Hand, um seine Behauptung, der Erste am Pol gewesen zu sein, beweisen zu können. Nach zähen Kämpfen bekam schließlich Peary die Medaillen, die Preise und die Anerkennung, obwohl auch an seiner Version viele Zweifel bestanden.

Notrationen

In den frühen Tagen der Polarexpeditionen hing der Erfolg von der Wahl der Nahrungsmittel ab, denn in der Kälte verbrennt ein gehender Mensch bis zu 250 g Körperfett am Tag. Um den Körper funktionstüchtig zu halten, waren Lebensmittel mit hohen Kalorien – Schokolade, Zucker und Pemikan (getrocknetes Fleisch mit hohem Fettanteil) nötig. Wenn der Nachschub an Nahrungsmitteln ausblieb – was oft geschah –, mussten sich die Entdecker wie die Inuit ernähren: vom Fleisch von Walrossen (unten), Robben, Walen und Bären. Da die Inuit dieses Fleisch roh verzehrten, wurden sie von ihren indianischen Nachbarn als »Eskimo« (Rohfleischesser) verspottet. Aber sie hatten keine andere Wahl, denn in der Arktis gibt es kein Brennholz, das sie zum Kochen hätten nutzen können.

FORSCHUNG UND KARTEN

Der Streit markierte das Ende des Wettlaufs zum Nordpol. Die Entdecker konnten nun ihre Aufmerksamkeit der sinnvolleren wissenschaftlichen Erforschung und der Kartographierung zuwenden. Vor allem wuchs nun das Interesse an den Einheimischen, die in dieser kalten, weißen Welt überleben konnten.

Eine der ersten rein wissenschaftlichen Expeditionen unternahm der dänische Forscher Ludvic Mylius-Erichsen mit seiner Expedition von 1906, die ihn zur Nordostküste Grönlands führte. Seinem Team gehörten angesehene Wissenschaftler wie Einar Mikkelsen, Knud Rasmussen und der deutsche Alfred Wegener (der das Phänomen der Kontinentalverschiebung entdeckte) an, die viel zum Verständnis der Arktis und ihrer Menschen beitrugen. Mylius-Erichsen, der die lange Halbinsel im Norden Grönlands entdeckte, machte auch andere Beobachtungen und korrigierte viele Fehler auf Pearys Karten. Leider starben Mylius-Erichsen und zwei seiner Begleiter an Kälte und Hunger.

Vom Ende des 19. Jahrhunderts bis zum Beginn des Ersten Weltkriegs 1914 wuchs das Wissen über die Arktis stetig. Doch als in Europa Krieg herrschte, machte sich nur noch von Kanada aus eine Expedition unter Vilhjalmur Stefansson auf den Weg.

STEFANSSONS EXPEDITION

Stefansson wurde in Manitoba in Kanada geboren, doch seine Eltern stammten aus Island. Nach seinem Collegeabschluss lebte er einige Jahre bei den Ureinwohnern der Arktis, darunter bei den Inuit am Coronation Golf, die bis dahin noch keinen einzigen weißen Mann gesehen hatten. Von 1913 bis 1918 leitete Stefansson die wissenschaftliche Canadian Arctic Expedition, deren Aufgabe es vor allem war, Inseln innerhalb des Polarkreises zu kartographieren.

Das Hauptschiff der Expedition, die *Karluk*, erlitt Schiffbruch, als sie bei Barrow Point in Packeis geriet. Die Überlebenden, darunter Kapitän Bob Bartlett, Stefansson und Hubert Wilkins, kamen davon, weil sie zur Zeit des Unglücks zur Jagd auf dem Eis waren.

Unbeirrt von dem Unglück blieb die Expedition fünf Jahre in der Arktis. Sie errichtete auf einer 24 km großen Scholle eine Forschungsstation, die 650 km weit driftete, während die Wissenschaftler ihre Aufzeichnungen machten. Als die Expedition 1918 heimkehrte, hatte sie riesige Gebiete der kanadischen Arktis auf Karten verzeichnet.

Links: Frederick Cook, der behauptete, am 21. April 1908, also ein Jahr vor Peary, am Nordpol gewesen zu sein.

Links: Robert Peary in der dicken Pelzkleidung, in der er reiste und schlief, während er in der Arktis unterwegs war.

Links: Huskys, die typischen Schlittenhunde, erwiesen sich immer wieder als die besten und ausdauerndsten Zugtiere für die Schlitten. Die charakterlich nicht einfachen Tiere brauchen einen erfahrenen Lenker, der sie zu einem guten, zuverlässigen Team zusammenstellen kann.

ENTDECKER GEHEN IN DIE LUFT

Ende des 19. Jahrhunderts wurden erste Versuche unternommen, den Nordpol zu überfliegen. Im amerikanischen Bürgerkrieg waren Heißluftballons zur Beobachtung eingesetzt worden, und nach den Bucherfolgen von Jules Vernes *Fünf Wochen im Ballon* und *Reise um die Welt in 80 Tagen*, dachten auch Wissenschaftler über ihren Einsatz nach. Die Vorteile lagen auf der Hand: Keine kräftezehrenden Reisen über Land, sondern ein Flug über die großen Eiswüsten und eine sanfte Landung im Schnee.

Während Nansens Schiff, die *Fram*, vom norwegischen Entdecker Otto Sverdrup geführt, 1896 im Eis auf Spitzbergen zudriftete, bereitete der schwedische Luftfahrtingenieur Salomon Andrée die erste Luftreise zum Nordpol vor.

Seinen ersten Versuch im August musste Andrée abbrechen, doch im Sommer 1897 überredeten ihn seine Mitarbeiter, es erneut zu versuchen. Der Heißluftballon *Eagle* war speziell für dieses Unternehmen konstruiert worden: Die Hülle bestand aus zwei Lagen chinesischer Seide, der Korb aus chinesischer Weide. Der Erfinder Andrée hatte ein Netz aus Zugseilen gestaltet, mit deren Hilfe der Ballon in der Luft gelenkt werden konnte. Auf der Insel Dane bei Spitzbergen bereiteten Andrée und seine zwei Begleiter, Nils Strindberg und Knut Frankel, den *Eagle* vor. Unter den Augen Hunderter von Zuschauern hob er am 11. Juli ab und schwebte über den Hafen davon. Fast unmittelbar danach verlor er jedoch an Höhe und der Korb berührte die Wasserfläche. Um schnell wieder hoch zu steigen, warf die Besatzung Ballast ab. Der Ballon stieg dadurch auf etwa 600 m, aber aufgrund einiger Felsen im Hafen waren die Steuerseile abgerissen, sodass der Ballon keine Steuermöglichkeit mehr hatte.

Unten: Der schwedische Luftfahrtingenieur Salomon Andrée wählte einen Heißluftballon, um damit zum Nordpol zu reisen. »Ich habe eine Vorahnung«, sagte er. »Diese schreckliche Reise wird mein Tod sein.«

1930 – 33 Jahre später – entdeckte ein Walfänger drei Skelette auf der Insel White, östlich von Spitzbergen. Nicht weit davon fanden sich Andrées Tagebücher und eine Filmrolle. Den Aufzeichnungen war zu entnehmen, dass der Ballon 21 Stunden geflogen war, bevor er an Höhe verlor und schließlich auf dem Eis landete. Die Ballonhaut und die Halteseile waren gefroren. Mit einem Schlitten, einem Faltboot und einer Jagdausrüstung waren die Männer losmarschiert. Sie überlebten bis zum 17. Oktober und waren dann – laut Tagebuchaufzeichnungen – ums Leben gekommen – vermutlich infolge einer Lebensmittelvergiftung.

ELLSWORTH UND AMUNDSEN

Es sollte sehr lange dauern, bevor Andrées Beispiel Nachahmer fand. In den frühen 1920er-Jahren machten Piloten, die Wasserflugzeuge steuern konnten, ein paar Flüge über den Rändern der Arktis, doch erst Mitte der 1920er-Jahre versuchte man eine ernsthafte Erforschung aus der Luft.

Im Mai 1925, als der Polarforscher Roald Amundsen Vorlesungen in den Vereinigten Staaten hielt, traf er Lincoln Ellsworth, einen amerikanischen Piloten, der aus einer reichen Familie in Chicago stammte. Ellsworth hatte an der Columbia und der Yale University studiert, anschließend als Ingenieur bei der Eisenbahn und in Bergwerken gearbeitet und bei einer geologischen Vermessung in Peru Entdeckerlust bekommen. Im Ersten Weltkrieg hatte er Fliegen gelernt, nun bot er Amundsen an, ihm zu helfen, eine Expedition zum Nordpol mit Spenden zu finanzieren, sie auszurüsten und sich als Pilot an ihr zu beteiligen.

Ellsworth stellte zwei deutsche Dornier-Whale-Wasserflugzeuge mit Rolls-Royce-Motoren zur Verfügung. Die Piloten flogen von Spitzbergen ab und kamen bis auf knapp 200 km an den Nordpol

Ballons und Zeppeline

Die wie fliegende Zigarren aussehenden Luftschiffe, die auch zur Erforschung der Arktis eingesetzt wurden, waren direkte Nachkommen der Heißluftballons. Diese hatten die Brüder Montgolfier 1783 erstmals in Frankreich erfolgreich getestet.

Ein Ballon macht sich die Tatsache zu Nutze, dass heiße Luft aufsteigt. Die Brüder Montgolfier erhitzten die Luft unter ihrem Ballon mit einem offenen Feuer. Doch auch Wasserstoff, der leichter ist als Luft, kann als Auftriebsgas verwendet werden. In der Luft kann ein Ballon oder Zeppelin ähnlich wie ein Segelschiff im Wind gesteuert werden.

Anders als der Ballon hat ein Luftschiff zusätzlich Motor und Steuerruder. Der Körper der frühen Luftschiffe bestand aus einem Aluminiumgerippe, das mit einer Haut aus imprägniertem Baumwollstoff oder Aluminium überzogen und dann mit Gas gefüllt wurde. Pilot und Passagiere reisten mit einer unter dem Schiff angebrachten Gondel. Zeppeline wurden sowohl in beiden Weltkriegen als auch in der zivilen Luftfahrt eingesetzt, doch nach 1945 gab man sie auf, weil sie bei Sturm schwer zu navigieren waren und der Gasfüllung wegen hohe Explosionsgefahr bestand.

Unten: Das deutsche Luftschiff Zeppelin LZ 1 bei einem Atlantikflug 1913.

Unten: Salomon Andrée errichtete zunächst ein spezielles Gerüst, um seinen Ballon zu bauen. Damit der Ballon aufsteigen konnte, wurde das Gerüst später entfernt.

heran, dann aber musste eines der Flugzeuge wegen technischer Probleme landen. Das zweite, das ebenfalls landete, wurde dabei auf dem buckeligen Eis beschädigt. Über den Pol zu fliegen, war ihnen also nicht gelungen, doch hatten sie eine Landschaft von nahezu 31 000 km² fotografiert, was wichtige Rückschlüsse über die Beschaffenheit des Landes zuließ.

RICHARD BYRDS VERSUCH

1926 versuchte der amerikanische Seeoffizier Richard Byrd, der ebenfalls während des Ersten Weltkriegs Fliegen gelernt hatte, sein Glück. An einer der frühesten Luftexpeditionen – einer Überfliegung Grönlands 1924/25 – hatte er bereits teilgenommen. Im April 1926 flogen Byrd und der Pilot Floyd Bennett mit der *Chantier* nach Spitzbergen. An Bord hatten sie eine Fokker F-VII Eindeckermaschine. Byrd machte drei Versuche, von Spitzbergen aus abzuheben, doch bei den Landungen beschädigte er jedes Mal das Fahrwerk, sodass schließlich ein Paar behelfsweise aus Paddeln ge-

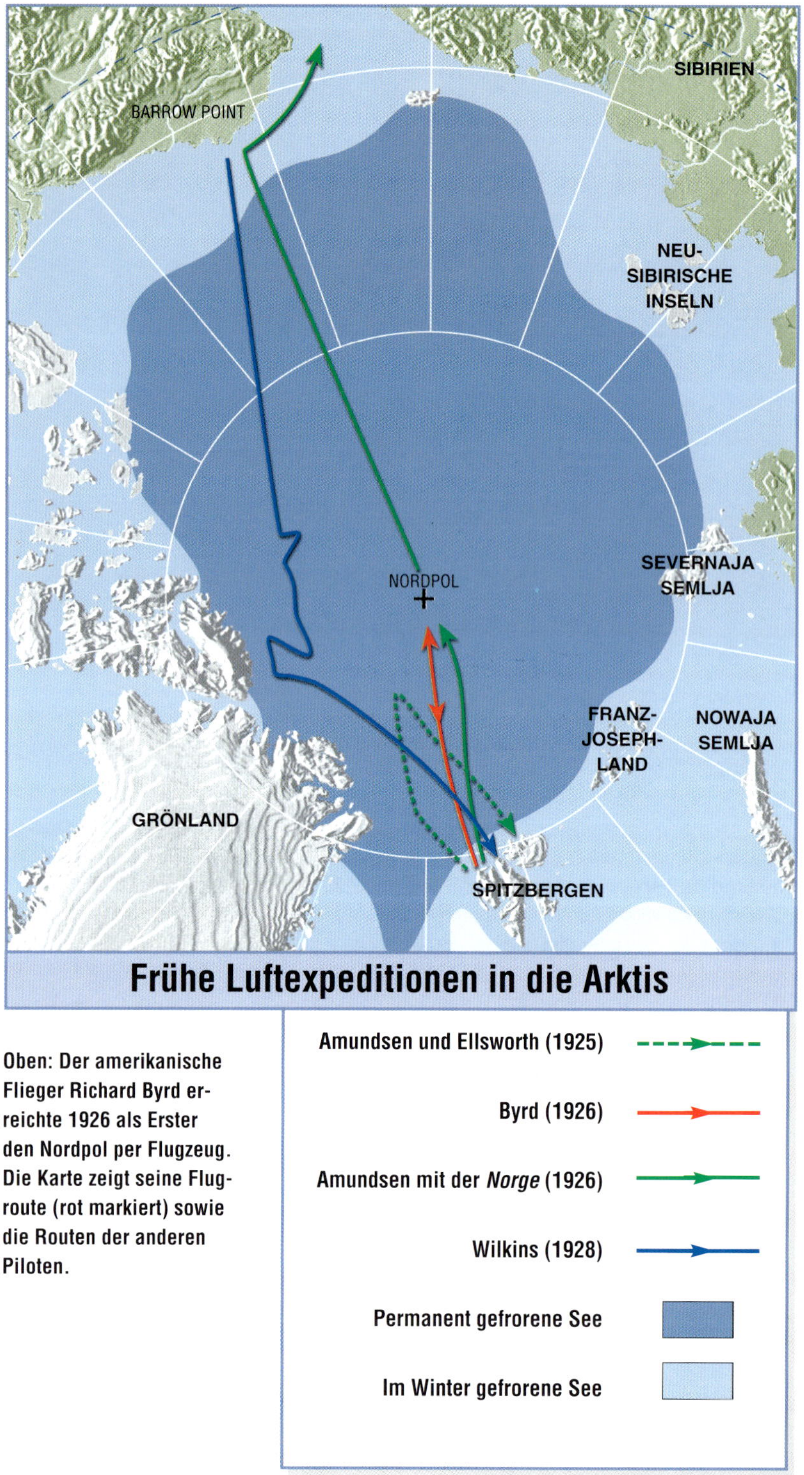

Oben: Der amerikanische Flieger Richard Byrd erreichte 1926 als Erster den Nordpol per Flugzeug. Die Karte zeigt seine Flugroute (rot markiert) sowie die Routen der anderen Piloten.

bastelte Skier angebracht werden mussten. Bei herrlichem Wetter starteten die Männer endlich am 9. Mai 1926. Trotz kleinerer technischer Probleme flogen sie Richtung Pol, drehten einige Runden über ihm und flogen sicher nach Spitzbergen zurück. Der 2300 km lange Flug hatte bei einer Durchschnittsgeschwindigkeit von 144 km/h knapp 16 Stunden gedauert.

Roald Amundsen war zum Empfang da, als Byrd im Triumph zurückkehrte, doch er war nicht nur als Zuschauer gekommen. Er war auf Spitzbergen, weil er die Ankunft der *Norge* erwartete, eines Luftschiffs, mit dem er gerne als Erster den Nordpol überflogen hätte, doch nun war ihm Byrd zuvorgekommen.

AMUNDSEN UND DIE *NORGE*

Am 12. Mai 1926, drei Tage nach Byrds Flug, schwebte Amundsen zusammen mit Lincoln Ellsworth und dem italienischen Luftschiffdesigner Umberto Nobile in der *Norge* zum Pol. Zunächst hatten die drei keinerlei Probleme. Sie erreichten den Nordpol in guter Zeit und warfen ihre jeweiligen Landesflaggen ab. Aber dann gab es Schwierigkeiten: Der Funkkontakt brach ab, die Spitze der *Norge* und die Seile überzogen sich mit Eis. Obwohl die Navigation dadurch schwieriger wurde, schafften die Männer es bis nach Alaska, wo sie nach 5440 Flugkilometern, die sie in zweieinhalb Tagen zurückgelegt hatten, sicher landeten.

Kaum zurückgekehrt, gab es zwischen Amundsen und Nobile einen heftigen, öffentlich in den Zeitungen ausgetragenen Streit darüber, wem die Ehre an diesem Flug zukomme. Amundsen behauptete, Nobile sei ein aufgeblasener Mensch, der keine Ahnung von Navigation habe, weshalb sein Schiff schlecht konstruiert gewesen sei. Doch dieser Vorwurf war ungerechtfertigt. In seiner Ehre gekränkt – und um zu zeigen, dass er der wahre Meister der Polarflüge sei –, überredete Nobile den italienischen Diktator Mussolini, ihm eine Polarexpedition zu finanzieren. Darüber hinaus erhielt Nobile Zuwendungen von privater Seite und die Unterstützung der Royal Geographical Society. Mit diesem Geld konstruierte er ein neues und besseres Luftschiff – die *Italia*.

WILKINS ÜBER DER ARKTIS

Noch vor dem Flug der *Italia* im Mai 1928 konnte der Australier Hubert Wilkins seinen Ehrgeiz befriedigen und nach vielen Fehlschlägen sein Flugzeug von West nach Ost über den Pol steuern. Auch Wilkins hatte schon Erfahrung mit Polarforschungen. Er hatte Vilhjalmur Stefansson bei dessen Expedition von 1913 bis 1918 begleitet und hatte auch an britischen Expeditionen teilgenommen. Bei einem früheren Versuch, die Arktis zu überfliegen, hatte er eine Bruchlandung gemacht und einige Tage ausharren müssen, ehe er gerettet wurde.

Am 15. April 1928 flog Wilkins mit seinem Co-Piloten Carl Eielson in Barrow Point in Alaska ab und landete nach einem Flug von 20 Stunden und 20 Minuten auf einer abgelegenen Insel, denn das eigentliche Ziel Spitzbergen hatten sie verfehlt. Nach einer Woche, die beide Männer benötigten, um die Maschine wieder flott zu machen, konnten sie wieder abheben und ihren historischen Flug eine halbe Stunde später abschließen.

Der Flug von Nobiles Luftschiff *Italia* begann ein paar Wochen später, am 23. Mai 1928. Das Programm sah eine Landung am Nordpol vor, wo eine Lotung der Wassertiefe vorgenommen werden sollte. Zur Zeit der Ankunft am Pol aber wurde das Luftschiff von einer Eisschicht, die sich auf der

Links: Für seinen Flug zum Nordpol verwendete Richard Byrd eine dreimotorige deutsche Fokker F-VII. Statt der Räder wurden Skier an das Fahrgestell montiert, damit sie auf Eis starten und landen konnte.

Außenhaut gebildet hatte, zu Boden gedrückt; auch brach der Funkkontakt ab. Nobile warf die italienische Flagge und ein Holzkreuz ab, das ihm der Papst, der dem Luftschiff seinen Segen erteilt hatte, zu diesem Zweck gegeben hatte, und wollte nach Spitzbergen zurückfliegen, ohne das Risiko der Landung einzugehen. Doch die *Italia*, inzwischen dick mit Eis bedeckt, geriet in dichten Nebel und ging achterlastig 290 km vor Spitzbergen zu Boden. Die Pilotenkanzel wurde bei der Bruchlandung zerdrückt, dabei kam ein Mann um, Nobile selbst wurde schwer verletzt. Da ein paar Männer in Panik absprangen, verlor das Luftschiff plötzlich an Gewicht, stieg wieder auf und verschwand mit sieben Männern in der zweiten Kanzel im arktischen Nebel. Die Besatzung wurde nie wieder gesehen. Nobile, der Arm und Bein gebrochen hatte, blieb mit drei Männern der Crew zurück. Es gelang, das Funkgerät wieder in Betrieb zu nehmen und einen Notruf zu senden. An der internationalen Rettungsaktion, die unmittelbar darauf begann, beteiligte sich auch Amundsen. Doch stürzte er bei diesem Flug irgendwo in der Arktis ab. Nur Teile seines Flugzeugs wurden gefunden; er selbst blieb verschollen.

Ein schwedischer Pilot fand schließlich die Verunglückten der Nobile-Expedition. Da er aber nur einen Passagier mit in sein Flugzeug nehmen konnte, nahm er zunächst den verletzten Nobile mit. Beim zweiten Flug beschädigte er seine Maschine bei der Landung. Ein russischer Eisbrecher rettete schließlich die verbliebenen Männer.

Unter der Anklage, er habe seine Männer im Stich gelassen, ließ Mussolini Nobile verhaften. Nobile floh aus Italien, verbrachte viele Jahre in Russland und später in den Vereinigten Staaten, bis er nach dem Zweiten Weltkrieg von allen Anklagepunkten freigesprochen wurde.

Unten: Das Luftschiff *Norge*, mit dem Amundsen und Nobile zum Nordpol flogen. Nobile hatte die *Norge* konstruiert, aber Amundsen warf ihm Mängel vor, da das Luftschiff sich nur schlecht navigieren ließ.

DIE ANTARKTIS

Oben: Robben beim Sonnenbad auf einer der Süd-Sandwich-Inseln, die Kapitän Cook 1775 entdeckt hatte. Die große Robbenpopulation der antarktischen Gebiete zog viele Tierfänger an, von denen zahlreiche auch geographische Entdeckungen machten.

Die Antarktis, ein Gebiet mit einer Fläche von etwa 15,5 Millionen km², ist die lebensfeindlichste Region unseres Planeten. Hier haben sich weder Menschen angesiedelt noch sind Landsäugetiere hier heimisch geworden. Lediglich Vögel wie Pinguine und Meeressäugetiere wie Robben und Wale leben unter den klimatisch extremen Bedingungen.

Im Winter wird das arktische Meer von Stürmen gepeitscht, die haushohe Wellen auftürmen; Schiffe, die sich dem Festland nähern wollen, müssen sich durch das Treibeis arbeiten. Im Sturm werden die harten Eisbrocken herumgeschleudert und wirken wie tödliche Geschosse.

Die wahre Natur der Südhalbkugel begann sich erst bei Kapitän Cooks zweiter Reise (1772–1775) zu offenbaren, als er Südgeorgien und die Süd-Sandwich-Inseln entdeckte. Die Nachricht, dass die Inseln von Robben nur so wimmeln, lockte Robbenfänger in die Region.

ROBBENFÄNGER IN DER ANTARKTIS

Während einer Handelsreise nach Chile im Jahr 1819 kam der britische Robbenfänger William Smith vom Kurs ab, landete auf den bisher unbekannten Süd-Shetland-Inseln und nahm sie für Großbritannien in Besitz. 1820 kehrte er zusammen mit Kapitän Edward Bransfield in die antarktischen Gewässer zurück. Bransfield kartographierte Trinityland (im heutigen Grahamland) und war damit der Erste, der ein Stück der Antarktis auf einer Karte festhielt.

Ebenfalls 1820 entdeckte der amerikanische Robbenfänger Nathaniel Palmer die Halbinsel, die heute nach ihm Palmerland genannt wird. 1821 kam er mit dem englischen Robbenfänger George Powell wieder zurück. Zusammen entdeckten und kartographierten sie die Süd-Orkney-Inseln, die allerdings erst im Jahr darauf diesen Namen erhielten. Bei dieser zweiten Reise traf Palmer nahe den Süd-Shetland-Inseln auch auf eine russische Expedition unter der Leitung von Thaddeus Bellingshausen.

Als die beiden zusammentrafen, hatte der russische Seeoffizier gerade eine zwei Jahre dauernde Umschiffung der Antarktis hinter sich. Bellingshausen war dabei bis zum heutigen Enderbyland nach Süden vorgedrungen. Er benannte die Inseln Peter I. und Alexander I.

Die wichtige Rolle der Robbenfänger bei der Erforschung der Antarktis zeigte sich 1822, als James Weddell die Süd-Orkney-Inseln besuchte. Der Robbenfänger Weddell segelte bei 74°15' südlicher Breite in eisfreie Gewässer und kam damit ein deutliches Stück südlicher als Cook annähernd 40 Jahre vor ihm.

Weddell nannte das Meer östlich der antarktischen Halbinsel »King George IV. Sea«, doch 1900 wurde es ihm zu Ehren in Weddellmeer umbenannt. Peter Kemp, Angestellter der Robbenfängergesellschaft Daniel Bennett and Son, entdeckte Ende Dezember 1833 Land bei 66°33' südlicher Breite, das später Kempland genannt wurde.

Die letzte der Expeditionen, die Robbenfang und Entdeckung vereinigten, fand 1838 statt. Es war eine Gemeinschaftsaktion der Robbenfängerfirma von Samuel Enderby und Londoner Kaufleuten. 1839 stießen John Balleny, unterwegs mit dem Kutter *Sabrina*, und der Schoner *Eliza Scott* südlich von Neuseeland auf die Ballenyinseln und die Sabrinaküste des Festlands.

DUMONT D'URVILLE UND WILKES

Nach der Reise von Bellingshausen hatte man die Erforschung der Antarktis fast gänzlich den Robbenfängern überlassen. Doch in den 1830er-Jahren, als der deutsche Wissenschaftler Karl Gauss die Ansicht vertrat, der magnetische Südpol (die Südachse des Magnetfeldes der Erde) müsse sich in der Antarktis befinden, tat sich ein neues Motiv auf. Nun ging es um wissenschaftliche Interessen und zugleich um nationale Rivalitäten.

Die erste dieser Expeditionen unternahm der französische Seeoffizier Jules-Sébastien Dumont d'Urville, der schon von 1822 bis 1825 und von 1826 bis 1829 an Tiefenlotungen und Vermessungen des Pazifikbodens teilgenommen hatte. Da er dafür nicht die erwartete öffentliche Anerkennung bekam, seine Rolle in der Geschichte der Entdeckungen aber dokumentieren wollte, hatte er ein Buch über seine Reisen in den Pazifik geschrieben, das ein beachtlicher Erfolg wurde.

Im September 1837 segelte Dumont d'Urville mit zwei Schiffen, der *Astrolabe* und der *Zelée*, aus Toulon in Frankreich ab. Die Expedition erreichte Feuerland an der Südspitze Südamerikas und fuhr von dort aus in das Eis der antarktischen Gewässer. Im Februar wurden die Schiffe bei 63° südlicher Breite eine Woche vom Eis festgehalten. In dieser Zeit sichtete Dumont d'Urville bisher nicht kartographiertes Land.

Dumont d'Urville lenkte nun seine Schiffe in wärmere pazifische Gewässer und landete im Dezember 1839 in Tasmanien. Da die Mannschaft der *Zelée* stark an Skorbut litt, ließ er Schiff und Crew in Hobart zurück und segelte nur mit der *Astrolabe* über den südlichen Polarkreis bis 73° südlicher Breite. Das dort erreichte Land nannte Dumont d'Urville nach seiner Frau Adélieland. Seinen Berechnungen nach musste der magnetische Pol ganz in der Nähe sein.

Zu dieser Zeit sichtete Dumont d'Urville ein Schiff der US-amerikanischen Expedition unter Charles Wilkes, doch keines der beiden Schiffe nahm Notiz vom jeweils anderen. Die Folge war jedoch ein Disput darüber, wer als Entdecker des Adélieland genannten Küstenabschnitts gelten durfte. Trotz ungeklärter Ansprüche arbeiten heute französische Wissenschaftler in Terre Adélie auf der nach Dumont d'Urville benannten Forschungsstation.

Wilkes' Expedition verfolgte nicht vorrangig wissenschaftliche Ziele. Der amerikanische Kongress hatte dem Unternehmen vor allem zugestimmt, um der amerikanischen Walfangindustrie zu helfen.

1838 lief eine Flotte von sechs Schiffen aus. Nachdem am Kap Hoorn ein Basislager angelegt worden war, fuhren die Schiffe in antarktische Gewässer.

Man wollte der Route Weddells folgen und so weit wie möglich nach Süden vorstoßen. Doch wie andere vor ihm scheiterte auch Wilkes am Weddellmeer und nur eines der Schiffe erreichte 70° südliche Breite. Etwa in diesen Breiten muss er Dumont d'Urville gesichtet haben. Da Wilkes nach sechs Monaten noch immer kein Land hinter dem Packeis gesichtet hatte, segelte er in wärmere Gewässer zurück.

1840 begab sich Wilkes von Sydney aus erneut in die Antarktis. Obwohl das Wetter sehr schlecht war, segelte er dennoch an dem später nach ihm benannten Wilkesland entlang auf Enderbyland zu. Nachdem er 2560 km weit durch den Neben gesegelt war, sichtete er Land bei der heutigen Sabrina- und Knoxküste.

Wilkes war sicher, auf eine zentrale Landmasse gestoßen zu sein und nannte das Land, da es der Arktis auf dem Globus gegenüber lag, Antarktika. Kaum war er nach Sydney zurückgekehrt, wurden seine Entdeckungen von Dumont d'Urville und James Ross heftig bestritten.

Der britische Entdecker Ernest Shackleton sollte jedoch mehr als 60 Jahre später ihre Richtigkeit bestätigen.

Oben: Eisberge in der Nähe des McMurdosunds am Rossmeer. Der dort entdeckte Vulkan Mount Erebus wurde von James Ross 1841 nach einem seiner beiden Schiffe benannt, mit denen er eine Expedition hierher unternommen hatte.

ROSS IN DER ANTARKTIS

James Ross war ein erfahrener Polarentdecker, als er das Kommando der britischen Antarktisexpedition von 1839 bis 1843 bekam. Seine Schiffe, die *Erebus* und die *Terror*, waren besonders verstärkt worden, um dem Eisdruck standhalten zu können. Sein Auftrag lautete, den magnetischen Südpol zu suchen und die antarktischen Gewässer zu erforschen und so die Entdeckungen von Dumont d'Urville und Wilkes zu ergänzen.

Im Januar 1841 erkämpfte sich Ross einen Weg durch das Eis in die klaren Gewässer des nach ihm benannten Rossmeeres und segelte 800 km weit zum Kap Adare. Er nahm die Region für Großbritannien in Besitz und nannte sie Victorialand. Nach seinen Schiffen benannte er zwei Vulkane.

Kurz darauf sah Ross den weiteren Weg durch Eis versperrt, das fast 50 Meter hoch aus dem Meer aufragte. Was er hier sah, war die breite, der Küste zugewandte »Zunge« eines Gletschers, der vom Festland floss. Die heute als Ross-Schelfeis bekannte Eistafel bedeckt ungefähr eine Fläche, die so groß ist wie Frankreich.

Ross kehrte zunächst nach Tasmanien zurück, doch im Dezember 1841 war er abermals im Rossmeer unterwegs und drang bis 78° 14' Süd vor – ein neuer Rekord.

Unten: Eine Kolonie von Kaiserpinguinen nahe der Atkabai am Weddellmeer. Diese Pinguinart brütet näher am Südpol als jede andere Vogelart in Gebieten mit Temperaturen unter dem Gefrierpunkt.

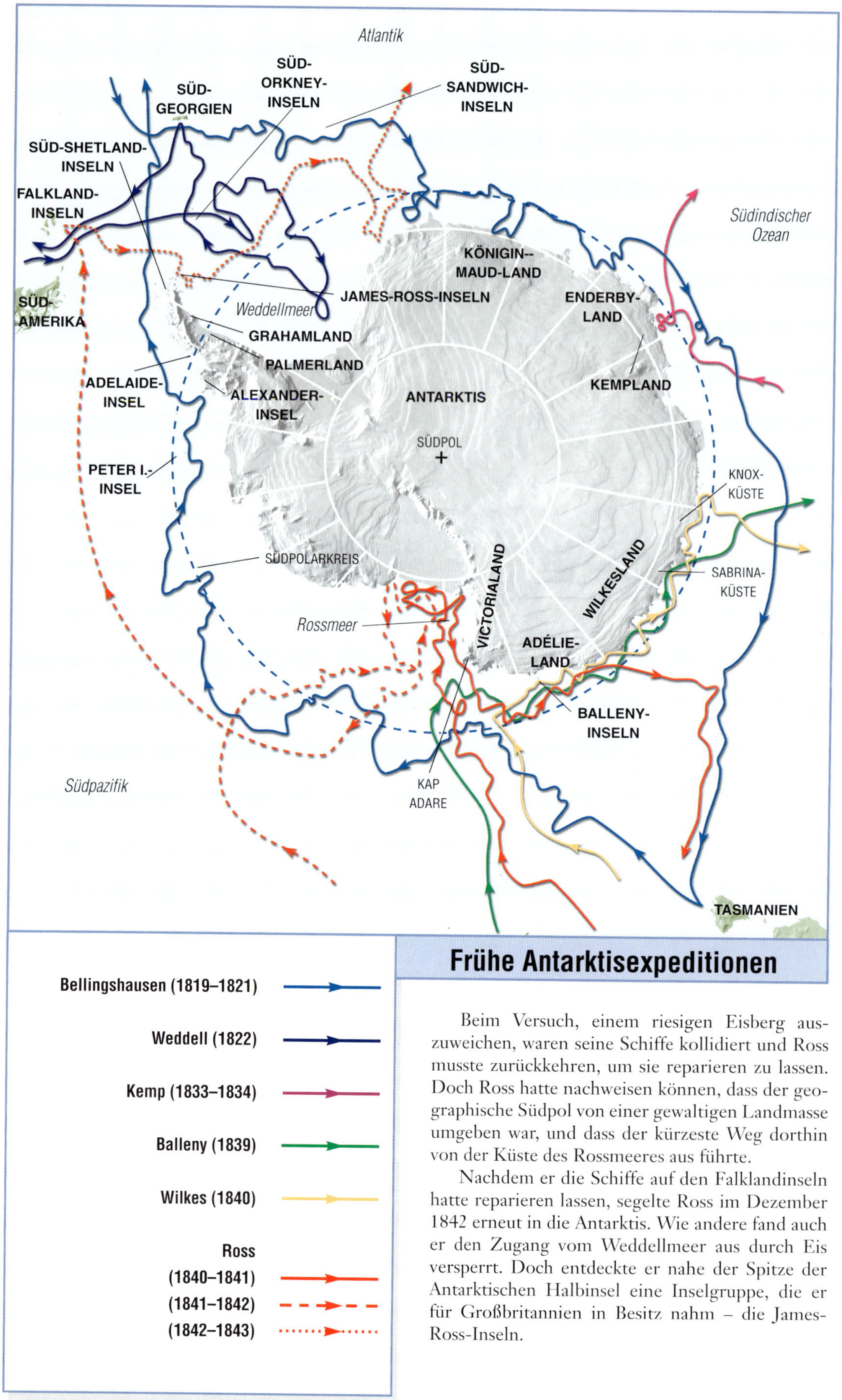

Die Routen der Antarktisexpeditionen, die in der ersten Hälfte des 19. Jahrhunderts unternommen wurden.

Frühe Antarktisexpeditionen

Beim Versuch, einem riesigen Eisberg auszuweichen, waren seine Schiffe kollidiert und Ross musste zurückkehren, um sie reparieren zu lassen. Doch Ross hatte nachweisen können, dass der geographische Südpol von einer gewaltigen Landmasse umgeben war, und dass der kürzeste Weg dorthin von der Küste des Rossmeeres aus führte.

Nachdem er die Schiffe auf den Falklandinseln hatte reparieren lassen, segelte Ross im Dezember 1842 erneut in die Antarktis. Wie andere fand auch er den Zugang vom Weddellmeer aus durch Eis versperrt. Doch entdeckte er nahe der Spitze der Antarktischen Halbinsel eine Inselgruppe, die er für Großbritannien in Besitz nahm – die James-Ross-Inseln.

DIE UNBEKANNTE WEITE

Mitte des 18. Jahrhunderts gab es zahlreiche Spekulationen über den Südkontinent. Viele hatten vermutet, dass es im Süden der Südsee ein grünes Land mit reicher Vegetation und vielen Tieren gäbe. Einst hatte man diesen legendären Kontinent *Terra australis incognita* (das unbekannte Südland) genannt und gehofft, dass es so reich wie Indien wäre und der Handel mit diesem Land profitabel sein könnte.

Anfang des 19. Jahrhunderts hatte sich jedoch gezeigt, dass es ein grünes, reiches Südland nicht gab. Seit James Cook zwischen den Eisbergen gekreuzt war, wusste man, dass Land, sofern es hier existierte, kalt und abweisend sein musste. Allerdings hatte Cook in diesem eisigen Meer Wale und sehr viele Robben gesichtet, was die Aufmerksamkeit der Tierfänger auf diese Region lenkte. Denn längst hatte sich eine große Industrie zur Verarbeitung der Felle, des Trans und anderer Produkte gebildet, die diese Tiere lieferten.

Zunächst dezimierte man die Robbenpopulationen. Dann revolutionierten die Norweger den Walfang, indem sie Dampfschiffe und Harpunierkanonen einsetzten. Nun kamen die Walfänger auch in die Antarktis, um hier ihre Beute zu jagen.

Ende des 19. Jahrhunderts war die Antarktis das letzte große Gebiet der Erde, das gänzlich unerforscht war. Vieles hatte man jedoch bereits am Nordpol gelernt – vor allem, wie man in Eiswüsten überleben kann. Und so folgten den Walfängern bald die Entdecker.

DIE REISE DER *ANTARCTIC*

Carl Larsen, der Kapitän eines Walfängers, fuhr 1893 nach Norwegen, um Gelder für eine Expedition aufzutreiben. In einem speziell ausgerüsteten Schiff, der *Antarctic*, segelte er von Norwegen nach Melbourne in Australien, wo er eine Gruppe europäischer Wissenschaftler an Bord nehmen wollte. Doch ihre Ankunft verzögerte sich und die Zeit drängte. Deshalb nahm Larsen den Naturwissenschaftler Carsten Borchgrevink an Bord und näherte sich mit ihm auf der *Antarctic* 1894 der Stelle, die als Victorialand bereits von fern einen Namen bekommen hatte. Im Januar 1895 wagte eine Gruppe von Männern den ersten Landgang an der Küste der Antarktis.

Borchgrevink reiste nach Beendigung dieser Expedition nach Großbritannien, wo er den Herausgeber einer Zeitschrift überredete, ihm ein Unternehmen zu finanzieren: Als Erster wollte er einen Winter auf dem Festland der Antarktis verbringen; die Zeitschrift sollte das Exklusivrecht an dieser Geschichte haben. Die Royal Geographical Society widersetzte sich jedoch der Idee und prognostizierte dem Unternehmen keinen Erfolg.

Unbeirrt fuhr Borchgrevink jedoch im August 1898 mit einem neuen Schiff, der *Southern Cross*, zusammen mit einer Gruppe von Wissenschaftlern, von London aus in die Antarktis. Er hatte auch Huskys dabei und zwei Lappen (Samen) aus Finnland als Schlittenführer. Am 17. Februar 1899 ankerte die *Southern Cross* vor Victorialand und Borchgrevink errichtete das Winterlager.

Am 1. März wurde die britische Flagge über dem Camp Ridley genannten Quartier aufgezogen – nicht mehr als eine Hütte mit einem Dach aus Öltuch und Robbenfellen, das von Säcken voller Kohle gehalten wurde. Auch Observatorien wurden gebaut, um das Magnetfeld messen und Wetterbeobachtungen anstellen zu können. Das kleine Team beobachtete, wie die *Southern Cross* am Horizont verschwand, gerade rechtzeitig, ehe das dichter werdende Packeis sie einschloss.

Oben: Ein gestrandeter Pottwal wird geflenst, das heißt, er wird gehäutet und zerlegt, damit man an den Speck und das begehrte Walrat kommt. Diese Substanz diente früher zur Herstellung von Kerzen, durchsichtigen Seifen, Schminken und Salben. Außerdem gewann man Tran von den Walen und Amber für die Parfümherstellung. Da sich Pottwale in den antarktischen Gewässern aufhielten, kamen im frühen 19. Jahrhundert viele Walfänger hierher.

Auf Kap Adare erklommen Borchgrevink und ein Begleiter einen 1100 m hohen Gipfel, ehe der extrem kalte Winter sie für 75 Tage zurück in ihre Hütte zwang. Diese düstere Zeit wurde zusätzlich getrübt, weil der Geologe Nicolai Hanson krank wurde und starb.

Als im Frühjahr die Pinguine zu ihren Brutplätzen kamen, machten sich die Männer auf, die Region Victorialand zu erforschen und zu kartographieren. Schließlich kam die *Southern Cross* zurück, um sie abzuholen. Das Schiff brachte die Forscher zu einem anderen Küstenabschnitt, wo Borchgrevink mit Lieutnant Colbeck und einem der Schlittenführer erstmals eine Schlittenpartie Richtung Südpol unternahm und bis zu 78° 50' südlicher Breite kam – der bisher südlichste Punkt.

Im Sommer 1900 war Borchgrevink wieder in England und genoss die ihm zähneknirschend ge-

Walfang

Der Walfang, früher auch Walerei genannt, wurde bereits im 9. Jahrhundert von den Norwegern und später auch von den Basken Nordspaniens betrieben. Sobald man die Tiere sichtete, ruderte man mit Booten hinaus und drängte die Tiere zur Küste, wo sie auf den Stränden verendeten. Begehrt war weniger das Fleisch als vielmehr die dicke Speckschicht der Tiere, die ausgekocht und zu Lampenöl verarbeitet wurde. Grönland- und Nordwale wurden von Briten, Niederländern und Amerikanern gejagt.

Ab dem 18. Jahrhundert richteten die Waljäger ihre Aufmerksamkeit vor allem auf die Pottwale, denn sie enthielten das begehrte Walrat – eine ölige Substanz, die zur Herstellung von Kerzen, durchsichtigen Seifen, Schminken und Salben verwendet wurde. Außerdem gewann man Amber, eine fettige Substanz aus dem Darm der Pottwale, für die Parfümherstellung. Amerikanische Walfänger riskierten ihr Leben, um diese Giganten der Meere zu fangen.

Da Buckel- und Blauwale zu groß für die traditionelle Walerei waren, wurden sie erst gejagt, als Dampfschiffe und Harpunierkanonen erfunden waren. Ein Blauwal kann 30 m lang werden und rund 90 Tonnen wiegen. Ein harpunierter Blauwal konnte ein Dampfschiff einen halben Tag lang hinter sich herschleppen.

Die Norweger dominierten den Walfang im frühen 20. Jahrhundert. Um 1900 errichteten sie die ersten Walfangstationen in der Antarktis; um 1920 fuhren sie mit ihren zu Walfabriken ausgebauten Schiffen dorthin. Robben- und Walfänger waren die Wegbereiter der Entdecker in der Antarktis.

Unten: Ein norwegischer Walfänger zieht seine Beute zu einer Walfangstation.

währte Anerkennung derer, die seine Fähigkeiten in Zweifel gezogen hatten. Er hatte gezeigt, dass auch die Antarktis zu bezwingen war. 1901 veröffentlichte er seinen Bericht unter dem Titel *First on the Antarctic Continent*. Innerhalb eines Jahres sandten nicht weniger als fünf Nationen Expedition aus, die den Spuren Borchgrevinks folgen sollten.

DIE ABENTEUER DER *BELGICA*

Während sich die *Southern Cross* durch das Packeis kämpfte, hatte auch ein anderes Schiff seine erste Begegnung mit den antarktischen Eismassen – die kleine *Belgica*, ein ehemaliger norwegischer Robbenfänger. Der belgische Seeoffizier Adrien de Gerlache de Gomery hatte das Schiff erworben und umbenannt und seine Regierung überredet, ihm eine Antarktisexpedition zu finanzieren, denn er wollte den magnetischen Südpol finden. In Norwegen hatte er die erforderlichen Überlebenstechniken gelernt.

Der amerikanische Entdecker Frederick Cook, der mit Robert Peary 1891 in Grönland gewesen war, schloss sich als Schiffsarzt an und führte das Bordbuch. Außerdem dabei war der Norweger Roald Amundsen, der hier seine erste Bekanntschaft mit der Antarktis machte.

Im August 1897 lief die *Belgica* vom Hafen Oostende aus und erreichte fünf Monate später den südlichen Polarkreis. Unterwegs hatte Gerlache de Gomery noch die Gelegenheit ergriffen, die Bewohner Feuerlands genauer zu studieren. Von der Spitze Südamerikas aus fuhr die *Belgica* mit 19 Mann Besatzung in die Antarktis.

Im Januar 1898 ankerten sie mehrmals an der antarktischen Halbinsel und waren die Ersten, die einzelne Nächte auf antarktischem Festland verbrachten. Da sie außergewöhnliches Glück mit dem Wetter hatten, konnten sie die Küste immer weiter erforschen.

Im April setzte der Winter ein und mit ihm kamen heftige Stürme. Fast wäre die *Belgica* in einem Sturm zerschmettert worden, doch zugleich hatte sie dabei eine Bresche ins Eis geschlagen, sodass Gerlache de Gomery noch weiter nach Süden vorstoßen ließ. Bald jedoch wurde das Schiff vom Eis eingeschlossen; Gerlache hatte angenommen, der antarktische Winter sei milder als der arktische. Eine Fehleinschätzung, die er bitter bereuen sollte. Der antarktische Winter senkte sich mit vier Monaten völliger Dunkelheit und heftigen Winden über die Männer. Man unternahm etliche Ausflüge mit dem Schlitten, kam aber nicht weit. Die Männer blieben im oder beim Schiff, das elf Monate lang im Eis festsaß.

Als im November endlich der Sommer begann, machte man ein paar Exkursionen, doch die Hauptsorge galt dem Versuch, das Schiff aus dem Eis zu befreien. Niemand wollte einen weiteren Winter in der Antarktis verbringen.

Zuerst versuchte man, das Eis zu sprengen, doch mehr als eine Delle im Eis brachte man dabei nicht zustande. Am Ende des Sommers hatten die Männer die kühne Idee, vor dem Schiff einen Kanal

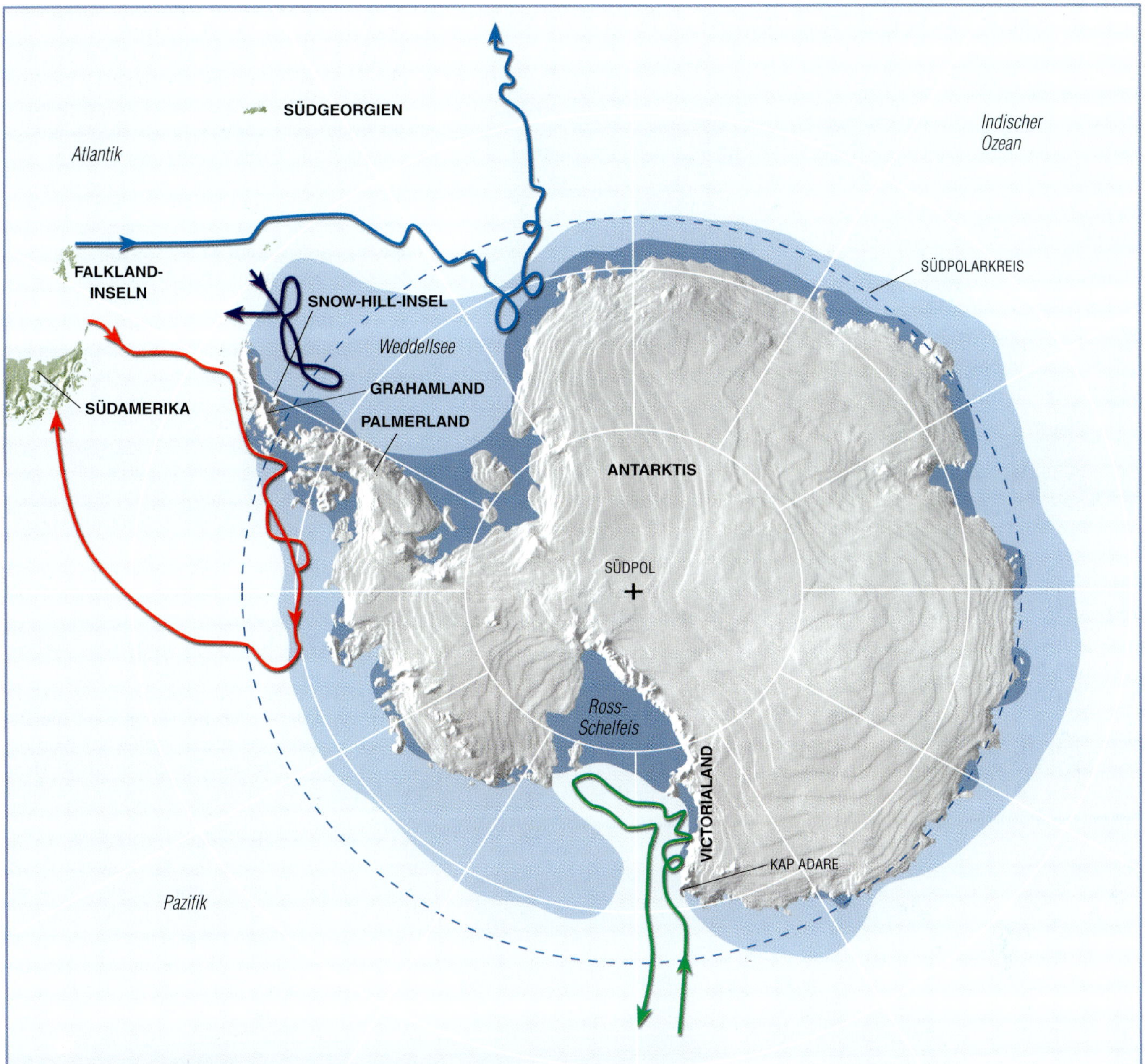

Frühe Antarktisexpeditionen

Larsen (1893–1894)
G. de Gomery (1897–1899)
Borchgrevink (1898–1900)
Bruce (1904)
Schelfeis
Permanent gefrorene See
Offene See

Oben: Die Routen, denen einige der frühen Antarktisforscher folgten.

in das Eis zu hacken. Zwei Monate lang hackten, schlugen und sägten die Männer eine Rinne in das Eis, bis endlich am 28. März 1899 die *Belgica* freie Fahrt hatte und nach Südamerika dampfen konnte.

WEITERE PIONIERE

Zu den Entdeckern, die Borchgrevink und Gerlache des Gomery im frühen 19. Jahrhundert folgten, gehörten auch Robert Scott, der zusammen mit Ernest Shackleton und Edward Wilson in dem neu gebauten Dampfschiff *Discovery* im Januar 1902 anreiste. Im Zuge ihrer Erkundungen auf dem Festland näherten sie sich dem Südpol auf 800 km.

Der schottische Wissenschaftler William Bruce leitete 1903 und 1904 zwei weitere Expeditionen, für die er mit der *Scotia*, einem umgebauten Wal-

Oben: Das Treffen zwischen Nordenskjöld und der Crew der *Uruguay*.

Unten: Huskys wurden erstmals 1895 in die Antarktis gebracht. Sie werden noch heute dort eingesetzt.

fänger, anreiste. Bei der zweiten Expedition gelang es Bruce, 74° Süd zu erreichen.

Die dramatischste Leistung gelang dem jungen Geologen Otto Nordenskjöld, einem Neffen des berühmten Nordpolarforschers, der die Nordostpassage gefunden hatte. Die *Antarctic* hatte ihn und fünf Begleiter auf der Insel Snow Hill vor Grahamland für den Winter abgesetzt. Das Schiff war am 12. Februar 1902 abgefahren und sollte sie im kommenden Jahr wieder abholen.

Zunächst ging alles gut: Die Forscher machten die faszinierende Entdeckung, dass es vor 100 Millionen Jahren üppiges Leben auf dem Kontinent gegeben hatte und fuhren mit ihren Hundeschlitten weit ins Landesinnere. Als der Februar 1903 kam, warteten sie hoffnungsfroh auf die *Antarctic*, doch durch immer fester werdendes Eis konnte sie sich ihnen nicht nähern. Die Männer mussten 30 Robben und mehr als 400 Pinguine töten, um die nächsten Monate zu überleben. Auch im zweiten Winter setzten sie ihre Forschungen fort, doch als das Frühjahr kam, entschlossen sich Otto Nordenskjöld und Ole Jonassen zu einer Schlittenexkursion ins Inland.

ERSTAUNLICHE ZUFÄLLE

Am Morgen des 12. Oktober 1903 ereignete sich der erste von einer Reihe unglaublicher Zufälle. Während sie an der Küste der Insel Vega entlangfuhren, sahen Nordenskjöld und Jonassen zwei dunkle Punkte auf dem Eis, die sie zunächst für Pinguine hielten. Aber die Gestalten kamen mit Schlitten auf sie zu. Es waren zwei Männer eines Suchtrupps, den die *Antarctic* abgesetzt hatte, als sie die Küste nicht erreichen konnte, um Nordenskjöld und seine Leute abzuholen. Da die drei Retter jedoch nicht zu Nordenskjöld vordringen konnten, hatten sie sich aus Steinen eine Notunterkunft gebaut und den Winter darin durchgestanden. Im September hatten sie sich abermals auf die Suche gemacht und waren nun durch Glück mit Nordenskjöld zusammengetroffen. Zusammen warteten die Männer nun auf die *Antarctic*. Am 8. November tauchte ein Mast am Horizont auf, doch war es ein argentinisches Schiff – die *Uruguay*. Da man nicht wusste, ob die *Antarctic* noch kommen würde, entschloss man sich, mit der *Uruguay* abzureisen.

Während der Nacht waren die Hunde ungewöhnlich unruhig und bellten. Als einer der Männer aufstand, um sie zu beruhigen, sah er eine Gruppe von Männern kommen: Es war die Mannschaft der *Antarctic*, die im vergangenen Februar 40 km vom Land entfernt eingefroren war. Mit Schlitten und Booten hatte sich die Mannschaft an Land gerettet, wo sie in einer Hütte den Winter verbracht hatte. Es kam einem Wunder gleich, dass sie Nordenskjöld am Vorabend seiner Abreise gefunden hatte. Wären sie nur einen Tag später gekommen, hätten sie den bevorstehenden zweiten Winter wohl nicht überlebt.

Als Nordenskjöld als vermisst gemeldet wurde, hatte sich ein französischer Suchtrupp unter Jean-Baptiste Charcot auf die Suche nach ihm aufgemacht. Nachdem Charcot erfahren hatte, dass die Männer gerettet waren, entschied er sich zu bleiben und Teile der Küste zu kartographieren. Auch Robert Scott galt als verschollen und man suchte nach ihm, doch er kehrte 1904 zurück und konnte einem neugierigen Publikum von seinen Schlittenfahrten ins Inland berichten.

DER WETTLAUF ZUM SÜDPOL

Oben: Mitglieder von Robert Scotts *Discovery*-Expedition (1901–1904). Von links nach rechts: Shackleton, Scott und Wilson.

Unten: Das Winterquartier der *Discovery*-Expedition. Das Schiff kam am 16. Februar 1904 aus dem Eis frei und segelte nach England zurück.

Kapitän Robert Scotts erste Antarktisexpedition, die 1904 endete, wurde als riesiger Erfolg gewertet. Scott brachte wertvolle Erkenntnisse über die Gesteine und die spärliche Vegetation der Antarktis mit, vor allem aber waren Scott, Ernest Shackleton und Edward Wilson weiter zum Pol vorgedrungen als alle anderen, denn sie hatten 82° 17' Süd erreicht – ein schwieriges Unterfangen, da das Terrain zum Pol hin eine Höhe von mehr als 3350 m erreicht. Eis und Schnee sind hier überall trügerisch, und jede Anstrengung in dieser Höhe ist extrem erschöpfend.

Besonders Shackleton hatte Probleme in der Antarktis. Der lebhafte Ire litt schwer auf der ersten langen Reise in das eisige Landesinnere. Von Skorbut gezeichnet, konnte er nicht mithelfen, den Schlitten zum Basislager zu ziehen. Die drei Entdecker brauchten 90 Tage für ihren Treck von 1902 und überlebten nur mit Glück.

Bei der Rückkehr zum Basislager war Shackleton in einem dermaßen schlechten Gesundheitszustand, dass Scott ihn nach Hause schickte. Er selbst blieb bis 1904. Nachdem einige Suchexpeditionen nach ihm ausgeschickt worden waren – Scott selbst hatte sich nie in Gefahr gesehen –, kehrte er mit seinem Schiff *Discovery* nach England zurück.

Obwohl Jean-Baptiste Charcot noch mit der Erfassung der Küste beschäftigt war, markierte Scotts Rückkehr einen Höhepunkt in der Erforschung der Antarktis. Roald Amundsen wandte sich dem leichter erreichbaren Nordpol zu, den er vor den Amerikanern erreichen wollte, und Scott nahm einen Posten bei der britischen Marine an. Auch die anderen Entdecker kehrten zu ihren Berufen zurück.

Nur Shackleton hatte trotz seiner schweren Gesundheitsprobleme die Idee, den Südpol zu erreichen, noch nicht aufgegeben. Leider fehlten ihm die Mittel, eine Expedition auszurüsten. Er wollte in die britische Marine eintreten, wurde aber abgewiesen. Eine Zeit lang arbeitete er für eine populäre Zeitschrift, dann wurde er Sekretär der Scottish Geographical Society und bewarb sich später um einen Sitz im britischen Parlament.

SHACKLETON WILL ZUM POL

Shackletons Bemühungen, in die Politik einzusteigen, hatten ihn mit dem Industriellen William Beardmore bekannt gemacht, der ihm 7000 Pfund (damals eine gewaltige Summe) bot, um den Versuch zu finanzieren, als erstes Ziel den geographischen Südpol und als zweites Ziel den magnetischen Südpol zu erreichen. Im April 1907 gab Shackleton seine Pläne in der Londoner *Times* bekannt. In einer Anzeige suchte er Geldgeber und Männer, die sich ihm anschließen wollten. Es meldeten sich viele Freiwillige, darunter Offiziere und Wissenschaftler wie der australische Arzt Douglas Mawson, der ein bedeutender Antarktisforscher werden sollte.

Shackleton erwarb ein norwegisches Robbenfängerschiff, benannte es in *Nimrod* um und wandte sich dann der schwierigen Frage zu, wer die Schlitten ziehen sollte. Die Norweger drängten ihn, Hunde zu nehmen, doch er entschied sich für sibirische Ponys, denn Scott hatte mit seinen Hundeteams wenig Glück gehabt. Huskys zu führen, erfordert viel Wissen, Geschick und praktische Erfahrung. In Scotts Rudel hatte es ständig heftige Beißereien gegeben und dauernd waren die Leinen verhed-

dert. Zuletzt nahm Shackleton dann doch ein paar Hunde mit, außerdem zwei Automobile, die auf Skiern montiert waren.

Am 7. August 1907 stach die *Nimrod* von England aus in See. Da sie völlig überladen war, ließ Shackleton einige der Ponys zurück, als er am 1. Januar 1908 von Neuseeland aus zur Antarktis weitersegelte. Nachdem das Packeis überwunden war, errichtete er in der Backdoorbai auf der Rossinsel – 32 km entfernt von Scotts Camp – sein Basislager. Noch bevor der Winter einsetzte, erklomm eine Gruppe den Vulkan Mount Erebus. Die dunklen Monate verbrachten die Männer damit, sich auf ihre Aufgaben vorzubereiten: Mawson wollte zum magnetischen Pol, Shackleton zum geographischen. Im Oktober 1908 begannen die Forscher damit, Lebensmitteldepots auf den jeweiligen Routen anzulegen. Am 6. November schließlich machte sich Shackleton mit drei Männern auf die Fahrt ins Unbekannte.

Am 26. November waren die Männer dem Pol näher als Scott gekommen, doch nur noch drei Ponys waren am Leben, zwei davon mussten im Laufe der folgenden Woche getötet werden. Die Forscher befanden sich nun in fast 3000 m Höhe und das Atmen wurde schwer. Das letzte Pony stürzte schwer mit Nahrungsmitteln beladen in einen Abgrund.

Am Weihnachtsabend 1908 befanden sich die Männer auf einem Gletscher in 2900 m Höhe und 400 km vom Südpol entfernt. Da sie die Schlitten nun selber ziehen müssten, schafften sie nur wenige Kilometer am Tag. Am 9. Januar – sie hatten jetzt eine Höhe von 3350 m erreicht, aber nur noch knappe Nahrungsreserven –, entschieden sie sich zur Umkehr, denn sie litten alle der Höhe und der

Ausrüstung einer Polarexpedition

Shackleton legte großen Wert darauf, für seine Antarktisexpedition von 1907 bis 1909 die angemessene Ausrüstung zu bekommen. In Lappland ließ er Schlafsäcke aus Renfell herstellen, die so groß waren, dass drei Männer hineinpassten, die sich gegenseitig wärmen konnten. Aus dem Bein- und Kopffell von Rentieren ließ er *Finnesko* genannte Stiefel fertigen. In Norwegen bestellte er 30 Schlitten, die nach einem Entwurf von Fridtjof Nansen angefertigt wurden, sowie spezielle Skier, außerdem Fausthandschuhe aus Hundeleder und Wolfspelz.

Links: Ernest Shackleton, der 1907 zum Südpol wollte. Sein Basislager (unten) errichtete er an der Backdoorbai auf der Rossinsel.

Shackleton und die *James Caird*

Selbst nachdem Amundsen den Südpol erreicht hatte, pflegte Shackleton noch Ambitionen in der Antarktis und wollte sie vom Weddell- zum Rossmeer überqueren. Am 8. August 1914 brach er auf, doch die eigentliche Expedition kam gar nicht erst in Gang. Nachdem er von Südgeorgien abgesegelt war, blieb sein Schiff, die *Endurance*, im Eis stecken (siehe Ziffer 1 auf der Karte). Nachdem sie elf Monate mit dem Eis gedriftet war, sank sie. Die Teilnehmer der Expedition retteten sich sowie einen Teil des Proviants und die offenen Walfangboote auf das Eis, mit dem sie weiter nach Norden drifteten. Sobald das Packeis schmolz, stiegen sie in die Boote.

Auf diese Weise kämpften sie sich von Scholle zu Scholle vor, während Orkas sie neugierig herumschubsten. Im April 1916 landeten sie auf der Elephant-Insel (2), wo sie einen Seeelefanten töten konnten, was ihnen Nahrung und Tran für die Lampen lieferte. Am 23. April machte sich Shackleton zusammen mit fünf Männern in dem knapp 7 m langen Boot *James Caird* auf, um Hilfe zu holen (3). 22 Männer blieben auf der Elephant-Insel zurück. Die anderen segelten bei stürmischer See 1300 km weit bis zu einer Bucht auf Südgeorgien (4), wo sie das umgedrehte Boot als Notbehausung benutzten. Zu Fuß und ohne Schutz oder Ausrüstung begab sich Shackleton allein zur Walfangstation in der Stromnessbai (5). Das war die erste Überquerung der Insel Südgeorgien.

Shackleton mietete ein Schiff und versuchte, den Rest seiner Mannschaft zu retten (6), doch das Packeis zwang ihn, auf die Falklandinseln auszuweichen. Auch ein zweiter Versuch schlug fehl (7). Schließlich versuchte er es von Punta Arenas (8) aus mit einem Schiff, das ihm die Chilenen zur Verfügung stellten. Im August 1916 konnte er alle 22 Männer retten (9).

Unten: Die Routen der *Endurance*, der *James Caird* sowie Shackletons Rettungsversuche.

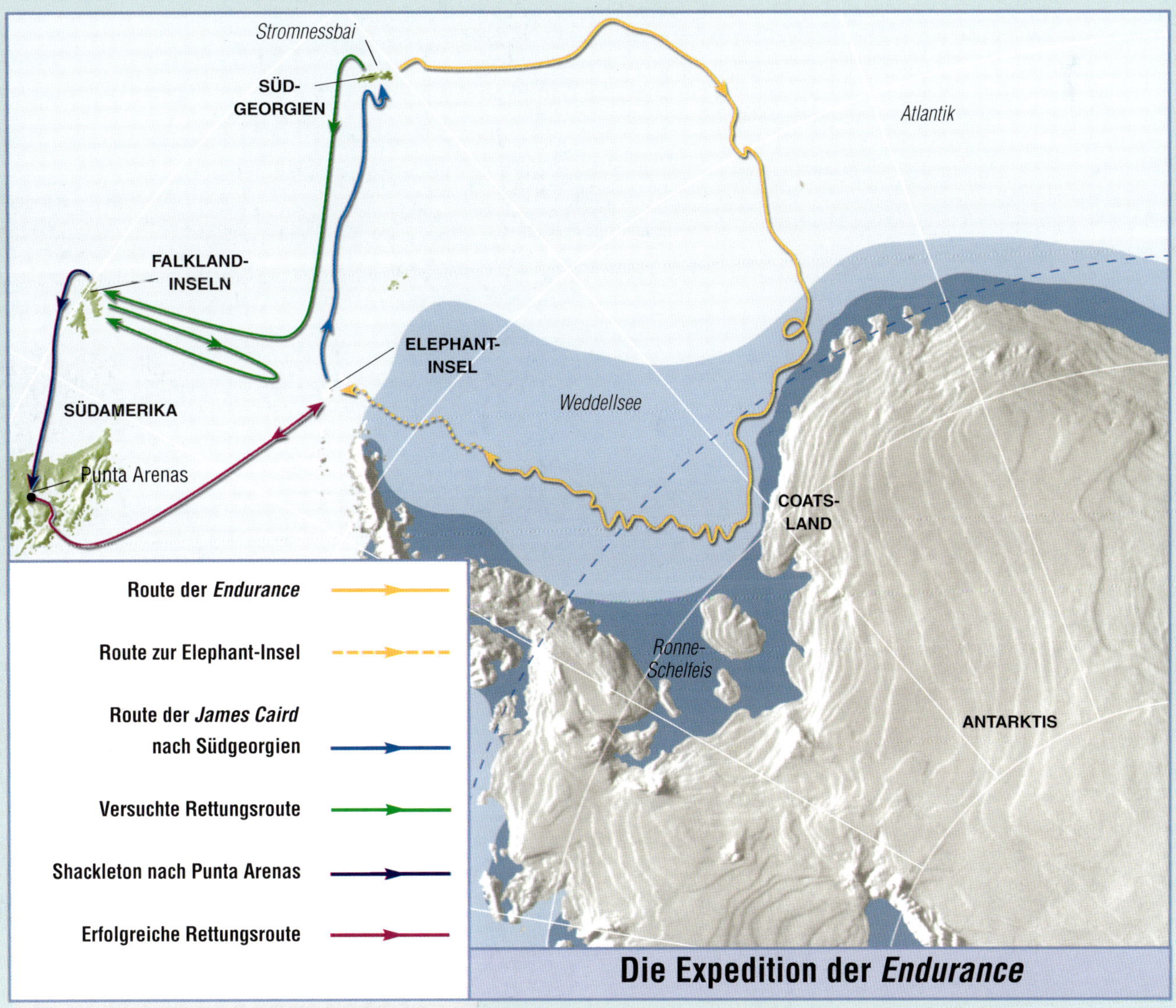

Oben: Eines der Zwischenlager auf Shackletons Route, die er von 1907 bis 1909 zum Südpol nahm. Die Expedition hat den Pol fast erreicht und leistete gute Vorarbeit für Scott und Amundsen.

Unten: Scotts Schiff, die *Terra Nova*, lag im Rossmeer vor Anker, während er sich zum Südpol aufmachte. Nebelbänke, Eisberge und sich schließendes Packeis waren in der Antarktis eine ständige Bedrohung für die Schiffe.

blendenden Schneeflächen wegen an schweren Kopfschmerzen. Nur 155 km waren sie vom Pol entfernt. Als Shackleton und seine Begleiter völlig erschöpft zum Basislager zurückkehrten, erfuhren sie, dass Mawson am 16. Januar 1909 den magnetischen Südpol gefunden und eine dritte Gruppe weite Teile des Inlands erforscht hatte.

Während Frederick Cook und Robert Peary beide für sich in Anspruch nahmen, als Erste den Nordpol erreicht zu haben, wurde auch die Nachricht bekannt, dass Shackleton es fast bis zum Südpol geschafft hatte. Nun gab es nur noch eine große Herausforderung: den geographischen Südpol. Vor allem zwei Männer – beide zäh und mit großer Erfahrung – waren entschlossen, das Rennen zu machen – Roald Amundsen und Robert Scott.

Scott hatte inzwischen eine Schreibtischtätigkeit bei der britischen Admiralität angenommen und plante insgeheim längst einen Vorstoß zum Südpol. Dafür testete er motorgetriebene Kettenfahrzeuge, die kurz zuvor von der Rüstungsindustrie erfunden worden waren. Im September 1909 gab er seine Pläne bekannt. Um Gelder zusammenzubringen, reiste er durchs Land und hielt Vorträge. Sowohl die britische Regierung als auch die Royal Geographical Society beteiligten sich an der Finanzierung. Zu dem von Scott zusammengestellten Team gehörte Dr. Edward Wilson, der schon an der früheren Expedition teilgenommen hatte. Als Schiff wählte sich Scott einen Walfänger, den er in *Terra Nova* umbenannte.

DAS RENNEN BEGINNT

Scott segelte am 1. Juni 1910 in London ab und kam im Oktober in Melbourne in Australien an. Dort erreichte ihn ein Telegramm von Amundsen, dessen Inhalt schlicht lautete: »Informiere Sie höflichst, bin auf dem Weg nach Antarktika.« Das war ein Schock, denn Scott erkannte, dass er sich im Wettlauf mit einem gefährlichen Gegner befand.

Amundsen hatte eine rasche Änderung seiner Pläne vorgenommen. Er hatte Fridtjof Nansens Schiff *Fram* erworben und ursprünglich vorgehabt, mit dem im Eis eingeschlossenen Schiff zum Nordpol zu driften. Als er unterwegs erfuhr, dass Peary den Pol bereits erreicht hatte, entschied er jedoch, sich dem Südpol zuzuwenden. Von der Insel Madeira aus schickte er Scott sein Telegramm.

Amundsen nahm 97 Hunde aus Grönland mit, die an die arktischen Bedingungen gewöhnt waren, sowie 19 Männer, mit denen er zu reisen plante. Amundsen, ein kühler Praktiker, war zielstrebig und überzeugt von seinen Fähigkeiten.

Scott war das genaue Gegenteil. Der Stolz verbot dem britischen Offizier zuzugeben, dass er das Rennen zum Pol gewinnen wollte, zudem fand er es angemessener, Schlitten von Ponys statt von Hunden ziehen zu lassen. Er nahm ein paar Hunde mit, verließ sich aber ansonsten auf seine Ponys und die motorgetriebenen Schlitten mit den modernen Panzerketten.

Im Rückblick liegt es auf der Hand, dass dieses Rennen nur von Schlittenhunden, gelenkt mit norwegischem Know-how, gewonnen werden konnte. Als Shackleton von dem Herausforderer Amundsen hörte, und auch davon, dass Scott seiner Route über das Plateau folgen wollte, setzte auch er auf Schlittenhunde. Die Lektionen, die die Arktis Männern wie Charles Hall, Fridtjof Nansen, Robert Peary und anderen erteilt hatte, schienen für Scott nicht zu zählen. Letztlich scheint die unglückliche Wahl der Tiere sein Schicksal besiegelt zu haben. Aber es gab auch andere gravierende Unterschiede: Während im norwegischen Team Gleichberechtigung herrschte, bestand Scott auf dem hierarchischen Unterschied zwischen Offizieren und einfachen Männern. Die Norweger reisten mit einem Minimum an Gepäck, während Scott eine schwere wissenschaftliche Ausrüstung mitschleppte.

Im Januar 1911 befand sich Scott auf dem Festland und bereitete sein Basislager vor. Schon hier brachen mehrere Ponys durch das Eis und verschwanden, wie auch eines seiner Kettenfahrzeuge. Und wie auf der Expedition zuvor bekam er die Hunde nicht unter Kontrolle. Einige Mitglieder seiner Expedition, die eine Exkursion nach Osten unternahmen, sahen die *Fram* und bemerkten, dass Amundsen die bessere Startposition hatte, denn er war dem Pol schon 100 km näher gekommen.

AMUNDSENS UNBESCHWERTER LAUF

Amundsen fuhr am 20. Oktober 1911 los. Mit seinen wohlgenährten, disziplinierten Huskys – vier Teams und 42 Hunde insgesamt – kam er schnell voran. Die Schlitten auf das hohe Gletscherplateau zu ziehen, war extrem harte Arbeit für das Team, doch als die Höhe erst einmal erreicht war, ging es leichter. Dort führten sie dann ihren vorgeplanten, meisterhaften Schachzug aus: Sie erschossen 24 der Schlittenhunde, um für sich und die übrigen Hunde Nahrung zu haben.

Nachdem die Männer durch einen Blizzard vollkommen eingeschneit waren, mussten sie sich durch extrem unsicheres Gelände kämpfen. Doch als das Wetter aufklarte, schafften sie 32 km am Tag. Am 8. Dezember überschritten sie den Punkt, bis zu dem Shackleton gekommen war.

Am 14. Dezember verrieten ihnen ihre Instrumente, dass sie sich in unmittelbarer Nähe des Südpols befanden. Um 15 Uhr pflanzten sie im Gefühl des Triumphes die norwegische Flagge auf. Da Amundsen zugeben musste, dass er mit seinen Instrumenten den Pol nicht auf den Punkt genau bestimmen konnte, markierte er einen Kreis von rund 20 km Durchmesser, innerhalb dessen der Pol liegen musste.

Drei Tage verbrachte Amundsen in der Gegend, prüfte die Daten der Instrumente und stellte weitere Flaggen auf. Außerdem hinterließ er Nachrichten für Scott, der sich gefährlich verspätete. Um das grelle Sonnenlicht zu meiden, reiste Amundsen meist bei Nacht. Am 25. Januar war er wieder bei der *Fram*; eine Woche später segelte er Richtung Heimat. Scott war erst am 1. November aufgebrochen – ein paar Tage später als sein Rivale. Doch kaum war er außer Sichtweite des Lagers, brachen bereits seine Kettenfahrzeuge zusammen. Er folgte Shackletons Route und auch dessen Zeit-

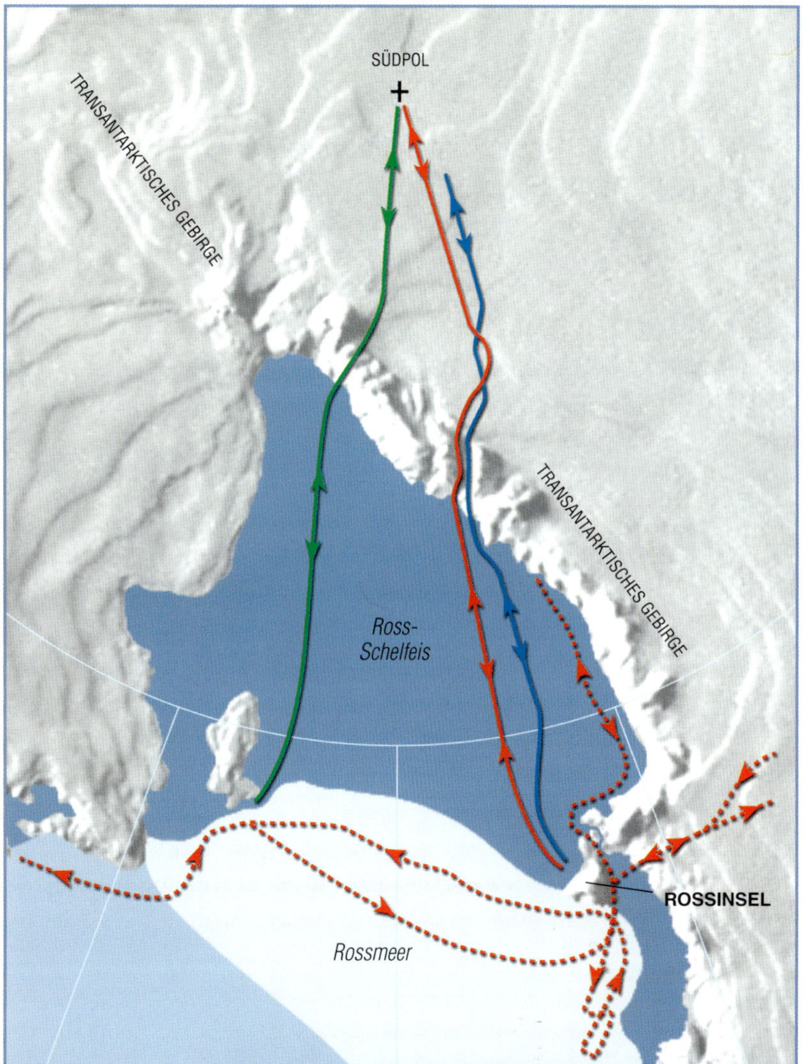

Wettlauf zum Südpol

Scott
(1901–1904)
(1911–1912)

Shackleton (1907–1909)

Amundsen (1911–1912)

Schelfeis

① Scotts weitester Punkt, Dezember 1902.
② Shackleton auf dem Beardmore-Gletscher, Dezember 1908.
③ Shackleton weitester Punkt, Januar 1909.
④ Amundsens Ausgangspunkt, Oktober 1911.
⑤ Scotts Ausgangspunkt, November 1911.
⑥ Amundsen erreicht den Pol, Dezember 1911.
⑦ Scott erreicht den Pol, Januar 1912.
⑧ Scotts letztes Lager, März 1912.

Oben: Die Routen der Expeditionen, die im Wettlauf zum Südpol die Ersten sein wollten. Shackleton näherte sich dem Pol im Januar 1909 bis auf 155 km. Die Nachricht, dass der Nordpol erreicht wurde, spornte Scott und Amundsen an, nun auch den Südpol zu erobern.

Links: Amundsen am Südpol. Er nahm viele Messungen vor, um seine Position genau zu bestimmen. Für Scott, der auch auf dem Weg zum Pol war, hinterließ er eine Nachricht für den Fall, dass er den Rückweg nicht schaffen sollte.

plan. Doch bis zum Dezember hatten die Männer bereits alle Ponys erschießen müssen. Die Hunde brachten sie noch ein Stück weiter, ehe sich die Männer entschlossen, die Schlitten selbst zu ziehen. Als sie noch 272 km vom Ziel entfernt waren, schickte Scott alle Begleiter außer Henry Bowers, Edgar Evans, Lawrence Oates und Edward Wilson zurück. Nur mit ihnen setzte er den Weg fort.

Als sich das Quintett am 17. Januar dem Pol näherte, sahen die Männer Amundsens Spuren. Tief enttäuscht marschierten sie bei Windstärke 4 bis 6 weiter. Es war, wie Wilson schrieb, »der kälteste Marsch, an den ich mich erinnere«. Am Pol fanden sie das Zelt, das Amundsen bereits vor einem Monat wieder verlassen hatte.

EIN SCHRECKLICHER ORT

All ihre Hoffnungen waren grausam zerschlagen und die Männer traten den Rückweg an. Schon bald wurde das Wetter schlechter und die Nahrung musste strikt rationiert werden. Evans, der seit Tagen eine Verletzung an der Hand hatte, schleppte sich nur mit Mühe weiter. Oates litt an einem erfrorenen, schmerzenden Fuß. Die Männer kamen nur langsam voran und die Sicht wurde immer schlechter. Am 17. Februar konnte Evans nicht mehr Schritt halten. Die anderen fanden ihn starr vor Kälte im Schnee. Ein paar Stunden später starb er. Die anderen, nun noch 400 km von ihrem nächsten Versorgungslager entfernt, kämpften sich weiter voran.

Oates Erfrierung schmerzte immer mehr. Als die Männer Mitte März bei einer Temperatur von –40 °C ein Lager aufschlugen, zeigte Oates seinen geschwollenen, von der Erfrierung schwarzen Fuß. Er fragte die anderen, ob er sich weiter schleppen solle; natürlich insistierte Scott darauf. Doch drei Tage später, als ein Blizzard tobte, stand Oates auf und sagte: »Ich muss mal raus, es kann ein wenig dauern.« Er verließ das Zelt und wurde nie wieder gesehen.

Während der letzten zehn Tage im März zwang ein weiterer Blizzard die drei noch Lebenden, Scott, Wilson und Bowers, im Zelt zu bleiben. Geschwächt von der übermächtigen Kälte und dem Mangel an Nahrung lagen sie da und warteten auf den Tod.

Scott schrieb an die Familien seiner Begleiter, um ihnen von deren Mut und Kameradschaft zu berichten. In seinem Tagebuch beschreibt er den anhaltenden Sturm und die wachsende Schwäche. Die drei Männer starben um den 31. März, nur 18 km vom One Ton Depot entfernt. Ihre Leichen wurden erst acht Monate später gefunden.

Unten: Scott und seine Begleiter stehen am Südpol neben dem von Amundsen errichteten Zelt – Beweis dafür, dass Amundsen das Rennen gewonnen hatte.

VERMESSUNG DER ANTARKTIS

Amundsen hatte zwar 1911 den Südpol erreicht, aber die Geographie von der Antarktis war noch weitgehend unbekannt. Es war sehr schwierig, die Küste zu vermessen und zwischen Inseln und Festland zu unterscheiden.

Vor allem wollten die Geographen wissen, ob zwischen den beiden Schelfen im Weddell und im Rossmeer eine Land- oder nur eine Eisbrücke existierte. Das heißt, man wollte wissen, ob die Antarktis aus einer oder zwei Landmassen bestand.

Der deutsche Offizier und Geophysiker Wilhelm Filchner brach 1911 mit einer deutschen Expedition auf, um dieses Rätsel zu lösen. Im Februar 1912 war sein Schiff, die *Deutschland*, tiefer in das Weddellmeer vorgedrungen als jedes andere vor ihm, doch die Suche nach einem geeigneten Platz für ein Basislager auf dem Schelf war schwierig. Man sichtete eine Bucht, ankerte und fing an, Hunde, Ponys, Vorräte und Ausrüstung zu entladen und Hütten zu bauen.

Die Arbeit war fast fertig, als mit ohrenbetäubendem Getöse ein riesiges Stück Eis losbrach, in die See stürzte und eine Welle verursachte, die fast alles mit sich riss. Gerade noch rechtzeitig erreichten die Leute die *Deutschland*. Als sich die See beruhigt hatte, und die Männer ihre Bucht suchten, war sie jedoch verschwunden. Filchners Expedition erzielte keine nennenswerten Fortschritte. Erst in den 1950er-Jahren konnten Wissenschaftler durch Echolotung im Eis feststellen, dass zwischen den beiden Meeren ein Landstreifen von nur 1120 km liegt.

Rechts: Wilhelm Filchner, ein deutscher Armeeoffizier, der sich 1911 aufmachte, um herauszufinden, ob zwischen Weddell- und Rossmeer nur eine Eis- oder auch eine Landbrücke besteht.

VERMESSER GEHEN IN DIE LUFT

Um sich ein Bild von der rätselhaften Küste der Antarktis zu machen, erforschten etliche Entdecker die Region aus der Luft. Robert Scott war im Zuge seiner ersten Expedition in der Gondel eines Heißluftballons 500 m hoch aufgestiegen, doch erst in den 1920er-Jahren setzten Forscher Flugzeuge ein, um der Geographie des Eiskontinents auf die Spur zu kommen. Der Australier Hubert Wilkins war der Erste, der 1928 die Antarktis von West nach Ost überflog. Im selben Jahr flog er auch über Palmerland.

Ein Mann allerdings ragt unter den Pionieren der polaren Luftfahrt besonders hervor – der Amerikaner Richard Byrd, der 1926 bereits als Erster den Nordpol überflogen hatte. Finanziell von Ro-

Links: Der Eisbrecher *Bear*, eines der beiden Schiffe, mit denen Richard Byrd und 74 Kollegen 1928 mit drei Flugzeugen an Bord zur Antarktis reisten.

ckefeller und Edsel Ford unterstützt sowie von der US-Marine ausgerüstet, stellte Byrd eine riesige Expedition zusammen.

Mit einer Gruppe von Wissenschaftlern reiste Byrd im Sommer 1928 von Neuseeland aus in zwei schwer beladenen Schiffen an. Byrd hatte drei Flugzeuge zur Verfügung, die speziell für die große Kälte ausgerüstet waren und enorme Mengen Treibstoff verbrauchten.

»LITTLE AMERICA«

Byrd bereitete alles bestens vor und nahm guten Rat an – darunter auch den von Roald Amundsen, Schlittenhunde mitzunehmen. Es sollte sich zeigen, dass die 95 Huskys unschätzbare Dienste bei der Errichtung der Camps und bei den Streifzügen leisteten. Nahe der Bay of Whales am Rossmeer fand Byrd einen Ankerplatz und errichtete das bestausgestattetste Basislager, das es in der Antarktis jemals gab. Er nannte es »Little America«.

Am 15. Januar 1929 unternahm Byrd mit der dreimotorigen *Floyd Bennett* seinen ersten Flug. Er war in großer Gefahr sich zu verirren, denn er war so nah am magnetischen Pol, dass der Kompass nicht mehr funktionierte. Unterwegs hatte Byrd zahlreiche Fotos gemacht, auf denen sich die wahren Konturen des Landes ablesen ließen.

Bei klarem Wetter stieg Byrd zwei Wochen später wieder auf. Im Tiefflug sah er eine Bergkette, die bisher keinem Entdecker aufgefallen war. Nach seinem Geldgeber nannte er sie die Rockefeller Mountains.

Später entsandte er ein Geologenteam mit einer kleinen Maschine, das die Berge untersuchen sollte.

Nachdem man ein paar Tage lang nichts von den Männern gehört hatte, gaben sie schließlich per Funk Nachricht, dass sie in einen Blizzard geraten waren und auf Wetterbesserung warteten. Byrd und sein Pilot Smith machten sich auf die Suche, mussten im Schneetreiben aber blind fliegen. Endlich fanden sie die Bergkette, sahen aber zunächst nichts von den Männern. Dann fiel dem Piloten eine Rauchsäule auf und es gelang ihm trotz heftigem Wind eine Landung.

Die drei Geologen hatten eine schlimme Geschichte zu berichten: Obwohl ihr kleines Flugzeug bestens vertäut war, hatte es der Sturm losgerissen, in die Luft gewirbelt und fast 1 km weiter zu Boden geschleudert, wo es zerschmettert liegen blieb. Byrd brachte die Geologen heil nach »Little America« zurück, wo man überwinterte, während die

Unten: In einer Reihe von Land- und Luftexpeditionen trug Byrd ab 1929 Entscheidendes zur Kartographierung der Antarktis bei.

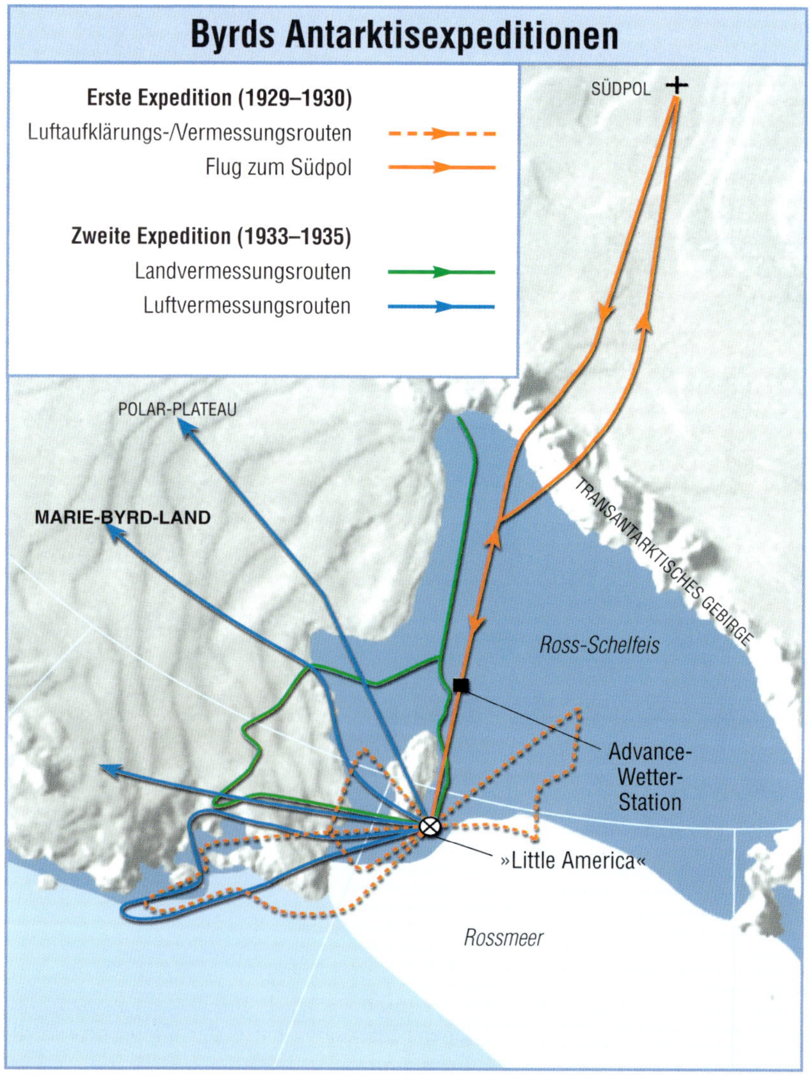

Rechts: Der amerikanische Flieger Richard Byrd, der nach seinem Flug über den Südpol 1929 der erste Mensch war, der über beide Pole geflogen war.

restlichen Flugzeuge in Igluhangars standen. Der antarktische Sommer ließ jedoch auf sich warten und bescherte »Little America« Temperaturen von minus 52 °C. Erst im Oktober konnte Byrd mit Vorbereitungen für seinen geplanten Flug über den Pol beginnen.

BYRD ÜBERFLIEGT DEN SÜDPOL

Der Versuch, den Südpol zu überfliegen, schlug fehl, weil die Maschine Treibstoff verlor. Doch Byrd hatte wichtige Erfahrungen sammeln können. Der großen Treibstoffmenge und der schweren Fotoausrüstung wegen konnte er nur eine maximale Höhe von 3350 m erreichen, doch er musste die bis zu 3960 m hohen Gipfel der Maud Mountains überfliegen.

Am 28. November erhielt Byrd von einem Vorauskommando die Nachricht, das Wetter sei gut. Zusammen mit einem Piloten, einem Navigator, einem Funker und einem Fotografen flog er in gerader Linie zum Südpol.

In Höhe der Maud Mountains musste Byrd ein hohes Risiko eingehen, denn der Treibstoff reichte nur für den Hinflug über die Berge. Zum Durchflug wählte er das Tal des Liv-Gletschers. Der heftige Wind drückte die Maschine auf 2740 m hinunter. Um Höhe zu gewinnen, mussten sie Ballast abwerfen. Die Männer entschieden sich für zwei 90 kg schwere Säcke mit Lebensmitteln.

Glücklicherweise reagierte die Maschine sofort und ließ sich knapp über die Hügelkette am Ende des Gletschers hochziehen. Zwölf Stunden nach dem Start um 1 Uhr 14 am Morgen des 29. Novembers 1929 hatten die Männer den Südpol erreicht. Sie drehten ein paar Runden, während der Fotograf McKinley eine Aufnahme nach der anderen machte.

Byrds Flug war auf seine Weise eine ebenso heroische Unternehmung wie es die Überlandexpeditionen von Amundsen und Scott gewesen waren. Doch um das Land zu vermessen und zu kartographieren, erwies sich das Fliegen als haushoch überlegen. Insgesamt hatte der Flug von »Little America« zum Pol und zurück nur 16 Stunden gedauert. Amundsen dagegen hatte mit seinen Hundeschlitten insgesamt drei Monate benötigt.

Von 1933 bis 1935 leitete Byrd noch einmal eine Antarktisexpedition, die weitere Vermessungen zu Land und von der Luft aus vornahm. 190 km südlich von »Little America« errichtete er eine Wetterstation, wo er ganz allein einen harten Winter mit meteorologischen Beobachtungen verbrachte. Seine 1935 aus der Luft vorgenommene Vermessung ergab, dass zwischen Ross- und Weddellmeer eine Landbrücke lag, womit bewiesen war, dass die Antarktis aus einer einzigen Landmasse bestand.

Nachdem der Südpol 1929 überflogen war, hieß das nächste Ziel ein kompletter Flug über den Kontinent. Piloten für dieses Unterfangen gab es inzwischen genug.

LINCOLN ELLSWORTH

Einer dieser Piloten war der reiche Amerikaner Lincoln Ellsworth, der mit Amundsen in der *Norge* 1926 über die Arktis geflogen war. Ellsworth tat sich mit Hubert Wilkins zusammen, der als Erster die Arktis von West nach Ost überflogen hatte. Beide wollten das Gebiet zwischen Ross- und Weddellmeer vermessen und den ersten Flug quer über den Kontinent machen.

Doch die ersten beiden Expeditionen – 1933 und 1934 – waren Fehlschläge, weil es Probleme mit den Flugzeugen gab.

Erst am 20. November 1935 gelang Lincoln Ellsworth mit seiner *Polar Star* ein 3520 km langer Flug von einer Insel im Weddellmeer zum Rossmeer. Bei extrem schlechtem Wetter hatte er vier Zwischenlandungen machen müssen. Da Ellsworth und seinem Piloten nur 24 km von Byrds »Little America« der Treibstoff ausgegangen war, mussten die Männer die letzten Kilometer marschieren, um in Sicherheit zu kommen.

Ein weiterer bedeutender Polarflieger der 1930er-Jahre war Douglas Mawson, der bereits 1909 dem Team angehört hatte, das den magnetischen Südpol fand. Mawson leitete von 1929 bis 1931 eine britisch-australisch-neuseeländische Gemeinschaftsexpedition, die die Antarktis aus der Luft vermessen sollte. Dazu wurden lange Serien von Luftbildern zusammengesetzt, um ein vollständiges Bild des Terrains zu erhalten.

Die britische Expedition nach Grahamland (1934–1937) verfeinerte diese Technik, indem sie Luftaufnahmen und Landvermessung kombinierte.

Nach dem Zweiten Weltkrieg meldeten verschiedene Nationen Besitzansprüche auf antarktische Regionen an und errichteten dort Forschungsstationen.

Noch heute arbeiten diese Stationen friedlich nebeneinander und machen die Antarktis zu einer der friedlichsten Zonen unseres Planetens.

1814 Samuel Marsden errichtet an der Islandsbai auf der Nordinsel Neuseelands eine Missionsstation.

1814–1839 Samuel Marsden unternimmt sieben Reisen nach Neuseeland und reist ims Landesinnere.

1818 John Oxley erforscht weite Teile von New South Wales in Australien und entdeckt den Fluss Macquarie.

John Ross leitet eine britische Expedition in die Arktis auf der Suche nach der Nordwestpassage. Er segelt 80 km weit in den Lancastersund, ehe er umdreht.

1819 Der britische Robbenfänger William Smith entdeckt die Süd-Shetland-Inseln, als er bei einer Handelsreise nach Chile in einem Sturm vom Kurs abkommt.

Bei einer Expedition in Südamerika erforscht der deutsche Botaniker Karl Friedrich Philipp von Martius den Japura vom Amazonas bis zu den Anden.

Als Kommandeur einer britischen Arktisexpedition segelt William Parry durch den Lancastersund und die Barrowstraße. Er überwintert im Polarkreis südlich der Insel Melville.

1819–1822 Parallel zu Parrys Arktisexpedition erforscht Sir John Franklin das Gebiet um den Großen Sklavensee und den Coppermine in Nordkanada.

1819–1825 Von Nordindien aus reist William Moorcroft durch Kaschmir, überquert den Hindukusch und erreicht Buchara. Er ist somit der erste Europäer, der von Indien nach Buchara reist.

1820 Der amerikanische Robbenfänger Nathaniel Palmer entdeckt die antarktische Halbinsel, die nach ihm Palmerland genannt wird.

1821 Der schottische Missionar Robert Moffat gründet in Kuruman, Südafrika, eine Missionsstation und erkundet das Gebiet nördlich des Vaals.

Die amerikanischen Robbenfänger Nathaniel Palmer und George Powell entdecken und karthographieren die Süd-Orkney-Inseln.

1822 Auf seiner zweiten Reise in die Arktis entdeckt William Parry die Fury-und-Hecla-Straße, ein westlicher Ausgang der Hudsonbai.

1823 Der amerikanische Armeeoffizier Stephen Long erforscht die kanadische Grenze.

Der Robbenfänger James Weddell erreicht in der Antarktis 74°15' südliche Breite und entdeckt das Weddellmeer.

Der nordamerikanische Pelzhändler William Henry Ashley folgt mit einer Gruppe von Männern dem Missouri ins Yellowstonegebiet.

1823–1825 Jedediah Strong Smith unternimmt seine erste Expedition in die nordamerikanischen Rocky Mountains.

1824 Hamilton Hume und William Hovell finden in Australien eine Route von Port Jackson (Sydney) zur Südküste nahe dem heutigen Melbourne.

1824–1825 In Nordamerika führt William Henry Ashley eine Expedition am Platte River entlang in die Rocky Mountains bis zum Großen Salzsee. Später werden hier die Schienen der Union Pacific Railway verlegt.

1825–1826 Der britische Entdecker Alexander Laing überquert die Sahara und erreicht als erster Europäer Timbuktu.

1825–1827 Auf seiner zweiten Expedition in die Arktis kartographiert Sir John Franklin große Teile der arktischen Küste und des dahinter liegenden Binnenlandes von Kanada. Er erforscht den Mackenzie bis zur Beaufortsee.

1825–1829 In Brasilien kartographiert eine russische Expedition unter Georg Heinrich von Langsdorff das Amazonasbecken und den Mato Grosso.

Der Naturforscher William John Burchell sammelt vier Jahre lang botanische Artenproben im brasilianischen Regenwald.

1826–1827 Der französische Naturforscher Alcide Dessalines d'Orbigny erforscht weite Teile Brasiliens und Uruguays.

In Nordamerika führt Jedediah Strong Smith einen Wagentrail durch Utah über den Colorado und die Black Mountains bis zur Küste von Kalifornien. Auf der Rückreise gelingt ihm die erste West-Ost-Überquerung der Sierra Nevada und der Großen Salzwüste.

1827 In Australien führt Allan Cunningham in New South Wales eine Expedition an der Inlandseite der Great Dividing Range durch.

Jedediah Strong Smith erforscht Nordkalifornien und den Colorado.

1828 In Afrika gelingt es dem französischen Entdecker René-Auguste Caillié, nach Timbuktu vorzudringen und die Stadt zu besuchen.

In Australien wollen Hamilton Hume und Charles Sturt herausfinden, ob Flüsse, die in New South Wales jenseits der Great Dividing Range fließen, ins Meer münden. Sie entdecken den Darling.

1829 John Ross kommt mit einem Raddampfer erneut in die Arktis und entdeckt die Halbinsel Boothia und die King-William-Insel.

1829–1830 In Australien erforscht Charles Sturt von Port Jackson aus den Murrumbidgee und den Murray. Er erreicht die Südküste beim heutigen Adelaide.

1830 James Ross findet auf der Halbinsel Boothia in der Arktis den magnetischen Nordpol.

1831 In Zentralasien erforscht der in Verkleidung reisende Schotte Alexander Burnes den Indus und erreicht über den Hindukusch den Kaspisee.

1831–1836 In Australien erforscht der Landvermesser Thomas Mitchell weite Teile von New South Wales, Victoria und Queensland.

1831–1844 In Südamerika erforscht der aus Deutschland stammende Naturkundler Robert Hermann Schomburgk Britisch-Guyana, überquert dabei das Hochland von Guayana und reist auf den Flüssen Essequibo, Casiquiare und Rio Negro.

1833–1834 In Nordamerika findet Joseph Reddeford Walker eine neue Route vom Großen Salzsee in Utah nach Monterey in Kalifornien.

1833–1836 In Südafrika begeben sich die holländischen Farmer, die Buren, von der Gegend um Kapstadt auf den Großen Treck und lassen sich in Natal und Transvaal nieder.

1837–1840 Als Leiter der ersten französischen Expedition in die Antarktis sichtet Jules-Sébastien Dumont d'Urville Adélieland.

1838–1840 US-amerikanische Expeditionen unter Charles Wilkes erforschen die antarktischen Gewässer bis 70° südliche Breite. Wilkes nennt die große zentrale Landmasse »Antarktika«.

1839–1843 Als Leiter einer britischen Antarktisexpedition entdeckt James Ross das Rossmeer, das Ross-Schelfeis und Victorialand.

1840er-Jahre Planwagentrecks mit mehr als 1000 Pionieren überqueren in Nordamerika die Great Plains und ziehen nach Kalifornien.

1841 In Australien unternimmt Edward Eyre eine 1200 km lange Tour entlang der Südküste von Adelaide bis Albany.

1842 Der französische Naturforscher Alcide Dessalines d'Orbigny veröffentlicht die erste vollständige Karte von Südamerika.

1843 François de la Porte, Graf von Castelnau führte eine französische Expedition in das Innere Brasiliens, findet die Quelle des Paraguays und überquert das Gebiet des Gran Chacos.

1844 In Australien führt Charles Sturt auf der Suche nach neuem Weideland eine Expedition von Adelaide aus nach Norden und erreicht die Grenze der Simpsonwüste.

1844–1845 In Australien macht der Deutsche Friedrich Wilhelm Leichhardt einen 4000 km langen Marsch von Brisbane nach Port Essington an der Nordküste.

1844–1846 Die französischen Missionare Evarist Huc und Joseph Gabet reisen als buddhistische Mönche verkleidet durch die Mongolei und China und erreichen das verbotene Lhasa in Tibet.

1845 Sir John Franklins letzte Expedition, die durch die Inselwelt Nordkanadas zur Beringstraße segeln wollte, geht westlich von Grönland in der Baffinbai verschollen.

1848 Auf der Suche nach den großen Seen, die es in Ostafrika geben soll, sichtet der deutsche Missionar Johann Rebmann als erste Weißer den Kilimandscharo.

In Südamerika erforschen Henry Walter Bates und Alfred Russell Wallace den Para und das untere Amazonasbecken.

1848–1852 In Südamerika erforscht der britische Naturkundler Alfred Russell Wallace den Rio Negro, den Orinoco und den Uaupes nördlich des Amazonas.

1849 Auf der Suche nach den großen Seen, die es in Ostafrika geben soll, sichtet der deutsche Missionar Johann Krapf als erster Europäer den Mount Kenia.

In Zentralafrika unternimmt David Livingstone einen zweimonatigen Treck von Kuruman an der Ostseite der Kalahari entlang zum Ngamisee.

In Nordamerika kommen im Zuge des Goldrauschs Tausende von Goldsuchern nach Kalifornien.

1849–1859 In Südamerika erforscht der britische Botaniker Richard Spruce den Rio Negro und den oberen Amazonas in Ecuador und Peru.

1850 Auf der Suche nach dem in der Arktis verschollenen Sir John Franklin sichtet Robert McClure die Insel Melville von Westen und erkennt, dass er die Nordwestpassage gefunden hat.

1850–1855 In Afrika erforscht der Deutsche Heinrich Barth die Region um den Tschadsee bis zum Niger und kommt nach Timbuktu.

1851 In Afrika erforscht David Livingstone den Norden der Kalahari und erreicht den oberen Sambesi.

1852 Die letzte Expedition, die den verschollenen Sir John Franklin suchen soll, verlässt London unter der Leitung von Edward Belcher.

1852–1853 Auf der Suche nach Sir John Franklin segelt Richard Collinson von Westen in die Arktis und überwintert auf der Insel Victoria.

1853 Der Engländer Richard Burton reist als moslemischer Pilger verkleidet unentdeckt zu den heiligen Städten Mekka und Medina.

1854 Der Schotte John Rae findet in der Arktis Überreste der Expedition von Sir John Franklin und hört von Inuit über ihr Schicksal.

1854–1855 In Afrika überquert David Livingstone Afrika von Luanda an der Westküste nach Quelimane an der Ostküste, indem er meist dem

Lauf des Sambesis folgt. Dabei sieht er als erster Weißer die Viktoriafälle.

1854–1862 Alfred Wallace reist durch ganz Malaysia und die Inseln Indonesiens und sammelt mehr als 127 000 Artenproben.

1855–1856 In Australien führt Augustus Gregory eine Expedition in den Norden auf der Suche nach neuem Weideland und überquert den Norden des Kontinents von West nach Ost.

1856–1857 Die deutschen Brüder Schlagintweit Kaschmir, überqueren den Kunlun Shan und erreichen Khotan (heute Hotan).

Der russische Geograph Peter Semenow unternimmt eine Expedition nach Zentralasien, erforscht das Gebiet um den Issyk-Kul, die Berge des Tian Shans und besteigt den 6995 m hohen Khan Tengri.

1857–1858 In Ostafrika suchen Richard Burton und John Speke die Nilquelle und die großen Seen. Dabei entdecken sie den Tanganjikasee.

1858 John Speke entdeckt in Ostafrika den Viktoriasee.

1859 In der Arktis findet Francis McClintock an der Mündung des Back River weitere Überreste der Expedition von Sir John Franklin.

In Ostafrika entdeckt David Livingstone den Njassasee.

1859–1861 Der britische Botaniker Richard Spruce kann erfolgreich Setzlinge der *Cinchona*, des Chinin- oder Chinarindenbaums, aus Ecuador nach Indien einführen. Aus der Rinde gewinnt man Chinin, ein Schutzmittel gegen Malaria.

1860–1861 In Australien gelingt es Robert Burke und William Wills, den Kontinent von Süd nach Nord von Melbourne zum Golf von Carpentaria zu durchqueren. Beide Forscher kommen auf dem Rückweg um.

1861–1862 John McDouall Stuart überquert Australien von Adelaide im Süden bis zum heutigen Darwin an der Nordküste.

1863 Henry Walter Bates veröffentlicht seinen Bericht *The Naturalist on the River Amazon* über seine Reisen nach Südamerika und seine Entdeckung von 8000 neuen Insektenarten.

1865 Dem deutschen Arzt Gerhard Rohlfs gelingt die erste Durchquerung Westafrikas von Nord nach Süd, indem er von Tripolis zur Mündung des Nigers am Golf von Guinea marschiert.

1865–1866 Der Inder Nain Singh erforscht als *pundit* (weiser Mann) verkleidet den östlichen Himalaja, geht nach Tibet und Lhasa und findet die Quelle des Brahmaputras.

1866 Der französische Entdecker Ernest-Marc-Louis de Gonzague Doudart de Lagrée führt eine große Expedition auf dem Mekong in Kambodscha durch, um zu sehen, ob er schiffbar ist und findet durch Zufall die Khongfälle.

1866–1871 David Livingstone sucht in Zentralafrika die Nilquelle und verliert den Kontakt zur Außenwelt.

1869–1875 Der deutsche Forscher Gustav Nachtigal überquert die Sahara bis zum Tschadsee und reist dann ostwärts nach Khartum.

1870 John Forrest gelingt die erste West-Ost-Überquerung Australiens, indem er von Perth nach Port Augusta an der Südküste entlang wandert.

1871 Der amerikanische Zeitungsreporter Henry Morton Stanley findet David Livingstone in Ujiji am Ostufer des Tanganjikasees.

Der Amerikaner Charles Hall versucht, den Nordpol zu erreichen und schafft es bis 82°11' nördliche Breite. Dies ist der bisher nördlichste Punkt.

1872–1885 Der Russe Nikolai Michailowitsch Przewalski forscht in Zentralasien einschließlich China und Tibet.

1873–1875 Der schottische Entdecker Verney Cameron überquert Afrika von Bagamoyo an der Ostküste nach Benguela im Westen. Damit gelingt ihm die erste Ost-West-Überquerung Afrikas südlich der Sahara.

1874 John Forrest überquert das mittlere Westaustralien von Geraldton an der Westküste bis zur ersten Telegraphenlinie.

1874–1877 In einem 999-Tage-Treck führt Henry Morton Stanley eine Expedition von Bagamoyo an der afrikanischen Ostküste nach Boma an der Atlantikküste.

1874–1878 Der Engländer Charles Doughty reist durch die Arabische Wüste, lebt bei den Beduinen und veröffentlicht nach seiner Rückkehr sein Buch *Travels in Arabia Deserta*.

1875 In Australien überquert Ernest Giles die Große Viktoriawüste und legt zwischen Port Augusta in Südaustralien und Perth in Westaustralien 4000 km zurück.

1875–1876 Eine britische Arktisexpedition unter George Nares versucht, den Nordpol zu erreichen und schafft es bis 83°20' nördliche Breite – ein neuer Rekord.

1877–1883 In Afrika erforscht der Deutsche Eduard Schnitzer, der sich Emin Pascha nennt, das Gebiet zwischen dem Albertsee und dem Flusssystem des Kongos.

1878–1879 Der Schwede Nils Nordenskjöld navigiert erfolgreich von Tromsø in Norwegen durch die Beringstraße in den Pazifik und durchquert damit erstmals die Nordostpassage.

1878–1882 Der Inder Kishen Singh reist als *pundit* (»weiser Mann«) verkleidet von Indien nach Tibet und weiter nach Dunhuang (zur alten Seidenstraße) und wieder zurück nach Indien.

1879–1880 In Ostafrika leitet der schottische Geologe Joseph Thomson eine Expedition von der Küste zum Njassasee und weiter zum Südufer des Tanganjikasees und zum Lualaba.

1879–1881 Eine amerikanische Nordpolarexpedition unter George De Long segelt mit der *Jeannette* von San Francisco in Richtung Nordpol. Das Schiff wird jedoch vom Eis eingeschlossen; zahlreiche Männer, darunter De Long selbst, kommen um.

In Südamerika erforscht der französische Arzt Jules-Nicolas Crevaux auf Reisen durch Kolumbien und Venezuela den Amazonas und seine Nebenflüsse.

1880–1895 In Südostasien vermisst Auguste-Jean-Marie Pavie riesige Gebiete des heutigen Kambodschas, Laos und Thailands.

1885 In Zentralasien gelingt dem britischen Entdecker Ney Elias die erste erfolgreiche Überquerung des Pamirs.

1890 In Zentralasien unternimmt der Schwede Sven Hedin seine erste Expedition. Er reist in die legendären Städte Samarkand und Taschkent und überquert den Pamir.

1893–1896 In der Arktis segelt der Norweger Fridtjof Nansen mit der *Fram* in der Hoffnung ins Packeis, damit zum Nordpol zu driften. Mit Schlitten nähert sich Nansen dem Pol bis auf 385 km – ein neuer Rekord!

1896 Sven Hedin durchquert China von Westen und erreicht Peking.

1897 Der Schweizer Salomon Andrée will mit seinem Heißluftballon *Eagle* von Spitzbergen aus zum Nordpol fliegen. Der Ballon kommt nach dem Start vom Kurs ab und wird nie wieder gesehen.

1897–1899 Eine belgische Expedition segelt mit der *Belgica* in die Antarktis. Das Schiff bleibt jedoch 13 Monate im Eis gefangen.

1899–1900 Der Norweger Carsten Borchgrevink leitet eine Expedition in die Antarktis und ist der Erste, der auf dem Festland in Victorialand überwintert.

1901–1904 Robert Scott unternimmt den ersten Versuch, den Südpol zu erreichen und kommt bis 82°17' südlicher Breite.

1903–1906 Der Norweger Roald Amundsen durchfährt als Erster die Nordwestpassage.

1906 Der Däne Ludvic Mylius-Erichsen unternimmt eine Expedition in den Norden Grönlands und entdeckt die nördliche Halbinsel.

Der Amerikaner Robert Peary nähert sich dem Nordpol bis auf 320 km.

1907–1909 Ernest Shackleton nähert sich dem Südpol bis auf 155 km.

1908 Der amerikanische Entdecker Frederick Cook behauptet, am 21. April den Nordpol erreicht zu haben, kann es aber nicht beweisen.

1909 Der Australier Douglas Mawson findet im Januar den magnetischen Südpol.

Robert Peary behauptet, am 6. April 1906 den Nordpol erreicht zu haben, doch bestehen Zweifel an seinen Angaben.

1911 Roald Amundsen erreicht am 14. Dezember den Südpol.

1912 Robert Scott und vier Begleiter erreichen am 17. Januar den Südpol.

1913–1918 Vilhjalmur Stefansson leitet die erste kanadische Arktisexpedition und kartographiert große Teile der kanadischen Arktis.

1914 Ernest Shackleton bricht zur ersten Durchquerung der Antarktis auf, doch sein Schiff, die *Endurance*, wird vom Eis eingeschlossen und zerstört. Die Gruppe überlebt nach einer abenteuerlichen Reise.

1925 Der amerikanische Flieger Lincoln Ellsworth und Roald Amundsen versuchen, den Nordpol zu überfliegen. Sie nähern sich dem Pol auf 192 km, ehe Motorenprobleme sie zwingen, das Unternehmen abzubrechen.

1926 Am 9. Mai gelingt es den Amerikanern Richard Byrd und Floyd Bennett, in einer Fokker F-VII Eindeckermaschine den Nordpol zu überfliegen.

Am 12. Mai fliegen Roald Amundsen, Lincoln Ellsworth und der Italiener Umberto Nobile im Luftschiff *Norge* über den Nordpol.

1928 Im April fliegt der Australier Hubert Wilkins von Barrow Point in Alaska über die Arktis nach Spitzbergen. Es ist die erste West-Ost-Überquerung per Flugzeug.

Im Mai fliegt der Italiener Umberto Nobile mit seinem neukonstruierten Luftschiff *Italia* zum Nordpol, um dort zu landen. Er erreicht den Pol, stürzt aber auf dem Rückweg ab.

1929 Richard Byrd überfliegt am 29. November den Südpol und ist somit der Erste, der über beide Pole flog.

1929–1931 Douglas Mawson leitet eine britisch-australisch-neuseeländische Gemeinschaftsexpedition, um die Antarktis aus der Luft zu vermessen.

1934–1937 Eine britische Expedition nach Grahamland kombiniert Luftaufnahmen und Landvermessung.

1935 Lincoln Ellsworth gelingt der erste Überflug der Antarktis vom Weddellmeer zum Rossmeer.

Q

R

S

T

U

V

W

X

Y

Z